チェーンストアの労使関係

日本最大の労働組合を築いたZモデルの探求

本田一成【著】
Kazunari Honda

Labour-management
relations in
chain store industry

中央経済社

推薦の言葉

　2012年11月6日，UIゼンセン同盟と日本サービス流通連合（JSD）が統合し，日本最大の産業別労働組合，UAゼンセンが誕生した。これにより，それまでいくつかの系統に別れていた商業・流通分野の労働組合が1つに合流した。

　商業・流通分野の労働組合運動は，1960年代から，拡大してきたチェーンストアの発展と密接に関わっている。本書が詳細に描くように，興隆期のチェーンストアは，表面的には華やかなものであったが，その裏では，量的拡大に質が追いつかず，問題が随所に発生する職場環境であった。こうした中で労働組合が結成されていくわけであるが，チェーンストアにおける初期の労使関係はまさに課題山積であった。さらに，大規模小売店舗法（大店法）の規制強化という政治圧力も高まってくる。こうした揺籃期の労使関係を，本田一成教授は「混乱の労使関係」「同床の労使関係」「左右の労使関係」「分断の労使関係」「変転の労使関係」という5つのキーワードで見事に分析している。

　私がゼンセン同盟に入職したのは1976年4月であったが，当時，ゼンセン同盟は国を相手に「庶民貯金目減り訴訟」を起こしていた。私がその担当になり，政府の経済政策の失敗を裁判で争うという貴重な経験をした。また，大店法改正問題にも関わった。「全繊同盟の運動が正しければ，日本の労働運動全体に影響を及ぼさねばならない。」という松岡駒吉初代会長の言葉も，ゼンセン運動の真髄として諸先輩から教わった。これらは本書で紹介されているが，私のゼンセン活動家のスタートであっただけに，思い出深い。

　本田教授は，「大産別主義」と「内部統制」をゼンセン運動の核心ととらえ，「Zモデル」という概念を提示している。それについてのコメントは差し控えるが，UAゼンセンは，製造業，流通業，サービス業など多様な労働組合で組織する複合産別であり，多くの中小企業に働く仲間も組織している。また，正社員だけでなくパートタイム，契約，派遣・請負など多様な働き方の組合員を擁している。こうした多様性がUAゼンセンの大きな特徴である。その一方で同じ

i

目的のために行動する同盟体としての一体性も持ち得ていかねばならない。多様性を活かしつつ一体性のある運動をどう構築するかが，私が最も腐心したところだった。本書がUAゼンセン関係者だけでなく，労使関係に関わる多くの方々に読まれることを大いに期待している。

2017年1月

連合事務局長
UAゼンセン初代会長

逢 見　直 人

まえがき

　チェーンストアは日本人の日常生活において広範に普及したため，当然視されており，もはや購買や消費の様変わりを自覚することはほとんどない。だが，1953年に東京の青山で日本初のセルフサービス店「紀ノ国屋」が開店して以来，総合スーパー，食品スーパー，コンビニエンスストア，ホームセンター，ドラッグストア，ファミリーレストラン，ファーストフード店，専門店，ショッピングセンターなど次々に新しい業態が生み出された。とりわけ，1972年に売上首位の座が三越からダイエーに交代した後，チェーンストアは変化に富む発展を遂げた。いまや導入，成長，成熟，衰退の各段階にある多様な業態がひしめく小売市場や外食市場などサービス産業の市場で，チェーンストアは圧倒的なシェアを占めて競合している。その成長ぶりを最も如実に物語るのは，チェーンストア経営の1つの到達点であるPB商品の全面展開であり，メーカーと対抗できる地位を約60年で獲得したことになる。

　しかし，チェーンストアの企業や産業の発展を考える上で，労働組合や労使関係の重要性に目を配る研究者はおそらく皆無であろう。第1に，企業の成功や失敗は常に華々しく名をあげたチェーンストア経営者の経営方式や独創的で果敢な行動に帰せられてきたからである。第2に，労使関係や労働組合に関する限り，小売業研究が軽視されてきたことがある。第3に，研究にせよ教育にせよ「労使関係」はまるで文化遺産のようになりつつあるためである。

　著者は20代後半からチェーンストア業界の雇用と労働の研究を開始し，主に正社員のキャリア形成と人材開発方式の日本的特質，パートタイマーの基幹労働力化といった順に研究を続けてきたが，その最中でチェーンストアの労働組合が果たす役割の大きさに気づいた。このため，チェーンストアの発展過程の裏側に回っていた労組の存在を正当に評価すべく本書を発行した。

　その隠れぶりは，日本の労使関係研究において埋没した領域そのものであった。著者もそうだが，あれほど先人たちが熱心に取り組んだ労使関係研究が近年はすっかり停滞しているとの実感を強く抱く研究者は少なくないはずである。もちろん，著者にそれを反転させるまでの力量はないが，せめていわゆる重厚

長大産業の労働組合および労使関係の膨大な研究蓄積の陰で，ひっそりと最大勢力へ昇りつめたチェーンストア労働者たちに光を当て，微小ながらも新しい地平を拓き，次世代の研究のための種になりたい。

「ゼロからイチを生み出したい。」この著者の意図を真摯に受け入れ，丁寧な本を創って下さった株式会社中央経済社取締役専務の小坂井和重，同社経営編集部副編集長の酒井　隆の両氏に深く感謝する。また，本書の発行に際して，平成26年度および27年度「國學院大學学部研究調査出張旅費補助」による調査研究成果の一部を利用し，あわせて平成28年度「國學院大學出版助成（乙）」を受けている。記して感謝したい。

なお，本書は，『國學院経済学』に掲載されるとともに，UAゼンセン流通部門が主催し各流通労組幹部役員を鍛え上げる「流通リーダー研修」の教材となったシリーズ論文「日本の主要チェーンストア労働組合の結成(1)～(9)」の内容を加筆修正し再編集したものである。編集の過程で本文と図表を大幅に削減したので，もっと重厚な内容を堪能したいという希望を持つ読者には，シリーズ論文を通読することをおすすめする。

「チェーンストア労働に関する学術研究書を20代，30代，40代に1冊ずつ世に出すことが唯一の望みである。」と，研究生活のスタートから生意気な公言を続けてきた。子育てに邁進してきたせいか各書少しずつ遅れてはいるが，拙著の第一作『チェーンストアの人材開発－日本と西欧－』，第二作『チェーンストアのパートタイマー－基幹化と新しい労使関係－』に続く本書の発行で，「チェーンストア三部作」を完成することができた。50代に入ったところであるが，引き続き山積している研究課題に取り組みたいと思っている。本書は妻の支えがなければとうてい生まれなかった。過密な仕事をずっと続けながら，楽しい時も苦しい時も書く環境をつくり出し，励ましてくれる桂子に感謝する。

東京・池袋・上屋敷にて「三部作」を書き終えて

本　田　一　成

目　次

推薦の言葉　i
まえがき　iii

序章　チェーンストアの労使関係を考察するために —— 1

1　問題関心と5つの視点 …………………………………… 1
2　混乱の労使関係 …………………………………………… 3
3　同床の労使関係 …………………………………………… 5
4　左右の労使関係 …………………………………………… 7
5　分断の労使関係 …………………………………………… 8
6　変転の労使関係 …………………………………………… 10
7　Zモデル …………………………………………………… 11
8　研究方法 …………………………………………………… 16
9　本書の構成 ………………………………………………… 17

第Ⅰ部　流通産別構想の輻輳と「ゼンセン以前」

第1章　流通産別構想の生成と併存 —— 25

1　はじめに …………………………………………………… 25
2　一般同盟 …………………………………………………… 26

I

3　商業労連 ……………………………………………………… 29
4　全繊同盟流通部会 …………………………………………… 34
5　全国チェーン労協 …………………………………………… 35
6　同盟流通 ……………………………………………………… 43
7　おわりに ……………………………………………………… 49

第2章　先覚的なチェーンストア労組 ── 55

1　はじめに ……………………………………………………… 55
2　東光ストア労働組合 ………………………………………… 56
　(1)　労組の結成　56
　(2)　労組活動の基礎固め　57
　(3)　東光ストア出身者の労組運営の開始　58
　(4)　労使の緊張対立関係の事例　61
　(5)　DILAとの交流と全国スーパー労協の結成　61
　(6)　全国チェーン労協の分解と商業労連加盟　63
3　渕栄労働組合 ………………………………………………… 66
　(1)　会社概要と労組の結成　66
　(2)　初期労組活動の概要　69
　(3)　九州ダイエーとの合併への対応活動　72
　(4)　九州ダイエー労組との合同　75
　(5)　上部組合への加盟と脱退　77
4　全西友労働組合 ……………………………………………… 80
　(1)　従業員組合の結成　80
　(2)　「残業代未払い問題」の発生と解決　83
　(3)　内部体制の整備と積極的活動への転換　83
　(4)　全国チェーン労協への加盟と賃金交渉　87
　(5)　チェーン労組・中立会議の強化とチェーン労協の発足　90

5 全ユニー労働組合 …………………………………………… 92
- (1) ユニーの誕生　92
- (2) 労組の結成　94
- (3) ユニー発足後の労組活動　98
- (4) 営業形態の統一　99
- (5) 経営民主化と経営体質強化の取り組み　102
- (6) 上部組合への加盟と活動　104

6 丸井労働組合 ……………………………………………… 105
- (1) 労組の結成と存続活動　105
- (2) 左傾化とストライキ戦術　108
- (3) 民主化の開始と全百連の脱退　110
- (4) DILAの発足と加盟　111
- (5) 労働協約の締結　112
- (6) 商業労連の結成と加盟　112

7 おわりに ………………………………………………………113

第3章　「ゼンセン」の組織化戦略と流通部会の結成 ── 133

1 はじめに ……………………………………………………… 133
2 全繊同盟の特質 ……………………………………………… 133
- (1) 全繊同盟の結成と上部組織の変遷　133
- (2) 「力と政策」　135
- (3) 大産別主義の内容と展開　136
- (4) 内部統制の実態　137
  - ① 組織構造の変遷　137
  - ② 賃金交渉の特徴　139
- (5) 象徴的な史実　140
  - ① 近江絹糸争議　140
  - ② 鐘紡労組の除名と復帰　143

　　　　　③　貯金目減り裁判闘争　146
　　3　組織化能力 ……………………………………………………………148
　　　　(1)　組織化への傾注と凝集　148
　　　　(2)　組織化手法の特徴　149
　　　　(3)　集団組織化の完成　151
　　4　組織化対象の拡大 ……………………………………………………153
　　5　流通部会の結成 ………………………………………………………155
　　6　同盟流通の創設と解散 ………………………………………………159
　　7　流通部会の活動と成果 ………………………………………………160
　　　　(1)　賃金，一時金に関する活動　160
　　　　(2)　労働時間に関する活動　162
　　　　(3)　「大店法」対策　165
　　8　おわりに ………………………………………………………………167

第Ⅱ部　「ゼンセン」のチェーンストア組織化

第4章　流通部会「設立メンバー」のチェーンストア労組 ── 187

　　1　はじめに ………………………………………………………………187
　　2　長崎屋労働組合の結成 ………………………………………………188
　　　　(1)　長崎屋の沿革と経営の状況　188
　　　　(2)　労組結成の経緯　190
　　　　(3)　結成後の体制整備　191
　　　　(4)　左傾化の回避　192
　　　　(5)　流通産別構想に対する態度　192
　　3　初期の労組活動 ………………………………………………………193

　　　　(1)　社内食事と寮の改善　193
　　　　(2)　賃上げ交渉の開始−1971年度賃金交渉−　195
　　　　(3)　1972年度の賃金交渉　198
　　　　(4)　労働時間の短縮−週休2日制の導入−　199
　　　　(5)　労働時間の短縮−初商の撤廃交渉−　202
　　　　(6)　レクリエーション活動　203
　　4　全ジャスコ労働組合の結成……………………………204
　　　　(1)　ジャスコの沿革と経営状況　204
　　　　(2)　労組結成の経緯　206
　　　　(3)　ゼンセン同盟流通部会創立への関与　208
　　　　(4)　同盟流通に対する態度　209
　　5　初期の労組活動………………………………………209
　　　　(1)　労働協約の締結　209
　　　　(2)　賃上げ交渉−1972年度の交渉−　210
　　　　(3)　一時金交渉−1972年度の交渉−　215
　　　　(4)　ワッペン闘争をともなう賃金交渉　215
　　　　(5)　労働時間の短縮　218
　　　　(6)　ZL運動　220
　　6　おわりに……………………………………………222

第5章　イトーヨーカドー労働組合　235

　　1　はじめに………………………………………………235
　　2　イトーヨーカ堂労組の結成…………………………235
　　　　(1)　イトーヨーカ堂の沿革と経営の状況　235
　　　　(2)　労組結成の経緯　238
　　　　(3)　結成後の体制整備　240
　　3　初期の労働組合活動…………………………………241
　　　　(1)　IAM運動　241

(2) 賃金交渉－1973年度の事例－　242
　　(3) 夏期および冬期の一時金交渉－1973年度の事例－　246
　　(4) 労働時間短縮の取り組み　250
　　　① 労働時間短縮交渉の概要　250
　　　② 1972年度の休日数交渉　251
　　　③ 1973年度の休日数交渉　252
　　　④ 1974年度の休日数交渉　253
　　　⑤ 一直制導入による年間総労働時間の増加－1975年度の時短交渉－　255
　　　⑥ 営業時間の短縮と残業の削減　257
　　　⑦ 有給休暇の消化促進　261
　　　⑧ 年末年始の営業と就労に関する交渉　262
　4　おわりに……………………………………………………267

第6章　全ダイエー労働組合　279

　1　はじめに……………………………………………………279
　2　ダイエー労組の結成………………………………………280
　　(1) ダイエーの沿革と経営の状況　280
　　(2) 労組結成の経緯と活動の開始　284
　3　初期の労働組合活動………………………………………286
　　(1) 同盟憲章の遵守と流通産別への関与　286
　　(2) リボンの着用と不当労働行為の提訴　289
　　(3) ストライキを伴う労使交渉　292
　4　出店規制に対する取り組み
　　　－ダイエー熊本店出店の事例－……………………………299
　5　ゼンセン同盟への移籍加盟………………………………301
　6　おわりに……………………………………………………304

目 次

第7章　流通産別の実現－UAゼンセン結成への道程－ ── 317

1　はじめに ……………………………………………………… 317
2　1980年代以降の流通部会の活動 …………………………… 318
　(1)　組織の拡大と賃金および一時金の交渉実績　318
　(2)　主要な活動事例　325
　　①　5労使集団的賃金交渉　325
　　②　正月営業問題への取り組み　327
3　部会の再編 …………………………………………………… 330
　(1)　再編の胎動　330
　(2)　SSUAの結成　330
　(3)　フード・サービス部会の結成　332
　(4)　流通・サービス部会への移行と専門店部会の誕生　333
4　他の産別組合との合同 ……………………………………… 334
　(1)　UIゼンセン同盟の結成　334
　(2)　JSDの結成　335
　(3)　UAゼンセンの誕生　338
5　おわりに ……………………………………………………… 343

終章　「Z点超え」と労働組合 ── 351

事項索引　361
人名・組織名索引　363

序章 チェーンストアの労使関係を考察するために

1　問題関心と5つの視点

　日本の労働組合員数は，他の先進国と同様に減少を続けてきた。だが，厚労省『平成28年労働組合基礎調査』で組合員数を産業別にみると，製造業が約262万2,000人，卸売業・小売業が約138万6,000人，公務が約87万人，運輸業・郵便業が約85万8,000人となり，いわゆる流通部門の組合員数が大きな集団を形成している。こうした産業別構成は，サービス経済化の進展などによる産業構造の推移を反映したものであるのは間違いない。ただし，例えば，製造業と卸売・小売業を対比させてみると，2016年の製造業の組織率は26.7％であるものの前年比0.2％減，卸売業・小売業は組織率14.5％だが0.5％増となる。

　どの国でも第3次産業の組織化が困難であり，組織率低下傾向の大きな要因であることを考えると，組織率の足かせになるはずの流通部門で着実に組織化を積み上げてきた実績は，異例の事態とみるべきである。その背後には，組織率が低下を続ける中で，例外的に組合員を増やしてきたゼンセンの存在がある[1]。

　2016年9月時点で組合員数約164万2,000人を擁するUAゼンセン（全国繊維化学食品流通サービス一般労働組合同盟）は，ナショナルセンター連合を構成する産別組合の筆頭である[2]。しかも，連合の部門連絡会の単位でいえば，12産業区分のうち9産業にまたがる点で異色の大規模複合産別である[3]。

　このUAゼンセン最大の組織労働者は流通部門に所属する約96万2,000人であり，UAゼンセン全体の6割に迫っている。この組合員数規模は，連合第2位自治労の約80万7,000人を大きく上回り，したがって第3位以下の自動車総

連や電機連合の組合員数を引き離している。

　さらに詳細にみると，流通部門の労働者の多くは，総合スーパー，食品スーパー，専門スーパー，コンビニエンスストア，専門店チェーン，ドラッグストア，ディスカウントストアなど，チェーンオペレーションを採用する業態で働く。さらに，流通部門以外でも，例えば総合サービス部門には，ファミリーレストラン，ケータリング，ホテル，レジャー施設，パチンコ，カードサービスなどチェーン展開された事業所で働く労働者が多い。

　要するに，いまや日本最大の組織労働者集団はUAゼンセンの組合員であるチェーンストア労働者たちである。この事実を受けて，本書はチェーンストアの労働組合の形成過程を検討する。だが，チェーンストアの労働組合の先行研究は皆無といってよく白紙状態であるため，まず題材の発掘から始める必要がある。すなわち，本書の内容のほとんどは，本質的にはいわば基礎資料づくりを余儀なくされた結果となる。だが，その作業を無限定に行う余裕はないため，本書では，以下の5点に強い関心を寄せる。詳しく分析内容，課題，仮説と方法を順に述べる前に，労使関係に対する視点に代表させて概要を列挙しておこう。

　第1に，新しく創造されたチェーンストア産業には，当然存在しなかった新たな労働組合が次々に結成されることとなった。会社側の知識も乏しく経験は皆無であり，労組に対する理解が低い。したがって結成自体にしても活動にしても，模索を続ける労使関係となる。いわば「混乱の労使関係」である。

　第2に，生成期のチェーンストアとは，国民産業の確立を目指す「流通革命」に邁進する経営者が追求するロマンそのものであった。それに賛同し，後進的な日本の商業を否定し，新しく先進的な産業を創造する意欲に満ちた労働者が集まり，同じベクトルに加わる。いわば「同床の労使関係」である。

　第3に，やや後退したとはいえ，依然として同盟（全日本労働総同盟）と総評（日本労働組合総評議会）の対立が色濃い時期であった。それがチェーンストア労組の結成や活動に投影され，両陣営がせめぎ合い，一方で常に民主化が意識されていた。いわば「左右の労使関係」である。

　第4に，以上の3点から直接，間接に影響を受けた結果であるが，ゼンセンが後発で組織化に乗り出したことにより，いわゆる「ゼンセン以前」と「ゼン

セン以後」のチェーンストア労組で長らく対立関係がみられた。いわば「分断の労使関係」である。

　第5に，ゼンセン自体が変革を重ねた点を重視する。すなわち，経済環境やそれに伴う労使関係の変化ではなく，労組の内部の変化である。その最大の契機がチェーンストア組織化であり，後のUAゼンセンに至る原動力となった。いわば「変転の労使関係」である。

　もちろん，本書は基礎資料づくりに終始するわけではなく，発掘したり再構成したりした題材に基づいて分析する。その研究方法を述べる前に，まずは上記5つの視点について，もっと詳しく説明しよう。

2　混乱の労使関係

　1950年代後半からスーパーマーケットが出現し，1960年代の流通革命時代が到来してチェーンストアの台頭につながった[4]。当初は販売革新，次に組織革新を展開し，ビッグストアと呼ばれるチェーンストア企業が百貨店を脅かすようになった[5]。その先陣を切った業態はともにセルフサービス方式だが，食品を含む幅広い品揃えを形成してワンストップショッピングを実現する総合スーパーと，ほぼ食品に専念して鮮度の高さを保ち，効率よく適時に提供する食品スーパーであった[6]。

　1960年代後半からは，チェーンストア企業が大量出店を重ね急成長を続けるのにともなって，労働者が急増していった[7]。しかも，その増加は新規学卒者と中途採用者が混在する大量採用と大量退職の結果である。また，チェーンストア業界では企業合併や統合を伴うことが常態であったから，予想を超える労働者増が発生することは稀ではなかった[8]。このため，職場は混乱を誘う条件であふれていた。

　労組にとっても，同様に大量採用と大量退職の波動により，常に組合員の膨張と求心力の低下の危険にさらされ，組織の運営や活動の困難に直面していた。さらに，頻発する企業合併では，旧社の労働者の特徴や労働慣行の差異が擾乱要因となり労働条件面の調整が難航し，組織運営は一層混乱した。チェーンストアの生成期においては，チェーンストア労組の内実は常に混乱を発生させる

要素に包囲されていたのである。

　こうしたチェーンストア労組の動揺に加えて，経営者の労組への理解も低調であり，混乱に拍車をかけた。すなわち，本書の事例でとりあげた事例を総括する限り，労組やその活動を積極的に理解した経営者はほとんどいない。例えば，ダイエー社長中内㓛をはじめ，ジャスコ社長岡田卓也など経営者自身が独自の理念に基づいて発行した経営書や，取材対象や分析対象とされた著書が少なくないが，労組について記載されることはほとんどなく，もちろん労組活動の意義に対する評価は皆無である。

　チェーンストア各社は，独創的な経営者たちが大きな野望を持って相互に競合しながら成長させてきた。だが，その成長は起業家精神や経営手法によるものと喧伝され，労組の活動が表面に出ることはなかった。

　もちろん，どの企業でも，企業の成長にともなう株式市場への上場を勘案して労組の必要性を認める基本認識はあった。だが，結成初期の労組に対する評価の中身は各社各様である。例えば，長崎屋は経営者の組合理解の程度が高く例外的だが，東光ストアは親会社東横百貨店での労組活動を経験済みであったことが寄与していた。また，西友ストアーでは，いわば観念的に組合の存在自体を認めるのに留まっていた。丸井では，争議が頻発するほど経営者の労組忌避がみられたし，ジャスコでも，2つの労組の結成により潜在的には労組への疑心が強かった。

　このように，一部例外はあるにせよ，当時のチェーンストア経営者が労組を正当に認識していたとは言い難い。それは冷静に労組の意義をみとめたチェーンストア業界屈指のカリスマコンサルタントであった渥美俊一の活動からもうかがえる。すなわち，業界の発展のために，労組を危険視する経営者の誤解を解き，健全な労使関係の必要性を早期から啓蒙し，大きな影響を与えた[9]。

　ただし，こうした経営者の労組に対する低調な態度は，低評価が原因というわけではなく，全力で企業成長を追求し，野心的に新たな業界を主導しようとする情熱を優先するあまり，他者を顧みない態度へつながったと解釈できる。すなわち，無理解というよりも無意識であったのかもしれない。

　そうであれば，イトーヨーカ堂の伊藤雅俊は例外的で，明確に労組に対する独自の評価を下す点で誠実であるといえる。

伊藤雅俊は，労組の結成後30年以上が経過しても，労組の活動には懐疑的であった。顧客に支持してもらい稼いだ利益の中から給料を払うのであって，いつ潰れるかもしれない企業が，労働者の生活など労働者の都合で給料を決めるのは逆だと述べている[10]。また，伊藤雅俊は，人事政策には一切関与せず，団体交渉にも一度も出ない理由として，労組が理解できないから，と明言している[11]。

　このように，いずれの理由にせよ，新興産業であるチェーンストアにおける労組の結成や労使関係の形成は，合併を含む企業の急拡大，人材の膨張と流動，経営者の労組に対する理解力の欠如による混乱の中で進行した。

3　同床の労使関係

　チェーンストア草創期には，日本の流通機構の後進性が指摘され，それに代わる「流通革命」が起こると喧伝され，革命の主体はチェーンストアとされた。いち早く流通革命の到来を知覚し，先進的な流通システムへの激変を予測したのは，田島義博であった。すなわち，大量生産を可能とする条件，流通機構の革新，小売業の革新の3つの革命が進行すると予見して，流通経路の短縮，流通支配の伸長，新しいチャネルを提言し，スーパーマーケットの登場と成長を正確に推測した[12]。また，同時期に林周二が流通革命を主張し，著書がベストセラーになると，広く国民の関心を集めるブームとなった[13]。

　他方で，佐藤肇は，流通革命論は新しい流通システムの議論を通して今後の日本社会を描くことに比重があり，その革命主体と方法については欠落していると指摘した[14]。すなわち，アメリカの経験を題材にして，流通の革命ではなく，流通産業の革命の観点から日本の新たな産業化について検討した。新たな産業とは新たな業態に他ならず，チェーンストアの発展が有望視された。

　こうして，日本でも喧伝されるようになりつつあったアメリカのチェーンストアの現実に実際に触れ，また研究し，新しい小売業態を日本で確立し後進性を打破して国民生活を豊かにする使命を思い抱いた経営者が続出した。すなわち，流通革命の担い手となる候補者たちが数多く名乗りを上げ，スーパーマーケット，あるいはチェーンストアによって日本小売市場を席捲する野心に燃え

ていた。

　他方では，新たな産業が大量の労働者を欲求している状態となり，野心的な経営者は当時の若年労働者にとって魅力的に映り，また自らの将来に大きな希望を抱かせるのに十分であった。こうして野心に燃える経営者が率いるチェーンストア企業へ，希望に燃える労働者が続々と集まり，共創し共生する関係が形成されていく。

　しかしながら，新しい企業の創立と斬新な経営により急成長へ一足飛びに向かう激しい局面では，労働条件は過酷となる。過労は一方では経営者と同じ志をもち，新しい方向を向いていることにより相殺されがちであり，他方ではなお残る旧来の小売業独特の慣行にかき消されがちであった。このため，新旧の手探りの労働環境の中で我武者羅に働くことを余儀なくされた労働者たちは，過剰な労働負担の不満と不安を抑えきれなくなる。

　このため，1970年代前半まで，とりわけ1960年代には労使関係が抗争的になりがちであった。ただし，企業や業界の将来の成長性は抜群に高く，賃金や昇進など自らの待遇の向上の見通しもあって，労組の闘争性が表面化して実行される局面はそれほど多くはなかった。

　小池和男のいわゆる「ホワイトカラー化した組合モデル」では，内部労働市場の下で企業内の労使関係が重要となり，企業別の労組が組織され，その労組は生産へ協力する。すなわち，いわゆるパイの増大と配分の双方に強く発言する[15]。1950年代に出現し始めたチェーンストアでは大量採用には新規学卒採用と中途採用の二手があり，また，大量離職が止まらなかった。1970年代までこの傾向が続いたが，その後は中途採用が減少し，また高い離職率は抑制的となった。チェーンストアの労使関係も，それに応じてパイの増大への発言力を維持したまま，労使対等性を強めてパイの分配への発言力を強化し，安定的な労使関係を形成した[16]。

　その過程では，時に例外的な争議が発生するにせよ，生産性の向上へ敏感な態度を失うことはなかった。その主因は，ほとんどのチェーンストア労組がいわゆる同盟路線から外れることなく産業民主化の下にあったことが大きいが，根底には潜在的に同床関係である大勢の労働者が凝集性を高める方向を維持していたためと考えられる[17]。

すなわち，これら一世を風靡したチェーンストアの労働者たちが結成した労組は，経営者と対等の立場を求め，経営者の野望と労働者の現実との矛盾を補正解決しながら，チェーンストアの発展に大きく貢献した。

4　左右の労使関係

　さらに，チェーンストアの労使関係を考察するための重要な視点は，当時の総評と同盟の対立構造である。同盟の結成以降，総評と同盟の２強ナショナルセンターの時代に入った。同盟の多くの産別組合は総評と袂を分かったのであるから，２強の対立関係の中で，全繊同盟（全国繊維産業労働組合同盟）は同盟の主要産別組合として日本の労働組合をけん引することをねらっていた。

　こうしたいわば左右の労使関係を生み出す具体的な差異を示す興味深い資料がある。同盟が結成される以前の全労（全日本労働組合会議）時代の1963年３月，総評議長太田薫が全労議長滝田実へあてた手紙が雑誌掲載され，1963年５月には滝田実から太田薫への返信が掲載された[18]。

　太田薫は滝田実に対して，当時の石炭産業の争議を例にあげて，資本家は労働者が対決しなければいくらでも搾りあげるものであり，労働者が熱心に説得すれば理解してくれるものではない，と非難した。さらにマルクス主義や容共などの言葉を問題にするのではなく，むしろ使用者の介入を排除した組合運動を進めるべきとしている。つまり，使用者の介入で不当労働行為のような第２組合を作るのはいかがなものかと批判している。

　これに対する滝田実の批判の要点は，石炭産業そのものが立ち遅れてしまい，労働条件を向上させる源がなくなってしまったのは，力ずくのたたかいを続けたからと反論した。また，例えば，全労は自ら三池新労を作ったのではなく，三池労組を追い込んだ無理な指導により分裂したため起こるべきことが起こったというように，団結だけを追い求めて労働者を追い込んだものと総評を非難した。さらに，生産性を上げてもそのまま賃金要求に応じるほど使用者はものわかりがよくないものの，だから生産性に反対するという総評の主張は受け入れられないと表明した。

　つまり，例えば，企業がつぶれてもよいから生産性には関わらず労働者の団

結で労働条件の向上を獲得するという総評の考え方と，企業の生産性を上げ，その成果からできるだけ多くの配分を獲得するという全労の考え方の違いが明確である。だからこそ，労働運動の力点とその展開が異なり，対立するのである[19]。

また，滝田実は自ら会長をつとめる全繊同盟が，同時期に組合員を約30万人から約43万人へ拡大させてきたが，それらは第2組合ではなく未組織労働者の組合結成であるとして，太田薫の批判を退け，全繊同盟の民間中小企業労働者の組織化能力に自信をのぞかせている。

小売業界では，1949年に結成された全百連（全国百貨店従業員組合連合会）が，こうした対立関係の下で総評の強力な影響と介入を受けて急激に左傾化し，闘争路線による労働争議を頻発させることとなった。このため，加盟組合の脱退が相次ぎ1962年には崩壊したものの，百貨店労組に強烈な産別組合への忌避意識を植え付け，百貨店労組の産別組合再興までの空白期間が生じた[20]。

チェーンストア業界も総評系の労組活動の標的とされるだけでなく，このいわば「全百連アレルギー」の余波がチェーンストア労組結成の気運をくじいた。また，チェーンストア労組結成時期の初期活動では，常に左傾的活動への転落の危険性を抱え，実際に随所で左右の労使関係に翻弄される局面があった。だが，同盟への加盟の有無に関わらず，多くのチェーンストア労組は同盟路線と同質の生産性向上に敏感な労組活動を選択した。

5　分断の労使関係

チェーンストア企業では，経営者が野心に燃え，労働者が希望に燃えるという意識の共有があったが，それに加えて労組活動の主体も野心や希望に燃えていた。すなわち，新しい産業に労働者が集まり，しかも急速に増えていく。労組の活動家の眼前にはあたかも肥沃な未開地が広がっていて，そこへ鍬を入れ，組織労働者の集団を形成しようとする野心が大きくなる。また，その野心が労働者の奪い合いを発生させるのも不自然ではない。実際に複数の産別組合の立場から組織化の競合や応酬がみられた。

1960年代前半は，全百連アレルギーが色濃く残るものの，百貨店労組の交流

が途絶えた訳ではなく，全百連崩壊後間もなく，九州，神奈川，関西などの地域別の労組交流集団が形成された。また，大手百貨店労組，中堅百貨店労組というように規模別の交流集団や，伊勢丹グループ，高島屋グループというように提携企業別の交流集団が出現した[21]。

　1965年には，FIET（国際商業事務専門職技術従業員連盟）と早期から接触していた伊勢丹労組が主軸となり，国際的な小売事情の情報収集や研究の名目で百貨店労組間の交流がさらに強化され，DILA（ALL Japan Department Store Unions Council for International Labor Affairs，全国百貨店労働組合海外事情研究協議会）が発足し，一部では産別組合の必要性が再認識され始めた。だが，全百連の手痛い経験により，拘束力の弱い，自主性を尊重する団体として活動した[22]。

　こうした百貨店労組の結束のかたわらで，チェーンストアは急速な拡大を開始し，労組の結成も活発化し始めたものの，新興産業であるがゆえに産別組合は存在せず，チェーンストア労組は各種産別に分散して加盟していた。同盟では，こうした成長力が見込めるが過渡的で組織人員が少ない産業に対して，一般同盟がいわばダムとなって産別組合の結成までの役割を果たす方針を持っていた[23]。この方針は実行に移され始め，全ダイエー労組，十字屋労組，渕栄労組は結成後に一般同盟に加入し，流通産別構想の中心労組となっていた。

　他方，同盟へ非加盟の東光ストア労組は全ダイエー労組や渕栄労組に働きかけ，これら3労組が発起人労組となって，1966年に全国スーパー労協（全国スーパーマーケット労働組合連絡協議会）を発足させた。全国スーパー労協は，1968年に全国チェーン労協（全国チェーンストア労働組合連絡協議会）に改称した。全国チェーン労協は，同盟，非同盟のチェーンストア労組を集める緩やかな組織であったため，その内部には，一般同盟主導の流通産別構想と，同盟非加盟のままのチェーンストア産別構想が錯綜していた。ただし，チェーンストア労組の大同団結を目指す点では共通し，大きな支障をきたすことはなかった[24]。

　ところが，繊維の産別組合であるはずの全繊同盟がチェーンストア組織化に乗り出し，1969年に長崎屋労組を結成させると事態は一変した[25]。1969年にはDILA加盟労組のうち，積極的な産別志向の労組が商業労連を結成し，百

貨店労組は,組織範囲が限定されるものの産別組合の結成を実現した。DILAは非公式に同盟会長滝田実から産別組合の結成や組織運営に関する指導を得ていたが,ナショナルセンター加盟を見送り,商業労連は全繊同盟と対峙することとなった(26)。

これに対して,全国チェーン労協は波乱の幕開けとなった。まず,一般同盟加盟労組を中心とする主力労組がゼンセンのチェーンストア組織化について同盟へ抗議した結果,同盟系で集結して打開することが企図され,一団の同盟系労組が全国チェーン労協を脱退し,同盟流通(同盟流通労働組合共闘会議)を結成した。全国チェーン労協に残留した労組は,チェーン労組・中立会議を立ち上げてまとまった。だが,同盟流通が解散し,同盟系は,全繊同盟,一般同盟,全化同盟,地方同盟など各産別へ戻って分散した(27)。このため,すべてのチェーン労組が,全繊同盟の組織化対象という情勢となった。これを受けて,一般同盟加盟労組は再度結集したが弱体化し,チェーン労組・中立会議は,新生のチェーン労協(チェーンストア労働組合協議会)として再出発した(28)。

こうして,1970年代後半からゼンセン,商業労連,チェーン労協の3極時代となった。そこに至る過程では,チェーンストア労組は一度も一本化することなく,分断された労使関係を余儀なくされ,この分断が長引き流通産別構想は輻輳したままであった。

6 変転の労使関係

ゼンセンの組織特性は一口にいうと産別組合たろうとする組織である。すなわち,企業別組合の弱点を補い,産別組合の機能をできる限り整備して発揮する。例えば白井泰四郎によれば,企業別組合の欠陥は多く,具体的には,組織規模が小さいため交渉力や闘争力が弱く,経営との癒着の危険性があり,組合員間の対立と組織分裂を防止する仕組みを持たず,労働条件の標準化が達成されにくく,専門的職業的な労組役員が育たず,一層の組織化の意欲と能力に欠けるなどの点を指摘した(29)。ゼンセン加盟の企業別組合をみるかぎり,その欠点はそのまま適用されない。いずれにせよ,一般に日本で圧倒的多数の企業別組合の欠陥が問題視され,産業別組合や職業別組合など横断組合への脱皮が

期待されてきた(30)。しかし史実はそれを否定し，依然として企業別組合は解体されていない。

　ゼンセンは企業別組合の連合体のままでできる限り産別組合の機能を発揮し，これらの欠陥を弱点の範囲に収めて極力縮小している。このゼンセンの組織特性の心臓部は，大産別主義と内部統制であるといえる。

　大産別主義の指標の1つと考えられる組織拡大の実績は，一貫して芳しい。労働組合が縮んでいく日本で唯一，不断不休で組織を伸ばしている産別組合である。しかし，その内面ではいわゆる繊維部門から流通部門への移転が進行中である。もちろん，いかなる組織内部の変化があってもゼンセンの組織特性は不変という可能性はある。だが，業種の広がりがあるとはいえ繊維単体であった組織と，異種の産業労働者を継続して抱合し複合産別といわれるほどに拡張された組織とで，組織の特性が全く同一というのは現実的ではない。ゼンセン内部では着実に変化が重ねられてきたと考えられるが，その原因はチェーンストア労働者の組織化からはじまった流通部門の拡大にあると推測される。

　したがって，以上の視点に加えて，ゼンセン自体の変化による労使関係の変転を視野に入れる。この変転は，本書の分析にとって重要な関心事であるので，次節で詳しく記す。

7　Ｚモデル

　本書の研究において，複数の視点による労使関係を総合する結節点とするのは，他ならぬゼンセンである。チェーンストア労働者の組織化の担い手として労組結成を主導したゼンセンは，労使関係の各視点のすべてに関わる。すなわち，ゼンセンはチェーンストア組織化により，混乱する労使関係の最中でも同床ぶりを損なうことなく，左右対立の中で同盟路線を堅持させつつも，分断させた。さらに，その過程でゼンセン自体は明らかに変転してきたのである。

　このため，ゼンセンの変異に着目しながら，チェーンストアの労働組合と労使関係を総合的に解明することで，日本の労使関係への示唆を見出す手立ての1つを得ることができる。したがって，本書はチェーンストア労組の結成と初期活動を詳細に事例分析するが，その基底にゼンセン分析を置くのである。

これまで数多くのゼンセン研究がみられるが、主として1960年代までの全繊同盟を詳しく論じたパイオニアは、白井泰四郎や小池和男である[31]。1980年代初頭には、それらの研究に匹敵し、しかもゼンセン同盟に改称した後も視野に入れて再びゼンセンの組織特性と組織化について議論を集中した中村圭介の研究が出現した[32]。すなわち、財政や人事の整備を通じてゼンセン同盟が本部および支部体制を充実させ、また専従化や長期就任傾向が奏功して職業的組合指導者の層を厚くさせたことなどが、ゼンセン同盟の組織拡大の源泉となった。

　また、産別の組織形態と機能研究会のゼンセン研究も詳細である[33]。多彩な執筆者が集まりやや内容が増幅されてはいるが、UIゼンセン同盟移行後の分析は貴重である。情報更新はあるものの基本的な論点や主張は中村圭介の研究成果と同じなので立ち入らないが、自動車総連、電機連合と比較して組織の特徴を指摘した岩崎馨の研究が注目される[34]。すなわち、3つの産別組合を比較してみると、改めてUIゼンセン同盟は大きく異なり、まず専従役職員数が文字通り桁違いに多い。また他の2産別では、活動の多くの単位は本部ではなく労連が行う比重が大きいが、UIゼンセン同盟では本部の集権性が高い。

　本格的にこうした他産別との比較に集中したのが鈴木玲である[35]。各国の先行研究に基づいて組織拡大の様式の違いに着目しており、組織特性だけでなく、産別幹部役員の意思や労使関係制度での濃度を重ねるため、産別組合の特徴が立体的に示される点で画期的な研究である。しかも、各産別役員に対するインタビューに依拠しており、慎重に相互チェックをかけた分析には信頼性が高い。

　ゼンセンの組織化の特徴は、電機連合、JSD、JAM、全国一般、JMIUに比べて、加盟労組に対する権限が最も強く、とりわけ賃金交渉で色濃く発揮される。具体的には電機連合、JSDは労使協調や生産性向上などに基づく組織化とみなされるパートナーシップ・モデルであり、組合員が大きく関与し、職場を活性化しながらの積極的な方法による組織化とみなされる全国一般、JMIUが組織化モデル、既存の組合員にサービスを提供し、新規の組織化対象組合員にはサービスの質を強調する組織化とみなされるJAMがサービス・モデルである。これらに対して、ゼンセン同盟は局面に応じてパートナーシップ・モデル

と組織化モデルを使い分けられるだけの強い指導性を発揮している[36]。

さらに，組織化ではなく，賃金交渉に注目しても，ゼンセンの本部集権化の高さは鮮明である。木村牧郎は，ゼンセンの繊維の各部会における集交や連交などに代表される統一的な賃金交渉を検討し，尾西地区の地域集団交渉について詳細に分析した[37]。繊維の各部会では，統一的な賃金交渉が実現し，とりわけ中小労組部会である地繊部会でも統一交渉や地域集交などの企業横断的な賃金交渉が実現していた。だが，1970年代以降は繊維不況により統一的な賃金交渉体制は後退し始め，1980年代以降も小康状態を経て徐々に衰退へ向かった。だが，統一的交渉は困難になり企業横断的な交渉の範囲が縮小しても，ゼンセンの繊維労組が全面的な単交に陥ることはなかった。松村文人が指摘するようにゼンセンを含め日本の産業レベルの賃金交渉は擬似的な産業別交渉であり，停滞しつつも維持されている[38]。その意味ではゼンセンが本部集権的な産別組合であることは間違いない。

以上の研究は，ゼンセンの特質を摘出する際に，明示的にあるいは暗黙に産別組合のタイプ分けに努力を払う。その最大の理由は，これまでのゼンセン研究が，労働者の組織化や賃金交渉に着目し，ゼンセンそのもの，ひいてはその背後にある日本の労働組合や労使関係自体を研究してきたからである。比較研究が共通して意識するのは，ゼンセンとはもちろん純粋な産業別組合ではないが，かといって企業別組合の連合体でもない点である。もっと明確にいえば，日本で圧倒的に普及し定着しているが問題点も多い企業別組合の弱点を補い，できる限り産業別組合の機能を発揮する異色の組織と把握されている。またその心臓部といえるのは，諸研究を総合すると，大産別主義と内部統制の2つに集約することができる。

ゼンセンの組織特性に関するこれらの共通認識はいかなる時期の研究でも揺るがない。だからこそ，ゼンセンを総体と把握することになり，ゼンセンが1970年代以降，チェーンストア労働者の組織化の担い手である点はほとんど問題とされない。つまり，事実は知覚されていても，研究上，ゼンセンがチェーンストアの産別組合である点が明確に位置づけられていない。

本書の特色の1つも，チェーンストア労働者の組織化の担い手としてゼンセンをとらえることにあるが，ゼンセンのタイプ分けに加えて，その変転を考察

する。しかし，チェーンストア労働組合の研究はほとんどみられず，その点に関してはゼンセンについても不明な点が多く，また依拠すべき理論が乏しい。そこで本書は，アメリカ炭鉱労働組合を深く分析した不朽の名著を残した高宮誠の研究に倣い，仮説検証型ではなく理論設定型の接近方法で事例分析による仮説モデルの構築を試みる[39]。

　もう一度，原点に戻ろう。大産別主義を保ち，高度な内部統制を誇るゼンセンが不断の組織拡大を達成し，現在のUAゼンセンに到達している。形式上はともかく実質的には最大の流通部門を中心に他部門，他部会が加わる複合産別であり，繊維から流通への移行とその意味を見逃すわけにはいかない。すなわち，日本最大のチェーンストア労働者を形成できたゼンセンの組織体をモデルで説明する必要がある。このモデルをZモデルと呼ぼう。

　問題関心の視点の1つとして変転する労使関係を指摘したように，Zモデルの成型のために優先すべきは，繊維から流通への変異に着目することである。具体的には，ゼンセン内部でチェーンストア労働者が激増する過程で，大産別主義と内部統制を心臓部とするゼンセンの組織の性質が，いつ，どのように変わったのか。この点がZモデルの急所である。しかも，軽微な推移ではなく，いわば脱皮するような変革の時期と内容が問われる。ゼンセンのように連綿と組織拡大してきた産別組合でそれらを見極めるのは容易ではなく，これまでのゼンセン研究も同時代の実態分析が難事とはいえ，変異については考慮の外であった。

　本書もこの困難から免れないが，果敢に大まかなモデルを提示することにしよう。第1に，時期については，4つの区分を設定しよう。すなわち，①「繊維成長成熟期」，②「流通部会結成期」，③「部会再編拡張期」，④「産別合同期」であり，それぞれは次の区分のトピックまでの期間を示す。例えば，①なら全繊同盟結成の1946年から繊維産業の成長と成熟を経て流通部会を結成した1970年以前までである。以下，同様に②～④をまとめると**図表序－1**のようになる。

　時期区分それぞれに大きな変化がみられるが，その水面下ではチェーンストアの組合員の激増が起爆剤となって，他ならぬゼンセン自体を変転させたポイントがあるはずである。そのポイントをZ点と呼ぼう。おそらくZ点は②の終わりか③，つまり1980年代に潜んでいると思われる。なぜならば，③の時期

●図表序-1 「Zモデル」の時期区分

	名称	時期	区分の根拠	
①	「繊維成長成熟期」	1946年～1969年	1970年 流通部会結成まで	
②	「流通部会結成期」	1970年～1982年	1982年 衣料・卸商業部会創設まで	Z点？
③	「部会再編拡張期」	1983年～1999年	2000年 UIゼンセン同盟の結成まで	Z点？
④	「産別合同期」	2000年～2012年	2012年 UAゼンセンの誕生まで	

に部会の再編を伴う拡張が既定事項のように次々に推進されていたし，それを土台にして④の時期に産別合同へも躊躇なく踏み出しているからである。また，中村圭介のゼンセン同盟に対する詳細な分析結果を解析しても，1970年代にZ点があるとは思われない。1980年代に部会の再編拡張に至る過程で，ゼンセンの変転を決断させ，その成功を確信させた何がしかの論理や勢力が発生していたとみられる。

　第2に，Zモデルの骨子についても，Z点を手がかりとしよう。Z点は，ゼンセンが変転に耐える組織能力の準備を完了した時点と考えられる。仮にそうならば，いったい何が完了したのであろうか。その準備が終わり，何が始まったのであろうか。

　始まったものの1つは明白である。ゼンセンの組織化の進撃により従来みられないほどの組織拡大が始まったのであり，その先には究極の組織化といえる産別合同に乗り出した。すると，Z点を迎える前に完了した準備とは，以後の組織拡大を保証するほどの組織化手法が完成したことになる。まず，この組織化手法の中身こそ検証しなければならない。

　第3に，さらに，Z点を超えることの意味について明確にしなければならない。すなわち，ゼンセンが完成した組織化手法を備えた組織能力にはどのような論理が作用していたのかを考える手段となる。言い換えれば，予想以上の組織拡大を達成できたいわば相乗効果の実体は何か。また，Z点を超えていかなる組織能力の調整を決定づけたのか。ゼンセン全体でみればどう変わったのか，

ということである。

　以上，Z点の特定，Z点を迎えるまでの準備内容としての組織化手法，Z点超えを果たして複合産別となったゼンセンの姿を説明できる論理，の3点を明らかにし，Zモデルを成型したい。

8　研究方法

　日本の労使関係研究史上，チェーンストアの労働組合を取り上げた本格的な研究は見当たらない。チェーンストア労組は各種産業の労使関係の一事例として，あるいはパートタイマー化の進展に伴い，その組織化主体として登場にするに過ぎない[40]。また，商業研究，流通マーケティング研究，チェーンストア企業研究などでも，労働組合にはまったく言及されていない。つまり，チェーンストアの経営理論もしくは経営史でも労働組合は除外されてきた[41]。

　チェーンストアの労使関係どころか労働組合すら検討されてこなかった事実は，日本で最大の組織労働者の労使関係研究に空白が生じていることを示す。日本の労使関係研究の停滞が指摘されて久しいが，実際には周辺的な議論を続け，空洞化が進行していたのである。

　この空洞を埋めるための第一歩を踏み出す本書では，不明とされてきたチェーンストア労組の結成と初期活動について詳細に記述し，企業別組合と産別組合の双方に対して上記の視点に基づく労使関係の事例分析を行う。すなわち，チェーンストア労組の事例では，労組の結成の経緯，左傾化の傾向と対応，上部組合への加入，とりわけゼンセンとの関係，賃金や一時金，労働時間の交渉，生産性向上活動，経営への発言を中心に分析する。また，ゼンセンの分析では，Zモデルを念頭に置き，組織の特性，組織化，流通部会の活動，部会の再編，産別合同を中心に考察する。

　また，本書の分析では，主に著者が実施したインタビュー調査で収集できた資料を用いる。労働組合を分析した先行研究の整理やそれらの知見との照合も行うが，インタビュー結果単独の利用は最小限にとどめ，ほとんどは労組の機関紙，各種記念誌，周年史，公式文書などの文書資料や関連分野の著書や論文などの公刊資料に依拠して議論する。その最大の理由は，インタビュー対象者

の歴史事実に対する解釈が分かれ，対象者の主観的な判断から逃れられないためである．しかも，重要な史実ほどそうなる．著者は必ずしもそれらの主観が不可とは考えてはいない．だが，本書では分析のための枠組みを構築するにせよ，分析および議論を進めるにせよ，文書資料に対する著者の主観的な判断を優先したい．つまり，インタビュー内容を照合確認できた文書資料のみを用いる著者の主観である．

　この研究のインタビュー対象は3つの集団に分かれる．第1に，産別組合では全繊同盟，商業労連，チェーン労協，そしてもちろんそれらの後身組織であるゼンセン同盟，UIゼンセン同盟，UAゼンセン，JSDの関係者である．第2はそれぞれに加盟するチェーンストア労組の関係者である．第3は，これら2集団以外の対象者であり，ナショナルセンター，他産別，他産業労組の関係者や，チェーンストア経営者，業界コンサルタントなどである．

　これら当事者である調査協力者に関する守秘義務があるため個人名や内訳などは明らかにしないが，著者の調査記録によると，2001年から2016年の期間に調査対象者38人に対して延べ55回のインタビューを実施した．ほとんどは労組事務所，國學院大學，ホテル，喫茶店，レストラン，ご自宅などで1回あたりおよそ1時間半〜2時間のインタビューを複数回実施した．各回のインタビューに先立ち，それぞれ既述の5つの労使関係の視点に基づくインタビュー項目を改定して臨んだ．

9　本書の構成

　本書の記述の中心部分はチェーンストア労組の結成，初期活動，上部加盟に関する事例分析であり，ゼンセン活動の追跡である．したがって，まずその特質を際立たせるために，第Ⅰ部では1970年の全繊同盟流通部会創設前のいわゆる「ゼンセン以前」におけるチェーンストア組織化の分析から開始する．

　第1章では，新興のチェーンストア業界において組織化を進める一般同盟，商業労連，全国チェーン労協，全繊同盟の動向を概観し，各者各様の「流通産別構想」を考察する．第2章は，「ゼンセン以前」の先覚的なチェーンストア労組として，東光ストア労組，渕栄労組，全西友労組，全ユニー労組，丸井労

組の結成と初期活動の事例分析を行う。「ゼンセン以前」のチェーンストア労組はゼンセンの組織化に応じず加盟しない「ゼンセン以外」の労組となったが，その過程から非ゼンセンの論理を考察する。第3章は，後に最大の組織化主体となったゼンセンの行動の背後にある組織特性を史実に基づいて明らかにし，チェーンストア組織化に乗り出して流通部会の結成に至る道程を解明して第Ⅱ部へつなげる。

続く第Ⅱ部では，チェーンストア組織化へ舵を切ったゼンセンによるチェーンストア労組結成と初期活動を検討する。

第4章では，流通部会の設立メンバーとなった労組の中からゼンセン加盟第1号の長崎屋労組と，同第3号結成であり第2組合としてスタートを切った全ジャスコ労組を選択して，事例分析を行う。第5章は本格的な組織化への試金石となった象徴的な結成事例として，イトーヨーカドー労組を取り上げる。初期活動としてはイトーヨーカドー労組が大きな努力を払って取り組んだ労働時間短縮問題に焦点を当てた分析を行う。第6章は，当時のいわゆる横綱企業の労組として一般同盟に加盟していた全ダイエー労組の結成と初期活動を取り上げる。初期活動では，不当労働行為提訴やストライキに焦点を当て，あわせてゼンセン同盟への移籍加盟について分析する。第7章は，1970年代までのゼンセン同盟の組織化の分析を1980年代以降へ延伸させて概観するとともに，事実上の流通産別構想の実現に至るまでの部会再編と産別合同を取り上げ，ゼンセン同盟のチェーンストア組織化と流通部会がゼンセンをどのように変転させてきたのかについて分析する。

最後に，以上の分析を要約し，Zモデルの成型を試みながら，チェーンストアの労働組合と労使関係に関する結論を述べる。

● 注
（1） 本書では，1947年に結成された全繊同盟（全国繊維産業労働組合同盟）がゼンセン同盟，UIゼンセン同盟，UAゼンセンへと組織と略称を変えてきたことを受けてできる限りその時点の正しい名称を記載するが，時期による厳密な区別が特段必要にならない場合や時期を超えた総体を指す場合には「ゼンセン」と記す。
（2） このため連合に関する議論では，多種多様な視角をもって臨むとしても，暗黙にゼンセンが意識されるか，直接に言及される場合がほとんどである。例えば，中村圭介・連合

総合生活開発研究所『衰退か再生か：労働組合活性化への道』勁草書房，2005年。
（3） 具体的には12部門連絡会のうち，金属，金融保険，公務の3産業を除く，食品，交通・運輸，医療・福祉，建設・資材・林産，化学・繊維，資源・エネルギー，サービス・一般，商業・流通，情報・出版の9産業である。
（4） 平松由美『青山紀ノ国屋物語　食の戦後史を創った人』駸々堂，1989年，奥住正道『証言戦後商業史　流通を変えた100人の記録』日本経済新聞社，1983年，長戸毅『流通革新－日本の源流』同友館，1991年。
（5） 矢作敏行「チェーンストア－経営革新の連続的展開－」，石原武政，矢作敏行編『日本の流通100年』有斐閣，2004年，pp.217-261。戦前にもメーカー直営店，均一価格店チェーン，専門店チェーン，ボランタリー・チェーンが存在したが，戦後にチェーンストア時代の旗手となったのは，電鉄系の東光ストア，百貨店系の西友ストアーを除いて，独立繁盛店からの転身企業であった。矢作敏行によると，新しい業態を開発し展開する業態革新能力によってチェーンストアの消長が決定される。
（6） 小売業態については膨大な研究が蓄積されているが，当時の業態の実態を踏まえた着想を得るために，矢作敏行『現代小売商業の革新－流通革命以降』日本経済新聞社，1981年，田村正紀『業態の盛衰　現代流通の激流』千倉書房，2008年，向山雅夫「総合量販店の革新性とその変容」，石井淳蔵，向山雅夫編『シリーズ流通体系1　小売業の業態革新』中央経済社，2009年，pp.59-97，岸本徹也『食品スーパーの店舗オペレーション・システム　競争力構築のメカニズム』白桃書房，2013年を参照した。
（7） 当時のすべてのチェーンストア企業では人材不足回避が至上命令とされたが，特定時期の対応策ではなく，日本におけるチェーンストアの組織づくりの完成を支える人材の質量を確保できるまで最低40年間が必要とされたことへの長期対策であった。渥美俊一『チェーンストア組織の基本　成長軌道を切り開く「上手な分業」の仕方』ダイヤモンド社，2008年，pp.31-33。
（8） 合併や統合こそが一挙に人材を集める方法とされた。渥美俊一『流通革命の真実　日本流通業のルーツがここにある』ダイヤモンド社，2007年，pp.92-106。また，合併や統合以外の人材対策の1つは他産業からのスカウトであった。渥美俊一『小売業成長の秘密』1967年，pp.174-181。渥美俊一，島田陽介『これからのチェーンストア経営』実務教育出版社，1972年，pp.236-239。
（9） 渥美俊一「講義　労組に対する経営者の姿勢」，日本リテイリングセンター『経営情報』1969年6月号，pp.103-143。なお，渥美俊一によると，高齢の経営者や幹部ほど，労組は企業経営を脅かす存在，適法だからしょうがなくつき合うができれば接触を避けたい，との錯覚に陥っていたが，実際に労組ができれば毎年確実に労働条件が改善されたという。渥美俊一『チェーンストア組織の基本　成長軌道を切り開く「上手な分業」の仕方』ダイヤモンド社，2008年，pp.300-301。
（10） 伊藤雅俊『伊藤雅俊の商いのこころ』日本経済新聞社，2003年，pp.191-192。
（11） 伊藤雅俊『ひらがなで考える商い　下』日経BP社，2005年，p.149。
（12） 田島義博『日本の流通革命』日本能率協会，1962年。

(13) 林周二『流通革命 製品・経路および消費者』中公新書,1962年,同『流通革命新論』中公新書,1964年。ただし,林周二の分析は田島義博が編集長をつとめる『市場と企業』への連載論文を契機としており,また田島義博が先行して同種の論考を発表しているため,通説とは異なり,流通革命論の創作者は田島義博であるとみられる。
(14) 佐藤肇『流通産業革命 近代商業百年に学ぶ』有斐閣選書,1971年,同『日本の流通機構 流通問題分析の基礎』有斐閣,1974年。ただし,先行する田島義博の著作には,佐藤肇ほど体系的ではないものの,アメリカの実態と日本の資本別進出の両面でスーパーマーケットへの言及があり,流通革命の主体に対する分析と有望視が認められる。
(15) 小池和男「序説-ホワイトカラー組合モデル-問題と方法-」,日本労働協会編『80年代の労使関係』日本労働協会,1983年,pp.225-246。
(16) 仁田道夫は,成熟産業の代表例といえる鉄鋼企業の労使関係において,労働者側の積極的な発言や関与があり,その背景には,企業の長期的な存続や繁栄を自らの利害に関わる問題と受け止めて行動する労組の企業に対するコミットメントがあると主張している。仁田道夫『日本の労働者参加』東京大学出版会,1988年,pp.281-286。この知見は,新興産業において混乱する労使関係において手探りの活動を開始したチェーンストア労組にも強く該当する。他方,1970年代の松下電器労組の経営参加を詳細に議論した岩田憲治によれば,相互信頼的労使関係が形成されたのは,会社側が労使の情報共有や発言力が労働者を動機づける点を重視して受容したからである。岩田憲治『人事労務管理制度の形成過程-高度成長と労使協議』学術出版会,2006年,pp.221-248。同時期のチェーンストアの労使関係でもおおむねこれらの条件は満たされていたと考えられる。
(17) いち早く同盟路線が定着したのは,もちろん地方同盟,一般同盟,全化同盟を擁する同盟の活動が大きいが,すでに戦前日本には労組が経営へ発言しており,その素地があった。小池和男『高品質日本の起源 発言する職場はこうして生まれた』日本経済新聞出版社,2012年。ただし,同盟路線に関しては,前身の全労の時代に全繊同盟が生産性向上運動に懐疑的であり,全労大会ではこの運動は労使協調になると批判し,生産性向上運動へ踏み切らない全繊同盟と海員組合が対立したという。和田春夫「生産性運動」,師岡武男,仲 衛編『証言構成 戦後労働運動史』SBB出版会,1991年,pp.168-169。
(18) 太田薫「滝田さんへの手紙」『月刊労働問題』第58号,1963年,pp.15-19,滝田実「太田さんへの返事」『月刊労働問題』第60号,1963年,pp.52-55。滝田実は,三池争議の現場でマルクス主義の学者グループによって「企業がつぶれても鉱山と労働者は残る。」といった指導が行われたことを批判した。なお,三池労組の分裂については,平井陽一『三池争議-戦後労働運動の分水嶺』ミネルヴァ書房,2006年が詳細に分析している。
(19) この後,1970年代には総評が雇用保障の取り組みを主導できなくなったのは,1960年代の炭労の政策転換から教訓を学ばなかったためという主張がある。それと対照的なのが同盟や金属労協であり,傘下の民間労組がミクロレベルで生産性向上と経営参加を追求し,その延長線上では産業政策と雇用政策の活動を強化し,マクロレベルでも政策要求の労使連合を牽引したとの評価がある。久米郁男『日本型労使関係の成功 戦後和解の政治経済学』有斐閣,1998年,p.237。

序章　チェーンストアの労使関係を考察するために

(20)　五十嵐政男『流通小売業における産業別組織の記』UA ゼンセン，2014年，pp.7-40。
(21)　五十嵐政男『流通小売業における産業別組織の記』UA ゼンセン，2014年，pp.41-45。
(22)　労働省『資料労働運動史　昭和44年』1973年，p.683。
(23)　同盟史刊行委員会『同盟23年史　上巻』pp.417-420。
(24)　労働省『資料労働運動史　昭和44年』1973年，pp.688-691。
(25)　労働省『資料労働運動史　昭和45年』1974年，pp.784-788。当時の新聞も驚きの目で報道している。例えば，「全繊，スーパー労組に触手，まず5万人組織化，流通部門設け拡大図る。」との表現がみられる。『読売新聞』1970年4月20日付朝刊。
(26)　五十嵐政男『流通小売業における産業別組織の記』UA ゼンセン，2014年，pp.66-71。
(27)　五十嵐政男『流通小売業における産業別組織の記』UA ゼンセン，2014年，pp.56-58。
(28)　日高昭夫「チェーン労協の組織強化のあゆみと今後の課題」『現代の労働』7月号，1974年，pp.143-144，五十嵐政男『流通小売業における産業別組織の記』UA ゼンセン，2014年，pp.109-110。
(29)　白井泰四郎『企業別組合　増訂版』中公新書，1968年，pp.44-48。
(30)　ところが，どんな組合に移行や脱皮するのかになると，日本では純粋な職業別組合機能や産業別組合機能を発揮する検討対象が乏しいことから，春闘に対する評価や欧米労組の概説に基づく粗い議論に陥りがちである。本書の分析では，直接に援用しなかったが，イギリスのASE（合同機械工組合）およびAEU（合同機械産業労働組合）の職業別組合と産業別組合の機能を詳細に検討した熊沢誠『産業における労働組合機能』ミネルヴァ書房，1970年の分析を参照した。
(31)　白井泰四郎，神代和欣「繊維産業における賃金交渉」『フェビアン研究』第17巻7・8号，1966，小池和男「戦後単産史2　全繊同盟－組織ののびと春闘に加わらない賃金交渉」『季刊労働法』第61号，1966年（後に「全繊同盟」，岡崎三郎『日本の産業別組合　その生成と運動の展開』総合労働研究所，1971年），小池和男『日本の賃金交渉－産業別レベルにおける賃金決定機構』東京大学出版会，1962年。これらの他に，大河内一男編『日本労働組合論－単位産別組合の性格と機能－』有斐閣，1954年，宇佐美忠信「全繊同盟の組織改革」『経営と労働』第16巻第1号，1971年，pp.62-66を参照した。
(32)　中村圭介『労働研究所報』第3号，1982年，pp.27-38。より詳細な分析は，中村圭介「ゼンセン同盟」，『中小企業分野における産業別労働組合－組織と活動－』東京都立労働研究所，1983年，pp.75-162である。
(33)　産別の組織形態と機能研究会『UI ゼンセン同盟の組織形態と機能に関する研究報告書』労働問題リサーチセンター，2008年。
(34)　岩崎馨「UI ゼンセン同盟－組織の特徴」，産別の組織形態と機能研究会『UI ゼンセン同盟の組織形態と機能に関する研究報告書』労働問題リサーチセンター，2008年，pp.19-42。
(35)　鈴木玲「産別組織の組織拡大戦略－その制度的文脈と媒介要因」，鈴木玲，早川征一郎編『労働組合の組織拡大戦略』御茶の水書房，2006年，pp.285-309。
(36)　鈴木玲「産別組織の組織拡大戦略－その制度的文脈と媒介要因」，鈴木玲，早川征一

郎編『労働組合の組織拡大戦略』御茶の水書房，2006年，pp.301-303。
(37) 木村牧郎「繊維産業の労使関係－尾西地区毛織業の地域集団交渉－」松村文人編『企業の枠を超えた賃金交渉』旬報社，2013年，pp.151-185。
(38) 松村文人「結語」，松村文人編『企業の枠を超えた賃金交渉』旬報社，2013年，pp.217-224。しかし，日本の産業別組合が有名無実となり，消失していくことを自明のように示す松村文人の結論は性急であり，不満が残る。少なくとも，例えば，全港湾（全日本港湾労働組合），全日建運輸・連帯・関生支部（全日本建設運輸連帯労働組合・関西地区生コン支部）などの労組が保持する産別機能を十分に検討する研究が欠かせないと思われる。
(39) 高宮誠著，岡本康雄，土屋守章監訳『労働組合の組織と闘争性　アメリカ炭鉱労働組合の組織論的研究』同文館，1982年，pp.13-16。この研究には，圧倒されるような分析内容のみならず，研究方法に関する示唆が満載されている。なお，仁田道夫の鉄鋼産業の労働者参加に関する研究も，仮説検証ではなく，事例分析から内的な論理を導く研究方法が意図的に採用されている。仁田道夫『日本の労働者参加』東京大学出版会，1988年，pp.17-18。
(40) ただし，1980年代の川喜多喬および中村恵のチェーンストア労組の研究がある。川喜多喬は，最大手チェーンストアの事例を分析し，労務管理の特徴を考察した上で労組による規制に着目している。川喜多喬「巨大小売企業の労務管理と労使関係」，日本労働協会編『80年代の労使関係』日本労働協会，1983年，pp.309-395。中村恵は，大都市の大手チェーンストアを同地域の百貨店と比較しながら，労組による規制の実態を検討している。中村恵「組合の規制と職場集団の自律性」，日本労働協会編『80年代の労使関係』日本労働協会，1983年，pp.453-481。これらの研究が共通して示唆するのは，労組による規制の実態から判断すると，1980年代初頭までにチェーンストアの企業別の労使関係は協調的，安定的となり，チェーンストア労組はいわゆるパイの増大を前提にした労使協議や経営参加，生産性の向上や利益増大に積極的であったことである。これらの事実は貴重であり，本書はそれにつながる労組結成からの初期活動に焦点を当てている。また，包括的なパートタイマー組織化に関するチェーンストア労組の事例分析は，本田一成『チェーンストアのパートタイマー　基幹化と新しい労使関係』白桃書房，2007年を参照されたい。
(41) チェーンストアだけでなく，チェーンオペレーションを心臓部に据える外食チェーンでも，同様に労働組合が取り上げられることはない。例えば，外食企業の草創期の詳細な実態記録をみても，経営者は労組について一顧だにしていない。「外食産業を創った人びと」編集委員会編『外食産業を創った人びと　時代に先駆けた19人』商業界，2005年。同書に記録されたほとんどの企業の労働者は労組に加入し，その労組はゼンセンに加盟している。

第 Ⅰ 部

流通産別構想の輻輳と「ゼンセン以前」

第1章 流通産別構想の生成と併存

1 はじめに

　アメリカで誕生し，興隆をきわめたチェーンストアの種が日本に蒔かれたのは，1950年代にさかのぼる。以後，芽をふき，根をはり，急速に発展してきた。チェーンストアという新しい産業の誕生により，それまで存在しなかった労働組合が結成され，新たに労使関係が形成されてきた。

　チェーンストア産業の労働組合結成においても，多くは上部組合である産別組合の指導を仰いだり，産別組合からの強力な働きかけによって結成に至る場合がほとんどである。したがって，チェーンストア労組の結成といっても，産別組合からの組織化と位置づけることができる。その際，労働者は膨張していくが既存の産別組合がないため，まるで未開地の未組織労働者に対して，どのような産別組合を形成していくかといった構想が発生するのは当然である。しかしながら，その史実はほとんど知られていない。

　ゼンセンのチェーンストア組織化が強烈であったため，現況の組織化実績を当初からのゼンセン主導の流通産別構想による成果であると短絡的に誤解したり曲解したりする向きが多い。しかし，現実には「ゼンセン以前」に複数の産別組合が各様の流通産別構想を保持していた。しかも，ゼンセンのチェーンストア組織化への参入によって事態が急変し，流通産別構想の一本化は果たされず，輻輳化が固定されることとなった。

　本章では，1950年代のチェーンストア産業の誕生から1970年代までの流通産別構想の形成と帰趨を明らかにしたい。ただし，主に取り上げる上部組合は次の通りとする。

> 一般同盟（全日本労働総同盟全国一般労働組合同盟）
> 全国チェーン労協（全国チェーンストア労働組合連絡協議会）
> 商業労連（日本商業労働組合連合会）
> 全織同盟流通部会（全国繊維産業労働組合同盟流通部会）
> 同盟流通（全日本労働総同盟流通労働組合共闘会議）

　なお，チェーンストア産業全体からみれば影響力が限られる全化同盟（全国化学一般組合同盟），総評全国一般（日本労働組合総評議会全国一般労働組合），生協労連（全国生協労働組合連合会）については，ごく一部に言及し，体系的な分析は割愛する。

2　一般同盟

　チェーンストア産業の労働者の組織化の出発点として見逃せないのは，産別組合としての一般同盟の結成と役割である。後のゼンセンの本格的なチェーンストア組織化の推進ぶりが強烈であるために，ともすればそれ以前の動向を見失いがちになる。だが，史実はゼンセン主導のチェーンストア労組の結成が出発点ではないことを示す。むしろチェーンストア労組に関する限り，水面下の思惑や活動は別にすると，初期のゼンセンの取り組みは明らかに後手に回っていたのである。

　民主化された組合運動を目指した労働組合が集合した総評（日本労働組合総評議会）は，講和条約発効とともに大ストライキを展開し始め，1952年から年中行事になる炭労ストや，断続的な停電を伴う電産ストなどが発生した後に，いわゆる総資本対総労働の対決路線へと先鋭化した。1954年，左傾が止まらない総評から脱退した産別組合により全労（全日本労働組合会議）が結成され，以後，新組織の加入が相次いだ。1959年，全官公（全日本官公職労協議会）が誕生し組織拡大した結果，組織体制の再編が図られ，全労，総同盟，全官公で合意して同盟会議が発足した。同盟会議における提携活動や理念の共有化が進んだことから組織統一に踏み切り，1964年にナショナルセンター同盟（全日本労働総同盟）が創立された。同盟は，さっそくその労働運動の原則と目標を「同

盟憲章」としてまとめた。

　この同盟憲章によって後にチェーンストア労組の組織化の主役となる一般同盟が発足することになった。組織的な役割と任務を示した同盟憲章第5項では，「未組織労働者の組織化について有効な措置を講じ，未加盟組合の加盟を促し，これを産業別に整理統合することによって，産業別組織を中心とする強固な団結と広大な組織を同盟のもとに実現すること。」と定められた[1]。当時次々に誕生しつつあったチェーンストア労働者は，もちろん未組織であり，産別組合が待たれるという意味で第5項の有力な対象である。また，次の第6項の対象でもある。

　その第6項は，「産業構造上，全国組織への糾合が困難な労働組織のために，地域的結合組織の強化と，その全国的な連携を推進すること。」となっている[2]。つまり，第5項と第6項を照合すれば，チェーンストアのように既存の産業別組合が不在である場合には，まず地域的な組織を有する新たな全国的組織が受け皿となることが明示されていた。他方，同盟会議の時期には，既存の産業別組合に整理しがたいものは，地域ごとの一般同盟を組織して，地方同盟会議に直属することが決定していた。このため，同盟結成後は，全国組織としての一般同盟の立ち上げに向かうことになっていた。ただし，その前に，同盟結成後6か月間を目標として，地方同盟会議を地方同盟として新しく発足させることが決まっており，1966年1月に山梨同盟を除いてすべての都道府県で地方同盟が出そろった時点で一般同盟の結成準備に入った。

　こうして，1966年2月に一般同盟（会長増原操，書記長佐藤伝，組合員数約8万4,000人）が結成された。結成大会では，「同盟憲章」に基づき，一般同盟が未組織で産別未整理の労働者の過渡的ないわばダムとしての役割を果たし，いずれ巣立つ産別組合を育てることが確認された[3]。

　しかし，財政問題があるため，既存の一般組合をすべて一般同盟へ集められるわけではない。例えば，一般組合員をかかえていた自動車労連や全化同盟に加えて，一般同盟の結成によって窓口が3つになり整理が難しくなった。このため，既に自動車労連と全化同盟に加盟した一般組合員は継続加盟させ，新たに組織化した一般組合員を一般同盟へ加盟させる方針となった[4]。

　一般同盟は組織化という点では，最初から苦境に立たされていた。というの

は，他の産別組合の加盟候補労組を一時的に預かるという役割である限り，自らが積極的に組織化に乗り出すことをためらう。また，一般同盟は財政と人材が潤沢ではない。さらに，その時点で産別に整理されない組合はいずれも組合員数が少なく，したがって自己解決ができるほどの財政もなく専従役員もいない。現実には，小規模組合ほど労使紛争が発生しやすく，一般同盟の大手組合からの財政に頼ることになり，どうしても小規模組合の一層の組織化に消極的になるというジレンマがある。

このため，まだ産別組合がない新しい産業の，一定規模以上で，しかも今後組合員の増加が見込める労組を加盟させる必要があった。この条件を満たし，一般同盟の新規の組織化対象として有望であったのが他ならぬチェーンストア労働者であった[5]。

一例をあげれば，1965年に結成されたダイエー労組は，当初は同盟の地方組織の兵庫同盟に加盟したが，1966年，再編結成されたばかりの一般同盟の地方組織である兵庫一般同盟へ移行加盟した[6]。ダイエー労組の委員長松吉英男は，兵庫同盟では副会長，兵庫一般同盟では会長をつとめた。

地方同盟から一般同盟へ整理された小売業の労組をあげると，ダイエー労組の他に，十字屋労組（東京同盟から，以下地方同盟名のみ記す），渕栄労組（福岡地方同盟），岩田屋労組（福岡地方同盟），アサヒストア労組（長崎地方同盟），全星電社労組（兵庫地方同盟），関西スーパー労組（兵庫地方同盟），津松菱労組（三重地方同盟），田畑百貨店労組（千葉地方同盟），サカモト労組（千葉地方同盟），宇都宮東武労組（栃木地方同盟）などがある。

以後，一般同盟は，流通産別の結成を旗印としてチェーンストア労組に対する組織化を継続し，全エンドー労組のように一般同盟の結成後に組織化に成功して加盟した労組が出現した。ただし，一般同盟が十分な組織化のための財政や人材を保有していたわけではないため，組織化の原動力は地方同盟や一般同盟の役員を兼務して産別組合の結成を急ぐダイエー労組や十字屋労組など主要な加盟組合の委員長であった。

例えば，ダイエー委員長の松吉英男は兵庫一般同盟会長となり，1967年12月に発足した一般同盟内の業種別労組協議会のうち，全国商業労組協議会の議長となった[7]。また，1969年5月には一般同盟の「チェーンストア組織対策特

別委員会」の委員長となり，自らが積極的にチェーンストア労組の組織化を進めた(8)。さらに，当時チェーンストア組織化に乗り出しつつあった全繊同盟の行動を受けて，同盟会長滝田実に対して，同盟の既定路線，つまり同盟憲章に基づく一般同盟による流通産別化計画に抵触すると反発し，反対意見を表明した。あわせて，1970年6月のダイエー労組の第6回定期大会では，既定路線通りの流通産別構想の実現に邁進するために兵庫一般同盟からの離脱を決定し，一般同盟本部へ直加盟した(9)。この時点で全繊同盟はいわばダークホースであった。

3 商業労連

　次に，商業労連の動向に移ろう。本書の研究対象がチェーンストア労組の結成にあるため，その組織化に着手した一般同盟から考察したが，戦前から存在する百貨店業界では労組の結成と活動が先行していた。チェーンストアが存在しない小売業界では，1948年に発生した三越の解雇争議の支援に乗り出したが十分な成果がなく力不足を痛感した東京都百貨店労組懇談会や，九州地方の九百労，大阪を中心とした関西地方の大百連が中心になり，1949年，全百連（全国百貨店従業員組合連合会，47組合，約2万人，委員長法亢章夫，事務局長永峰信幸）が結成された。

　全百連は当初こそ健全で民主的な産別組合であったが，やがて総評の指導を受けるようになり，激しく左傾した労働運動へ移っていった。その典型例として最も著名なのは1951年の「三越争議」と1957年の「岩田屋争議」である。

　三越従組は，1951年の賃金交渉における定時出勤戦術の責任を追及された役員たちの解雇やけん責に対する反対闘争で総評の応援を得た。東京3店で打った48時間ストをはじめ，無期限ストの予定と延期，さらに組合役員に対する再度の責任追及による解雇で大きく混乱した(10)。この労使関係のもつれは法廷闘争に持ち込まれ1960年に和解するまで続いた。

　岩田屋争議は，1957年の春闘時における後の混乱を予測させるような3,890円という異常な高額賃上げ要求が発端であった。会社側の最終回答は，同年の私鉄大手13社に対する中労委調停案1,250円に近い相場観のある1,200円であっ

た。だが，岩田屋労組は形式上は半額以下となった回答を全面拒否し，総評の指導による全百連の指示で，さらに数々の改善要求をぶつけて短時間ストや24時間ストを繰り返した。この泥沼のような争議は53日間に及び，ようやく地労委のあっせんにより収束した[11]。

　全百連の組織規模のピークは1960年で55組合，約35,000人であり，決して小さな産別組合ではなかった。だが，長期的なストや第2組合の結成を伴う暴走活動や共産党に偏った政治活動などが目立ってくると，加盟する百貨店労組はなじめず，分裂や脱退が相次いだ。例えば，それまでリーダーシップをとってきた全大丸労組が1959年に脱退し，その役割を全そごう労組が引き継いだものの，高島屋労組，阪急労組，全松坂屋労組など大手労組の脱退が止まらなかった。1962年8月，ようやく事態を重く受け止めた全百連は臨時大会で解散案を審議して承認した。このため，10月の定期大会で4分の3以上の承認による正式決定のために採決したところ，僅差で決定有効票とならず公式的な解散が否決された[12]。だが，解散賛成に回った加盟労組の脱退が後を絶たなかったため，実質的に崩壊した[13]。

　この全百連の崩壊は，その当事者である百貨店労組だけでなく，チェーンストア労組にも組合運動に否定的なイメージを植え付け，労組アレルギーというべき強烈な後遺症を残し，小売業労働者の産別組合の結成を大きく遅らせた。

　ただし，百貨店労組は，全百連の崩壊後も，特定の労組間の交流や地域内での交流を続けていた。全百連からいち早く脱退した伊勢丹労組，三越労組，全大丸労組，高島屋労組，全松坂屋労組の中で，機運をみてとった伊勢丹労組の呼びかけに応じる形で，1965年2月4日，大磯ロングビーチホテルで海外事情の研究と経験交流や情報交換を目的としたDILA（All Japan Department Store Unions Council for International Labor Affairs，全国百貨店労働組合海外事情研究協議会）が設立された[14]。DILAはこの設立総会で**図表1-1**のような運営要項を決定した。

　また，1965年3月には設立趣旨に賛同して加盟を希望する労組を確認し，運営方針を決定するためにDILA世話役会議が開催され，DILAへ49労組，約7万人が集結した。

　産別組合への不信感が大きくなった百貨店業界にとっては，こうしたゆるや

●図表1－1　DILA運営要項

名　称：全国百貨店労働組合海外事情研究協議会（All Japan Department Store Unions Council for International Labor Affairs） 事務所：伊勢丹労働組合内 目　的：会員組合の必要とする海外労働情報の調査・研究 事　業：① 海外労働事情の調査研究 　　　　② 海外労働事情に関する刊行物の発刊 　　　　③ 海外労組との交流計画の推進及びその実施 　　　　④ その他，目的達成に必要な事業 構　成：加盟を希望した百貨店労組 運　営：若干名の世話役をもって運営する 総　会：年1回会員労組が全員集まる機会をもつ 運営費：経費は加盟労組が平等にそのつど分担する

（出所）　商業労連『商業労連20年の歩み』1991年，p.37。

かな連合体を発足させるのが限度であったが，産業内の労組を一堂に集めることになれば，労働条件の向上や産業政策の必要性が再燃してくる。やがて一部から産別組合を求める声が大きくなった。1968年1月22日～25日の第4回国際セミナーの直後に開催されたDILA総会では，産別組合の結成の段階へ移るべきとの意見が複数の労組から次々に出された[15]。これを受けて，1968年3月4日の世話役会では，伊勢丹労組と全大丸労組が発起人となり，産別組合の結成を念頭に置いた「組織問題懇談会」が設置された。

組織問題懇談会は検討会議を開催し，また小委員会を設置して具体的な提案の作成を始めた[16]。だが，各労組は産別組合の必要性では一致するものの，具体的な検討になると見解が分かれた。必要性を重視して実行すべきという産別組合移行論の積極派と，全百連の後遺症によって時期尚早論を変えない消極派に分かれた[17]。

しかし，議論の進展はみられず停滞状態に入ったところで，百貨店業界が大きく揺れる問題が発生した。1968年7月，「百貨店法」で定められ営業時間の弾力化，具体的には19：00閉店日の枠を拡大する旨の通産省通達が出され，営業時間の延長が予想された。DILAは直ちに，営業時間拡大を労働条件の低下とみなして問題視した。現行の営業時間堅持を確認し，記者会見で見解を表明

して世論に訴えたり，労働省と通産省に対してロビー活動を開始するなど全力で取り組んだ。しかし，通達の撤回は実現できず，産業政策に関するDILAの力量不足を痛感させることになり，再び産別組合待望論が高まった[18]。

しかし，1969年1月20日～24日の第5回国際セミナーの後のDILA総会では，組織問題懇談会の活動を巡る意見が続出して，産別組合結成に関して再び促進派と慎重派の間で意見が対立し，総会は紛糾した。そのため，議長が全労組に意見を求めた結果，全労組代表者会議を早急に招集することとなった[19]。

1969年3月1日の第1回代表者会議，6月3日～4日開催の第2回代表者会議，9月4日～5日の第3回代表者会議と，結成準備活動が白熱した[20]。こうして1969年10月25日，東京の都道府県会館で商業労連（日本商業労働組合連合会，会長鈴木健勝，事務局長山本勝一）が結成された。ただし，大手労組を含め産別組合に対して慎重であった労組が参加しないままの門出となった。くだんの三越労組は商業労連に加盟しないどころか，外部とのすべての交流を拒絶した。ただし，商業労連結成後，事情により商業労連に合流できなかった百貨店の労組が将来加盟できる道筋をつけておくために，日本生産性本部の活動体の形態をとった「百貨店七労組連絡協議会」を発足させるなど，様々な百貨店労組間の連携の模索を続けた[21]。

また，結成準備段階で，上部組合による統制力や拘束力，政治活動などの強化に対する加盟予定組合の不安が大きいとの判断が下され，商業労連はナショナルセンターに加盟しない純中立無所属路線を選択した[22]。1970年1月の商業労連第1回定期大会の開催時の組織人員は，**図表1－2**の通り，正式加盟43単組43,300人，オブザーバー加盟9単組7,500人で，計52単組，約51,000人となった[23]。

DILAから産別組合の結成準備の段階において，組合規約や財政方針などの試案作成の中で商業労連という名称に決まったのは，百貨店労組に限定せず，チェーンストア労組をはじめ，月賦販売労組，専門店労組，卸売店労組など流通産業を幅広く網羅した産別組合への志向が承認されたからである。

また，商業労連の結成大会で承認された組合規約の第5条は，「労連は百貨店，チェーンストア，専門店，卸売店，その他全ての小売商業関係に働く者の団結する力により綱領および議決された運動方針に基づき加盟組合，並びに加盟組

● 図表1－2　商業労連加盟労組一覧

地区	労組名	組合員数	地区	労組名	組合員数
北海道	棒二森屋労組 丸勝松村労組	600 234	関西	全丸物労組 阪神百貨店労組	1,251 1,533
東北	川徳従組 藤崎労組 松木屋百貨店労組 丸光労組	502 705 220 508	中・四国	山陽百貨店労組 福屋労組 丸新労組 やまとやしき労組	400 620 252 470
東京	伊勢丹労組 京王百貨店労組 京浜百貨店労組 全松屋労組 全緑屋労組 東急百貨店労組 丸井労組 吉川百貨店労組	5,600 1,650 410 2,600 4,180 3,000 3,850 237	九州	岩田屋百貨店労組 トキハ労組 渕栄労組 松屋労組 丸屋労組 別府近鉄労組 宮崎山形屋労組 山形屋労組	1,448 730 210 300 250 210 280 1,009
甲信	岡島従組 諏訪丸光労組 はやしや労組 井上デパート労組 山交百貨店労組	406 200 200 280 275	沖縄	沖縄山形屋労組 リウボウ労組	120 130
神奈川	小美屋従組 志沢労組 野沢屋労組 岡田屋総合体労組	520 600 750 800	オブザーバー労組	五番館従組 さいか屋労組 藤井大丸労組 小倉玉屋労組 福岡玉屋労組 佐賀玉屋労組 佐世保玉屋労組 東武百貨店労組 ちまきや労組	725 500 541 600 625 300 500 1,480 200
東海	田中屋労組 丸栄労組	378 1,200			
北陸	小林百貨店労組 全大和労組	502 1,800	合計　52労組　約5万人		

(注)　1970年1月31日時点。
(出所)　商業労連『商業労連20年の歩み』1991年より作成。

合の組合員の経済的，社会的地位向上を図ることを目的とする。」とされた[24]。

つまり，商業労連は全百連の後遺症を乗り越えるだけでなく，チェーンストア労組も巻き込む形での流通産別の実現へ向かい始めたのである。

4 　全繊同盟流通部会

　全繊同盟は，繊維産業の労働者を結集する産別組合であり，1946年に結成された。その全繊同盟が1960年代末に，繊維産業の川上から川下まで，との方針を掲げて一転して他産業の労働者の組織化に乗り出した。すなわち，原料や中間製品としての繊維だけでなく，衣料の卸売や小売までを視野に入れ，衣料品を取り扱うチェーンストア労働者がその対象とされた。

　全繊同盟に最初に加盟したのは衣料チェーンの長崎屋労組であり，1969年9月に全繊同盟の支援を受けて結成された。その直後，全繊同盟は，1969年10月の第7回中央執行委員会で，「全繊同盟流通部会設置準備委員会」を編成し，次回定期大会で流通部会の設置を提案することを決定し，本格的なチェーンストア労組の組織拡大と受け皿の整備に乗り出した[25]。

　1970年2月18日，第25回全繊同盟定期大会の前日に，大阪府大阪市の新大阪ホテルで全繊同盟流通部会創立中央委員会が開催され，流通部会（部会長坪西辰也，書記長竹山京次）が結成された[26]。この流通部会の結成にいたる準備期間中，長崎屋労組の結成の直後に，ハトヤ労組，全ジャスコ労組，ニチイチェーン労組が結成され全繊同盟入りを決定した。1970年2月の流通部会結成直前には，既存組合の赤札堂労組と，いずみや労組が全繊同盟への加盟を決めた。流通部会は，5組合，組合員数約1万2,000人でスタートした[27]。

　流通部会の結成の後，全繊同盟は破竹の勢いでチェーンストア組織化を進め，大手，中小のチェーンストア労組のみならず，大阪を中心とした衣料卸売労組が続々と流通部会へ集結した[28]。ゼンセンについては，第3章で詳細に検討する。

5　全国チェーン労協

　一般同盟，商業労連，全繊同盟のそれぞれの思惑と組織化への着手が交錯する中で，流通産別の実現を目指す一般同盟の労組が中心となり，一部では商業労連および全繊同盟に加盟するチェーンストア労組，さらには上部組合へ所属しない，いわゆる純中立や無所属と呼ばれるチェーンストア労組を巻き込んで，将来計画のための母体として全国チェーン労協が発足した。しかし，具体的な活動は，もっと早期に開始されていた。

　1965年，最大手のダイエーに労組が結成されて以降，すみやかにチェーンストア労組の交流が促された。とりわけ，早々に労働組合を結成していた東光ストア労組，ダイエー労組，渕栄労組は，労組役員の間で交流を持つ友好関係にあった。こうして，一丸となって業界の課題に取り組んだり，情報を交換する場を設けることが企図され，1966年11月29日～30日，東京都渋谷区の東急文化会館ゴールデンホールで第1回会議が開催され，全国スーパー労協（全国スーパーマーケット労働組合連絡協議会）が発足した。

　この第1回会議へ参加した組合は，呼びかけを行った東光ストア労組，ダイエー労組，渕栄労組の他，それら3労組から呼びかけを受けた十字屋労組，赤札堂労組，高島屋ストア従組，サンマート労組であり，合計7組合，21人の労組役員の参加があった。

　例えば，呼びかけ労組から十字屋労組へ発信された案内状の文面は，**図表1-3**の通りである。

●図表1-3　全国スーパーマーケット労働組合連絡協議会の第1回案内状の内容

　　　　　　　　　　　　　　　　　　　　　　　　　昭和41年11月12日

十字屋労働組合　殿

　　　　　　　　　　　　　　　　　　　　　　　　渕栄労働組合
　　　　　　　　　　　　　　　　　　　　　　　　ダイエー労働組合
　　　　　　　　　　　　　　　　　　　　　　　　東光ストア労働組合

　　　　　　「全国スーパーマーケット労働組合第1回協議会ご案内の件」

　謹啓　晩秋の候、貴労組におかれましては益々ご清祥のこととお慶び申し上げます。
　日本にスーパーマーケットが誕生して以来、早12年間を経過し、その間、小売業の近代化を促進するとともに、流通革命の担い手として経済社会に多くの貢献を果たしてきました。
　いまや近代小売業の尖兵として小売業におけるシェアの拡大が急速に進められ、一般消費者のスーパーに対する認識と支持の高まりから、国民の消費生活と深く直結しております。しかしながら、一方では自由競争下において小売業の競合関係が激化するとともに貿易の自由化、資本の自由化の予想から外国資本の進出計画、政府の流通対策などから新たな局面に入り、戦国時代の様相を呈してきました。非常に重要な時期に到来していると考えます。
　これらの情勢の中で、同一産業に働く労働者はいかなる姿勢を持って対処すべきか、単に一企業のみで考え対処するだけで良いものでしょうか。
　労働運動が流動期にある現在、同一産業に働く労働者が共通の立場で、共通の問題を「話し合う」機会と交流を深めることは大変意義あることであります。
　しかも、それらの積み重ねの中から労働者の経済的、社会的地位の向上を図り、同時に企業にまた業界に多くの成果をもたらすものと信じます
　そこで、このたび全国のスーパーマーケットに働く労働者が一堂に会する場を設ける運びになった次第であります。
　第一回協議会の内容と運営に関しましては、別紙の通りでありますが、今後の方針については、第一回協議会の中で充分討議し、皆様方の絶大なるご協力を賜り、真に成果ある場として運営する所存であります。なにとぞ多数の参加を要請し、ご案内申し上げます。

　　　　　　　　　　　　　　　　　　　　　　　　　　　　　　　敬白

この第1回会議では、協議会の目的と運営方針について検討され、その結果、図表1－4のような「全国スーパー労協要綱」が制定された。

●図表1－4　全国スーパー労協要綱

（名　称）	全国スーパーマーケット労働組合連絡協議会
（事務局）	関東地区　東光ストア労働組合
	関西地区　ダイエー労働組合
	九州地区　渕栄労働組合
（目　的）	会員組合の必要とする諸労働条件及びスーパーマーケット業界事情の調査・研究・討議を行い、そこに働く労働者の連帯の中から経済的、社会的地位の向上を図る。
（事　業）	(1)スーパーマーケット産業の諸労働条件の調査・研究
	(2)スーパーマーケット産業事情の調査・研究
	(3)調査・研究の結果及び達成に必要な刊行物の発刊
	(4)労働組合間の交流と未組織労働者の組織化
	(5)その他目的達成に必要な事項
（構　成）	加盟を希望したスーパーマーケット、スーパーストア労働組合、またそれと関連類似する小売業の労働組合で構成する。
（加　盟）	加盟は申請により、世話役労組会議の審査に基づき決定する。
（運　営）	若干名の世話役を以って運営する。
（世話役）	世話役は各地区ごとに互選する。任期は1か年、都市、地区は次の通り定める。(1)関東地区、(2)関西地区、(3)九州地区

　全国スーパー労協の主な活動は、参加労組の労働条件調査の実施と報告、セミナーや活動報告を行う会合の運営などである。その概要を一覧にまとめると、図表1－5のようになる。

　第2回会議、第3回会議は、参加労組数はほぼ変わらず、それぞれ有識者の講演のほか、賃金交渉や組織運営などに関する研究を行った。これらの内容は以後の会議でもほぼ引き継がれた。1968年2月の第4回会議では新たに参加した伊勢丹ストア労組、京王食品労組、全エンドー労組を含めて計10労組となり、参加労組が増え始めるきっかけとなった。例えば、1970年2月の第10回会議では最多の26労組が参加するに至っている。また、この第4回会議では、その名称が全国チェーン労協（全国チェーンストア労働組合連絡協議会）へ変更され

●図表1-5 チェーン労協会議の内容

	第2回	第3回	第4回
日時	1967年2月14日~16日	1967年7月28日~29日	1968年2月5日~6日
場所	兵庫県・有馬・有楽園	大分県・別府・杉の井ホテル	静岡県・湯河原・山翠楼
テーマ	賃金闘争について	労組の組織運営	高度成長下におけるチェーンストアの問題点
設営労組	ダイエー労組	渕栄労組	東光ストア労組
参加労組	5組合	6組合	10組合
内容	経験交流:最近の活動状況 討議・分科会:今春賃金闘争の取り組み、各労組の取り組み方、要求の仕方・方法、職務給導入の仕方の紹介 ブレーンストーミング「満額獲得する方法」ほか 講演:古川昇（中大教授）「これからの賃金体系」	経験交流:賃金・一時金報告 討議・分科会:協議会運営の強化・拡大、労働条件調査の実施 講演:月岡美一郎（全繊同盟北九州支部長）「労働運動と産業政策」	経験交流:最近の活動報告 討議・分科会:高度成長下にあるチェーンストア労組はいかにあるべきか 講演:倉本初夫（商業界編集局長）「高度成長下のチェーンストアの問題点」 その他:運営要領の改定（名称、会費、労働条件調査年報の報告ほか）

	第5回	第6回	第7回
日時	1968年7月17日~19日	1968年11月6日~8日	1969年1月21日~23日
場所	兵庫県・淡路島・南淡路休暇村	福岡県・福岡・国民宿舎千石荘	宮城県・作並・松雲閣
テーマ	チェーンストア業界の将来と労働運動	チェーン労協の今後の方向と産別問題についての取り組み	大幅賃上げと労使関係
設営労組	ダイエー労組	渕栄労組	全エンドー労組
参加労組	11組合	13組合	12組合
内容	経験交流:最近の活動報告 討議・分科会:時短、賃金体系、労使関係、組合組織 講演:重枝琢己（同盟書記長）「日本における労働運動の将来展望」 中内功（チェーンストア協会長）「チェーンストア業界を中心とした流通関連業界の展望」 その他:産別問題についての研究討議	経験交流:最近の活動報告 討議・分科会:賃金改革と賃金体系 その他:時間短縮事例発表	経験交流:活動報告と賃闘方針 討議・分科会:事業計画と予算案、世話役労組の選任 講演:増原保（一般同盟会長）「労働組合の組織と運営」 その他:労働条件調査の内容、模擬団交

第1章　流通産別構想の生成と併存

	第8回	第9回	第10回
日時	1969年5月26日〜29日	1969年10月29日〜31日	1970年2月4日〜7日
場所	千葉県：館山・館山海岸ホテル	岐阜県：ホテルニューながら館	神奈川県：箱根湯本・暖香園
テーマ	チェーンストア労組の組織運営	労働協約について	労働時間について
設営労組	十字屋労組	全ほていや労組・ダイエー労組	渕沢労組・全西友労組
参加労組	21労組	17組合	26労組
内容	経験交流：最近の活動報告 討議・分科会：産間問題について、商業労連加盟問題について 講演：UFCWワシントンDC委員長「米国におけるれ紙活動」 日暮勝秀（十字屋人事労務本部長）「現代の職業と人間疎外」 その他：事例発表	経験交流：最近の活動報告 討議・分科会：小売業の営業時間、組織問題 講演：実野利久「労働協約の正しい解釈」 その他：チェーンストア労働協約比較集の解説	経験交流：最近の活動報告 討議・分科会：私たちを取り巻く情勢 講演：和田茂穂（日経新聞編集局）「流通業界70年代の展望」 丸尾直美（中大助教授）「今年の賃闘情勢」 西宮輝明（早大教授）「これからの賃金体系」 その他：決算と予算について

	第11回	第12回	第13回
日時	1970年6月3日〜7日	1970年11月21日〜23日	1971年2月2日〜4日
場所	栃木県：塩原・会場不明	兵庫県：神戸・六甲	神奈川県：箱根・小涌園ホテル
テーマ	労働時間と営業時間問題	以下、不明	賃闘に関する実践的方策
設営労組	十字屋労組・赤札堂労組		十字屋労組
参加労組	23労組		21労組
内容	経験交流：最近の活動報告 討議・分科会：小売業の営業時間、組織問題 講演：不明 その他：不明		経験交流：最近の活動報告 討議・分科会：賃闘に関する実践的方策、チェーン労協の今後について 講演：不明 その他：決算と予算について、営業時間と労働時間

39

第Ⅰ部　流通産別構想の輻輳と「ゼンセン以前」

	第14回	第15回	第16回
日時	1971年6月2日〜4日	1971年11月	1972年2月
場所	愛知県：蒲郡・ホテル竹島	兵庫県：宝塚	静岡県：伊東
テーマ	これからの労働運動の方向を探る	以下、不明	以下、不明
設営労組	全西友労組、全ユニー労組		
参加労組	22労組		
内容	経験交流：最近の活動報告、労組別賃闘報告 討議・分科会：これからの労働運動の方向を探る、長期賃金計画など、チェーン労協の今後について 講演：青木茂（サラリーマン同盟代表委員）「市民運動としてのサラリーマン同盟」 その他：組織問題、賃金政策特別委員会など		

	第17回
日時	1972年6月20日〜22日
場所	長野県：松本・ホテル玉之湯
テーマ	産業問題を考える［時間問題］
設営労組	全緑光労組、全ユニー労組
参加労組	18労組
内容	経験交流：最近の活動報告、労組別賃闘報告会 討議・分科会：百貨店法改正問題と労働条件 講演：高丘季昭（西友ストア取締役）「経営サイドからみた営業時間に対する考え方」 三浦功（流通問題研究会研究部長）「小売業の営業時間と百貨店法改正に関する考え方」 小志田力男（全国商店街連合会）「中小商業の営業時間と百貨店法改正に関する考え方」 その他：組織問題、賃金政策特別委員会など

40

た。

　1968年7月の第5回会議は，チェーンストア労組にとって重要な会議となった。重枝琢己同盟書記長の講演を受けて，「百貨店法」の改正，新たに導入予定の「大規模小売店舗法」，外資の日本上陸などの問題に直面し，各労組の単独活動では産業政策上，きわめて不利との認識が高まった。そこで将来のチェーンストアの産別組合に関して分科会で討議し，産別問題を研究する「産別特別委員会」の発足を決定した。この時点で全国チェーン労協は，公式に流通産別構想に乗り出したのである[29]。

　一方，DILAは，全国チェーン労協加盟労組にも目を配っていた。同じく1968年，DILAの世話役労組と全国チェーン労協の世話役労組が会合をもち，研究活動や情報交換に関する共同行動に関して協議した。また，商業労連への加盟を含む，産別組合についても話し合いがもたれた。だが，全国チェーン労協は，「産別特別委員会」による議論を開始したところであり，商業労連への加盟問題の検討には入らなかった。

　なお，全国チェーン労協とDILAは，営業時間延長に関する通産省通達に関しても協議を持った。だが，営業時間と労働時間は分離できるとして賛成する全国チェーン労協と，労働時間に影響する営業時間延長に反対するDILAとの意見の相違が明確になった。

　さらに，1969年5月の第8回会議では，DILAの産別準備委員会のメンバーたちが参加し，商業労連構想を説明した。また，DILAの強みである海外事情に関して，全国チェーン労協加盟労組も提携する形でアメリカ労働事情の視察セミナーが開始された。このように，全国チェーン労協は，DILAや後の商業労連と親密な面をもちながらも，営業時間が示唆するように百貨店とチェーンストアの立場の違いや，同盟路線による産別構想が根強いことなど，産別組合の創設という点では思惑が異なり，一線を画していた。

　全国チェーン労協の立場で他の産別組合の動向を勘案すれば，1969年，商業労連が結成され，しかも当初から百貨店労組だけでなく，チェーンストア労組が加盟しており今後も組織化対象とされている。また，全繊同盟も組織化の手を緩めようとしないどころか，1970年に流通部会を創設し，チェーンストア労組の組織化を内外へ宣言した。全国チェーン労協としても，情報交換を中心と

●図表１−６　1970年のチェーンストア労組

チェーン労協加盟労組				非加盟労組			
労組名	所在地	組合員数	上部団体	労組名	所在地	組合員数	上部団体
全エンドー労組	宮城	710	一般同盟	ホリタ労組	北海道	306	無
赤札堂労組	東京	1,000	全繊同盟	オーケー労組	東京	210	無
小田急商事労組	東京	929	無	京王ストア労組	東京	230	全国一般
サンマート労組	東京	115	全化同盟	紀ノ国屋労組	東京	180	無
全西友労組	東京	4,600	無	京浜百貨店労組	東京	470	商業労連
高島屋ストア労組	東京	460	無	全二幸労組	東京	1,800	無
十字屋労組	東京	2,700	一般同盟	静岡屋労組	東京	300	無
東光ストア労組	東京	1,450	無	相高職組	神奈川	280	無
東武百貨店労組	東京	1,480	商業労連	梅屋労組	神奈川	250	無
丸井労組	東京	3,900	商業労連	箱根登山興業労組	神奈川	242	無
全ほていや社組	愛知	3,500	無	名古屋ショッピ労組	愛知	123	無
ダイエー労組	大阪	5,500	一般同盟	全ジャスコ労組	大阪	5,000	全繊同盟
ピーコック産業労組	大阪	700	無	ニチイ労組	大阪	3,450	全繊同盟
灘神戸生協従組	兵庫	3,400	生協労連				
渕栄労組	福岡	2,700	一般同盟				

チェーン労協オブザーバー加盟労組			
伊勢丹ストア労組	東京	300	商業労連
全緑屋労組	東京	4,300	商業労連
東亜労組	東京	461	無
長崎屋労組	東京	3,200	全繊同盟
マミーナ労組	東京	110	商業労連
サンコー労組	神奈川	865	全化同盟
扇屋労組	千葉	1,000	無
全西川屋チェン社組	愛知	1,450	無
サカエ薬品労組	大阪	500	一般同盟
丸高ストアー労組	大阪	15	無
Aマート労組	兵庫	160	無
サニー労組	福岡	439	商業労連
アサヒストア労組	長崎	140	一般同盟

（注）　1970年２月時点。
（出所）　チェーン労協「全国チェーンストア労組組織状況　1970年」

する緩やかな連合体から，早急に参加組合の労働条件や産業政策に関する共通課題に取り組めるだけの体質強化に乗り出す必要性が高まりつつあった。DILA から商業労連への再編がそうであったように，全国チェーン労協が産別組合への移行を急ぐのも当然であった。図表1－6は，1970年時点の全国チェーン労協加盟労組を示したものである。あわせてオブザーバー加盟労組，非加盟労組も記載した。

全国チェーン労協は，1970年6月に「産別組織特別委員会」を発足させ，4回の委員会の後に，準産別組合の機能の確立と統一準備の推進，既存産別とのゆるやかな協議機関の設置と組織競合の回避，1972年のチェーンストア労戦統一目標，などの構想をまとめた。各産別組合がそれぞれ組織化に乗り出す中で，最終的には全ての流通労働者を集めるという広大な構想であった[30]。

6　同盟流通

全国チェーン労協が打ち出した流通産別構想では，歴史と経験，資本系列による事情などが異なるため多様な方針による組織運営がみられる加盟労組を大同団結させるには，ゆるやかな集結しかありえない。この構想は，中央集権的な統率による労組活動を求めてきた既存の産別組合や，特定政党の支持を打ち出すナショナルセンターとは相いれない。そこで，同盟は全国チェーン労協の動きに歯止めをかけ，同盟内だけにせよ規律ある整理に乗り出すことになった。

他方，全繊同盟が流通部会を結成する動きをみせる事態は，同盟系を含む多くのチェーンストア労組を驚かせた。もともと一般同盟から流通産別へ移行する構想の中で組織化が進んでおり，一般同盟に加盟する主要なチェーンストア組合が，全国チェーン労協の中でも大きな位置を占めていたからである。すなわち，少なくとも一般同盟グループには，全国チェーン労協のゆるやかな大同団結の先に将来の流通産別への脱皮が計画されていた。したがって，全繊同盟が既存労組に対して加盟の働きかけを始めると，一般同盟の主要なチェーンストア労組は危機感を強めた。

このため，全繊同盟の組織化によって労組獲得合戦の口火が切られれば，流通産別構想に支障をきたすと判断し，同盟内の流通産別結成へ巻き返しをねら

うべく，同盟商業労組協議会を結成した。この協議会は，産別中立性を確保しうる同盟組織部や，一般同盟の了解を得てチェーンストア労組に呼びかけたものである。同盟商業労組協議会の動きは早く，ゼンセン同盟加盟労組にも呼びかけて合意形成を図り，当初通りの流通産別構想に基づく組織の一本化を同盟に申し入れた。具体的には，複数労組が連名でチェーンストア労組の産別一本化に関する意見書と要望書を同盟会長滝田実へ提出した。

ところが，チェーンストア労組グループの動きに対して，同盟側の反応は非常に遅かった。ようやく1970年2月，同盟会長滝田実名の公式文書による回答があったが，その内容は，回答遅延の謝罪と最終的な結論を出すまでの猶予を求めるものであった[31]。同盟内部では，書記長と組織部を含む各部長，各産別の書記長で構成される「産別組織調整委員会」で会合を重ねたものの，結論は出なかった。

1970年7月に同盟商業労組協議会や産別中立のチェーン労組グループに対して，同盟側より会談の呼びかけがあった。この会談は同盟会長滝田実が会長を兼任している全繊同盟で開催され，同盟の流通産別の発足を前提とした段階措置として同盟・流通労組共闘会議を結成する見解が説明された[32]。注目すべきは，この趣旨からすれば，同盟主導ではなく，チェーン労組側の主導で今後の将来を求めて活動するという方向性が示されたことである。

同盟からのこうした見解を受けたチェーン労組側は，もともと全国チェーン労協で培った労組間の交流もあって迅速に反応し，同盟・流通労組共闘会議の結成準備会を発足させた[33]。

こうして同盟・流通労組共闘会議（代表幹事川勝章）の第1回会議が1970年9月に，同盟に加盟するチェーンストア11労組，53人が参加して開催された。準備会が用意した運営方針が認められ，いよいよ会議が正式に発足した。

同盟側への申し入れの時点でも，同盟・流通労組共闘会議の結成でも，全繊同盟に加盟するチェーンストア労組がこの動きに呼応し，協力を惜しまなかったことは特筆されるべきである。また，全国チェーン労協の枠組みを崩さずに活用し，商業労連とも協力することを明確にしている。それらは既存の産別組合の枠を超えた流通産別構想が確実に進行していたことを物語る。

第2回会議は，1970年10月に10労組，14人が参加して開催され，まず，第1

回会議の検討に基づく同盟への打診に対する要請回答が取り上げられた。同盟からの回答は，同盟・流通労組共闘会議を各産別の了解を得た自主的な会議とするか，あるいは同盟本部と各産別代表を加えた部門別会議とするかの選択を迫るものであった。そこで，流通産別への移行を見越して部門別会議とすることを決定した。

また同盟からは，会議名称を共闘会議とするのではなく協議会にすべきとの要望があったが，協議会よりも性格の強い共闘会議であることを改めて確認し，名称を同盟流通（全日本労働総同盟・流通労働組合共闘会議）とすることを決定した。

この他，オブザーバー労組の加盟の取扱いや，書記局の設置について検討された。このうち，書記局については，同盟組織部内に設置し，時限専従を任命することを決め，あわせて専従は十字屋労組委員長川勝章が担当することが決定された。川勝章は，一般同盟にあって一貫して流通産別構想を堅持する主要なチェーンストア労組委員長の1人であり，初期のダイエー労組委員長松吉英男が委員長を退任した後も全国チェーン労協や同盟への申し入れなどを通して，精力的に計画を進行させてきた。

しかし，この直後に同盟側からの干渉が始まった。同盟流通が正式に発足したことが同盟へ報告されると，同盟は早々に「産別調整会議」を開催して，同盟流通へ数々の要望を出したのである。

同盟は，再び共闘会議が好ましくないとして，もう一度，名称の検討を求めた。また，会議の構成員は，同盟本部と各産別の代表を加えること，役員については全繊同盟から議長，一般同盟から副議長，同盟組織部から事務局長という構成で，幹事には全繊同盟本部1人と加盟労組2人の計3人，一般同盟および全化同盟からも同様に計3人ずつを任命することを求めた。

これを受けて，同盟流通では，共闘会議という名称に変更はないこと，および，同盟側の会議で役員構成を一方的に決めるのは民主的な方法ではないが，今後の役員改正で正すことも含めて今回は了解する旨を回答した。

こうした経過で，1970年10月29日に新たな組織である同盟流通共闘会議の結成準備会が発足し，結成スケジュールを確定するとともに，会則，方針，役員人事，結成大会の運営について審議が行われ決定された。

1970年11月9日,同盟に加盟する全繊同盟,一般同盟,全化同盟,地方同盟加盟の労組を同盟系で一本化した,5万人超の組合員がまとまる同盟流通(全日本労働総同盟流通労働組合共闘会議)が結成された。加盟労組は図表1－7の通りであり,会則は図表1－8のように決定された。

この会則に基づいて,役員人事については議長は坪西辰也(全繊同盟,流通部会),副議長は川勝章(一般同盟,十字屋労組),事務局長は西原成生(同盟,第2組織部長),事務局次長は宮本定義(一般同盟,ダイエー労組),幹事は堀

●図表1－7　同盟流通労組共闘会議加盟組合

産別組合	労組名	組合員数	産別組合	労組名	組合員数
全繊同盟	長崎屋労組	4,000	一般同盟	ダイエー労組	8,000
	イトーヨーカ堂労組	2,700		マルエス主婦の店労組	200
	全ジャスコ労組	5,000		全エンドー労組	800
	ニチイチェーン労組	4,500		大黒屋労組	200
	ダイカイ労組	300		東武宇都宮労組	800
	ハトヤ労組	300		千葉合同労組計	1,000
	イトキン労組	1,000		銀座ワシントン労組	200
	全小泉労組	1,500		十字屋労組	2,500
	内外衣料労組	500		津松菱労組	200
	その他15労組計	5,000		サカエ薬品労組	600
地方同盟直加盟	星電舎労組	1,200		カドヤ本店労組	60
	米沢屋労組	25		広電興産労組	150
	松屋労組	100		渕栄労組	3,300
	ほていや労組	25		岩田屋労組	2,000
	マルサン百貨店労組	162		福島岩田屋労組	50
	東光デパート労組	70		日田岩田屋労組	100
	千葉久労組	93		丸屋産業労組	100
	相川屋労組	45		その他22労組計	3,100
	諏訪丸光労組	217	全化同盟	サンコー労組	1,300
	松屋労組	329		横浜岡田屋労組	350
	丸井百貨店労組	2,000		サンマート労組	50
				丸岡商事労組	150

(出所)　労働省『資料労働運動史　昭和45年』1974年,p.787より作成。

●図表1－8　同盟流通会則

第1条	本会議の名称を「全日本労働総同盟流通労組共闘会議」とし略称を「同盟流通」とする。
第2条	同盟に加盟している流通部門労組および当該構成組織をもって構成する。
第3条	「同盟流通」の事務局を，東京都港区芝2丁目20番12号，同盟本部書記局内に置く。
第4条	流通労働者の労働条件の向上ならびに，産業政策の立案と実現のため，緊密な共闘を通じて流通労働者の経済的・社会的地位向上をはかる。
第5条	年に1回の定例総会を開催する。日常運営は原則として毎月1回の幹事会で協議する。
第6条	会議の円滑な運営をはかるため，次の役員をおく。議長1名，副議長1名，事務局長1名，事務局次長1名，幹事若干名。
第7条	運営経費については，その必要に応じて幹事会で協議し，分担金によって運営する。
第8条	この会則に定めなきものは幹事会で決定し運営する。
第9条	この会則は昭和45年11月9日から実施する。

場勝英（一般同盟，ダイエー労組），吉開敬祐（一般同盟，渕栄労組），竹山京次（全繊同盟，流通部会），川野正男（全繊同盟，長崎屋労組），近藤勝（全繊同盟，赤札堂労組），佐藤昭二（全化同盟，サービス商事部会），大沢和夫（全化同盟，サンコー労組）が選出された[34]。

　会則をみる限り，同盟流通は既存産別の意向が反映されやすく，また幹事会，つまり代表労組の権限が強い組織といえる。さらに，会議の結成準備会の段階で，第2条に付記されていた「オブザーバーの取り扱いは，幹事会で協議決定する。」の文言が削除された。このため，全国チェーン労協や商業労連との関係を遮断した活動を行うことになる。実際に，同盟流通の結成によって，同盟系チェーンストア労組は全国チェーン労協を脱退することになった。1971年8月の第6回幹事会において，同盟流通の加盟組合は1971年11月の全国チェーン労協総会で脱退表明を行うことを決定し，全国チェーン労協に対して正式に脱退を通告した[35]。

　これらを総合すると，同盟流通の結成によって，流通産別構想の実現のためにまずはゆるやかに幅広くチェーンストア労組が集結するという大同志向の選

択肢を放棄せざるを得ない状況に陥ったと考えられる。

　一方，同盟流通は1971年3月の第3回幹事会において，議長を下田喜造（全繊同盟），副議長を宮本定義（一般同盟，ダイエー労組），事務局長を曽我嘉三（同盟），事務局次長は空席とする改選人事を行い，幹事会を中心とした活動を続けた。その中心活動を賃金引上げに置いたため，チェーンストア業界の賃金水準の決定に関して主導的な役割を果たした。

　ただし，組織上の弱点を残したままであった。すなわち，活動のための議論は，すべてチェーンストア労組が所属する産別組合の組織決定を経たものであり，各産別組合の思惑の違いは，同盟流通が産別機能を発揮する際の大きな制約条件となった。

　このいわば屋上屋を重ねる活動に対して，1973年4月，解散論をまとめた全繊同盟からの動議によって同盟流通は崩壊した。当初は同盟が描いた一般同盟を舞台とする将来に向けた流通産別のシナリオがあったが，史実は別の方向へ進行した。同盟の計画に従い一般同盟に集まったチェーンストア労組の役員たちの望みは潰えた。その落胆ぶりと，全繊同盟のチェーンストア労組の組織化へ危惧や反発は大きく，以後，チェーンストア労組は長らく三分される原因となった。

　他方で，同盟流通を足がかりにした同盟系チェーンストア労組による流通産別構想の計画倒れは，商業労連への結束を強める結果となった。象徴的な一例をあげれば，十字屋労組は，一般同盟と同盟から離脱して商業労連に移籍し，以後は主要労組として活動を続けた[36]。

　さらに，強い働きかけがあっても全繊同盟流通部会へ移籍することはなく全国チェーン労協にとどまった労組は，新たに立ち上げたチェーン労組・中立会議として結束を固めた[37]。1974年7月，この中立会議が母体となり新生チェーン労協（チェーンストア労働組合協議会）が発足した[38]。以後，チェーン労協には無所属主義のチェーンストア労組が続々と加入したが，後に良好な関係にあった商業労連との合同を果たすことになる。

7　おわりに

　本章はチェーンストア業界における流通産別構想やその再編過程に焦点を合わせた。事例分析の結果，「ゼンセン以前」に各者各様に保持されていた流通産別構想は，ゼンセンの組織化参入によって一本化されることなく，併存時代へ突入した。1975年の時点で，商業四団体連絡会議が存在したが，1980年代に入ると，このうち同盟商業流通労組協議会，すなわちチェーンストア労組の産別組合としての一般同盟の存在感は極めて弱くなり，ゼンセン同盟流通部会，商業労連，チェーン労協の3つの上部団体による労働組合運動の幕開けとなった。「分断の労使関係」を決定づけたのは，ゼンセンであった。

　ただし，チェーン労協の実態は，前二者に所属しない労組の協議会にとどまり，産別組合の交渉力や組織化能力は非常に限定されていた。このために，少なくともチェーンストア業界の労働条件設定や組織化に関していえば，事実上，ゼンセン同盟と商業労連の二極になった。

　商業労連は，組織化において一時的にせよ各所でゼンセンと対等に競合していた。だが長期でみれば，加盟しうる組合の結成や既存組合の加盟を促進したり，組織拡大を至上命題ととらえて巨額の予算を投じ，伝承されてきた組織化ノウハウを十分に用いて組織化を続け，また組織化人材の育成に熱心に取り組むゼンセンの総合力に軍配があがった。この後，「分断の労使関係」の原因となった新参のゼンセンが，チェーンストア組織化の主役になり，分断状態を後退させ，統一の主体へ転じる。

　したがって，もちろん，ゼンセン同盟の組織の特質とチェーンストア労働者の組織化へと舵を切った過程，さらには流通部会の結成と組織化事例の分析が欠かせない。だが，その前に，「ゼンセン以前」にさらに深く立ち入り，「ゼンセン以外」の，しかも産別組合ではなく，企業別組合の視点から先覚的なチェーンストア労組の事例分析を行う。

● 注
（1）　同盟史刊行委員会『同盟23年史　下巻』1993年，p.740。

第Ⅰ部　流通産別構想の輻輳と「ゼンセン以前」

（2）　同盟史刊行委員会『同盟23年史　下巻』1993年，p.741。
（3）　一般同盟『全国一般労働組合同盟結成大会議事要録』1966年，p.9。
（4）　一般同盟『全国一般労働組合同盟結成大会議事要録』1966年，p.3。
（5）　ただし，同盟は1965年の時点で丸井，丸興，緑屋などの百貨店労組やワシントン靴店販売店労組の組織化に着手していた。同盟『第2回全国大会提出活動報告書(1)』1966年，p.21。
（6）　1965年11月時点の兵庫同盟（会長釈氏弥一郎，書記長沖芳郎）は，10の地区同盟（尼崎，伊丹川西，西宮，淡路，明石，東播，北播，西播，丹波，但馬），14の組合（全繊同盟兵庫県支部，自動車労連，海員組合神戸地方支部，全郵政兵庫県支部，税関労連神戸税関労組，全食品同盟，農協職員組合連合会，兵庫金属労組，造船総連，新国鉄大阪地方労組，関西電力兵庫地区本部，兵庫県一般化学労組，中小労連，交通労連）と直轄組合，約11万人の組合員から構成されていた。このうちダイエー労組の組合員は約2,200人である。ただし，同時点に組合員数約13万人の東京同盟（会長久恒定雄，書記長三股重男）にも，目黒支部30人，吾妻支部60人，小岩支部30人のダイエー労組の組合員が所属した。ちなみに，同時点でチェーンストアの組合としては，組合員数約12万人の神奈川同盟（会長渡辺忠雄，書記長西ヶ谷久利）に，高島屋ストア従組の960人が所属している。以上はすべて同盟『地方同盟組織現勢表　1965年』1965年による。

　　　この高島屋ストア従組は一般同盟ではなく全化同盟加盟労組である。全化同盟には食品部会があり，食品関連産業としてスーパーマーケットに目をつけていた。高島屋ストア労組の他にもサンマート労組，サンコー労組を組織化したが，財政と人材の問題からそれ以上の組織化は進展しなかった。

　　　なお，同時期には総評も急速に発展しつつあるスーパーマーケットの労働者に対して全国一般を通じて組織化する方針を固めたが，八百平労組，とりせん労組，仁化労組などを少数結成させたのにとどまった。労働省『資料労働運動史　昭和44年』1973年，p.688。

　　　総評は，当時の定期大会で，毎年のようにチェーンストアの組織化について言及しているが，全国一般の組織化は不調であった。全国一般では，商業サービスの組織拡大のための特別対策を練り，「第3次産業対策会議」を開催し，組織化の研修と経験交流を図り始めた。全国一般『第15回総評・全国一般労働組合定期大会　1967年度運動方針案』1967年p.23。しかし例えば，総評は第38回定期大会では，「小売業については全国一般と協力して私鉄系百貨店やスーパーストアの組織化と結集を目指したが，計画段階にとどまり，実際の組織化工作までには進まなかった」と総括している。総評『第38回定期大会各局報告書』1969年，p.451。総評がチェーンストア組織化に失敗したのには複数の原因が考えられる。第1に，その素地は，総評の百貨店の組織化方式に認められる。具体的には，全百連から脱退した百貨店の動向から大手百貨店の組織化の巻き返しに躊躇し，中小百貨店を組織化する方針に転じた。例えば，全百連を脱退した大手百貨店の5単組会議（三越，伊勢丹，大丸，松坂屋，高島屋），中規模の百貨店有志懇談会（東横，松屋，名鉄，三栄，阪急，阪神，そごう），小規模の全百貨のうち，百貨店有志懇談会を組織化対象とした。そこには，私鉄総連と連携すれば組織化できるとの判断があった。総評組織局『各単産組

織部長・地評事務局長・地方オルグの県代表合同会議　1966年度の組織対策の進め方（要綱）』1966年，p.5。

　この判断はチェーンストアの組織化に際しても同様であり，鉄道弘済会，観光労連，私鉄総連との協力を重視した。総評組織局『単産組織部長・地評事務局長合同会議の方針と質疑の要点』1967年，p.18。総評組織局『「1967年度の組織対策の進め方」の作成にあたっての討議メモ』1967年 p.2。総評組織局『単産組織部長・地評事務局長合同会議　年間組織活動方針と質疑の要点』1968年，p.20。

　すなわち総評は，電鉄系のチェーンストアを企業連の，つまり親会社と子会社の関係から組合を結成させ，総評への加盟させることをねらった。またそれ以降，生協労連，全国チェーン労協の一部の加盟組合（例えば，全西友労組，京王ストア）などとの組織間交流を重視するようになった。総評『第40回定期大会各局報告書』1970年，pp.226-227。総評『第42回定期大会各局報告書』1971年，pp.219-220。総評『第44回定期大会各局報告書』1972年，p.352。要するに，ごく一部を除いて，直接にチェーンストア労組の結成や組織化に乗り出すことはなかった。なお，総評一般に加盟した少数事例は，例えば，丸善，文祥堂，全明治屋，ワシントン靴店，ヴァンヂャケット，都築，栃木ヤオハンなどの労組である。「商業部会地方代表者会議報告資料』，『商業部会情報』第7号，1977年。

（7）　全国商業労組協議会は，当初は百貨店とスーパー，商事とセールスの別個の業種別労協の発足が計画されていたが，準備段階で両者が統合された。全国一般『1967年度活動報告書（第1部）』1968年 p.12。

（8）　兵庫県労働運動史編纂委員会『兵庫県労働運動史　昭和40年代　第2巻』2009年，p.437。

（9）　兵庫県労働運動史編纂委員会『兵庫県労働運動史　昭和40年代　第2巻』2009年，p.463。

（10）　この三越争議が講和条約発効後に次々に展開される大ストライキの先駆けである。中村隆英『昭和史　下』東京経済新報社，2012年，p.603。

（11）　妥結額は，同年の最高妥結額である阪神百貨店の1,350円にきわめて近い1,330円である。およそ3倍の要求額を出していたことになり常軌を逸していた。

（12）　兵庫県労働運動史編纂委員会『兵庫県労働運動史　昭和40年代　第2巻』2009年，p.442。なお，1959年には「中央オルグ会議」を設置した全労が全百連を民主化しようとする動きがあった。兵頭淳史「日本の労働組合運動における組織化活動の史的展開－敗戦から高度成長期までを中心に－」，鈴木玲，早川征一郎編『労働組合の組織拡大戦略』御茶の水書房，2006年，p.24。

（13）　百貨店業界において，どこかに全百連の組合員が存在するとの説がいまなお消えないのは，正式に解散していないという事実があるためである。なお，全百連が総評の指導下で暴走したのは，加盟単組にも責任があるとの指摘は多い。例えば，各百貨店労組の幹部役員が全百連に出てくるのではなく，新任に近い若年の執行委員を当番制のように1年交代で送り込んでいた。組合の代表者でも責任者でもない人物がいわばたらい回しで数合わせに集まっては交代する構造が，総評の影響を直接に受けた大きな原因の1つである。全

第 I 部　流通産別構想の輻輳と「ゼンセン以前」

百連の書記局はプロの活動家に占領され，一気に左傾化した。商業労連『商業労連20年の歩み（1969〜1990）』1991年，pp.30-31。
(14)　例えば，地域別交流組織には，九州地区百貨店労組会議，神奈川県地域百貨店労組有志懇談会，関西百貨店労組懇談会，中四国地域百貨店労組懇談会，東北地域百貨店労組協議会などがあり，その他の労組交流組織には，三労組懇談会（全大丸労組，三越労組，伊勢丹労組），百貨店労組有志懇談会（阪神百貨店労組，名鉄百貨店労組，山陽百貨店労組，全松屋労組，全そごう労組，全東横労組，丸百栄労組，阪急百貨店労組，京王百貨店労組，東武百貨店労組，小田急百貨店労組），私鉄系百貨店労組有志懇談会（全東横労組，名鉄百貨店労組，東武百貨店労組，阪神百貨店労組，京王百貨店労組，山陽百貨店労組，小田急百貨店労組）などがあった。五十嵐政男『流通小売業における産業別組織の記』UA ゼンセン，2014年，pp.41-47。なお，DILA の設立総会は，研究組織らしく国際セミナーを実施した後に開催された。商業労連『商業労連20年の歩み』1991年，p.36。
(15)　第 4 回国際セミナーでは，他労組からは新産別，電機労連，八幡製鉄労組の役員の他，ゼンセン同盟総務局長柄谷道一が講師として招かれている。商業労連『商業労連20年の歩み』1991年，p.42。
(16)　この検討会議では，ゼンセン同盟書記長宇佐美忠信を招き，労組の結成や組織運営上の留意点など実践的な指導を仰いでいる。商業労連『商業労連20年の歩み』1991年，p.42。
(17)　商業労連『商業労連20年の歩み』1991年，p.42。なお，当初組織問題懇談会の主力メンバーであった全大丸労組は，産別組合の結成は時期尚早との態度へ変わり，代表者会議の開催にも反対した。労働省『資料労働運動史　昭和44年』1973年，p.684，兵庫県労働運動史編纂委員会『兵庫県労働運動史　昭和40年代　第 2 巻』2009年，p.442。
(18)　商業労連『商業労連20年の歩み』1991年，pp.43-44。
(19)　産別組織の促進派の一員であった山陽百貨店労組の役員経験者は，この総会では，大手労組代表として盛んに慎重論を説く全大丸労組役員に対して，猛烈に腹が立って激論をたたかわせたと回想している。商業労連『商業労連20年の歩み』1991年，pp.47-48，p.65。
(20)　商業労連『商業労連20年の歩み』1991年，pp.48-51。第 1 回代表者会議には33労組の代表者が参加し，第 2 回代表者会議には45労組の代表者が参加した。五十嵐政男『流通小売業における産業別組織の記』UA ゼンセン，2014年，p.68。
(21)　「百貨店七労組連絡協議会」の加盟組合は，小田急百貨店労組，近鉄百貨店労組，西武百貨店労組，全大丸労組，阪急百貨店労組，三越労組，名鉄百貨店労組である。連絡協議会の発足前の商業労連百貨店部会は，「百貨店労組情報交換会」を設置してこれらの百貨店労組と情報交換に努めてきたが，発足後は「百貨店産業政策推進会議」へ発展させて交流を深めた。商業労連『商業労連の歩み（1990〜2001）』2002年，p.150。
(22)　五十嵐政男『流通小売業における産業別組織の記』UA ゼンセン，2014年，pp.66-67。なお，商業労連結成式典では，労働大臣原健三郎，IMF-JC 議長福間和ら 8 人とともに，同盟会長滝田実が祝辞を述べた。商業労連『商業労連20年の歩み』1991年，p.58。
　　商業労連がナショナルセンターの傘下に入らない最大の理由は，もちろん全百連の経験であり，上部団体からの指導に懲りていたからである。例えば，「商業労連のすべての活

動は全百連の反省に成り立っているといって過言ではない。」と商業労連の役員が公言するほどであった。柴田守「労働組合の政治政策活動への展望」『労働レーダー』第4巻第10号，1980年。
(23)　商業労連『商業労連20年の歩み（1969〜1990）』1991年，pp.57-63。
(24)　労働省『資料労働運動史　昭和44年』1973年，p.686。
(25)　全繊同盟『全繊同盟史　第6巻』1975年，pp.428-429。
(26)　全繊同盟『全繊同盟史　第6巻』1975年，pp.540-541，労働省『資料労働運動史　昭和45年』1974年，pp.748-749，ゼンセン同盟『流通部会10年史』1981年，pp.21-24。
(27)　いずみや労組は，流通部会結成の直前に加盟を辞退した。
(28)　ただし，全繊同盟流通部会結成直後には全繊同盟の組織化計画が潰えるのではないかという危惧があった。次のような加盟労組の役員の発言が象徴的である。「流通部会結成当初は何かというと繊維産別の全繊同盟に加盟しても意味がないとか，流通同盟をつくろうとかいろいろあった。」「結成当初から，2，3年くらいはそんな論議があったですね。」「あの頃は流通同盟をつくろうなんて真剣に考えたことがあったね。」「全繊同盟の諸会議に出席しても流通とは全然話の次元が違うので，よけいそう思っちゃった。」など。ゼンセン同盟『流通部会10年史』1981年，p.12。
(29)　なお，1968年には，生協労連（全国生協労働組合連合会）の主要加盟労組であった灘神戸生協従組が，全国チェーン労協にも加盟した。生協労連の産別組合は，1960年に発足した生協労協（日本生活協同組合労働組合全国協議会）が1964年に全国労協（全国生活協同組合労働組合協議会）へ名称変更し，さらに1968年に全国大学生協労働組合協議会と合併し生協労連（委員長宇喜吉政，82組合，組合員数約6,100人）となった。兵庫県労働運動史編纂委員会『兵庫県労働運動史　昭和40年代　第2巻』2009年，p.453。
(30)　労働省『資料労働運動史　昭和45年』1974年，pp.785-786。
(31)　本田一成「日本の主要チェーンストア労働組合の結成(1)－黎明期の産別再編－」『國學院経済学』第62巻第2号，2014年は，同盟会長滝田実への意見書と要望書，本田一成「十字屋労働組合と同盟流通労組共闘会議」『國學院経済学』第65巻第3・4号，2017年は，同盟会長滝田実からの返信をそれぞれ全文掲載している。
(32)　労働省『資料労働運動史　昭和45年』1974年，p.786。
(33)　同盟側の出席者は，滝田実（同盟会長），重枝琢巳（同書記長），西原成生（同第2組織部長），坪西辰也（全繊同盟流通部会長），チェーン労組側は，長崎屋労組（全繊同盟）川野正男，赤札堂労組（全繊同盟）近藤勝，サンコー労組（全化同盟）大沢和夫，星電社労組（兵庫地方同盟）在里俊一，ダイエー労組（一般同盟）宮本定義，渕栄労組（一般同盟）久間治二郎，十字屋労組（一般同盟）川勝章，東光ストア労組（中立）杉本尚といった各労組の委員長である。
(34)　同盟商業労組共闘会議の結成準備会のメンバーは，組合活動の経験をもち円滑な活動を確保する専従者を配置すべきとの判断から，会談時に参加したチェーン労組側出席者のうち同盟系労組委員長7人が選出された。
(35)　一般同盟『1971年度活動報告書』1972年，p.21。しかし，1972年6月に開催された全

第Ⅰ部　流通産別構想の輻輳と「ゼンセン以前」

　　　　国チェーン労協第17回会議では，全繊同盟加盟チェーンストア労組がすべて欠席したものの，ダイエー労組，十字屋労組，渕栄労組，サカエ薬品労組，高島屋ストア労組など全繊同盟以外の同盟系チェーンストア労組は参加し，チェーン労協が議論を重ねてきた成果の１つである「営業時間・労働時間に関するチェーン労協アピール」を採択している。
(36)　ただし，十字屋労組は同盟流通の解散後，直ちに商業労連に移籍したわけではない。十字屋労組委員長の川勝章は，一般同盟の各労組をまとめ，主体性を持った労組で商業同盟を結成する方針を決定し，商業同盟結成準備会を発足させ，当面は一般同盟にとどまって同盟商業労組協議会を再結成した。だが，一般同盟加盟のチェーンストア労組が次々に全繊同盟流通部会へ移籍する事態となり，商業同盟構想の行き詰まりを見極めたところで一般同盟，東京一般同盟，東京同盟に事情説明して了解を得てから一般同盟と同盟を脱退し，商業労連入りした。十字屋労組の行動はゼンセンの本格的な組織化の開始が各チェーンストア労組へ与えた衝撃の大きさを投影している。十字屋労組の見解については，本田一成「十字屋労働組合と同盟流通労組共闘会議」『國學院経済学』第65巻第３・４号，2017年を参照されたい。
(37)　既に，同盟流通結成直後の1970年11月10日，第１回チェーン労組・中立会議が神戸市の六甲ビレッジ有楽園で開催され，非同盟系のチェーンストア加盟労組の中で危機感を高めた中立組合の結束が図られた。参加組合は，いずみや労組，扇屋労組，小田急商事労組，紀ノ国屋ストア労組，灘神戸生協従組，高島屋ストア労組，全西友労組，全東光労組，全ユニー労組の10組合である。労働省『資料労働運動史　昭和45年』1974年，p.787。この中立会議は関東については全西友労組，関西については灘神戸生協労組が中心になって立ち上げたが，灘神戸生協従組の組合役員は，全繊同盟の組織化能力に脅威を感じての行動であったことを認めている。なお，灘神戸生協従組は，1971年４月に灘神戸生協労組となった。兵庫県労働運動史編纂委員会『兵庫県労働運動史　昭和40年代　第２巻』2009年，p.454。
(38)　1971年８月に全国チェーン労協から同盟系チェーンストア労組が一斉に脱退すると，事実上全国チェーン労協加盟組合はそのままチェーン労組・中立会議となった。これを受けて，上部の産別組合に所属しない労組間で連帯の強化を図る目的で新たなチェーン労協が設立された。労働省『資料労働運動史　昭和46年』1975年，pp.682-683，日高昭夫「チェーン労協の組織強化のあゆみと今後の課題」『現代の労働』７月号，1974年，p.144。同盟流通の場合と同様に，名称は類似していても，従前の旧全国チェーン労協（全国チェーンストア労働組合連絡協議会）と新生チェーン労協（チェーンストア労働組合協議会）をまったく別組織とみるべきである。このチェーン労協は以後，商業労連と良好な関係を続けた。なお，同盟流通の解散後，1975年12月には，前述の同盟商業労組協議会，チェーン労協，全繊同盟流通部会，商業労連によって商業四団体連絡会議が発足した。ゼンセン同盟『流通部会10年史』1981年，p.136。

第2章 先覚的なチェーンストア労組

1 はじめに

　本章では、流通産別構想の発生と輻輳化の過程を検討した前章を受けて、1970年のゼンセン同盟流通部会創設より前の、いわゆる「ゼンセン以前」の先覚的なチェーンストア労組の結成と初期活動に関する事例分析を行う。その結果、「混乱の労使関係」と「同床の労使関係」の実態が明らかにされるが、それらはゼンセンによる組織化以後のチェーンストアの労使関係の傾向と同一である点に留意すべきである。また、先覚的労組は「ゼンセン以後」も「ゼンセン以外」の立場を貫いたため、事例分析では「非ゼンセン」の論理も考察し、「分断の労使関係」を詳述することになる。

　本章では、以上の論考のために、東光ストア労組、渕栄労組、全西友労組、全ユニー労組、丸井労組の事例を順に分析する。先覚的労組の結成について検討し、ごく簡単に初期の労組活動を分析する。その上で上部組合への加盟に関する経緯を考察する。これらは、ゼンセンからみれば組織化が及ばなかった事例であり、異なる上部組合へのチェーンストア労組の加盟の実態や変遷について議論する。ただし、実際にゼンセンの組織化対象となっていなかったかどうかは不明である。後のゼンセンの組織化活動の実態を勘案すると、数多くの組織化未遂労組が存在する可能性を否定できないからである。

2 東光ストア労働組合

(1) 労組の結成

　東光ストア（後に東急ストア）の前身企業は，1956年10月10日に当時の東横百貨店の子会社として設立された東横興業である。1956年11月に武蔵小杉に食品販売の東興店を出店するとともに，12月には同年に渋谷に建設された東急文化会館の内部にゴールデンホールと文化地下食堂を開設して飲食事業を開始した[1]。

　1957年4月には百貨店の白木屋の五反田支店，大森支店，高円寺支店を運営していた白木興業を買収し，また，目黒店，駕篭町店，渋谷店を相次いで開店し，東興ストアとして営業を開始した。1957年9月に東光ストアへ社名変更し，1958年には高円寺店の2階売場でセルフサービス方式に切り替え，本格的なスーパー経営を始めた[2]。

　会社設立後から間もない当時は，まだ就業規則もなく，明確な雇用の保障もない不安定な状態であった。このため，安心感のある職場を希望する意見が出てくると，企業の発展と民主化を図るために労働組合を結成する動きが発生した。早々に，各職場の有志が選出され，7人で構成する労働組合結成準備委員会が発足した。企業の設立から労組結成準備まで円滑に進んだのは，東横興業の運営の多くを東横百貨店からの出向者が担っていたからである。この出向者たちには東横百貨店労組の活動の経験があり，東横興業の不明確な労働条件による労使関係の不安定性を察知すると，東横百貨店労組の支援を引き入れて精力的な労組結成に踏み出した[3]。

　こうして結成準備委員会は，東横百貨店労組の役員経験のある福富正一を代表として，組合規約の起草や結成大会の準備を着々と進めた[4]。1956年12月22日，東急文化会館の文化地下食堂において，労組結成大会が開催され，組合員190人で東横興業労組（委員長福富正一，書記長中田彰一）が誕生した。企業の設立から約2か月半という異例の速度での労組結成であった。**図表2－1**は，結成時の労組役員を一覧にまとめたものである[5]。1957年9月の社名変

●図表2−1　東横興業労組結成時の本部役員一覧

委員長	福富正一（文化地下食堂課）
副委員長（兼賃金対策部長）	佐々木芳時（文化地下食堂課）
書記長	中田彰一（業務課）
財務部長 組織統制部長 教育宣伝部長 文化厚生部長	西脇猛男（文化地下食堂課） 西村茂雄（ゴールデンホール課） 河村通代（ゴールデンホール課） 坂田晏国（武蔵小杉店）

（出所）　全東急ストア労働組合『組合結成30周年記念誌』1990年より作成。

更に伴い労組名称も東光ストア労働組合（東光ストア労組）へ変更された[6]。

　以上のように，東光ストア労組は，その結成や運営ノウハウが円滑に移転された点で有利な条件が揃っていた事例といってよい[7]。とはいえ，百貨店とチェーンストアでは業態の差異により仕事内容と職場が大きく異なり，それが様々な明暗をもたらした。また，親会社の出向者が主導した労組の結成自体は変則的であり，東横興業が採用した労働者たちが労組の首脳役員に着任し，活動の主軸を担うまでの過渡的な時期であったといえる。

(2)　労組活動の基礎固め

　東光ストア労組が基礎固めとして最初に着手したのは，労働協約の締結であり，1957年に実現するという目標を設定して労組原案の作成を始めた。1957年3月22日に開催した第1回臨時大会では，労働協約労組案を提出して審議決定した。その直後から会社側へ労働協約締結の団体交渉を申し入れ，1957年9月まで計14回の団交を重ねた。その過程で意見の対立があり，とりわけユニオンショップ，就業条件，平和条項等で紛糾したが，問題点を出し尽くして収束に向かい，1957年10月1日に労働協約の調印に至った[8]。この後，労組は就業規則の制定を要求し，労働協約に忠実な労働条件を確認する議論を続け，1961年10月1日に就業規則を制定した[9]。

　他労組の事例をみる限り，結成1年足らずで労働協約を締結するという点で異例といえる。既に電鉄や百貨店の労組が結成されていたことで，東急グルー

プの経営者たちには，労組の存在を受け止め，正常な労使関係を形成しようという態度があったと考えられる。

次に東光ストア労組は，労組活動の拡大を支え，また交渉力の源泉となる闘争資金の確保のために組合財政の強化に乗り出し，1960年11月9日開催の第4回定期大会で組合費の増額を含む組合規約改訂を提案して決定した。ところが，この改訂案を全員投票にかけた結果，過半数の賛成を得られず否決され計画していた予算収入を失ったため，労組活動の一部に停滞がみられ始めた。これを受けて，執行委員会が提案した職場会議での討議を経て，1961年の臨時大会において再度の全員投票を実施して組合規約改訂を決定し，労組活動を軌道に乗せた[10]。1963年の第7回定期大会では，基本給区分別の定額方式の組合費から，基本給に1.5％を乗じて150円を加算する定率方式へ変更し，あわせて入会金を100円から500円へ増額する提案が決定された。定期大会後の全員投票でも可決されたため，この改訂が財政安定に寄与した[11]。

なお，東光ストア労組は，以後も定期大会等で決定した組合費の値上げや闘争資金の計上案などに対して，反対されたり否決されたりする経験を重ねている[12]。企業の拡大とともに組合員のために労組活動を広く厚くすべきという労組の判断がそのまま通用しない点は，初期の労組活動が難事であることを示唆している[13]。

(3) 東光ストア出身者の労組運営の開始

東光ストア労組の結成後から1970年代半ばまでの組合員の推移をみると，組合員は年々増加し，1961年度に1,000人超，1971年度に2,000人超と，組織拡大を続けた。この過程で，東光ストア労組は，組合員数が1,000人を超えた1961年10月の第5回定期大会で，労組の日常活動の円滑な運営のために初めて専従役員の設置を決定し，後に第3代委員長となる書記長松尾博義を専従者として配置した[14]。

松尾博義は，東横興業1期入社組であり，労組結成後は第3期と第4期に執行委員となり，第5期に専従書記長に就任した[15]。この第5期には，やはり東横興業の1期採用者で，後に第4代委員長となり，1970年代半ばまでに労組活動の安定路線を築いた杉本尚が執行委員入りしている[16]。言い方を代えれ

ば,初代および第2代委員長は東横百貨店の出向者の委員長であり,第3代の松尾博義以降はプロパー組合員出身の委員長となった。すなわち,1964年10月15日の第8回定期大会で,第5期から第7期に就任した押田慶春に代わって松尾博義を中央執行委員長に選出した。あわせて専従者を増員して2人とし,書記長杉本尚と執行委員中村正道を専従者とした。

第8期と第9期の委員長を務めた松尾博義の後は,1966年10月14日の第10回定期大会で,杉本尚を委員長に選出した。以上の東光ストア労組の初期の歴代委員長を一覧にすると図表2-2のようになる。

杉本尚はそれまで要職の賃金対策部長,書記長を経験しており,委員長就任時には,役員が労組活動を着実に遂行する態勢を整えるため,1年であった役員任期を2年に変更するなど精力的な活動を開始した[17]。その後も4期8年にわたって委員長に就任し,東光ストア労組を積極的に牽引しただけでなく,チェーンストア業界労組に大きな功績を残した。

松尾,杉本時代の東光ストア労組が積極的な活動に転じたことを示す一例として,「長期5か年計画」をあげることができる。発端は,1963年1月の店舗運営効率化のための標準化に関する会社側からの申し入れであった。具体的には,武蔵境店をモデル店舗として,標準化のノウハウを開発した後に全店に適用するという提案である。この提案に対して,東光ストア労組は,店舗の生産性を上げることができれば高賃金に結びつく,労働時間短縮の傾向を早期化で

●図表2-2　東急ストア労組における初期の中央執行委員長

歴代	就任期	就任年月	氏名	備考
初代	第1期～第4期	1957年11月～1961年10月	福富正一	第3期,第4期執行委員松尾博義。
第2代	第5期～第7期	1961年10月～1964年10月	押田慶春	第5期～第7期書記長松尾博義,執行委員杉本尚。
第3代	第8期～第9期	1964年10月～1966年10月	松尾博義	第8期,第9期書記長杉本尚。
第4代	第10期～第13期	1966年10月～1974年10月	杉本　尚	第9期までは1期1年間,第10期以降は1期2年間。

（出所）　全東急ストア労働組合『20年のあゆみ　着実に誠実な進歩をめざして』1977年より作成。

きる，人員の合理化ではなく仕事の合理化である，といった好意的な見解を示し，自主性を持って労使で取り組むことを決めた[18]。1963年3月，武蔵境店のデータに基づく人員算定による全店舗定員制や店内各種業務改善策の実施に至った。こうして，1964年以後，東光ストア労組は，労使交渉において「高能率，高賃金」の考え方を多用し，労使共通の理念として定着させた[19]。

一方，東光ストア労組は，賃金および賞与交渉の要求方式の改善に着手し始めた。すなわち，1966年の賞与交渉において，毎回交渉方式から年間賞与方式に変更し，年間収入を重視した拡充を図った。さらに，1967年には賃上げに賞与を含めた年間賃金一括交渉方式へ移行させた[20]。毎年3回であった労使交渉を1回にした狙いは，都度の労使交渉に過度の時間と労力をかけず，代わりに労働条件の向上に必要な東光ストアの発展のために投入することであった。労働条件交渉を重視しながらも一方で生産性向上に本格的に取り組み始めたのである。

こうした取り組みを明確に打ち出したのが，長期5か年計画であった。東光ストア労組は，1967年3月1日の第7回臨時大会で，1971年までの5年間で賃金の倍増と週休2日制を実現するための長期5か年計画の推進を決定した。賃金倍増については，標準者賃金にポイントを合わせて基本給の引上げを最重点に置き，賞与も徐々に基本給に繰り入れて基本給に対する倍率を一定化するとともに，成果配分賃金の獲得を目指した。また週休2日制については，1週単位の労働時間短縮を前提として，年間総労働時間の短縮を図り，1週当たり定休1日，公休1日の2日休日の実現を目標に設定した[21]。

こうして開始された長期5か年計画だが，年間賃金は5年間で227%となり倍増に成功した[22]。一方，週休2日制については，1970年に1か月5日間の公休制，1971年に隔週休2日制に移行したものの，完全週休2日制の実現は継続課題となった[23]。

この長期5か年計画の実行で指摘しておくべきは，賃金と労働時間の面での成果だけではないことであろう。それらの実現の過程は，生産性向上に対する労使の強力な取り組みを継続し，あわせて賃金と労働時間の制度と運用，労働条件設定について考え抜いた5年間といえる。この「高能率，高賃金」を追求する期間を主導したのは，会社側の本格的なスーパーマーケット経営への転換

を見極めた労組役員が率いる東光ストア労組であった。その意味で，労組は企業の体質改善や成長に大きく関与している。

(4) 労使の緊張対立関係の事例

東光ストア労組が「高能率，高賃金」によって生産性向上に関与していた事例を示したが，もちろん終始一貫して会社側に協力的な労組活動であったわけではなく，多くの緊張や対立がみられた。一例として，1971年度春闘の労使紛争を取り上げよう[24]。

1971年4月，すなわち長期5か年計画の最終交渉の途中で会社側の回答が出された。ところが，労組が回答情報を各組合員に伝達する前に会社側が社内報の「東光ジャーナル」に回答内容を発表するとともに，職場では管理職が夕礼を通して各組合員に回答内容の説得を行った。労組はこの行為を労使関係の基本を踏みにじった不当な暴挙であるとして，猛烈に抗議するとともに，直ちに中央評議会を開催して中央闘争委員会を設置し，図表2－3のような態度で臨むことを決議した[25]。

東光ストア労組は，労使関係のルールの遵守を欠いては労使で企業発展に取り組むことはできないと判断し，その後12回に及ぶ団交に入った。結局，会社側の一連の行動に関して，社長山本宗二が会社表明を出して謝罪したことで，労組はこの件の抗議活動を終結させた[26]。一見して協調的にみえる東光ストアの労使において，東光ストア労組が求めるのは健全な労使関係であり，常に会社側の欠格した行動をチェックして厳しく対処しながら，相互に対等な労使関係の形成を目指していたことを示している。

(5) DILAとの交流と全国スーパー労協の結成

東光ストア労組は，1965年に設立されたDILAの第1回関東地区会議に参加し，小売業界の労組が共通問題として海外労働事情を研究したり，労働条件等を議論したりする経験を得て啓発され，積極的な外部交流を開始した[27]。これ以後，DILAが主催する国際セミナー，賃金セミナーなど多種のセミナーや総会や会議への出席を重ねた。しかし，DILAに正式加盟することはなく，オブザーバーの立場を堅持した[28]。

●図表2－3　東光ストアの会社側行為に対する抗議事項

4月11日の中央評議会　重要アピール

　私たち，中央評議会は組合員多数の代表として，責任ある慎重な討議を重ねた結果，現在の情勢は組合の指向してきた「新時代にふさわしい理念づくりの私たちの基本路線」が危機にさらされていると判断いたしました。このことは即ち，私たちの会社と私たちの将来が危ういということと同意のことであります。私たちは，自らの主体において急進性を排し，常に漸進的革新と責任ある創造につとめてきたことは，労使関係の歴史が事実として証明しております。御用組合との一部にそしりのあるなかで，自分自身の問題として，企業の発展を願って経営との関係に対処してまいりましたが，昨今の人心のおもむくところが明らかでありますように，社内に厳しい信と和なく，経営に一貫性ある責なく，労使関係に進歩なき状態であり，誠に憂うべきであります。

　今，賃金交渉の経過と，回答後の経営側の取り組みをみるに，私たちの労働条件づくりは希望をもてず，責任ある組合活動を維持できません。これらの認識の上にたつとき，自己の役割を痛感するとともに，皆さんに問題認識と支持を強く求めたいと思います。

　最後に，会社の職制による会社回答の正当性を説得し，組合の自主性に介入するという行動に対し，断固，抗議すると同時に，経営の姿勢を正し，納得できる回答を引き出す闘いを進める事を決議します。

昭和46年4月11日　中央評議会

（出所）　全東急ストア労働組合『20年のあゆみ　着実に誠実な進歩をめざして』1977，pp.106-107。

　また，それまで書記長杉本尚が賃金対策部長時代から傾注し継続してきた，賃金を中心とした労働条件調査の協力依頼を通じた個人的な他労組との交流があり，ダイエー労組や渕栄労組などとの交流を契機にして，さらに他労組との関係形成が広がった。以後も，高島屋ストアなどへ交流範囲が広がり，機関紙や資料等の交換などを通じて，業界労組間の関係が強化された[29]。その過程で，東光ストア労組は，業界労組の横断的な団結の必要性を強く意識し，気運をとらえてダイエー労組と渕栄労組へ上部団体の立ち上げを打診して，賛同を得た[30]。

　早速，東光ストア労組，ダイエー労組，渕栄労組の3労組が幹事労組となっ

第2章　先覚的なチェーンストア労組

て，1966年11月，当時のチェーンストア業界において結成されていたすべての7労組のうち残る4労組に参加を呼びかけた。その結果，無事に7労組が集結することになり，1966年11月29日～30日，第1回会議が開催され，全国スーパー労協（全国スーパーマーケット労働組合連絡協議会）の発足を迎えた。その地は，かつて東光ストア労組の前身である東横興業労組が誕生した東急文化会館ゴールデンホールであった。

　全国スーパー労協は，1968年2月に全国チェーン労協（全国チェーンストア労働組合連絡協議会）へ名称変更して，加入労組を増やしながら精力的な活動を続けた。東光ストア労組は，全国スーパー労協では調査担当労組となり，従来から培ってきた経験に基づいて14労組の賃金を含む労働条件，福利厚生等について業界初の大部で詳細な調査レポートを発行して大きな評価と反響を得た[31]。

　以上のように，東光ストア労組は，新興のチェーンストア業界の草分け企業の労組というだけでなく，いち早く労組を結成し労組活動の先行経験があり，さらに労組内外の情勢分析に長け，各方面に関係を築いて全国スーパー労協の結成を実現した。チェーンストア業界として初の上部団体結成の事実上の主体は東光ストア労組であり，全国チェーン労協に移行した後も一群となった当時の業界労組を牽引してきた。東光ストア労組が業界で由緒ある名門労組といわれるゆえんである。

(6)　全国チェーン労協の分解と商業労連加盟

　東光ストア労組が強く関与する全国チェーン労協の上部団体としての機能は着実に高まり，次の段階の産別組合への移行が視野に入ってきた。一方，チェーンストア労働者の組織化に参入してきた全繊同盟が1970年2月に流通部会を創設した前後から，業界労組は急速に動的な情勢となった。その渦中において，全国チェーン労協は労組間の情報交換や親睦だけではなく，産別機能を強化し，企業内レベルの労使関係を超えた産業レベルの労使関係を形成することを模索し始めた。

　その結果，1971年度の賃上げ交渉では，全国チェーン労協加盟の20労組90人が事前に参会して，交渉に臨む問題認識や具体的な方向などを詳細に申し合わ

せた(32)。申し合わせ事項としては，まず影響力の大きいナショナルチェーン企業の労組をパターンセッター労組に設定し，先導的な役割を持たせた。設定されたのは全ダイエー労組（一般同盟），長崎屋労組（全繊同盟），全西友労組（全国チェーン労協）である。また，労組間の賃上げ経過に関する情報伝達責任体制をとるために賃闘情報センターを設置し，東光ストア労組が担当労組となった。その他にも，要求額の統一原則，要求意義，回答指定日などを決定し，要求書の前文も統一して全国チェーン労協の統一性と連帯性を高めることとした(33)。これにより各労組が加盟する産別組合を超えた連帯を実現しており，従来に比べて大幅に上部組合の機能を強化した活動へ脱却し始めたことがわかる。

だが，同じ時期には同盟傘下労組が結束強化を開始し，世話役労組を含めて一斉に全国チェーン労協を脱退した。このため全国チェーン労協は分解し，加盟労組は岐路に立たされた。産別組合への移行に積極的であった東光ストア労組にとっては，徐々にとはいえ前進し始めた流通産別構想が挫折したため，改めて上部組合について検討することを余儀なくされた。

上部組合の検討に入った東光ストアは，結局，有力案としてチェーンストア業界の労働者の組織化に後発参入してきたゼンセンではなく，同じ小売業の労組が集結した商業労連への加盟を念頭に置いて内部協議を重ねた(34)。その後の協議で明らかにされた産別組合および商業労連加盟に対する考え方は，**図表2－4**の通りである。

●図表2－4　商業労連加盟に関する東光ストア労組の考え方

産別組織に対する基本的な考え方

　企業別組合として，私たちをとりまくいろいろな課題には当然，企業レベルの労使関係の中で取り組み解決していくことが第一段階であるが，もはや企業レベルでは解決できない問題が多くなってきており，必然的に，産業レベル，国家レベルでの対策が急務となっている。

　経済の高度化，産業構造の変革にともない，企業レベルから産業レベルへと進展しない限り，労働組合の制度的役割，社会的責任も充分に発揮できないわけである。

1）労働組合の本来的機能を最大限に発揮するためには，産業別単一組織を指向

するが，わが国の労働組合の歴史的，特殊的環境の中で醸成されてきた企業別労働組合が，支配的な現状においては連合会方式もやむをえない。
2）各企業別組合であることに鑑み，各加盟単組の自主性・主体性に基づく連合会であること。
3）政策推進能力を強化すべく，各加盟単組においても組織強化の努力をすること。
4）各単組では解決が困難な問題及び産業レベルの問題が主たる課題となること。
5）政治的信条の自由に抵触しないこと。したがって特定政党とのゆ着を排除したものであること。ただし産業政策の立案，実施，制度化問題等のいわゆる経済主義に立脚した政治的社会活動は大いに行なう。
6）政策目的達成のために統一行動ができること。

商業労連に加盟する考え方

　私たちが商業労働界の大同団結を希求する以上，具体的な課題に挑戦し，1つ1つ着実に積み上げていく活動，いいかえれば観念的な組織論議から脱却して，前向きな政策論を通じて労働組合らしい本来的な運動を展開していくことが，私たちの道であると信じる。

　このような基本的な姿勢にもとづき，今時点において商業労連に加盟し，その産別を通じ当労組の目的実現のために努力し，同時にチェーン労協を通じ，さらにチェーンストアの友好労組と連携を深めていくことは，全東光労組の活動綱領と合致するものである。
1）商業労連の運動理念，綱領は当労組の基本的姿勢とほぼ同一線上にあること。
2）私たちの産別指向である百貨店，チェーンストア，その他小売業を組織しているのが商業労連である。しかし，まだまだ，百貨店中心的な色彩が強いが，今後，脱百貨店労連にしていく努力をしなければならない。
3）商業界における新しい労働運動を創造しつつあり，その姿勢は高く評価でき，当労組が提起している産業レベルの課題にも前向きに取り組んでおり，政策的にも共通認識に立ちうること。
4）労戦統一にも意欲的で，その中核になりうる組織基盤がつくられつつあること。

　以上，私たちが商業労連加盟を考えるとき，小売産業に残されている課題は大変多く，それらを1つ1つ解決し，小売産業の近代化を推進していくことは決して容易な道ではありません。
　しかし，私たちの働く小売産業は消費者に直結し，国民経済に寄与する重要な産業である。それと未組織労働者が多く，逆にみれば，それだけ私たちの未来は無限の可能性を意味している。完全独立の企業内労働組合，県評，地評加盟の組合，地方同盟の組合等々バラバラに分断されている小売労働者の結集と，未組織

> 労働者の組織化によって，私たちの活動もより効果的なものとなる。
> また，組織人員を多くするだけでなく明確な基本理念にそって魅力ある組織づくりをしていくことが大切であると考える。

（出所）　全東急ストア労働組合『20年のあゆみ　着実に誠実な進歩をめざして』1977年，pp.118-120。

　このように，東光ストア労組は加盟の判断にあたって，商業労連には百貨店中心とはいえ，同じ小売業労組の連合体として将来は幅広い業態の小売業労働者を組織化する可能性がある点を重視していることがわかる。また，チェーンストア労組との友好関係の継続を宣言しており，商業労連加盟後に，チェーンストア業界の労組を拡大する狙いがみられる。すなわち，情勢が変転する中で別の展開が強いられたにせよ，東光ストア労組が目指してきた流通産別構想に最も近い選択にこだわる姿勢があったと推測される。

　1972年2月，商業労連加盟についての職場会議を重ね，1972年3月6日に目黒福祉センターで開催された3月度大会で商業労連加盟案を投票により決定した[35]。そこでいよいよ1972年3月12日の全員投票に持ち込み，賛成多数で正式に商業労連加盟を決定した[36]。なお，東光ストア労組の商業労連加盟の直後に，当初からの流通産別構想の行き詰まりを経験した労組の中から，十字屋労組が一般同盟を脱退し，商業労連に加盟した。

　商業労連加盟後は，東光ストア労組委員長杉本尚が商業労連副会長とチェーンストア部会長に就任した。1975年3月に東急ストア労働組合（東急ストア労組）へ名称変更した後も，商業労連の中でチェーンストア労組のプレゼンスを高めながら，中心労組として積極的な活動を続けた。

3　渕栄労働組合

(1)　会社概要と労組の結成

　渕上丸栄（渕栄）の前身は，1895年に創業した呉服雑貨店であり，九州地方で呉服店，百貨店，量販店へと業態を変化させてきた。渕栄の社長は創業家の

三代目である渕上栄一であり，もともと主に農村の顧客層から支持を得ていた百貨店を九州地盤のチェーンストアへと転換させ，さらに広域の有力企業として発展させた[37]。1958年，福岡市にあった渕上百貨店は，実験段階を経てスーパーマーケット業態の出店に踏み切った[38]。従来の百貨店を渕上店とし，同市にスーパーマーケット1号店である丸栄西新店を開店した。1960年に久留米店，1961年小倉店を出店し，以後も精力的に丸栄の多店舗展開を進めた[39]。

渕上栄一が新たに丸栄の店舗展開を決行した契機の1つは，渕上百貨店で労働争議の末に総評系の全百連（全国百貨店従業員組合連合会）の影響を受けた先鋭的な労組が拡大し始めたため，百貨店経営に見切りをつけたことである。すなわち，1957年に渕上百貨店労働組合が結成された後，労組結成に動いていた臨時採用者たちの解雇が発生した。その際に労組が分裂し，渕上労働組合（渕上労組）が全百連の指導で不当解雇を争った末に解雇撤回となり，その余勢を駆る左翼的な渕上労組の勢力が大きくなりつつあった[40]。

だが，一方の渕上従業員組合（渕上従組）には左翼指導者による階級闘争を主眼とする労働運動を忌避した勢力が集まり，結成準備委員会の開催を経て，1962年5月6日の結成大会において民主的な労組運動を標榜する渕栄労働組合（渕栄労組，委員長森山隆史，書記長野元徳一）が4支部約550人で結成された[41]。1962年5月14日，渕栄労組は第1回中央定期大会を開いた[42]。

こうして，本店である渕上店には2つの分裂した労組が併存することとなったが，急拡大する丸栄の店舗では渕栄労組が単独の支部結成を通じて着実に組織を拡大した。なお，渕栄労組は結成と同時に全労福岡（全日本労働組合福岡県地方会議）に加盟し，1964年11月，同盟結成後に福岡同盟へ移行加盟した。また，福岡市内の百貨店労組とともに福岡百貨店三労組会議を結成して連帯関係を築いた[43]。

第1期の本部役員は図表2－5の通りであり，各店から労組幹部を集めたことがわかる。1962年10月には，早くも第2回中央定期大会で中央役員が交代した。この結果，第2代委員長は長尾良隆，書記長は吉開敬祐となった。初代書記長の野元徳一もそうだが，初期は書記長のみが専従役員であり，しかも賃金交渉時期限りの専従であった。

以後，1980年代半ばまでの初期の歴代委員長の変遷をまとめると，図表2－

●図表2-5　渕栄労組結成時の本部役員一覧

委員長	森山隆史（渕上店）
副委員長	喜多島敬止（小倉店） 佐々木友直（久留米店）
書記長	野元徳一（渕上店）
書記次長	姉川友弥（西新店）
中央執行委員	稲水健児 広瀬道雄 山崎幸子 松永郁朗 田川正隆 三原剛志 脇山　清 小手川昭蔵
会計監査委員	久米鉄男 佐々木邦夫

（出所）　全ユニード労働組合『ありがとう20年　新たな出発』1983年より作成。

●図表2-6　渕栄労組における初期の中央執行委員長

歴代	就任期	就任年月	氏名	備考
初代	結成期〜第1期	1962年5月〜 1962年8月	森山隆史	
第2代	第2期〜第3期	1962年9月〜 1964年9月	長尾良隆	第2期，第3期書記長吉開敬祐。
第3代	第4期〜第6期	1964年10月〜 1967年9月	原　陽三	第4期書記長吉開敬祐，副委員長久間治二郎。
第4代	第7期〜第10期	1967年10月〜 1971年9月	久間治二郎	第7期副委員長吉開敬祐。第8期書記長土井良泰。
第5代	第11期〜第17期	1971年10月〜 1979年9月	吉開敬祐	第11期書記長土井良泰，第12期副委員長土井良泰。
第6代	第18期〜第23期	1963年10月〜 1984年9月	土井良泰	

（出所）　全ユニード労働組合『ありがとう20年　新たな出発』1983年より作成。

6のようになる。第3代までの委員長は，会社の急成長に伴う急ピッチの管理職昇進によって組合員範囲外となり短期就任だったが，第4代以降は，久間治二郎，吉開敬祐，土井良泰のように，委員長が長期就任するタイプの労組に移行した。

渕栄労組の初期の支部数と組合員数をみると，1965年は10支部1,390人，1970年は22支部3,359人，1975年が42支部3,459人と，店舗の拡大による支部の増加とともに1970年代に入って3,000人規模を超えたが増加は鈍化した。だが，1979年には49支部4,506人となり，1970年代末に再び増加し4,000人規模となった。また1982年には79支部4,908人と，1980年代に入って5,000人前後で推移した。

(2) 初期労組活動の概要

渕栄労組の初期活動の考察に移ろう。まず，労組結成時から優先して取り組んだのは，労働条件の統一であった。というのも，労組としては4支部が一体となったにも関わらず，会社側は渕栄と丸栄を独自に運営しており，別個の労働条件のままであったからである。このため，賃金，労働時間，福利厚生など各制度を統一し格差を是正すること自体を労働条件の整備と位置づけて取り組んだ。

もちろん，渕栄労組は他労組と同様に，高賃金企業の組合員との格差縮小を目的とした賃金交渉や，週休2日制の導入と時短をねらった労働時間交渉について積極的に活動した。ただし，本章ではそれらを割愛し，渕栄労組で特筆すべき活動に絞ろう。

第1は，労働協約の締結である。他労組でも初期段階での労働協約の締結は認められるが，渕栄労組は会社側の強力な抵抗に直面しながら実現した。1965年，渕栄労組は第5回中央定期大会で決定した運動方針において，労働協約の締結をはかり労使関係の明朗化を促すこととした[44]。これを受けて，「労働協約準備委員会」を設置し，内容と要求案の大会提出や協約締結の時期などを検討し始め，他労組の協約を収集して参考資料としながら具体的条文の起草作業に入った。また，1966年の目標として，当面は断片的にせよ労使で約束を交わした事項を先行して集約し，一般に他労組が締結している事項を加えることとした。あわせて労働協約準備委員長を生産性九州地方本部主催の労働協約に関

する労働講座に派遣して，専門知識の吸収を図った[45]。

こうして，渕栄労組は強い決意で労働協約の締結要求を持ち込んで交渉に臨んだものの，会社側の態度は労組の期待を裏切るもので，労働協約に関する交渉の進展を阻んだ。このため，労組はこれまでの経緯を勘案し，労働協約締結交渉を別の時期に実施するのではなく，賃金交渉と同時期に進めることとした。

だが，会社側は賃金交渉のみで意識的に労働協約締結交渉に焦点を合わせようとしなかった。そこで労組は，会社側に期限付きの回答を要求したところ，会社側は回答したものの，労働協約は足かせになるという固着した観念に基づく内容であった。このため，労組は賃金交渉と同時に解決することが望ましい項目に絞って交渉することを要求した。

ところが，会社側はあくまでも賃金交渉とは別問題として労組の要求を強く拒否したため，大きな対立を生んだ。労組の予想を超える会社側の労働協約に関する認識の低さが浮き彫りになった[46]。ちなみに労働協約の締結で労使が争っていた時期の渕上丸栄の規模は，例えば1968年3月末時点でダイエーの売上高約750億円（38店舗），西友ストアーの約500億円（68店舗），ジャスコ約500億円（68店舗）に次ぐ約400億円（19店舗）であり，ニチイ，長崎屋，イトーヨーカ堂，灘神戸生協などを上回るものであった[47]。大手チェーンストアの経営者であっても労組や労使関係に対する根強い偏見や抵抗があったことがわかる。

しかし，労組側の労働協約締結に対する熱意は揺るがず，徹底的に交渉を継続した。その結果，締結作業は進展したものの，組合員の範囲，定年制，ユニオンショップ条項，平和条項の4点について労使が相譲らず，交渉は一時中断となった。だが，1969年8月に交渉が再開され，会社側が譲歩したため3年半にわたる交渉に終止符が打たれた[48]。労働協約を完全締結させて民主的な労使関係へ軌道を乗せた労組は，会社側以上に経営の健全化に対して意欲的であり，チェーンストア企業や業界の発展に貢献したといえる。

渕栄労組の画期的な活動の第2は，渕栄労組が全国のチェーンストアに先駆けて自前の組合会館を建設したことである。1966年9月22日開催の第6回中央定期大会で労組活動の強化のための拠点として会館づくりを決定し，「組合会館建設準備委員会」を設置して用地の選定，工事内容，資金調達方法などの具

体案の検討に入った。1968年8月には本設計を開始するとともに，同年10月の組合会館着工を発表した。博多駅近くの用地に全館冷暖房の鉄筋3階建てで，事務室，応接室，管理人室，大小各種の会議室，専用車庫などを備えた当時の近代ビルの全貌が明らかにされた[49]。それから約6か月後，総経費約4,000万円をかけた組合会館が完成し，1969年5月6日，渕栄労組結成7周年記念日に合わせて落成した[50]。

この時点で組合員は3,000人弱に増えていたから，渕栄労組にとって，組合会館は拡大し続ける組合員の団結のシンボルとなった。また，活動上も組織拡大拠点の確保や各種活動の経費削減などを期待させるものであった。一方，全国のチェーンストア初の快挙に他の小売労組や上部組合から称賛が集まった。その中には例えば丸井労組のように，渕栄労組の組合会館を目の当たりにして自らも会館を建設する労組を誘発するなどの影響を与えた。なお，この直後の1970年には会社名がユニードへ変更になり，渕栄労組は1972年9月に結成10周年を機に全ユニード労働組合（全ユニード労組）に改称した。

さらに第3点目として，渕栄労組が争議を視野に入れた賃金交渉を経験していることを指摘しておく。1975年の賃金交渉では，3月10日の労組の要求書に対して会社側の第1次回答が極めて低額であり，また一時金について未回答であったことから，労組が回答を拒否する波乱のスタートとなった。続く第2次回答でも，若干の増額があったが要求との距離はほとんど埋まらず，以後の数回の団体交渉でも進展がなかった。このため，労組は事態の打開のためにストライキ権の集約大会の開催を決定した上で，1975年5月4日にスト権集約を行い，5月10日を平和的解決日に設定して5月11日ストに入る旨を会社側へ通告した[51]。

それでも会社側はこれ以上の上積みは難しいと回答したまま5月10日を迎え，会社側が福岡県地方労働委員会にあっせん申請を行った。これを受けて福岡地労委はあっせん作業に入ったことを労組へ通知したため，労組は労働協約に基づいて5月11日のストを一時延期することを決定した[52]。

その後，5月20日，5月23日のあっせん作業にも関わらず不調に終わり，労組は5月26日当初予定のストを実施することを通告した。これを受けて5月24日にあっせん作業が再開され，賃上げ率は4月1日以降14.5％，10月1日以降

18.0％，一時金4.65か月のあっせん案を労使が受諾した。要求書提出から74日という長期交渉となった[53]。

(3) 九州ダイエーとの合併への対応活動

　1975年の賃金交渉がもつれた背景には，経営状況に綻びが見え始める中で労組が会社側に営業面で協力してきたのに対して，会社側がまったく賃上げで応えようとしなかったことがある。すなわち，支払い能力の点で会社側の切迫した経営状況が露呈した混迷期に突入していた。

　その直後から経営の悪化がさらに進み，1975年10月9日，経営体質の強化のための緊急対策として，会社側が労組へ労働条件の一部変更を申し入れる事態を招くことになった。この対策の項目は，週休2日制を縮小すること，年末夜間営業を長くすること，九州内の店舗の正月営業開始を3日とすること，繁忙時手当を廃止することなどであった。労組はこれらの応急処置の必要性を認め，労使一体で難関を乗り切るべきとの判断から全ての要請を受け入れ，10月20日，労使共同確認書を締結した[54]。

　こうした波乱の局面に入り浮上したのが，ダイエーとの合併問題であった。ただし，労組は，従来から経営陣の資質に疑いの目を向けていたため，合併に対して強力に反対する態度をとらなかった。むしろ雇用機会の確保と労働条件の維持向上のために，合併前に経営の健全性を少しでも取り戻すという態度で，経営参加に関する取り組みを強化し始めた。ただし，この経営対策活動はダイエーとの合併問題が浮上してからではなく，労組の結成以来，労使協議を重視してきた初期労組活動の集大成とみるべきである。

　渕栄労組は1979年の第20回中央定期大会において新たな経営参加体制づくりをスローガンの1つに掲げ，会社の健全な発展を最重点課題として取り組むことを決定した。具体的な課題として，経営対策活動の環境整備と強化のために，労組の質的向上と会社側の受け入れ体制の確立，労使協議体の明確化と内容の強化，職場の経営対策推進，労使の職務分担の見直しに取り組むことになった[55]。

　図表2－7は，労使が新たに整理した労使協議体の名称，開催，構成員，目的と運営方法をまとめたものである。労使協議体は，中央会議体（労使懇談会，

第2章　先覚的なチェーンストア労組

●図表2－7　労使協議体一覧

区分	名称	開催	構成員		目的・運営方法
中央会議体	労使懇談会	年4回（2月・5月・9〜10月・11月）	会社	社長，副社長	・労使トップの意思疎通 ・経営方針の確認，情報交流 ・11月開催にて次年度経営計画検討
			労組	委員長，副委員長	
	経営向上委員会	月1回（第1土曜日）	会社	専務2人，常務6人	・経営の長短期課題の審議 ・経営計画管理のコンセンサス ・地区会議上申の全社的問題解決，諸事項の審議
			労組	委員長，副委員長，書記長，書記次長，中執4人	
	拡大経営向上委員会	年2回（4月・10月）	経営向上委員会メンバーおよび支部長全員		・経営トップと支部長との意見交流，意思疎通 ・ボトムアップの推進
地区会議体	地区経営向上委員会	月1回（第4週）	会社	販売事業部長・店長	・支部労使協議会で未解決の諸問題の審議，解決 ・経営向上委員会審議事項の上申，結果確認
			労組	支部長・中執担当	
	支部労使協議会	月1回（第3週）	会社	店長，店次長，業務課長	・店舗の諸問題の解決 ・労働条件，職場環境の改善事項の審議 ・店舗の生産性向上に関する事項の審議
			労組	支部長，副支部長，書記長，婦人部長，会計，職場委員	

（注）　これらの他に3つのプロジェクト活動（人事諸制度改善，関連企業，生産性向上）も労使協議体に含まれる。
（出所）　『あすなろ』1980年10月25日号より作成。

経営向上委員会，拡大経営向上委員会）と地区会議体（地区経営向上委員会，支部労使協議会）に分かれて運営された(56)。

また，渕栄労組は労使の生産性向上プロジェクトの一環としてロス対策に乗り出し，ロス撲滅キャンペーンを展開した。このキャンペーンのねらいは，値下げ管理の徹底，バックヤードの商品管理の徹底，発注と納品チェックの精度アップ，不良品排除と鮮度管理の徹底であった。例えば，値下げ管理では，本部商品部と店舗，販売事業部の連絡で予算管理を洗い出し，値下げ予算の完全把握を行った。また店舗側でも，各部の値下げ予算バランスをチェックし，値

第Ⅰ部　流通産別構想の輻輳と「ゼンセン以前」

下げ伝票や値下げ管理表を厳格に管理して，予算消化状況を確認するようになった。バックヤードの商品管理では，商品管理場所，保管禁止場所を指定したり，バックヤード巡回によって保管体制の修正指示を出すことにした。売場での不良品や鮮度低下商品の排除は，主に店舗内パトロールにより報告書の作成を義務づけて，商品部で集約し取引先へ注意を促す体制に移行した[57]。

さらに，1980年10月23日～24日には第1回拡大経営向上委員会が開催された。会社側から専務や常務らが多数参加し，労組側は専従役員と支部長の全員が参加して，情報交換だけでなく，パネルディスカッションや分科会で積極的な議論が交わされた。例えば，パネルディスカッションでは，小型店舗での店舗仕入れ，チーフの売場兼務，チラシ広告，電子発注の精度などに関して具体的に検討された。分科会では，マネジメント，商品販売，消費者ニーズなど個別テーマに分かれて研究発表とコメントが実施された[58]。

毎月1回開催の地区経営向上委員会も開始され，組合員の立場から店舗の身近な問題についての提案が重ねられた。例えば，1980年9月25日開催の第2販売事業の委員会では，ロス対策として入荷日のチェック体制やバックヤードの整理整頓，鮮度管理のパートタイマーへのチェック移管など，10月4日開催の第4販売事業部の委員会では，鮮度管理の強化，伝票の完全処理，売れ筋死に筋商品の完全把握と早期対応，返品時の返金方法の確認など，10月29日開催の第3販売事業部の委員会では，省エネ対策として消灯可能部分の徹底，点灯器具の清掃などの他，年末アルバイト採用計画などが議題として取り上げられた[59]。

1981年1月，いよいよユニードとダイエーの100％子会社である九州ダイエーの合併が発表され，チェーンストア業界に大きな反響を呼んだ。存続会社はユニードとされ，1981年9月を目途に両者が対等の立場で合併するとの覚書が交わされた[60]。企業間競争だけでなくブロック間競争を重視する両社の思惑が一致した結果であった。合併発表時の両社の概要は，ユニードが59店舗，従業員数約5,600人，1979年度売上1,242億円であるのに対して，九州ダイエーは16店舗，従業員数約3,600人，1979年度売上924年億円であった。

これを受けて渕栄労組は，執行委員会，執行評議会，さらには全支部長に対して合併の経過と現時点での見解，今後の対応を正式に説明し，合併に対して前

向きに取り組むことについて組合員の承認を得た(61)。1981年6月には合併契約が正式に調印された(62)。こうして全ユニード労組は,新生ユニードの発足に向けた経営体質の強化に取り組むこととなった(63)。

(4) 九州ダイエー労組との合同

　ユニードと九州ダイエーとの合併が発表された後,会社側では合併委員会発足の準備が急速に進められた。一方,労組側も1981年2月4日に両労組の三役会議を開催し,合併に関する意見交換と解決すべき労働条件について確認するとともに,労組間に設置した合併推進委員会で協議を継続することになった(64)。

　同時に,全ユニード労組は合併激動期の労使交渉に臨むことになった。例えば,1981年度の賃金交渉では,合併するダイエーとの格差是正を進めながら,適正な能力評価に基づく人事制度への移行なども視野に入れた。1981年3月23日に要求書を提出して,短期間の精力的な労使交渉で4月20日にはほぼ要求通りで大筋合意した。また1982年度の賃金交渉も,合併後の人事交流の開始をにらんで労働条件格差を今後の計画によって是正することが主眼とされた。すなわち,従来のユニードに対する要求に上乗せする形でダイエーとの格差是正分を要求し実現することが確認された(65)。

　このように,全ユニード労組は,両労組の合同による組合員としての一体化のある真の合併をねらって活動を続けた。まず,新生ユニードの労使は,完全一体化を目指して,労使一体化推進委員会,労使一体化推進委員会事務局会議,労使経営懇談会から構成される「暫定労使運営体制」を構築した。また,労使一体化推進委員会事務局会議の下部機関として,人事制度・賃金体系小委員会,福利厚生小委員会,協約・規則小委員会を設定し,具体的な企画作業に入った(66)。これらの暫定労使運営体制をまとめると図表2－8のようになる。

　全ユニード労組は,1982年9月21日～22日に福岡県福岡市の福岡山の上ホテルで開催された第22回定期中央大会において,労働条件の一体化の完成を目指すため,労組合同を取り組み方針に盛り込んだ。

　さらに,全ユニード労組は,1983年10月3日～4日に福岡市山の上ホテルで開催した第23回中央定期大会で,ダイエーグループの一員として応分の役割と

●図表2－8　新生ユニードの暫定労使運営体制

		労使一体化推進委員会	労使一体化推進委員会事務局会議	労使経営懇談会
設置目的		労使協議会の諮問機関とし，旧九州ダイエー，旧ユニードの従業員の一体化を進めるにあたっての各種調整事項について一体化推進委員会事務局会議にて検討された結果の審議を行う。	一体化推進委員会の下部機関とし，従業員の一体化に向けて必要となる各種調整事項についての具体的検討作業を行う。	新生ユニードの健全な発展を図るために，経営計画，営業政策，経営に関する事項についての協議を行う。
構成	会社 ユニード	運営統括本部長，人事本部長，人事本部長付，第1・第2人事部長	人事本部長付，第1・第2人事部長，企画主催，人事課長，労政課長，指名委員	運営統括本部長，人事本部長，人事本部長付，第1・第2人事部長，指名委員
	ダイエー	人事統括室長，人事統括室労政主席，主査	－	－
	労組 全ダイエー・西部地区	西部地区議長	西部地区議長，地区対策部長	西部地区議長，地区対策部長
	全ユニード	中央執行委員長，中央執行副委員長，中央執行書記長	中央執行書記長，中央執行委員	中央執行委員長，中央執行委員
	全ダイエー	中央執行委員長，中央執行書記長	－	－
開催		年4回	随時	月1回
事務局		人事本部，ダイエー人事統括室	人事本部	人事本部
備考		－	事務局会議の下部機関として，人事制度・賃金体系小委員会，福利厚生小委員会，協約・規則小委員会を設置する。	定例報告事項は，一体化推進委員会報告，営業成績とする。

（注）『あすなろ』1982年2月1日号より作成。

責任を果たすとの立場を表明し、ダイエーグループ労働組合連合会（ダイエーグループ労連）への加盟を決定した[67]。10月5日～6日には兵庫県宝塚市の宝塚グランドホテルにて開催されたダイエーグループ労連第4回定期大会において、全ユニード労組の正式加盟が承認された。つまり、全ダイエー労組との合同の前に、「オレンジグループ」入りし、全ユニード労組委員長土井良泰がダイエーグループ労連副会長に就任した。なお、同定期大会では、同年に結成されたばかりの九州ダイエー労組も同時にダイエーグループ労連へ加盟した[68]。ダイエーグループ労連加盟後の全ユニード労組は、1984年度の賃金交渉において、要求水準、交渉スケジュールなど九州ダイエー労組との共闘を強化し、統一要求を前提とした要求書を提出して労組合同の成功を期した[69]。

こうしていよいよ1984年7月31日、組合会館で開催された全支部長会議において、両労組の三役を中心とする合併推進委員会の検討を経て整合された合同基本骨子が執行部から提案された[70]。全支部長会議後は各地区セミナー、再度の全支部長会議、複数の中央評議員会を重ねて労組合同を最終決定し、労組合併大会となる第24回中央定期大会を迎えることとなった。

1984年9月27日～28日、福岡市の山の上ホテルで労組合併大会が開催され、運動方針、綱領・規約改訂、年度収支予算、中央役員選出など全議案を可決し、新生ユニード労組が誕生した[71]。労組委員長は、九州ダイエー労組委員長であった白石正則が就任し、旧全ユニード労組委員長であった土井良泰は退任して福岡地方同盟書記長に転じた[72]。

(5) 上部組合への加盟と脱退

最後に、渕栄労組の上部組合について検討しよう。渕栄労組の上部組合に関する活動の軸足は商業労連にあり、同盟や自らが発起人労組となり立ち上げ世話役労組として活動を続けた全国スーパー労協とは一定の距離を保っていたとみられる。そうならば、全ダイエー労組を中心とする、ゼンセンに対抗的な一般同盟主導の流通産別構想とは距離感があったはずである。

あらかじめ指摘しておくべき点は、この背景として、渕栄労組には全百連に指導された別労組との併存経験があり、上部組合アレルギーが多少なりとも残っていたことである。例えば、渕栄労組がゼンセンからの組織化を経験しつ

つも，ゼンセン未加盟を堅持した事実からもそれがうかがえる。最終的にゼンセン同盟へ加盟したのは，労組合同を果たした全ダイエー労組が既に一般同盟からゼンセン同盟へ鞍替えしていたからである。その意味で，渕栄労組は，いわゆる「ゼンセン以前」や「ゼンセン以外」の分析に好適な事例といえる。

既述のように，1962年に渕栄労組が結成された時点で，全労福岡に加盟し，同盟結成後も同盟へ継続加盟していた。他方で，同業労組との連携を重視して福岡百貨店三労組会議を結成した。百貨店業界で全百連主導による労使紛争や労組結成が相次ぎ，九州地域では岩田屋百貨店が最大の標的とされ，また渕上百貨店自体も全百連による活動を経験するなど，業界共通の深刻な問題の渦中にいたからである。

1962年10月，九州電力をはじめ地元企業で構成される九州生産性本部の主催で，百貨店を対象としたセミナーが開催された。この場を活用する形で，岩田屋労組の呼びかけに応じて，全百連アレルギーに悩みながらも情報交換の場を求めた百貨店労組が集まり，1962年10月に九州百貨店労組生産性懇談会が発足した[73]。

この九州百貨店労組生産性懇談会の発足1周年を機に，さらに活動の充実と連帯の強化を求める機運が高まった結果，1964年3月，懇談会を発展的に解消して新たに九百労会議（九州地方百貨店労組会議）が結成された[74]。

九百労会議の活動内容としては，例えば，大分トキハ労組が世話役労組となり別府山海閣ホテルで1966年11月9日～10日に開催された会議では，オブザーバー労組含め14労組，合計66人が参加し，各労組の近況報告の後に，賃金体系，労働協約の完全締結，女性組合員の地位向上の3つのテーマで分科会が設置され討議が重ねられた。あわせて大分トキハ百貨店の店内および厚生施設の視察と，労使懇談会への出席機会が設けられた[75]。女性組合員の地位向上の分科会では，特に渕栄労組は労組婦人部活動の立ち遅れを痛感することになった。というのは，他労組は男女ともに50歳定年であるのに対し，渕栄労組と別府近鉄労組のみが女性定年30歳制を続けていることが明らかにされたからである[76]。

このように渕栄労組は，共闘関係が緩やかで企業別の労使関係が尊重され，先行する百貨店労組の情報を得ながら労使協議や交渉を推進できる九百労会議

第2章　先覚的なチェーンストア労組

を足がかりにした活動を続けた。また福岡市内の百貨店労組との情報交換や生産性向上や組織強化のための学習活動を通じた交流も余念なく継続した。

　福岡一般同盟，全国スーパー労協に加盟しつつも，渕栄労組が最も選好したのは，百貨店業界の労組との交流であった。福岡一般同盟に加盟していても同業との交流は無きに等しく，また全国スーパー労協のゆるやかな連携もその内実はまだ成熟していなかったためである。

　こうした中で上部組合アレルギーのため地域内交流を続けていた全国各地の百貨店労組が1965年に緩やかな団体として，DILA（全国百貨店労組海外事業研究協議会）を発足させると，渕栄労組はDILAに加盟してその活動を優先するようになった。また，DILAから再度の産別組合を志向する労組が集まり，1969年に商業労連が結成されると，渕栄労組は前向きな態度で加盟した。上部組合に関して商業労連に軸足を置く渕栄労組は，果たして1972年2月に全国チェーン労協の世話役労組を退任し，同年8月には福岡一般同盟からも離脱したのである。

　その後，同盟内の流通労働者の一本化を構想して結成された同盟流通共闘会議が解体したことを受け，1973年12月，一般同盟を離脱して流通労働者の大同団結を模索してきた全ユニード労組は，九州地方の自決組織の形成を優先し，岩田屋労組とともに九州商業同盟を結成した。すなわち，同じく同盟に加盟する労組であっても，ゼンセン同盟流通部会主導によるチェーンストア労働者の組織化には応じないとの態度表明であった。

　ところが，ユニードと九州ダイエーが合併したため，全ユニード労組と九州ダイエー労組の合同によって全ユニード労組の商業労連志向は急変することとなった。労組合同に先立ちダイエーグループ労連へ加盟した後は，労組役員がダイエーグループ労連主催の教育研修に続々と参加したが，開催場所はゼンセン同盟の研修施設「友愛の丘」であった[77]。また，この時期に全ユニードの各種行事に参加する全ダイエー労組の勝木健司の肩書は，全ダイエー労組委員長，ダイエーユニオングループ労連会長の他に，ゼンセン同盟流通部会会長となっていた。

　両労組合同の基本骨子案にも合併大会の議案書にも，ゼンセン加盟への加盟と同盟運動の積極参加が明記された。こうして誕生した新生全ユニード労組は，

商業労連を脱退してゼンセン同盟流通部会に加盟し，ゼンセン同盟北九州支部（福岡県と佐賀県を所轄）に所属することになった[78]。

4　全西友労働組合

(1)　従業員組合の結成

　1940年3月，堤康次郎が率いる西武鉄道の前身武蔵野鉄道が京浜百貨店池袋分店である菊屋デパートを買収して，武蔵野デパートが設立された。この武蔵野デパートは，1945年4月に戦災で焼失したが，営業を再開して増築を重ね，1949年4月に改称して西武百貨店となった[79]。

　1954年9月，この西武百貨店に堤清二が入社し，書籍，食品，衣料などの売場販売員として働いていたが，1955年11月に取締役店長へ就任した[80]。その後，百貨店激戦地の池袋で競りながら，積極的な改革を断行して西武百貨店を成長軌道に乗せた。

　1956年1月，「百貨店法」の規制強化の対策の1つとして，西武百貨店のスーパー部門を独立させる形で西武ストアーを設立し，平，静岡，小田原，土浦などに出店した。ただし，明確なチェーンストア志向があったわけではなく，西武グループの不動産や観光事業に付随した位置づけの店舗を無計画に出店して赤字経営を続けていた[81]。

　また当時，西武百貨店において2つの事件が重なり，西武ストアーの大きな転換につながった。すなわち，第1に，1961年にアメリカ進出を果たした西武百貨店ロサンゼルス店が不振で多額の赤字を積み上げ，1963年に撤退を余儀なくされた[82]。第2に，1963年8月22日，西武百貨店池袋店7階から出火し，この大規模な火災が7階と8階の売場面積を消失させるとともに，7人の従業員死亡者と約30億円の損害賠償を発生させた[83]。

　この2つの事件で多額の借入金を抱えることになり，堤清二はそれを埋める利益拡大のために，背水の陣を敷いてチェーンストアへの進出と，渋谷への出店など百貨店の多店舗化に乗り出したのである。このうち，チェーンストアについては赤字店舗の西武ストアーに対して，経営不振の原因究明と改善提案を

通じて，新たな業態の開発に着手した。1962年9月には，東京初のSSDDS（Self Service Discount Department Store）として，百貨店の分店とは異なるセルフ販売の実験店である高田馬場店を開店した[84]。

こうして1963年4月，中野区江古田で西友ストアーが発足した[85]。また，西友ストアー社長堤清二は，会社の経営を軌道に乗せるために，1963年8月に上野光平を西友ストアー支配人に就任させた[86]。西友ストアーは急拡大し始め，店舗数とともに従業員数が急増し，後には「西のダイエー，東の西友ストアー」と呼ばれるライバル関係となり，全国各地で熾烈な販売競争が出現するほどの成長を見せた。

会社設立後5年にして従業員数約3,000人超となった1968年9月，労働条件の整備，労働協約の締結，福利厚生の充実を目標に掲げた西友ストアー従業員組合が結成された[87]。しかし，その前提として，西友ストアーの経営者がいわば組合必要論者である点に留意が必要である。すなわち，かつて西武百貨店労組の結成を導いた経験を持つ社長堤清二が西友ストアー労組の結成に好意的であり，むしろ待望していたと思われる[88]。この点で，多かれ少なかれ労組に対する忌避意識があるチェーンストア経営者が阻害要因とならない少数事例の1つといえる。堤清二の冷静な労組に対する理解の範囲は，業界全体の産別組合の活動にまで及んでいたかどうかには疑問が残るが，企業別組合の結成に極めて有利な条件があったことは間違いない。

1968年8月，各店でリーダーシップのある若手従業員と目され，店長や人事部が推薦した約20人で構成されていた職場改善委員会で，従業員組合について話し合いが持たれ，西友ストアー従業員組合（西友ストアー従組）の結成が決定されると，佐藤孝信を初代委員長とする結成準備委員会が設置された[89]。その直後から開始した従組加入活動は円滑に進み，1968年9月2日，日本青年会館で総会を開催し，西友ストアー従組（委員長佐藤孝信）が結成された。1週間後，各店舗の役員が本部の屋上に集合し，委員長佐藤孝信からの任命によって本部役員と常任委員を暫定的に決定した。その後，西友ストアー従組は早急に組合規約作りに着手し，1968年10月18日開催の総会で組合規約を決定するとともに，正式に**図表2－9**のような本部役員を選出した[90]。なお，初期の委員長および就任期間をあらかじめまとめると**図表2－10**のようになり，短

●図表2-9　西友ストアー従組の本部役員一覧

委員長	佐藤孝信（婦人雑貨部）
副委員長	石曾根貞一郎（婦人雑貨部）
事務局長	高崎　満（専従）
財務局長	村上満勇（専従）
中央執行委員	石黒嗣郎（戸塚店）
〃	小野村英治（柏店）
〃	川岡善三（中村橋店）
〃	児玉敏光（代田店）
〃	鈴木正春（仙川店）
〃	中島啓二（平井店）
〃	福田　勝（赤羽店）
〃	三上　元（商品統括部）
〃	皆川明子（赤羽店）
〃	山本　修（赤羽店）
〃	渡辺隼郎（田無店）
監査委員	岩崎伸雄（荻窪店）
〃	片之坂洋（吉祥寺店）
〃	栗山雄治（経理部）
〃	菅原邦明（平井店）
〃	添川国雄（東長崎店）

（出所）　西友ストアー従組『くみあい新聞』創刊号，1969年1月31日付より作成。

●図表2-10　全西友労組における初期の中央執行委員長

歴代	就任年月	氏名
初代	1968年9月〜1969年4月	佐藤孝信
第2代	1969年4月〜1970年6月	石曾根貞一郎
第3代	1970年6月〜1971年6月	村上満勇
第4代	1971年6月〜1974年6月	富沢司郎
第5代	1974年6月〜1975年10月	高崎　満

（出所）　西友ストアー従組『くみあい新聞』第3号，1969年5月24日付，同第9号，1970年6月14日付，全西友労組『はだかの発言』第54号，1971年6月20日付，同第212号，1974年6月23日付，同第268号，1975年10月5日付より作成。

期で委員長が交代する傾向のある労組であることがわかる。

(2) 「残業代未払い問題」の発生と解決

　西友ストアー従組の結成間もない1968年11月29日，参議院予算委員会で社会党議員大森創造が西友ストアーの時間外手当の未払いを取り上げ，責任を追及した。具体的には，西友ストアーでは30分以内の時間外手当は支給されず，それを根拠に試算した結果，総額約1億4,000万円の未払いが疑われるとして大きな波紋を呼んだ。

　これを受けて1968年12月4日～5日には労働省労働基準監督課，東京労働基準局，中野労働基準監督署が合同で西友ストアー本部と18店舗を調査し，タイムカード記録を洗い直した[91]。その結果，中間報告で未払いは3,000万円超となった。西友ストアー従組は会社側に対して，労働基準監督局に提出される最終的な調査結果の写しを従組へも提出することを申し入れ，金額が確定した後に全額の支給について労使交渉を開始することとなった。

　結局，1969年3月までの労使交渉の末，会社側が約1億円を現金で支払い，あわせて5分単位で時間外手当を支給する仕組みへ移行させた[92]。この事件では，外部勢力が西友ストアーを攻撃し始め，複数の社員寮で会社側を猛烈に批判するビラまきがあった。だが，西友ストアー従組は，労使交渉によって問題を解決する姿勢を崩さず，この事件を終結させて組合員からの評価を高めた[93]。

(3) 内部体制の整備と積極的活動への転換

　西友ストアー従組は，結成直後から従業員組合のままか労働組合とするのかの論争を経て，1969年3月15日の代議員大会で西友ストアー労働組合（西友ストアー労組）へ変更した[94]。さらに会社側が次々に西友ミート，西友畜産，スミスなどの関連会社を立ち上げたため，労組活動が分断されることを懸念し，組合員範囲の拡大を検討した。その結果，西友ストアー労組は1969年11月26日，杉並産業会館で開催した総会で組合規約を改正して，組合員範囲を西友ストアーおよびその関連会社の労働者とし，あわせて名称を全西友労働組合（全西友労組）へ変更した[95]。

また，西友ストアー労組は，1969年4月30日の総会において，第2代委員長石曾根貞一郎，事務局長高崎満，副委員長三上元および村上満勇，財務局長富沢司郎らを中心とする新執行部へ移行し，組織強化，労働環境整備，労働協約締結，賃金水準向上などを柱とする活動方針に基づいて本格的な活動を開始した[96]。委員長石曾根貞一郎は，従組結成についての際に会社の援助があった事実を公表して自己批判による区切りをつけ，新たな段階への転換をねらった[97]。すなわち，自立自尊の活動による労使対等の関係の構築を宣言して，いわば会社側の因習を振り払うような積極的な労組活動に打って出た。

これ以後，各種労働条件や福利厚生に関する多様な活動がはじまったが，ここでは賃上げと腱鞘炎問題を取り上げよう。まず賃金上昇の取り組みについては，労使交渉のために実施された組合員の賃金調査の結果，西友ストアーの労働者の賃金は極めて低く，大手チェーンストアの中で最下位の水準であることが判明した[98]。そこで労組は，あえて小売業界で最も賃金が高い伊勢丹を目標に設定して団体交渉に臨み，両社の賃金のかい離を問題視した。このため，当時の西友ストアーの低賃金がさらに鮮明になった[99]。

図表2－11は，全西友労組が低賃金を明らかにするために，年収と年間労働時間を勘案して算出した1時間あたりの賃金を伊勢丹と比較した結果である。

●図表2－11　西友ストアーにおける1時間当たりの賃金水準（学歴,男女,年齢別）

(円)

年齢		18歳	20歳	25歳	30歳
高卒男性	西友ストアー	167 (68.7)	214 (72.2)	309 (52.6)	463 (45.3)
	伊勢丹	243	334	587	1,020
高卒女性	西友ストアー	167 (75.6)	207 (67.4)	256 (61.0)	305 (53.9)
	伊勢丹	221	307	420	566
年齢		22歳	23歳	25歳	30歳
大卒男性	西友ストアー	221 (72.7)	265 (63.7)	301 (54.6)	463 (47.1)
	伊勢丹	304	416	551	982

(注)　（　）内は，伊勢丹の賃金を100とした場合の割合。
(出所)　全西友労組『春闘特別号』第6号，1970年2月24日付より作成。

西友ストアーの高卒男性と大卒男性の賃金は入社直後には伊勢丹の約7割であり，しかも両者の差が開き始め30歳で半分以下となる。高卒女性についても伊勢丹との差が若干弱まるだけで，ほぼ同様の傾向となる。また，図表2－12が示すように，西友ストアーの男性22歳の賃金は伊勢丹の女性18歳の水準であり，同23歳男性は伊勢丹の女性19歳の約9割となる。さらに男性25歳，男性30歳の賃金比較から，西友ストアーの男性労働者の賃金は，それより4～5歳年下の伊勢丹女性労働者の賃金に近いことがわかる。

こうしたデータに基づき西友ストアーは，猛然と労使交渉に入ったため，会社側も伊勢丹の賃金を強く意識し始め，数年間で伊勢丹を抜くことを含めて，小売業界内の高賃金企業とする計画を提示するに至った。しかし，その後も大きすぎる格差の解消は困難を極めた(100)。

他方，全西友労組の初期の活動で特筆すべきは，業界で最も熱心に職業病対策に取り組んだことである。結成直後からチェッカーの過重な労働負荷を懸念して人員増を要求してきたが，1970年，労組女子部が実施した調査によってチェッカーの約10％が腱鞘炎の類似症状を体験している事実が発覚した。この

●図表2－12　西友ストアーにおける1時間当たりの賃金水準

(円)

		賃金
西友ストアー	男性22歳	221 (100)
伊勢丹	女性18歳	221
西友ストアー	男性23歳	265 (91.4)
伊勢丹	女性19歳	290
西友ストアー	男性25歳	301 (98.0)
伊勢丹	女性20歳	307
西友ストアー	男性30歳	463 (110.2)
伊勢丹	女性25歳	420

(注)　(　)内は，伊勢丹の賃金を100とした場合の割合。
(出所)　全西友労組『春闘特別号』第6号，1970年2月24日付より作成。

結果，労組は会社側に腱鞘炎の兆候を指摘し，適切な措置を取るよう求めた[101]。

しかし，会社側の対応は遅々としており，次々に腱鞘炎が発生して重大な問題になり始めたため，全西友労組は「腱鞘炎対策特別委員会」を設置し，再度の調査を実施して会社側の責任を追及することとなった[102]。また，会社側へ申し入れ，類似症状が発生した場合に直ちに医療と人事の両面で対応できるように，会社側は店長およびフロア長，組合側は店内議長（店舗内の労組役員）を窓口とする体制をとった[103]。

その後，1971年11月5日，東京都千代田区の都市センターホテルで開催された総会では，全西友労組はチェッカー改善に関する激しい議論を重ねた。職業病であるにも関わらず対応が遅れただけでなく，いつまでも抜本的対策を出さない会社側の態度を非難し，早急な具体案が不可欠との職場からの意見を重視して「チェッカー業務改善要求案」を決定した。具体的には，チェッカーには昼食後に2回の20分休憩，午後の連続打刻時間は2時間まで，これらを達成するための必要人員の確保，類似症状がみられる労働者の認識と周囲の理解に関する指導，1年間に2回の定期健康診断とチェッカー適正検査の実施，対策プロジェクトチームの設置などが確認された[104]。

このチェッカー業務改善要求案を受けて，会社側は，「チェッカー改善委員会」を設置するとともに，全店長に対して，新たな休憩時間に関する指示文書を出した。具体的には，昼食時間は45分〜60分と幅を持たせて3交替で消化するとともに，休憩時間は1回20分として6交替で2回実施することになり，腱鞘炎防止の効果が期待された[105]。

しかしながら，その後の全西友労組の調査によって，会社側の指示にも関わらず，大半の店舗で休憩時間の確保と打刻時間の削減が実施されていないことが発覚した。これに対して労組は，店長をはじめ店舗の管理職の判断にゆだねられているため人員不足が解決されておらず，腱鞘炎に対する認識が甘すぎるため対策の実施を見送っているとして，1972年2月28日の団体交渉で抗議した。そこで労組は，労使合同の委員会の設置を求めるとともに，団体交渉を開催しなければ何も進行しない会社の取り組み態度を非難した[106]。

全西友労組はこれ以後も1970年代を通じて，腱鞘炎に関する実態調査を重ね

るとともに，職業病に関する意識向上，未然防止対策，相談窓口の設置，発症時の補償条件整備など，業界労組の中で最も精力的に取り組んだ．

(4) 全国チェーン労協への加盟と賃金交渉

1969年11月26日，西友ストアー労組から全西友労組へと名称変更した総会において，労組はオブザーバーとして会議に出席していた全国チェーン労協への正式加盟を決定した．東光ストア労組，十字屋労組，ダイエー労組など，先行して結成されていた労組が1966年に発足させた全国チェーン労協に途中から合流する形になったが，その直後から主力加盟労組となった．

1970年6月14日開催の総会で，村上満勇が第3代委員長に就任したのは，この全国チェーン労協において「産別特別委員会」が設置され，産別組合創設の動きが活発になった時期である．全西友労組は，さっそくチェーンストア労組の産別再編の機運をとらえて，全国チェーン労協の世話役労組を担当し，産別特別委員会のメンバー労組となった[107]．

しかしながら，一方では1970年11月21日開催の全国チェーン労協の第12回全国会議前日の20日には，全西友労組が発起人労組となり，同盟系でも商業労連加盟でもない無所属10労組が神戸の有馬温泉に参集し，チェーン労組・中立会議の立ち上げを決定した．この中立会議では，無所属のチェーンストア労組として影の薄い存在になるのではなく，全国チェーン労協を強化するとともに，上部組合に加盟せず団結して行動することが確認され，全ユニー労組委員長若林稔が初代議長に就任した．すなわち，全国チェーン労協の内部に，上部加盟を志向しないチェーンストア労組が一群となり，その態度を明確に表明した[108]．

しかし，この時点で方向性の違いは別として，全国チェーン労協の体質強化路線は揺るがず，1971年の賃上げ交渉では，労組間の横断的な結束を固めた．全国チェーン労協では，書記長会議において春闘申し合わせ事項を決定し，その一環として全ダイエー労組，長崎屋労組とともに，全西友労組がパターンセッター労組となり，業界の賃金水準向上への先導的な役割を担うことになった．業界内で屈指の低賃金政策に直面し，苦渋の賃上げ交渉を余儀なくされてきた全西友労組には，大きな飛躍が期待された．

第Ⅰ部　流通産別構想の輻輳と「ゼンセン以前」

　1971年1月29日，店舗議長会議において春闘原案が提示され，いよいよ注目が集まる賃上げ交渉が開始された。この会議の冒頭では労組役員から，長崎屋労組，ニチイ労組，いずみや労組が結成されたことで公開された賃金の高さが衝撃的な情報となって伝達された[109]。この情報が全西友労組に低賃金を改めて痛感させることになり，大幅な賃上げ要求の火種となった。春闘原案を手がかりに開催された1971年2月14日～15日の地区長会議では，40％の賃上げ率は絶対に必要であるとの意見で一致をみた[110]。

　また，この時点で，他のパターンセッターである全ダイエー労組，長崎屋労組の要求案がまとまってきた。全ダイエー労組は賃上げ34％以上の要求案で，1971年3月2日に要求決定大会，3月5日要求書提出労使協議会，3月15日前後第1次回答，また長崎屋労組は年収ベース25.4％要求案で，3月9日要求決定大会，3月10日要求書提出団交，3月10日第1次回答をそれぞれ計画した[111]。

　他労組が高額要求を続々と決める中で，全西友労組は1971年3月8日の臨時総会において，39.8％の賃上げ要求を決定し，あわせてスト権投票を実施してスト権を確立した[112]。3月13日，団体交渉が開催され，全西友労組は要求書を提出した。だが，社長堤清二は労組の大幅要求に対して非常に厳しい内容であると発言した[113]。

　その後，会社側の回答は遅れて3月中となり，さらに回答が4月10日以降になると通告してきたため，労組は3月28日に第2回団交を開催して抗議し，4月4日の団交で回答することで合意した。なお，既に全ダイエー労組は4月1日に妥結し，月収で33％プラスアルファ，年収では31％～33％の上昇を獲得していた[114]。

　こうして，待望された4月4日の第3回団交で会社側の第1次回答が出されたが，20.1％の低率回答であり，全西友労組を大きく落胆させるものであった。労組は直ちに誠意ある回答ではないと全面拒否を通告した[115]。

　予想もしなかった回答に全西友労組は，新たな決意で団交に臨んだが，4月16日の第2次回答でも20.8％と低率ぶりはほとんど変わらなかった。なお，本来は4月13日が第2次回答日で合意されていたが，会社側からの申し入れで4月16日に再度延期された。このため，労組側は猛烈に抗議するとともに，4月

14日に会社へ通告して4月16日に全組合員へ団結バッチの着用を指令し，4月18日からバッジ闘争に入った[116]。全西友労組はこれにあわせて4月19日に小田急相鉄地区，城南地区の2地区9店舗において残業拒否を通告し，4月23日に残業拒否に入った。

さらに，全西友労組は，同じく4月23日に全組合員にワッペンを配布して，バッチ闘争からワッペン闘争へ切り替えるとともに，池袋線地区10店舗と所沢駅前店の計11店舗での残業拒否を通告した[117]。

その結果，4月24日，会社側から緊急の申し入れがあり，第11回団交が開催され，第3次回答が提示された[118]。ところが，会社側がぎりぎりの線という最終回答は22.4％と再び低率であった。このため，全西友労組は徹夜の討議に入って闘争の続行を確認するとともに，事業所単位のスト権の確立を決定し，翌4月25日に93％の圧倒的多数でスト権を確立した。4月26日第12回団交を開催し，スト権確立を背景にして賃上げを主張したが上積み回答が出ないため，中央線地区の時限ストと全店舗の残業拒否を通告し，昼休み後池袋線地区の店舗から残業拒否を開始した。

会社側からスト突入の場合には回答を撤回しゼロ回答とすることが通告されたことを受けて，労組側はストライキ決行を確認しつつ，大詰めの局面において39.8％にとらわれない上積み交渉に切り替えた。

4月27日に開催された第13回団交では，社長堤清二が非常に感情的になったため，団交は翌4月28日に持越しとなった。その第14回団交は，予定開催時刻14：00を過ぎても会社側の意思統一ができないため延期され18：00開催となったが，ようやく全員に一律1万円の上積みが提示された。それを受け，4月29日，全西友労組は拡大店内議長会議で妥結の意思を表明した。5月4日，中央委員会において過半数以上の同意をもって妥結案が可決され，4か月にわたる賃上げ交渉が終結した[119]。以上の全西友労組の賃上げ交渉の経過をまとめると**図表2－13**のようになる。

争議行為とは無縁とされる西武グループの企業の中で，全西友労組が因習を破るかのように果敢に労使交渉を試みてきたのは事実であり，14回もの団交，残業拒否，バッジ，ワッペンの各戦術を駆使した後に時限スト寸前の交渉へ進んだ。だが，それにも関わらず低率の妥結には変わりなく，一方では賃上げ交

●図表2－13　全西友労組の1971年度の賃上げ交渉の経過

要求		第1次回答（4月4日）		第2次回答（4月16日）	
賃上げ額	賃上げ率	賃上げ額	賃上げ率	賃上げ額	賃上げ率
計　　276,470円	39.8%	計　　138,303円	20.1%	計　　143,318円	20.8%
うち定昇　48,160円	6.9%	うち定昇　33,518円	4.9%	うち定昇　33,518円	4.9%
うちベア　195,000円	28.1%	うちベア　79,415円	11.5%	うちベア　79,415円	11.5%
うち調整　33,310円	4.8%	うち調整　25,370円	3.7%	うち調整　30,385円	4.4%

第3次回答（4月24日）		妥結案（4月28日）	
賃上げ額	賃上げ率	賃上げ額	賃上げ率
計　　154,265円	22.4%	計　　154,265円＋10,000円	22.4%＋α
うち定昇　33,518円	4.9%	うち定昇　33,518円	4.9%
うちベア　90,027円	13.1%	うちベア　90,027円	13.1%
うち調整　30,720円	4.4%	うち調整　30,720円	4.4%

（注）　年間の賃上げ要求しか掲載していないが，実際には最低賃上げ率，最低賃金，初任給，住宅手当，特定店舗の手当などを要求している。
（出所）『はだかの発言』第48号，1971年5月11日付。

渉における無所属労組の弱点が露呈され，賃上げ効果が限定されたと推測される。

(5) チェーン労組・中立会議の強化とチェーン労協の発足

　全西友労組にとって厳しく苦い現実を突き付けられた1971年度春闘が終結してから間もなく，いよいよ全国チェーン労協に分裂の危機が訪れようとしていた。1971年7月，同盟流通は，全国チェーン労協と活動が重複することを避けるという名目で，同盟系労組が全国チェーン労協から脱退することを決定し，合同で実施してきた労働条件調査にも協力しないことになった[120]。

　1971年8月21日，全国チェーン労協世話役会議において，正式に同盟系労組が脱退を表明したため，中立労組はますます今後の去就について明確な態度を示すことを迫られた。8月22日～23日には，全西友労組，全ユニー労組などが会議を開催し，今後はチェーン労組・中立会議の労組が中心となって全国チェーン労協を継続することを明らかにした[121]。

1971年9月27日〜28日，全西友労組，東光ストア労組，全ユニー労組，いづみや労組などチェーン労組・中立会議の14労組が集まり，全国チェーン労協の大部分を中立会議の労組が占めることを前提として，第三勢力として体質を拡大強化することを確認した。また，その一環として「賃金委員会」，「時短委員会」，「職業病委員会」を発足させ，それぞれに事務局を設置することとした。このうち，腱鞘炎対策の活動経験が豊富な全西友労組は，職業病委員会の事務局労組となった[122]。さらに，1971年12月2日〜3日には13労組が集まり，全西友労組がチェーン労組・中立会議の議長労組に選任され，委員長富沢司郎が第2代議長に就任した[123]。これ以降，全国チェーン労協の存続に尽力した全西友労組は中立主義を貫き，無所属労組の代表としてチェーンストア業界の労使関係の形成に貢献した。しかしながら他方では，1972年4月に生みの親といえる東光ストア労組が，産別志向に対する見解の違いから商業労連へ加盟するため，全国チェーン労協を脱退する事態が発生して大きな衝撃を与えた。

　さらに，全西友労組は，1973年度の春闘において26.9％の賃上げで妥結したが，その背景には，中期賃金計画（中賃）の協定があった。この計画は，業界大手10社の中で最下位の賃金に甘んじている現状に鑑み，1977年にまでに賃金で先行する5社〜7社の中位の水準までへ追い上げるというものである。具体的には，先行7社に1年強の遅れがあり，ベア換算で約20％の差がある賃金に4年間で並ぶためには，先行企業の平均より約5％上回る賃金を毎年獲得する内容の協定となる[124]。会社側は，ようやく先行他社の賃金に比べて大きすぎる格差があることを認め，現実的な目標設定に取り組み始めたのである。

　1973年9月14日，全西友労組は，さっそく労使で中賃の労使協議機関である「合同委員会」を開催し，目標とすべき上位数社の選定，モデル賃金資料の分析，賃金基準値の算出，西友ストアーの現状と賃金水準の差の把握などの作業を開始し，計画の確定を目指した[125]。

　ただし，1973年10月15日〜16日のチェーン労組・中立会議の賃金専門委員会では，全西友労組の中賃が取り上げられ，会社側が中賃によって労組を生産性向上や合理化へ協力させようと意図している，従来の春闘ではなくなり小売業全体の統一と団結が損なわれる，など会社側に利用されない慎重な交渉が必要であるとの否定的な見解が出された。この見解に対して，全西友労組は，生産

性向上に取り組むことで労働者を追い立てるような路線はとらない，などと回答した[126]。

このように会社側に対して一定の距離を保ちながらの生産性の向上に対する危険視が認められる点は，同盟系労組や商業労連加盟労組とは異なり，当時の上部組合に所属しない労組の活動の特徴の1つと考えられる[127]。この後，既述のように，事実上チェーン労組・中立会議と同一となった全国チェーン労協は，1974年7月，チェーン労協（チェーンストア労働組合協議会）へ名称を変更し，ゼンセン同盟流通部会，商業労連に対する第三勢力の地位を固めることを目指した[128]。

5　全ユニー労働組合

(1) ユニーの誕生

1969年8月23日，ほていや，西川屋チェン，タキヒョーによって共同仕入れ会社の株式会社ユニー（社長高木久徳）が誕生し，チェーンストア業界に大きな反響をもたらした[129]。ほていやの前身は呉服店，西川屋チェンの前身は履物店だが，それぞれがチェーンストア志向で新規出店を始めた中部地方のライバル企業であった。またタキヒョーは地元の愛知県名古屋市の繊維商社で，両社の仕入れ先の1つとして合併を取り持つ格好になった。

ほていやは，1927年に古川政次郎と秀一の兄弟が，神奈川県横浜市中区伊勢佐木町で創業した呉服店であった。当初は古川呉服店であったが，終戦直後にほていや呉服店と改めた。古川政次郎がこのほていや呉服店を続ける一方で，秀一は実家のある名古屋市の中区大須に呉服店を開業した。

その後，横浜の古川呉服店の創業メンバー3人がそれぞれ古川秀一の店の近隣に開業した。こうして大須に出現した本店，角店，中店，東店の4店が分立していたが，1950年3月，同一経営にするために株式会社ほていや呉服店が設立され，古川政次郎が経営していた横浜のほていやも統合された。1951年に名古屋市中区裏門前町に仕入部を設置してほていや本部として，その後は名古屋，横浜から，静岡，岐阜へと出店エリア拡大した。1961年には食品部門へ進出し

チェーンストア体制を確立した(130)。

一方，西川屋チェンの起源は，1912年7月に西川長十が名古屋市中川区で開業した履物店である。その後，西川長十は有望と思われた呉服屋への転業を決心し，呉服問屋の修業を経て，1928年に名古屋市港区築三町に西川呉服店を創業した。洋品・雑貨部を新設するなど営業の拡大を図り，戦争の影響で一時廃業したものの，1947年に名古屋市港区中川町へ店舗を移転し，長男の西川義雄とともに営業を再開した。

1950年には株式会社となったが，その際に製薬会社に就職していた三男の西川俊男が長十に請われて参加し，製薬会社と西川呉服店を掛け持ちで働くようになった。1952年1月，西川俊男は会社を退職し，西川呉服店専任となった。1955年6月，名古屋市港区築地に中店を新規出店して衣料品の総合販売に乗り出し，年々面積を拡張して労働者を増やした。ところが1959年9月に「伊勢湾台風」が襲来し，本店が大きな被害を受けた。この経験から，西川俊男はリスクを分散する必要性を感じて多店舗化の志向を強め，1960年7月に名古屋市熱田区に六番町店を出店し，後に衣料品に加えて食品も販売した。

1961年，アメリカ小売業を視察した西川俊男は，ニューヨーク，ロサンゼルス，サンフランシスコの小売業の実態から日本の「車社会」の到来や消費行動の変貌を確信し，帰国直後に愛知県の小牧市，犬山市と名古屋市外への新規出店を開始した(131)。1963年には，西川屋チェンへ改称し，半田市への出店を始めチェーン展開を加速させた(132)。

こうして中部地方の第1位チェーンのほていやと第2位の西川屋チェンが激しく競合した。だが，1967年，ほていやの古川秀一と西川屋チェンの西川俊男が欧州視察に参加した際に合併の話が持ち上がり，帰国後にタキヒョーが仲介を買って出て両社の合併が実現した(133)。

また，この共同仕入れ会社の株式会社ユニーに続いて，11月には名古屋に本社のあるあかのれん，エコー百貨店，ヤマダ屋の3社と提携しFCユニーを設立してフランチャイズ展開に乗り出し，さらに1970年11月には，中堅食品スーパー3社，ユニー，FCユニーが提携し中部スーパーマーケットチェーンが設立された(134)。

共同仕入れ会社である株式会社ユニーの次に，いよいよ両社の合併が待望さ

れた。こうして1971年2月21日，ユニー株式会社（ユニー）（会長西川義雄，社長高木久徳，副社長西川俊男）が誕生した[135]。

(2) 労組の結成

　以上のような経緯でユニーが誕生したが，スタート時の過程は決して平坦ではなく，合併という一大イベントが，会社だけでなく労働組合の結成や活動に甚大な影響を及ぼした。

　ただし，ほていやでは，両社の合併が視野に入る前に労組が結成されていた。1960年代のほていやは，急成長と売上絶対主義の歪みによって就労環境の悪化が激しさを増した。とりわけ労働時間面では残業が多いという水準を超え，1週間も帰宅できない労働者が続出し，ようやく帰宅できても翌朝には5：00起床で店舗に直行するなど，慢性的な睡眠不足に陥っていた。労働者の6割が勤続年数3年未満である事実は，ほていやの離職者の激しさを物語っている[136]。

　小売企業を含め他社で続々と労組の結成が進む中で，厳しい労働条件の渦中にいた労働者たちが，労組を待望し結成を画策するのは自然の成り行きであった。かくして，1968年12月，同年に入社した労働者たちが主体となって，ほていや労働組合（ほていや労組，委員長青島雅昭，書記長前田泰男）が結成された[137]。ただし，ほていや労組は，結成にあたり愛労評の指導を受けており，総評系の階級闘争的な労組活動が危ぶまれた。このため，ほていや労組への賛同者は26人にとどまり，その後もほとんど増えなかった。

　そこで会社には大きな不満を持ちながらも，総評系とは一線を画したい労働者たちが集まり，ほていや労組結成直後の1968年12月20日に若林稔が発起人となり，全ほていや社員組合（全ほていや社組，委員長若林稔，書記長山田邦紀）の結成活動を始めた[138]。全支部から賛同者を20人集めて暫定執行委員を決め，12月21日に全ほていや社組の結成宣言と趣意書をほていや社長高木久徳に手渡して結成を通知した。翌22日には全社員に2,000枚の加盟趣意書を配布して加入を促し，組合員を1,800人超へと一気に増やした。全ほていや社組はさっそく1969年1月15日に第1回臨時組合大会を開催し，社組役員，組合規約，予算などを決定した[139]。

　この時点で組合員は約2,600人となり，ほていや労組を大きく引き離す形で

第 2 章　先覚的なチェーンストア労組

全ほていや社組が 9 支部で正式にスタートした[140]。なお，全ほていや社組が会社側へほていや労組の組合員の差別的待遇を行わない旨を申し入れるなどの寛容な態度をとったため，ほていや労組は短期間で事実上の活動を停止した。

全ほていや社組は，1968 年 2 月 22 日に静岡支部を皮切りに次々と全 9 支部の支部大会を開催し，組織基盤を強化した[141]。また，第 2 回〜第 5 回の 4 回の臨時組合大会と団体交渉を積極的に重ねて，賃上げ要求の他に，組合費のチェックオフ協定，組合掲示板の使用，初任給の改善などを検討した。さらに，第 5 回臨時組合大会では次期役員選挙を実施した[142]。

こうして，1969 年 8 月の設立発表を経て，9 月 21 日の株式会社ユニー誕生を間近に控えた全ほていや社組は，1969 年 9 月 8 日〜 9 日に愛知県名古屋市の御園座ビルで第 1 回定期大会を開催して初年度活動経過報告，初年度会計報告を承認し，1970 年度活動方針，1970 年度予算，組合規約改訂，支部規約改訂などを決定した。また，定期大会直後から時間外勤務および休日勤務に関する協定の締結に着手し，組合員を長年悩ませてきた慢性的な時間外勤務と休日勤務の解決に踏み出した[143]。

一方，西川屋チェンにもかつて労組結成の動きがあったものの，経営者の否定的な態度が阻んで実現していなかった[144]。ところが，共同仕入れ会社である株式会社ユニーが設立され，ほていやには組合があって着実な活動を続けて労使関係を形成している状態が，西川屋チェンにとっては劣位な情勢となった。ほていやと同様に急成長中のチェーンストア職場の待遇に大きな不満を持っていた西川屋チェンの労働者たちは，これを好機ととらえて早急に労組の結成に動き出した。また，こうした動きに合併先の全ほていや社組も支援に入った[145]。

1969 年 12 月 17 日，西川屋チェン労働者の有志が組合の結成準備大会を開いて 1970 年 1 月の結成大会開催を決定した。1970 年 1 月 14 日，結成大会が開催され，組合員数 1,350 人の全西川屋チェン社員組合（全西川屋チェン社組，委員長加藤大喜，書記長横江康秀）の結成が実現した[146]。翌 15 日には，会社側へ全西川屋チェン社組の結成を通告し，さっそく労使協約交渉に入りつつ，賃金交渉を開始した[147]。

1970 年 2 月 3 日，株式会社ユニー社長高木久徳ほか 4 人から，両組合の三役

へほていやと西川屋チェンの合併について説明があり、新会社ユニー株式会社の発足は1970年8月21日と発表された。これを受けて、全ほていや社組、全西川屋チェン社組ともに、合併後の両組合の運営方法についての議論を重ねて組合合同の準備を開始した。1970年5月12日の組合合同会議を皮切りに、第2回合同会議と、3回のNH（西川屋・ほていや）協議会を開催し、7月21日〜22日に合同の中央執行委員会を開催して「全ユニー労組結成準備委員会」を発足させた[148]。全ユニー労組への合同は、1970年10月と決定された。

ところが、両社は合併比率、業績に対する評価、役員構成などを巡って相互の調整が進まないまま当初に合併を計画していた8月を過ぎて、合併の延期が発表された。だが延期とはいっても合併の取り止めの可能性が残る状況で、全ほていや社組と全西川屋チェン社組は予定通り労組の合同を進めた。全西川屋チェン社組は1970年9月2日開催の第4回大会で、また全ほていや社組は1970年9月4日開催の第9回大会で、それぞれ全ユニー労組の結成を承認した[149]。

こうして、1970年10月14日〜15日、愛知県勤労会館において結成大会開催に踏み切って誕生した全ユニー労働組合（全ユニー労組、委員長若林稔、書記長山田邦紀）は、会社の合併前にそれぞれの組合が合同し新労組を結成した前代未聞のケースとなった[150]。

図表2－14は全ユニー労組結成時の役員の一覧である。全ユニー労組役員は翌10月16日にほていや、西川屋チェン両社を訪問し、結成通告を行った。この両社訪問からもわかるように、この後の全ユニー労組は、同じ労組の組合員たちが2つの会社と交渉するという異例の労使関係に突入した。

このため、全ユニー労組は結成直後から、両社の労働条件の違いによる労使交渉の調整に追われた。例えば冬期一時金の交渉は、労組内でも会社に対しても難航した。旧全ほていや社組は、前年度交渉で3.85か月の一時金を獲得していたが、全西川屋チェン社組は結成されておらず約2.3か月であった。このため、全ユニー労組としての3.35か月の統一要求案には、昨年実績以下となる旧全ほていや社組の組合員から非難が集まり、既に年間5か月の一時金協定を締結していた旧西川屋チェン社組の組合員には危機感が高まった。結局、ほていやは満額回答の3.35か月、西川屋チェンはほていやとの差を勘案した3.13か月の回答でそれぞれ妥結した[151]。

●図表 2 −14　全ユニー労組結成時の本部役員一覧

委員長	若林　稔（ほ・開発部）
副委員長	加藤大喜（西・商品部） 大橋正美（ほ・専従）
書記長	山田邦紀（ほ・専従）
中央執行会計	河西　勇（ほ・専従）
中央執行委員	魚住浩爾（ほ・開発部） 加藤隆三（西・商品部） 名倉　弘（ほ・庶務） 西川　修（西・管理部） 丸山真二（西・専従） 前田元己（西・半田店） 山上秀人（ほ・専従） 横江康秀（西・専従） 鰐部征雄（ほ・柳ケ瀬店）

（注）「ほ」は旧全ほていや社組，「西」は旧全西川屋チェン社組出身であることを示す。
（出所）『ゆう』創刊号，1971年 1 月 8 日付より作成。

●図表 2 −15　全ユニー労組における初期の中央執行委員長

歴代	就任期	就任年月	氏名	備考
初代	第 1 年度〜 第 3 年度	1970年10月〜 1973年 9 月	若林　稔	第 3 年度書記長横江康秀。
第 2 代	第 4 年度〜 第12年度	1973年10月〜 1982年10月	横江康秀	第11年度〜第12年度書記長坂本明。
第 3 代	第13年度〜 第17年度	1982年10月〜 1986年10月	坂本　明	第13年度〜第14年度，第16年度〜第17年度副委員長平野俊文。
第 4 代	第18年度〜 第27年度	1986年10月〜 1995年10月	平野俊文	

（出所）　全ユニー労組提供資料より作成。

　なお，あらかじめ初期の全ユニー労組委員長の就任状況をまとめると図表 2 −15のようになる。第 5 代以降の委員長もそうだが，全ユニー労組は，委員長の長期就任傾向がみられるタイプの事例である。

(3) ユニー発足後の労組活動

　全ユニー労組の初期労組活動は会社の合併の影響を直接受けた，いわば合併の宿命を背負わされた活動であるといってよい。そもそも両社の合併が立ち消えになる可能性のある中で合併への軌道を保てたのは，両労組の合同で会社の合併が既成事実となった点が大きい。全ユニー労組の誕生がなければ，日本の有力ナショナルチェーンの１つであるユニーが存在せず，業界の歴史は大きく変わっていた。その意味では，全ユニー労組は会社に対して大きな役割を果たした。また既述のように，全ユニー労組は２つの会社に対する統一要求や労使交渉で苦境に立ちながらも，同一の労働条件へ向かう調整の原動力となった。この点でもユニーの発展に大きく寄与した。

　1971年２月にユニーが誕生し，同年度中に売上1,100億円，113店舗，従業員数約7,900人への到達が見込まれる業界第３位の規模となったが，全ユニー労組は，それ以後も合併からの強力な影響を受けながらの活動を余儀なくされた[152]。というのは，ユニーは店舗の運営を担う販売会社については，旧ほていやの関東ユニー，中部ユニー，旧西川屋チェンの東海ユニーの３社を旧社ごとに新たに設立したからである。

　既述のように，一時金交渉だけを取り上げても，賃金政策の様式，情勢，実績が異なる旧２社に対する労使交渉が非常に難しく，労組の活動は厳しさを極め，様々な労働条件や職場環境に関する調整が山積した。しかも３つの販売会社の併存がもたらす会社業績の違いによって，多難な初期活動を強いられた[153]。

　その後，1975年２月21日には株式上場を視野にいれたユニーが３つの販社を合併し，1976年８月には，名浜，松喜屋，西川屋，犬山食品といった旧２社の関連会社も合併して，ようやく一本化したユニーが発足した。この間にも全ユニー労組は，難航する活動の中で賃金や労働時間などで成果を上げたが，ここでは，いわゆる営業形態交渉と，経営民主化と経営体質の強化について取り上げよう。

(4) 営業形態の統一

既述のように、ユニーが発足した際に3つの販売会社が店舗の運営を開始したため、ユニーの店舗といっても実際には旧ほていやと旧西川屋チェンの店舗が色濃く分かれたままであった。したがって、全ユニー労組にとっては、ユニー全店の定休日や営業時間の統一が優先課題となった。

旧ほていやの店舗は当時のダイエーと同じく年中無休を旗印に営業しており、閉店時間は19：00であった。これに対して、旧西川屋チェンの店舗は毎週水曜の定休日を設け、閉店時間は18：30であった。したがって、全ユニー労組は賃金や一時金と同様に、労働時間についても岐路に立たされた。労働時間統一の活動は、一方の組合員には労働条件の悪化となり、他方にはその向上となるからである。

しかし、全ユニー労組は積極的に取り組み、1971年4月から約4か月にわたって10数回の団体交渉を重ねて、1971年8月21日に労使合意に達した。具体的には、月2回の定休日、4月～7月は19：00閉店、その他の月は18：30閉店、年末繁忙期は19：00閉店の営業を原則として、店舗のタイプ別に年間19：00閉店や同18：30閉店などを定めた。ところが、営業形態問題は完全に収束せず、問題が発生する都度に対処し、営業形態は毎年のように改定された[154]。

1972年11月には衣笠衣料センターの店舗で定休日に営業するという事態が発生した。11月15日は第3水曜日で年内最後の定休日であったが、業績不振を懸念した店舗管理職たちが、全ユニー労組と関東ユニーで締結した営業形態協定を無視して臨時営業に踏み切った。全ユニー労組は直ちにこの件の究明に乗り出して協定違反を指摘した結果、違反による処分者が続出することとなった[155]。

また、1974年8月には「百貨店法」の改正により施行された「大規模小売店舗法」に基づく商調協（商業活動調整協議会）の調整が開始され、ユニー労使の営業形態交渉を不調にさせる一因となった。すなわち、月4回の定休日と18：00閉店という通産省令はあくまでも原則基準であり、店舗の営業形態は各地域の商調協の調整の影響を受け、店舗間の営業形態に差異が生じた。実際に、飯田店、伊那店、上田店、加賀店、知立店、豊田元町店、碧南店、尾西店など

の新規出店では，ユニー労使の営業形態協定の標準運用より定休日が増加し，閉店時間が繰り上げられた[156]。

このような「大店法」に基づく商調協による協議と調整は，会社側が求める長時間労働に歯止めがかかるものの，労使協議会や団体交渉を経て構築された労使ルールと異なった労働条件となる。全ユニー労組の営業形態への取り組み事例は，当時のチェーンストア労組の苦悩を象徴している。

例えば，営業形態の協定が締結された1974年秋に新規出店した店舗でも，労使で営業形態の適用をめぐる協議が難航した。とりわけ出店先の地元の意向が強い場合には，労使協議会において会社側の20：00閉店と労組側の19：00閉店の主張がぶつかった。ようやく，労使は1974年12月31日までは19：30閉店で2交替制，1972年1月3日以降は19：00閉店で一直制などの点で合意した[157]。

1975年になると，営業形態を巡って労使関係が危機に瀕する事態となった。まず，全ユニー労組は営業形態協定の改定交渉の決裂で大きな危機を迎えた。1975年1月27日の団体交渉は，前回の営業形態協定の期限切れとなる2月20日が迫っていたため，合意を見出す態度で開催された。ところが，全ユニー労組が閉店時間で譲歩案を提示したのに対して，会社側は年間23日の定休日および19：00閉店を中心とした従来の主張を曲げないため，交渉は打ち切られた。さらに2月8日と2月19日の団交でも労使の見解が一致せず，交渉決裂のまま2月20日に営業形態協定が失効する事態となった。これにより時間外勤務協定もその根拠を失って無効となった。しかも会社側は，全ユニー労組が無協定状態を懸念して提案した暫定協定の締結にも応じず，その後の労組提案も拒否した[158]。

そのまま1975年3月1日には，営業形態協定において3月20日まで18：30閉店であるはずの店舗で一方的に19：00閉店が強行された。このため全ユニー労組は，合意できなかった店舗については現状のまま凍結した形で暫定協定を結ぶよう働きかけた。会社側はこれも拒否したため，ついに労組は全支部に対して，組合員の18：45退店と時間外協定の失効に基づいた時間外勤務拒否を指令し，紛争状態に突入した[159]。

全ユニー労組は，他方で1975年3月1日の最後の交渉決裂後すみやかに愛知県地方労働委員会へ提訴した。その結果，地労委から3月5日の事情聴取に基

●図表2－16　愛知地労委のあっせん案

昭和50年3月6日

全ユニー労働組合
中央執行委員長　横江康秀　殿

愛知県地方労働委員会
ユニー関係争議斡旋員
中浜虎一
朝見清道
佐藤利夫

あっせん案

　昭和50年3月1日付組合側からの斡旋申請のあった今次営業形態および勤務形態に関する紛議については，下記により解決をはかられたい。

記

1　営業形態及び勤務形態について，会社及び組合が，現在合意していない店舗については，これを昭和50年2月20日現在の形態とすること。
2　会社及び組合は，営業形態及び勤務形態について，業界の現状及び将来の展望をふまえ，昭和50年7月15日を目途に，双方誠意をもって交渉を継続し，解決に努力すること。

（出所）『全ユニー労組ニュース』第7号，1975年3月27日付。

づいて3月6日に**図表2－16**のようなあっせん案が提示され，労組の合意なく19：00閉店を強行した店舗を元通りにすることや，シフト制勤務などについて期日まで解決することなど，労組の主張がほとんど認められた。同日の6日にあっせん案を労使双方が受諾したことで労使紛争はいったん回避されたが，依然として火種が残されたままであった[160]。

　この後，全ユニー労組は営業時間の短縮，定休日の最大確保，一直制の勤務形態の要求を主軸に営業形態協定化交渉の再開を求め，労使で構成される小委員会の討議を活用した団体交渉において本格的な協議を重ねた。1975年7月11日の団交では労使で大筋合意に至り，後の細部の事務折衝によって協定の締結が実現し，ようやく長期にわたる営業形態問題にピリオドが打たれた[161]。

(5) 経営民主化と経営体質強化の取り組み

　初期の全ユニー労組において，営業形態交渉と並ぶ特徴的な活動として，経営の民主化と経営体質の強化に関する取り組みを取り上げよう。これらの活動の発端は，1974年11月25日に社長高木久徳から労組へ開催の申し入れがあった特別協議会であった。その内容は，1976年2月21日に計画された3つの販社を含めた真の合併を控え，不況対策を目的とした労組への協力要請である。すなわち，会社側は経営努力のみでは不況を乗り切れないと判断し，正月営業，定休日営業，いわゆる「持ち出し催事」などを求めた[162]。

　これに対して，全ユニー労組は11月26日に開催した緊急中央執行委員会の検討結果を踏まえ，労働条件の低下を伴う協力はできない旨を回答して拒否した。これを受けて会社側が労使トップ懇談の場を要求して労使懇談会を2回開催したところ，不況に対する認識が共有され，具体的な対策を検討する「不況対策委員会」が設置された。全ユニー労組がユニーの真の合併を優先させる態度をとった背景には，労組の結成に掲げた目標に鑑み，依然として業績の振るわない中部ユニーを強く懸念したことがある[163]。

　1975年12月2日の第1回不況対策委員会，12月6日の第2回不況対策委員会では，営業時間の延長，正月2日からの営業，定休日の臨時営業などが討議されたが，労組側は正月営業については強く拒否した。このため，会社側は関東ユニーと東海ユニーの2つの販社の了解を得た上で中部ユニー限定の不況対策に切り替え，労組へ中部ユニー店舗のみの協力を要請した。これを受けて全ユニー労組は中部地域支部長会議および中部地域不況対策委員会を開催し，さらにユニー経営陣と中部地域支部長との会談で意見交換を重ねた結果，中部ユニー限定で1975年1月および2月の定休日臨時営業に踏み切った。この不況対策委員会は，計画通りの合併が実現して解散したが，全ユニー労組は一連の活動を通して，ユニーの不況に弱い経営体質を痛感することとなった。

　また，全ユニー労組は，ほぼ同時期に中部ユニーに属する北陸地区の店舗で発生した時間外勤務協定違反問題への対応を余儀なくされた。違反の報告を受けた全ユニー労組が1974年11月に2度にわたって北陸地区の勤務実態を調査したところ，次々に会社側の管理体制の不備による協定違反が明らかになった。

例えば、各店舗では8：15からの不払い時間外清掃、チェッカーローテーションの不備による不払い時間外勤務、休憩時間および食事手当の未処理などが発生していた。労組は直ちに現地の店舗管理職に事実確認を行った上で、会社側へ厳しい処置を要求した。

1975年2月18日、労使協議会が開催され、事実確認と処置について合意して事態は終結した。主な合意点は、会社側の謝罪表明、再度の協定違反回避宣言、顛末書の提出、2年間遡及した時間外不払い分、休憩時間分、食事手当の算定と支給、協定遵守の徹底などである。こうして、1975年2月20日、労使合意通り、会社側から全ユニー労組へ顛末書が提出され、労組は内容を検討した後に了承した[164]。

この協定違反問題により経営体質に対する不信感をさらに高めた全ユニー労組は、以後の経営協議会で会社側の事態を監視し、問題点を追及するようになった。また、会社側から労組への中元期や歳末期の営業時間延長や時間外勤務の協力要請が重なるほどに、生産性の向上に敏感にならざるを得なくなった。その半面で賃金交渉でも緊張感が高まった[165]。

全ユニー労組が会社との労使協議における発言や議論を強める中で、1976年1月12日開催の経営協議会では、会社側から業績悪化を理由とした不況対策案が提示された。だが、労組側は業績悪化の原因は経営政策によるものとして、経営責任の明確化と改善を要求した。また直ちに、1月13日に中央執行委員会を開催して経営責任の所在と今後の対策を追及するために、特別協議会の開催を求めた。全ユニー労組はユニー誕生以来の経営政策の欠陥を見抜き、経営責任を問う態度に打って出たことがわかる。

こうして1月17日には社長以下役員が参加した特別協議会が開催され、ついに労組側が社長の交代を提言した。ただし結論は保留とされ、経営責任問題は先へ持ち越された。ところが、再び2月4日に開催された特別協議会では、一転して会社側が過去の経営からの刷新を図る目的で社長の交代を発表し、新社長が参加する「経営再編委員会」を中心に労組側の意見を取り入れることとした[166]。

1976年2月21日、ユニーは、関東ユニー、中部ユニー、東海ユニーの販売会社を吸収してようやく名実ともに合併が完結した。社長の高木久徳は会長とな

第Ⅰ部　流通産別構想の輾転と「ゼンセン以前」

り，新社長には西川俊男が就任した。西川俊男は業績の回復と財務状況の強化を急ぎ，不振店の閉鎖のために，1年間で17店舗の閉店と5店舗の開店を断行して売上を倍増させた。1976年12月は念願の名古屋証券取引所第二部上場を果たし，1977年には東証二部，1978年には東証一部，名証一部に上場した[167]。

　この間の一連の西川俊男の経営手腕に対する評価は高いが，その導火線となり実行を裏付けたのは，経営者の退陣要求さえも厭わない全ユニー労組の執拗な経営責任の追及であった。この事実を勘案すると，チェーンストア企業や業界の成長に対する労組の貢献は非常に大きいといわざるを得ない。全ユニー労組は，その後も企業体質の強化や近代化等を課題に掲げ，労使対等の立場を崩さずに活動を続けた。

(6)　上部組合への加盟と活動

　最後に全ユニー労組の上部組合について検討しよう。旧全ほていや社組と旧西川屋チェン社組は，結成後すみやかに全国チェーン労協に加盟しており，全ユニー労組が結成されると継続加盟した。

　全ほていや社組は，結成直後に全国チェーン労協側から強い働きかけを受け，加盟労組の東光ストア労組，全ダイエー労組，十字屋労組などと交流を始めた。1969年5月7日開催の第3回臨時大会では，全国チェーン労協への加盟を投票にかけ満場一致で可決した。こうして，1969年5月26日～27日に千葉県館山市で開催された第8回全国チェーン労協へ全ほていや社組の代表者4人が参加し，オブザーバー加盟労組となった。さらに1969年10月29日～30日の岐阜県岐阜市開催の第9回全国チェーン労協では，設営幹事労組として参加して正式加盟を果たした[168]。一方，全西川屋チェン社組は，結成の支援を受けた全ほていや社組との円滑な関係もあり，趣旨に賛同して1970年2月4日～7日，静岡県伊東市で開催された第10回全国チェーン労協に初参加して正式加盟した。

　なお，全ほていや社組が初参加した第8回全国チェーン労協には，全ユニー労組，いずみや労組，灘神戸生協労組などと同様に，後に全国チェーン労協の解体後もチェーン労組・中立会議およびチェーン労協にとどまり中心労組となった西友ストアー労組（後に全西友労組）が新たに参加した。全ほていや社組は，さっそく開催当日に西友ストアー労組役員との座談会を共催して，以後

の強力な交流を開始した⁽¹⁶⁹⁾。

　この時点で全国チェーン労協は，代表者会議や書記長会議など活発に加盟労組の情報交換や体験交流を重ねた。また，全国チェーン労協の各種内容には同盟やDILAの要素も入り，流通産別のための大同団結を目指すゆるやかな連合体としての形態を整えつつあった⁽¹⁷⁰⁾。

　さらに，第9回全国チェーン労協においてゼンセンに加盟する長崎屋労組が加入してきたことが象徴するように，ゼンセンが商業労連に対抗するように，チェーンストア労働者の組織化を本格的に開始した。このため，既存のチェーンストア労組もゼンセン同盟の有力な組織化対象となった。実際に，全ほていや社組へもゼンセン同盟から組織化担当者が接近し，強力に加入を呼びかけた⁽¹⁷¹⁾。しかし，全ほていや社組はこれを拒絶し，自主路線を選択した。また，全西川屋チェン社組と合同して全ユニー労組が発足してからも，ゼンセン同盟から加入の勧誘が継続された⁽¹⁷²⁾。だが，全ユニー労組は全国チェーン労協から離脱することはなく，チェーン労組・中立会議を経て1974年に新たに発足した新生チェーン労協の中心組合として主導的な役割を果たす立場を貫いた。

6　丸井労働組合

(1) 労組の結成と存続活動

　青井忠治が1931年に創業した丸井は，当初は小規模な家具の月賦販売店の丸二商会中野支店であり，1935年に丸井へ改称した。戦時体制下では商業活動規制により店舗を閉鎖していたが，戦後は出店を再開して多店舗化を始めた⁽¹⁷³⁾。

　1952年に池袋駅前店，池袋店，立川店と立て続けに出店し，本格的に成長を始めた。それまで5か月払いだった月賦販売を10か月払いに変更して集客力を高めた1955年の時点で8店舗を展開し，売上は約11億円，従業員数は約260人であった⁽¹⁷⁴⁾。

　こうして急成長の開始にともない大量の中途採用に踏み切ったが，この中途採用の労働者たちが労働条件に関する不満を高め，労働組合の結成に動くことになった。例えば，当時は12時間労働で21：00閉店とされていたが，売上が伸

びない日は店長の裁量で閉店時間を延ばすのが通例で，繁忙期は徹夜就労となった。したがって，残業は日常的で無制限といってよく，また売上が悪い労働者は安直に解雇を示唆されるなど職場の安心感も低く，非常に大きな不満が積み上がっていた。

　1954年，全繊同盟の全面的な支援による近江絹糸大争議が国民の注目を集めたことで丸井でも労働組合への関心が高まり，まず本社にいた約20人がまとまり始めた。その中心人物は人事係長で組合結成準備委員長となった藤木謙一郎であった。このため，本部から各店舗の係長へ組合加入の勧誘を広げ，その係長たちの指示によってほぼ全ての労働者による結成が計画された。

　この計画は実行され，まず労組基準監督署に組合結成を届け出た。その後，1954年11月11日，約40人で設立総会が開催され，丸井従業員組合（丸井従組）が結成された。この総会では藤木謙一郎委員長含め三役を決め，組合規約を作成した。また，翌1955年には定期大会を開催して規約や予算等を正式に決定することになった。藤木謙一郎を含め初期の中央執行委員長をあらかじめ一覧にすると，図表２－17のようになる。

　1955年２月14日，約200人の組合員を集めた第１回定期大会が東京都新宿区

●図表２－17　丸井労組における初期の中央執行委員長

歴代	就任期	就任年月	氏名	備考
初代	結成期～第１期	1954年11月～1955年５月	藤木謙一郎	1955年５月辞任。
第２代	第１期～第６期	1955年６月～1959年11月	平田隆文	1959年10月辞任。
第３代	第６期～第８期	1959年11月～1961年９月	笠間　篤	第７期執行委員坂田貞夫，第８期書記長坂田貞夫。
第４代	第９期	1961年９月～1962年９月	大熊久雄	会計委員坂田貞夫。
第５代	第10期	1962年９月～1963年９月	木田雄三	副委員長坂田貞夫。
第６代	第11期～第30期	1963年９月～1983年９月	坂田貞夫	1983年９月名誉会長就任。

（出所）　丸井労働組合『丸井労働組合30年記念誌　MARUI 30　年表』1985年より作成。

の新宿労政事務所で開催され，組合員の生活権の擁護，会社の発展への協力，「労働基準法」に則った就業規則と労働協約の確立，正しい組合としての充実などの基本方針が決定された。なお，組合はこの間に新宿労政事務所担当者の献身的な協力を得ている。

　しかしながら，丸井従組はその直後から一転して解散に向かい始めた。というのは，会社側に組合の結成を通告し，21：00閉店厳守の要求書を提出したところ，絶対的な権限を持っていた社長青井忠治が解散を指示したからである。しかし，結成された組合を解散させられないと判断した会社側の役員2人が，青井忠治に組合の承認を進言して説得にあたったところ2人とも解雇された。これにより，組合を継続することで労働者が被る大きな不利益が危惧され，今度は組合員に対する脱退届の勧誘が始まるなど混乱状態となった。

　このため，丸井従組を解散すべきか存続すべきかを審議する大会が，1955年5月3日，東京都中野区の中野桃園会館で開催された。委員長の藤木謙一郎は既に脱退し，副委員長は休職，書記長は出向となったため，代理で選出された副委員長が議事を進行して解散投票を実施した。その結果，解散が否決されたため，脱退の勧誘は強要に切り替わり，組合員は一気に約20人に急減して執行部が存在しない有名無実の組合に陥った。

　しかも，この残留者たちは存続活動の中心人物の一人である吉原幸雄が解雇されたり，他にも強制休職者が出たりと苦難が続いた。だが，新宿労政事務所と連携しながら粘り強く活動を続け，1955年6月1日に社員寮の一室に17人が集まって臨時大会を開催して組合の再建を決議し，あわせて第2代委員長に平田隆文を選出した。その後，平田隆文が解雇者と休職者の復帰を求める文書をあらかじめ郵送した上で，6月25日に社長青井忠治に面会して文書内容を改めて伝えた。青井忠治は激昂し，平田隆文へ解雇を通告して予告手当を渡した。

　そこで，丸井従組は，支援を得るために上部組合への加盟，具体的には総評（日本労働組合総評議会）と総同盟（日本労働総同盟）への加盟を検討し，1955年6月28日に総同盟加盟を決議して翌29日加盟した[175]。丸井従組は，さっそく総同盟の支援を受けながら6月30日，7月3日と2回の団体交渉を開催したが決裂したため，7月4日に約10人でストライキに入った。その後も組合が団交を求めても会社側が拒否し続けていたが，総同盟が大量の動員を計画

した上で非公式な交渉を試みて団交に至り，1955年7月10日に解決をみた。

　しかし，会社側の組合対策は継続され，解散が否決された直後に設置した丸井社員会の「社員クラブ」を母体にして第2組合を結成する動きをみせた。しかし，組合は，社員クラブの代表者を脱退させて労組に加入させることを突破口にして，組合員を急増させることに成功し，社員クラブは解散した。また，1959年4月4日，会社側と通じて組合の切り崩しに加担したとされた役員2人が非難され除名処分となり，ユニオンショップ協定により解雇されている[176]。

　なお，この間の組合員数の推移は，毎年100人～200人増のペースで増加してきた。1960年代に入ってからは，組合員数は1961年度に1,000人超，1963年度に1,500人超というように，従業員の急増とともに大きく増加し始めた。

(2) 左傾化とストライキ戦術

　1958年5月には，丸井従組が2回目の争議を展開した。発端は集金担当者が代金の未回収によって多額の損害を会社に与えたとして，強制解雇されたことであった。これに対して，団体交渉で解雇を撤回させたが，この際に高まった会社への不満が充填されたまま，夏期一時金の労使交渉がはじまり，丸井従組は6月13日の時間外勤務拒否を設定して団体交渉に臨んだ。

　組合側は中央闘争委員会で決定した4.0か月の一時金を要求したが，会社側の第1次回答は3.0か月，第2次回答は3.5か月であった。このため，回答を拒否して全支部で時間外勤務拒否を開始した。しかし，会社側は本店で管理職，メーカーからの派遣店員，アルバイトなど非組合員を投入し始めたため，丸井本店前では組合員がスクラムを組み，ピケッティングを徹底して対抗した。結局，本店はシャッターが下り完全に営業停止に陥った。翌6月14日の団交では夏期一時金は4.0か月で妥結した。

　一方，1955年の争議で総同盟に実質的な交渉を委ねたものの，解決には解雇を認める点が含まれており，また解決金を巡る金銭問題でも疑義が生じていた。このため，争議後には総同盟に対する不信が高まり，この不信感は結局払拭されず，丸井従組は総同盟脱退の検討を始めた。ところが，総同盟に代わって新たな上部組合として選択したのは，全百連（全国百貨店従業員組合連合会）であった。

第2章　先覚的なチェーンストア労組

　委員長平田隆文が全百連の加盟を提案した当初は，組合執行部では加盟の適否で意見が衝突した。全百連加盟の賛成派は，上部組合がない状態の回避を優先すべきとし，また全百連について総評加盟していない中立産別であるとの見解を持っていた。これに対して，反対派は，三越争議，岩田屋争議などでの全百連の先鋭的な活動や伊勢丹労組の全百連脱退の経緯に鑑み，事実上の総評の影響を危険視した。

　しかし，1959年2月に従組から労組へ移行した丸井労組は，1959年3月9日，東京都杉並区の杉並公会堂で開催された第6回定期大会で，加入賛成派多数の執行部が総同盟の脱退と全百連への加盟を提案し，両件とも可決された。この事実は，当時の丸井労組内部に左右対立があり，執行部では共産党の影響力が及んだ左翼的活動を進める勢力が優勢であったことを如実に物語っている[177]。

　また，1959年11月には，会社側が企図した一連の別会社化に対して，単独交渉して了解した労組の委員長と書記長がその責任を問われて辞任している。直ちに補充選挙が実施され，新たな委員長と書記長が選任され，委員長は第3代の笠間篤となった[178]。

　その直後から丸井労組の左傾化がさらに激しさを増した。丸井労組は，年末一時金交渉において，執行部要求原案の4.0か月を支部に提示して意見集約をしたところ否決され，4.5か月へと修正を余儀なくされた。こうした高額要求のエネルギーを背景に開始された団体交渉で会社と衝突し，労組内部ではストライキ強行論が台頭した。

　会社側は話し合いで解決することを求め，また労組内部でもスト回避路線とスト強行路線が対立していた。だが，労組に設置された中央闘争委員会が会社との話し合いを拒否して強行派が優勢になった。そこで丸井労組は1959年11月30日にスト予告に踏み切り，12月1日には総決起大会を開催して，3回目のストライキに突入した。しかし，会社側は高額要求を徹底的に拒否し続け，ついに12月3日の団交において，中央闘争委員会が3.6か月プラス300円で妥結することを決めて終結した。要求を大きく下回る年末一時金協定の締結，3日間の賃金カット額の負担，直後の労組執行部の引責辞任などを考慮すれば，このストライキは完全な敗北といえる。その直後には，大熊久雄が第4代委員長に就任した。

(3) 民主化の開始と全百連の脱退

　このストライキの敗北で労組内に深刻な危機意識が芽生え，左傾化に歯止めをかけようとする勢力が頭角を現したため，左右グループの対立が深まった。例えば，1959年4月の労組役員の除名を受けて，除名と解雇が横行すれば率直な発言ができないなどの意見が一部で非常に強まり，1961年3月に有志従業員で「同友会」が結成された。この同友会は，既に結成されていて闘争至上主義を主張し，労組執行部に対する影響力が大きかった左翼組合員の「平和グループ」に対抗し，第2組合への移行を視野に入れ始めた[179]。

　こうした健全な労使関係の確立を目指した丸井労組の民主化の取り組みの中心にいたのは，後に委員長に選任されて長期就任し，労組を牽引した坂田貞夫であった。坂田貞夫は，1959年12月の3日間のストライキでは，中央闘争委員会にあって抑制を試みて失敗した反省から，厳しい立場に追い込まれながらも民主的な労使関係の必要性を提唱し続けた。出身は当時の月賦販売の主力労働者である集金担当者たちの集金支部であり，徐々に組合員の人望を集めて，1960年に左右対立の激しい執行部に入った[180]。その後は会計委員，書記長，副委員長を歴任した。

　左翼役員が少数派傾向に転じた分岐点は，1961年の労組役員選挙で第3代の笠間篤が指名した大熊久雄に対して，坂田貞夫が丸井労組史上初めての委員長対立候補として挑み，敗れた時である。翌1962年の選挙で第5代の木田雄三が委員長に就任した時点で，左翼役員はさらに少数となり，1963年にはついに坂田貞夫が第6代委員長に選任された[181]。丸井労組の体質改善を急ぐ坂田貞夫委員長が誕生したことで，左翼活動の凋落が決定的になった。

　その一連の動向の1つとして，全百連の脱退問題があげられる。総評の支配下にある全百連の指導で破壊的な争議が多発したことで加盟労組が次々に脱退し始め，全百連の組織運営に支障をきたし，解散が議論されるほどになっていた[182]。丸井労組でも1962年9月に杉並区の杉並公会堂で開催した第10回定期大会で解散に対する態度について検討したところ，依然として解散に反対の意見表明が出された。これに対して坂田貞夫は，解散に賛成すべきとの演説を行った。賛否両論に分かれたまま結論は出ず，全支部の投票にかけたところ解

散に賛成することが決定された[183]。

　こうして，1962年10月の全百連の第16回定期大会では，解散決議案「百貨店労働戦線の再結集のために全百連を解散する決議」が提出され，投票に入った。決議案には，解散の理由として，大手の大半が未加盟の現状，全松坂屋労組の脱退決定，大手組合の脱退続出傾向，困難な財政事情などが列挙されていた[184]。ところが，代議員ごとではなく1労組に1票が付与され4分の3以上で可決という投票を実施したこともあり，全百連解散決議案は否決された[185]。このため，さらに加盟労組の脱退が相次いだ。これで全百連は解散せず存続したとはいえ，実質的には解体された。丸井労組も1962年10月27日～28日に臨時大会を開催して全百連脱退を決定した後，10月31日に脱退した。丸井労組の左翼活動の停止を決定づけた瞬間であった。

(4) DILAの発足と加盟

　全百連が解体された直後は，丸井労組は，同業の月賦販売労組の緑屋労組，丸井チハラ従組と共闘を組んで活動していた。だが，上部組合を失った百貨店労組が産別組合を回避してゆるやかな形で再び集結し始め，地域別や大手労組間，中小労組間，電鉄系労組間の交流を経て1965年のDILAの発足に結実すると，DILAへの加盟を決定した[186]。すなわち，月販店と百貨店とは業態の違いがあるものの共通する点があり，また百貨店の労働条件に見習う点が多いとの判断によるもので，DILAには丸井労組ほかに月販労組では緑屋労組，丸井チハラ従組が加盟した。

　以後，丸井労組は，緑屋労組や丸井チハラ労組との共闘を継続しながら，DILAでは総会や地区会議へ参加し，またDILA主催の国際および国内向けを含む各種セミナー，海外各国視察，レク活動などの機会を逃さず積極的に取り組んだ[187]。

　なお，この時期の丸井労組はDILA主催のチェーンストア部門セミナーにも主体的に参加した[188]。百貨店とは異なる月販店として，むしろ全国スーパー労協に加盟するチェーンストア労組との交流や連携も進め，これ以降継続することになるチェーンストア労組との良好な協力関係を構築した。

(5) 労働協約の締結

　丸井労組は DILA に加入後,直ちに百貨店労組の活動の視察に乗り出した。例えば,1965年6月には労組役員が大阪の阪神百貨店労組,阪急百貨店労組,大丸百貨店労組,そごう百貨店労組,京都の丸物百貨店労組の5労組を訪問した。この関西視察で丸井労組は,労働条件や労使関係の遅れと労働協約すら存在しない現実を痛感することになり,労働協約の締結に踏み切る契機となった[189]。

　労働協約の締結については,1964年7月に「労働協約労使小委員会」を設置し,会社側と討議を重ねてきたが,それらに基づいて作成した小委員会案を1964年9月開催の第12回定期大会で提案した後に支部での討議に入り,支部会も締結を了承した[190]。

　これを受けて,1965年8月31日,丸井労組と会社側は労働協約を締結し,11月13日の調印を決定した。この調印までの期間には,9月29日に開催した第1回の団体交渉において,労組活動の重要事項の1つとして労働協約の締結を位置づけている点を説明したところ,会社側は理解を示して協定を遵守することを明言した。

　注目すべきは,経営の民主化を要求し,全管理職に対して協定内容の説明を含めた教育の実施を確約させたことである。この点において,丸井のみならず同族会社にありがちな前近代的,あるいは経営家族主義的な商業経営の残存を排斥する労組の意欲がみられる。すなわち,経営者が安定的な労使関係には協定化やその遵守が不可欠であると理解していても,長年の社内慣行に従ってきた管理職層は必ずしもそうではない[191]。丸井労組による労働協約締結の実現には,小売企業や産業の近代化に貢献したという成果が含まれている。

(6) 商業労連の結成と加盟

　このように丸井労組が本格的な労組活動を開始した時期には,積極的に参加していた DILA において,産別組合を待望する意識が台頭しつつあった。1968年に産別組合の結成を念頭に置いた「組織問題懇談会」が設置されたが,産別組合移行の積極派と消極派に分かれ停滞状態に入った。だが再び産別組合志向

が強まると，改めて促進派と慎重派が対立し，舞台は全労組代表者会議へ移された。1969年3月1日に開催された第1回代表者会議では，「産別結成準備委員労組」を選出し，丸井労組もその一員となった。また，この過程では産別組合の結成が促進派労組を中心に強行される態勢に入っており，丸井労組も大きな役割を担っていた。

丸井労組は，1969年10月の商業労連の結成に先立って，1969年8月25日に組合員投票を行い，賛成票多数の支持結果をもって，9月17日開催の第17回定期大会で商業労連への加盟を決定した[192]。商業労連結成後は，丸井労組委員長坂田貞夫が副会長で事務局次長としてナンバー3に就任し，商業労連の各方面の活動に従事して大きく貢献した[193]。

7　おわりに

本章では，いわゆる「ゼンセン以前」の時期に先行して結成されていたチェーンストア労組として，東光ストア労組，渕栄労組，全西友労組，全ユニー労組，丸井労組を取り上げ，主に結成の経緯，初期の労組活動，上部加盟に関する事例分析を行った。

各事例労組は，先覚的であるがゆえの試行錯誤がみられた。まず，各労組は企業成長にともない，組合員数の急増を経験し，組織体制の整備に追われた。また，全ユニー労組の事例が典型的であり，渕栄労組でも同様に推測されるが，企業の合併によって労使関係が難航し，初期の労組活動や組織運営は困難に直面していた。労組の結成に対しては，東光ストア労組，全西友労組を除く事例では，経営者の理解は総じて低く，直接もしくは間接の阻害要因が認められた。丸井労組は，経営者の妨害があり最も厳しい結成や初期活動を経験していた。

しかし，こうした「混乱の労使関係」ばかりではなく，「同床の労使関係」も少なからず観測された。例えば，東光ストア労組は，結成直後から生産性向上を目指す方針を堅持し，生産性向上の視点を会社側へ植え付けて監視する局面すらみられた。渕栄労組は，定期的に重層的な労使協議会を開催し，九州ダイエーとの合併問題への対応で成果を上げただけでなく，会社規模の拡大や縮小，組合員の待遇などを円満に解決した。全西友労組は，争議とは無縁といわ

れた西武グループにあって時に先鋭的な積極性をもって低賃金からの脱却に努力を重ねる一方で，職業病対策に最も熱心に取り組んだ。全ユニー労組は，3販社分立状態で本来は会社側のリーダーシップによる解決が必要な問題も，組合員側の意思統合の推進で凝集性を高めることを通して，会社の発展に大きく貢献した。丸井労組は労組内部の対立が大きかったが巻き返しに成功し，経営の近代化と労組の民主化を同時に追求して，会社側の因習を打破するとともに行き過ぎた労組の活動を抑え，健全な労使関係の形成へと進んだ。

ただし，会社側と全面的に協調する事例労組は皆無であり，問題点に対する強力な申し入れと追及，労働委員会提訴，争議などを通じて，労使対等性を失うことなく会社側への発言力を強化し，安定的な労使関係を形成した。この点で，本章の「ゼンセン以前」の事例5労組は先進的であった。

「左右の労使関係」に直面したのは，渕栄労組と丸井労組であった。渕栄労組は，全百連の指導による労組結成が先行し，2労組併存時代を経て，労組の民主化に成功した。丸井労組は，労組の併存はないものの同様に全百連の指導により左傾化が著しかったが，過激な労組の活動を抑えて健全な労使関係へ転換させた。これらはチェーンストア労組では，非常に限定された範囲で示される左傾化傾向が，鮮明に観察された事例である。

本章の事例5労組は，企業別組合として労使関係の構築を急いでいたが，流通産別構想に関しては，上部組合に関する態度や行動について各様であった。この点に関して，これら「ゼンセン以前」の労組の事例分析を通じて，後のゼンセンの強力な組織化の手が及ばない労組の論理がある程度まで明確になる。すなわち，中央集権的な活動，政治活動，大きな財政負担といった，一般にゼンセンを上部組合に選択しない労組に共通するゼンセン忌避の論理以外にも，各労組の事情とされてきた経緯の中に別の論理が働いていた。

すなわち，商業労連はゼンセンの活動とは相容れないわけではなく，歴史と伝統というよりも，むしろ新たな産別組合として広く商業分野で結集することを重視し，それゆえ独自の活動を作ることに比重を置いていた。また，同盟ほどの財政力も集権性を必要としない。これらの志向に賛同する労組が商業労連へ加盟していた。

全国チェーン労協についていえば，チェーンストア労組が集合することを優

先しており，成果配分の獲得でも，企業別労使の力関係による決定を重視している。上部組合としては，独立独歩の企業別労使関係を尊重する労組の連帯に比重があるため，集権性，統一性，財政力，政治活動などは名目上のものにとどまり，労組間の連絡や連携を加味しつつ束縛のない自立性のある活動を志向していた。

以上の点を加味して本章の事例労組を当てはめれば明瞭であろう。すなわち，渕栄労組と丸井労組は，DILAに加入していた時期を含めて当初から商業労連に賛同し，小売業の産別組合の一員となった。東光ストア労組は自らが生みの親となった全国チェーン労協において産別組合への移行意欲が完全に消失したことを見極め，情報交換や交流連携に比重がある協議会機能では満足せずに商業労連へ鞍替えした。全西友労組，全ユニー労組は途中から合流した全国チェーン労協にとどまり，変動期に入った後には中立労組の自主性を守ることに傾注した。これらの各労組の動静が，強力で密度の濃い活動を求めるゼンセンを志向しない企業別組合の上部加盟の構図を示している。

「ゼンセン以前」のこうした構図に基づく「分断の労使関係」を理解することは「ゼンセン以後」の史実を直ちにその枠内に収めることの誤謬を避け，1970年代のみならず1980年代以降のチェーンストア労働者の組織化や各産別組合の帰趨，さらには日本最大の組織労働者集団として大同集結を果たすまでの過程を正しく解釈するために不可欠である。

● 注
（1） ただし，子会社を設立する前には既に東急電鉄の事業の1つとして，渋谷駅や目黒駅などの主要駅に東横興業という名称の売店を展開していた。全東急ストア労働組合『組合結成30周年記念誌』1990年，p.79。また，東急グループ総帥の五島慶太は，鉄道やバス路線の沿線開発と住民のための商業施設の開業を積極的に進め始め，第一生命が武蔵小杉に建設する第一生命住宅の店舗部門を担当することになっていた。本来なら東横百貨店がこの任務を担うはずであったが，「百貨店法」対策のために，別働隊の東横興行を設立して展開するよう指示した。奥住正道『証言戦後商業史　流通を変えた100人の記録』日本経済新聞社，1983年，p.99。
（2） 全東急ストア労働組合『20年のあゆみ　着実に誠実な進歩をめざして』1977年，p.35。しかし，東横百貨店の食品部門から東横興行の取締役営業部長へ転じた勝俣拡は，企業幹部にセルフサービス方式の販売への転換を説得するのが困難であったため，反対を押し切

第Ⅰ部　流通産別構想の輻輳と「ゼンセン以前」

　　　　る形で転換した。またその勝俣拡が触発されたセルフサービス販売で先行していた紀ノ国屋の増井徳男は，大資本の東光ストア出店が失敗しなかったことが後の日本の小売業発展の成否を分けたと評価した。奥住正道『証言戦後商業史　流通を変えた100人の記録』日本経済新聞社，1983年，pp.100-101。同様に，業界屈指のコンサルタント渥美俊一も当時の東光ストアを高く評価し，モデル企業として注目を促していた。渥美俊一，矢作敏行『渥美俊一　チェーンストア経営論体系　理論篇Ⅰ』白桃書房，2010年，pp.25-26。
（３）　全東急ストア労働組合『組合結成30周年記念誌』1990年，p.12。
（４）　福富正一は，1948年の東横百貨店労組結成の主力メンバーの１人であり，しかも1949年の全百連の結成有志の一員である。東急全体の労組ではなく独立させるべきとの判断で東横百貨店労組を結成し，また，白木屋労組や高島屋労組と協力して全百連の結成に至った。『全東光』（全東光労組機関紙）1963年３月９日付。結成時の全百連事務局長には東横百貨店労組の永峰信幸が就任しており，東横百貨店労組の役割の大きさを示している。全百連は，結成に関与した穏健派が退いた後に総評志向へ転換し，急進的運動に移行したのである。
（５）　ただし，結成時の1958年度中に役員の交代や補充があったと思われる。歴代役員名簿によると，この期の役員は，福富正一，中田彰一，野村富三，橋本福松，西村茂雄，宮野昭，坂田晏国，宮島一三夫と記録されている。全東急ストア労働組合『20年のあゆみ　着実に誠実な進歩をめざして』1977年，p.212。
（６）　このため，本書では東光ストアと表記する。その後，1975年３月に東急ストアへの社名変更があり労組名称も東急ストア労働組合（東急ストア労組）となった。
（７）　あるいは，東横興業労組の結成は予定されていたとの見方もできる。1945年12月10日，東京急行従業員組合が結成されたが，渋谷支部，目黒支部，品川支部，横浜支部，自動車東京支部，自動車神奈川支部，倉庫支部などと並んで東興支部があり，その東興支部の中に百貨店があったからである。ここから東横百貨店労組として独立結成し，その東横百貨店労組の役員経験者の出向者たちが子会社の東横興業で労組の結成に動くのは既定路線であったのかもしれない。全東急ストア労働組合『組合結成30周年記念誌』1990年，pp.78-79。
（８）　全東急ストア労働組合『組合結成30周年記念誌』1990年，p.13。
（９）　全東急ストア労働組合『組合結成30周年記念誌』1990年，p.18。
（10）　なお，当時の東光ストア労組の組合費が基本給別の定額方式であったことも労組運営を困難にしていた。全東急ストア労働組合『組合結成30周年記念誌』1990年，pp.15-16。具体的な当時の組合費は，入会金が100円，組合費は基本給１万円未満で150円，同１万円以上１万5,000円未満で200円，同１万5,000円以上２万円未満で250円，同２万円以上２万5,000円未満で300円，同２万5,000円以上３万円未満で350円，同３万円以上で400円であり，低額予算による財政であった。全東急ストア労働組合『20年のあゆみ　着実に誠実な進歩をめざして』1977年，p.37。
（11）　『全東光』第22号，1963年10月18日付。
（12）　例えば，1966年の闘争資金強化拡充案が全員投票で否決された。全東急ストア労働組

合『20年のあゆみ 着実に誠実な進歩をめざして』1977年, p.65。
(13) 機関決定したはずの組合費の値上げ提案が全員投票で否決されることには，労組役員や代議員が信任されなかったとの解釈が発生したり，不足する手当で少数の専従者に過重な負担をかけ続けることになるなど，労組活動を停滞させる要因が多い。東光ストア労組は，初めて全員投票で組合費の値上げが否決された後に，これらの見解を示して教宣活動を強化した。『全東光』第22号，1961年2月1日付。
(14) 全東急ストア労働組合『20年のあゆみ 着実に誠実な進歩をめざして』1977年, p.45。
(15) 松尾博義は，東横興業1期生代表の立場で労組役員に加わったと回想している。『アトラス』(全東急ストア労組機関誌) 2007年5月6日号, p.2。また松尾博義は，執行委員に選出された当時は，出向者とのわだかまりがあったため，11人の労組役員が何をするにも1対10の関係になると心配していたと語っている。ある労組役員は，それでも役付の出向者の役員ばかりだったところへ出向者以外の身近な立場の松尾博義が役員入りしたため，期待が大きくなったと語っている。しかし，2年後の書記長就任時には11人中6人が出向者以外となり過半数を占めた。『全東光』第30号，1962年8月25日付。東横興業採用者と出向者で，次々に発生する問題の受け取り方の違いがあったという指摘もある。全東急ストア労働組合『20年のあゆみ 着実に誠実な進歩をめざして』1977年, p.16。これらは労組結成が円滑であったものの，出向者による労組運営に対する組合員の抵抗感の一端を示している。
(16) 杉本尚は，当初は東横百貨店出向者が中心で労組活動をしていたため，全く縁もないのに組合費だけを取られて何をやっているのかと思っていたという。『アトラス』2007年5月6日号, p.3。
(17) 全東急ストア労働組合『20年のあゆみ 着実に誠実な進歩をめざして』1977年, p.72。
(18) 全東急ストア労働組合『20年のあゆみ 着実に誠実な進歩をめざして』1977年, p.59。なお，こうした積極的な活動に踏み込んだ1963年の賃上げ交渉では，東光ストア労組は攻勢に出て会社側から修正回答を引き出して妥結した。この妥結は，初めて親会社である東横百貨店労使の妥結前に決定された。従来の会社側回答は，東横百貨店の妥結結果の影響を受けていたことから，独自性を備えた東光ストア労組の転換を象徴する事実といえる。全東急ストア労働組合『組合結成30周年記念誌』1990年, p.18。
(19) 全東急ストア労働組合『組合結成30周年記念誌』1990年, p.18。
(20) 全東急ストア労働組合『20年のあゆみ 着実に誠実な進歩をめざして』1977年, p.67, pp.82-84。
(21) 全東急ストア労働組合『20年のあゆみ 着実に誠実な進歩をめざして』1977年, pp.74-75。
(22) 1966年を100%とすると，各年の実績値の経過は1967年が116%（計画値115%），1968年が133%（同132%），1969年が154%（同152%），1970年が185%（同175%），1971年が227%（同200%）となる。『全東光』第100号，1971年5月31日付。
(23) 全東急ストア労働組合『20年のあゆみ 着実に誠実な進歩をめざして』1977年, pp.111-112。

(24) この事例の他にも，時間外労働に関する労使協定違反が続出して未払い残業トラブルに直面した際に，協定遵守ルールが通用しない企業の発展を疑問視し，会社の管理責任を追及するとともに，東光ストア労組がタイムカード管理に乗り出した事件などを労組役員経験者が回想している。全東急ストア労働組合『20年のあゆみ　着実に誠実な進歩をめざして』1977年，pp.17-19。具体的には，1968年2月以降，東光ストア労組は，時間外労働の管理と運営を明確にして効率的な労働を目指してきたが，その後の各店舗の対応がずさんで協定違反が頻発した。そこで1969年3月分の違反3店舗に対して，3月21日〜4月10日の21日間は協定を結ばず，一切時間外労働に応じない措置をとった。その結果，社長山本宗二から労組委員長杉本尚あてに，この問題について，店舗の管理職を対象とした教育訓練や研修を強化する対応表明が出された。『全東光』第90号，1969年4月18日付。

(25) 当初管理職は，組合員ではなく従業員に会社側回答を伝達したと言い放ったため，事態はさらに紛糾した。全東急ストア労働組合『20年のあゆみ　着実に誠実な進歩をめざして』1977年，pp.106-107。

(26) 東光ストア労組は，この会社側の行為だけでなく，毎月の労使協議会の機能不足，労使プロジェクトチームによる経営と労務管理の近代化の遅延，営業時間協定の遵守精神の欠如など，労使間の諸問題を取り上げて団交に臨んだ。全東急ストア労働組合『20年のあゆみ　着実に誠実な進歩をめざして』1977年，pp.107-108。

(27) 委員長松尾博義，書記長杉本尚ら3人の役員が参加した。全東急ストア労働組合『20年のあゆみ　着実に誠実な進歩をめざして』1977年，p.60。

(28) 1967年，DILA セミナーに4回参加した段階で，委員長杉本尚は，東光ストア労組にとって DILA 参加で享受できる利点が多いことや DILA 側からの正式加盟の打診があることを認めつつも，労組内での十分な検討を経て判断する必要があると慎重な姿勢を表明している。『全東光』第79号，1967年3月31日付。

(29) 全東急ストア労働組合『20年のあゆみ　着実に誠実な進歩をめざして』1977年，p.60，p.68。

(30) 委員長松尾博義と書記長杉本尚の2人が全ダイエー労組を訪問して委員長松吉英男に上部団体構想を打診し賛意を得た。また，ダイエー社長の中内功にも面会して同じく賛成されたという。松尾博義と杉本尚は，日本生産性本部の研修などで得た個人的な関係に基づいた他労組との交流意欲が旺盛であった。例えば，丸井労組への支援や緑屋労組の指導にも入っていた。『アトラス』2007年5月6日号，pp.4-5。

(31) 『全東光』第84号，1968年2月28日付。

(32) 『全東光』第99号，1971年2月17日付。

(33) 賃上げ要求額は，25％以上を原則として，最低22％または15万円以上のいずれかで妥結，高卒初任給は4万円以上を原則として最低3万7,000円，年齢別最低賃金を設定，などとされた。また回答指定日は，パターンセッター労組が3月24日，他労組が3月27日〜29日に設定された。『全東光』第99号，1971年2月17日付。

(34) 商業労連加盟については，例えば1971年10月11日〜12日の結成15周年記念大会において，労組執行部が三越労組や全ダイエー労組などの業界大手労組が商業労連に加盟してい

第2章　先覚的なチェーンストア労組

ない点を質問され，当面は可能な範囲で最善を尽くして大同団結に努力すべきと回答している。また商業労連加盟の意義について質問され，商業労連の構成は百貨店とチェーンストアの二本立てであり，商業労連の綱領は東光ストア労組と合致しているため，意見が十分に反映される見通しがあると回答している。『全東光』第104号，1971年11月12日付。

(35) 中央執行委員と大会代議員の直接無記名投票の結果，総数79票，賛成75票，反対3票，無効1票と約95％の高率で可決となった。『全東光労働組合ニュース』第750号，1972年3月10日付。

(36) 全員投票の結果は，組合員総数2,190票，投票総数1,980票，賛成1,698票，反対260票，無効18票，白紙4票であり，4分の3以上の賛成により商業労連加盟が可決された。『全東光労働組合ニュース』第753号，1972年3月22日付。なお，商業労連加盟の判断に関しては，いずれ業態の違いは明確ではなくなり大型の小売店舗として同じ土俵に上がるという見通しがあり全国的な視点で物事を考える，企業間競争が激しくなる中で労組が巻き込まれるようになると企業内労組も中立労組だとカッコいいことを言えなくなった，東急グループとして労使発展を求めたとき東急百貨店が既に加盟していた，東光ストア労組が加盟して評価されれば他のチェーンストア労組も加盟してくる期待感があった，など杉本尚の様々な回想がある。全東急ストア労働組合『20年のあゆみ　着実に誠実な進歩をめざして』1977年，p.23，『アトラス』2007年5月6日号，pp.6-7。

(37) 中村秀一郎『商魂の系譜　企業家精神に生きる61人』日本経済新聞社，1973年，pp.159-161。

(38) スーパー部門として丸栄を設立した。建野堅誠『日本スーパー発達史年表』創成社，1994年，p.14。

(39) 中村秀一郎『商魂の系譜　企業家精神に生きる61人』日本経済新聞社，1973年，p.162。

(40) 渕上百貨店の労使紛争に直面し，対策がわからず悩み抜いた渕上栄一は，百貨店の閉店を本気で考えたという。中村秀一郎『商魂の系譜　企業家精神に生きる61人』日本経済新聞社，1973年，p.162。

(41) 全ユニード労働組合『ありがとう20年　新たな出発』1983年，pp.22-23。

(42) 組合員数は706人に増加した。全ユニード労働組合『ありがとう20年　新たな出発』1983年，p.30。

(43) 福岡百貨店三労組会議は，岩田屋百貨店労組（1,300人），福岡玉屋労組（730人）と渕栄労組で構成されていた。全ユニード労働組合『ありがとう20年　新たな出発』1983年，p.31。

(44) 『あすなろ』（渕栄労組機関紙）1966年1月3日付。なお，この運動方針は1964年開催の第4回中央定期大会で経営協議会設置に関する労働協約締結案を決議したことが契機になっている。『あすなろ』1969年9月30日付。

(45) 『あすなろ』1966年1月3日付。

(46) 『あすなろ』1966年7月25日付。

(47) 建野堅誠『日本スーパー発達史年表』創成社，1994年，p.40。

(48) 『あすなろ』1969年9月30日付。なお，定年制については，懸案事項であった定年年

第Ⅰ部　流通産別構想の輻輳と「ゼンセン以前」

　　　齢の男女格差（男性55歳，女性30歳）が争われていた。全ユニード労働組合『ありがとう20年　新たな出発』1983年，p.46。
(49)　『あすなろ』1968年8月15日付。組合会館の所在地は福岡市音羽町であり，敷地面積244m^2，建設面積188m^2，床面積589m^{2}である。
(50)　『あすなろ』1969年6月1日付。
(51)　全ユニード労働組合『ありがとう20年　新たな出発』1983年，p.56。
(52)　全ユニード労働組合『ありがとう20年　新たな出発』1983年，pp.56-57。
(53)　全ユニード労働組合『ありがとう20年　新たな出発』1983年，p.57。
(54)　全ユニード労働組合『ありがとう20年　新たな出発』1983年，p.58。
(55)　『あすなろ』1980年10月25日付。
(56)　全ユニード労働組合『ありがとう20年　新たな出発』1983年，pp.66-67。
(57)　以上の労使のロス撲滅キャンペーンの内容は，『あすなろ』1980年11月15日付による。
(58)　以上の拡大経営向上委員会の内容は，『あすなろ』1980年12月1日付による。
(59)　『あすなろ』1980年12月1日付。
(60)　これを受けて，1981年4月，公正取引委員会が合併についての審査を開始し，5月には地域寡占の恐れありとの見解を示した。建野堅誠『日本スーパー発達史年表』創成社，1994年，pp.135-136。
(61)　『あすなろ』1981年2月5日付。
(62)　全ユニード労働組合『ありがとう20年　新たな出発』1983年，p.68。
(63)　ただし，この時期の労使の取り組みには，九州ダイエーとの合併を有利に運ぶために，後に物議をかもした羽毛布団外販売による巨額の売上達成などがあり，やや偏った営業活動を強行した形跡がある。平野久止『ユニードは何故ダイエーに敗れたか　ダイエーの九州戦略を見つめる』葦書房，1989年，pp.83-122。
(64)　『あすなろ』1981年3月10日付。
(65)　以上の1981年度の賃金交渉の経過と1982年度の対応については，『あすなろ』1981年5月10日付による。
(66)　『あすなろ』1982年2月1日付。このうち当面優先されたのは人事に関する一本化であり，その基本的な考え方は，人心の融和，労組の一体化の必要性，採用の一本化，人事交流の必要性，新人事制度の確立であった。全ユニード労働組合『ありがとう20年　新たな出発』1983年，p.71。
(67)　『あすなろ』1983年10月17日付。
(68)　『あすなろ』1983年10月17日付。
(69)　『あすなろ』1984年2月11日付。
(70)　『あすなろ』1984年8月9日付。
(71)　『あすなろ』1984年10月8日付。
(72)　全ダイエー労組の歴代役員名簿によると，白石正則は，第9年度（1973年10月～1974年10月，委員長勝木健司，書記長網代真也）に中央執行委員入りし，東中国四国対策部長に就任している。以後，北大阪対策部長，宣伝部長，近畿グループ副議長を経て，第15年

第 2 章　先覚的なチェーンストア労組

度（1979年10月～1980年10月）には西部グループ議長に就任し，第16年度（1980年10月～1981年10月）からは副委員長と西部グループ議長を兼務していた。九州ダイエー労組委員長を経て全ユニード労組と合同した新生全ユニード労組委員長となった後は，全ダイエー労組役員から退任した。

(73) 全ユニード労働組合『ありがとう20年　新たな出発』1983年，p.33。参加労組は，渕栄労組，岩田屋労組，博多大丸労組，下関大丸労組，鹿児島山形屋労組，宮崎山形屋労組，川内山形屋労組，鹿児島丸屋労組，大分トキハ労組，別府近鉄労組，佐世保玉屋労組，佐賀玉屋労組，福岡玉屋労組，大牟田松屋労組の14労組であった。

(74) 全ユニード労働組合『ありがとう20年　新たな出発』1983年，p.35。結成時は渕栄労組，岩田屋労組，下関大丸新労組，鹿児島山形屋労組，宮崎山形屋労組，川内山形屋労組，大分トキハ労組，別府近鉄労組，佐世保玉屋労組，佐賀玉屋労組，福岡玉屋労組，大牟田松屋労組，小倉玉屋従組，全天満屋従組の14労組で発進した。

(75) 『あすなろ』1966年1月3日付。近況報告では，例えば，鹿児島山形屋労組から職能給講座の開催，福岡玉屋労組から企業年金制度を加味した退職金増額，賃金体系改定，住宅資金貸付金制度の導入，大牟田松屋労組から代休と有休の完全消化問題，鹿児島丸屋労組から労働協約の完全締結段階への到達，岡政労組から全百連脱退後の経過と生産性問題への取り組み，岩田屋労組から「組合員教育の日」の設定と生産性講座の開催などが報告された。

(76) 『あすなろ』1966年1月3日付。この九百労会議は第23回会議であり，結成後およそ2年半であることを勘案するとほぼ毎月開催となり，密度の濃い活動を継続していたことがわかる。

(77) 『あすなろ』1984年2月11日付。

(78) 1994年10月には全ユニード労組と全ダイエー労組の他に，全忠実屋労組，ダイナハ労組も合同してダイエーユニオン（会長橋本和秀，書記長玉虫俊夫，組合員数3万3,000人）が結成された。

(79) 吉田貞雄『商魂　小売のロマンに賭ける男たち』ダイヤモンド社，1984年，pp.159-160。買収は1940年早々に，池袋駅の乗降客の急増から隣接デパートの将来性が大きいとみた堤康次郎が持ちかけて短期間で実現した。なお，菊屋デパートの営業開始は1935年11月である。山手線駅の店舗としては京浜デパートという名称が適当ではないとの理由で，店名は菊屋とされた。由井常彦「武蔵野デパートから西武百貨店へ」，由井常彦編『セゾンの歴史　上巻』リブロポート，1991年，pp.25-26。

(80) 堤清二は28歳で店長に就任した。成城高校，東京大学経済学部を卒業し，病気療養中に東京大学文学部に再入学して中退した。その後，西武鉄道監査役を経て，衆議院議長であった堤康次郎の秘書を務めてから，西武百貨店へ入社した。柳沢遊「西武百貨店の経営近代化」，由井常彦編『セゾンの歴史　上巻』リブロポート，1991年，pp.97-101。

(81) 成島忠昭『新・企業集団研究　西武グループのすべて』日本実業出版社，1978年，pp.161-162，吉田貞雄『商魂　小売のロマンに賭ける男たち』ダイヤモンド社，1984年，pp.164-165。

第Ⅰ部　流通産別構想の輻輳と「ゼンセン以前」

(82)　ロサンゼルス店は，アメリカのオーバクス百貨店に売却された。柳沢遊「西武百貨店の経営近代化」，由井常彦編『セゾンの歴史　上巻』リブロポート，1991年，pp.224-228。

(83)　火災当日は定休日であり，7階のお好み食堂で大量の引火性殺虫剤による消毒作業中に煙草の火の不始末から引火した。柳沢遊「西武百貨店の経営近代化」，由井常彦編『セゾンの歴史　上巻』リブロポート，1991年，pp.132-133。

(84)　西友ストアーは，西武ストアーの赤字店舗を撤収した後の10店舗を引き継いで営業を開始した。なお，1963年4月1日にいったん西興ストアーとなったが，間もなく4月19日に西友ストアーへ名称変更した。田付茉莉子「流通革命と西武流通グループの形成」，由井常彦編『セゾンの歴史　上巻』リブロポート，1991年，pp.132-133。

(85)　田付茉莉子「流通革命と西武流通グループの形成」，由井常彦編『セゾンの歴史　上巻』リブロポート，1991年，pp.382-383。

(86)　上野光平は堤清二と同じく東京大学経済学部出身であり，2人は同時期に西武百貨店に入社した。西武百貨店ロサンゼルス出店の責任者をつとめる一方で，スーパー部門の研究にあたった。なお，上野光平の社外協力者であった三島彰（エコノミスト誌記者），佐藤肇（日本ナショナル金銭登録機）は後に堤清二にスカウトされて西武百貨店に入社した。立石泰則『堤清二とセゾン・グループ』講談社文庫，1995年，pp.199-201。

(87)　田付茉莉子「流通革命と西武流通グループの形成」，由井常彦編『セゾンの歴史　上巻』リブロポート，1991年，pp.422-423。

(88)　堤清二は父親の堤康次郎に対して，労組の結成を西武百貨店入社の条件の1つとして説得にあたり承認を得た。柳沢遊「西武百貨店の経営近代化」，由井常彦編『セゾンの歴史　上巻』リブロポート，1991年，pp.104-105。労組結成の提案に対して堤康次郎ほか役員たちが当初反対した。だが，当時小売業界を震撼させた全百連に指導された激しい三越争議を例に取り上げ，今後の労働争議の回避のためには健全な労組が必要と主張して受け入れられた。辻井喬『叙情と闘争　辻井喬＋堤清二回顧録』中公文庫，2012年，pp.37-38。この提案について，堤清二は，小売業界で労組を結成するという発想は少なかったが，労組を怖がる経営者はおかしいと感じていたという。実際には社会党の西尾末広はじめ労使協調路線の方が強力で社会党右派の労組の方が多く，労組は経営に対する批判勢力になりうること，経営の近代化にとって労組が切っても切り離せないことなどについて，他の経営者は何もわかっていなかったと回想している。辻井喬，上野千鶴子『ポスト消費社会のゆくえ』文春新書，2008年，pp.28-37。

(89)　職場改善委員会での議論から従組役員の選出までの記述は，『はだかの発言』（全西友労組機関紙）第177号，1973年10月14日付による。

(90)　組合規約は，伊勢丹労組や丸井労組の協力を得て，それらの規約を参考にして作成された。『はだかの発言』第177号，1973年10月14日付。

(91)　『くみあい新聞』（西友ストアー従組機関紙）創刊号，1969年1月31日付。総額は1人当たり1か月25時間の未払いとして，従業員3,200人分で1か月8万時間，全従業員1年間で96万時間となり，時間外手当150円を乗じて試算された。

(92)　『はだかの発言』第178号，1973年10月21日付。

(93) 1969年5月7日，未払い分該当者への精算が完了した。『くみあい新聞』第3号，1969年5月24日付。なお，詳細は不明だが，大森創造議員の情報源となったのは，突然紛失して社会党の手に渡った久米川店のタイムカード記録であった。『はだかの発言』第178号，1973年10月21日付。
(94) 『はだかの発言』1周年記念特集号，1969年。
(95) 『くみあい新聞』第4号，1969年12月18日付。
(96) 『くみあい新聞』第3号，1969年5月24日付。
(97) 当時の従組内部では，会社からの援助は「出生の秘密」と呼ばれ，話題に上ることがあっても曖昧な処理が続けられていた。『はだかの発言』第184号，1973年12月2日。しかし，この傾向に終止符を打つことを決断した委員長石曾根貞一郎は，1969年9月18日に東京都豊島区の豊島公会堂で開催された「西友ストアー労組結成1周年記念講演と音楽の会」の記念挨拶にて，会社の援助で発足した組合であったために他労組のレベルでなかったことを素直に認めるべきとして，強固な団結や一層の努力の必要性を説いた。『はだかの発言』1周年記念特集号，1969年。
(98) 田付茉莉子「流通革命と西武流通グループの形成」，由井常彦編『セゾンの歴史　上巻』リブロポート，1991，pp.423-425，
(99) 全西友労組『春闘特別号』第6号，1970年2月24日付。
(100) 1969年春に西友ストアー副社長上野光平が5年後に業界トップの労働条件を計画し実行すると発表したが，1971年には絶望的に遠い目標であることを認めた。田付茉莉子「流通革命と西武流通グループの形成」，由井常彦編『セゾンの歴史　上巻』リブロポート，1991，p.425。1973年の時点でも，西友ストアーの賃金は百貨店を含む大手小売業18社中最低であり，チェーンストア大手他社と比べても大卒男性30歳で60数万円，高卒女性20歳で10数万円下回っているという『日経流通新聞』の報道を全西友労組が重く受け止めている。『はだかの発言』第174号，1973年9月23日付。第2代委員長石曾根貞一郎は，伊勢丹を目標として資料を作成し交渉したところ，伊勢丹に追いつき追い越すことを会社側が考え始めたものの，現実には労使双方の目標が高すぎて実現できず妥結点を見出すのに苦労したと回想している。『はだかの発言』第183号，1973年11月25日付。
(101) 『こくりこ』（全西友労組女子部機関紙）第4号，1970年8月25日付。
(102) 『はだかの発言』第31号，1970年12月20日付，第33号，1971年1月31日付。
(103) 『はだかの発言』第60号，1971年7月25日付。
(104) 『はだかの発言』第76号，1971年11月14日付。
(105) 『はだかの発言』第78号，1971年11月28日付。
(106) 『はだかの発言』第91号，1972年3月5日付。
(107) 『はだかの発言』第16号，1970年8月16日付。
(108) 既存の上部組合に不満がある，政党とのかかわりを持ちたくない，など各労組が無所属である事情を尊重するものとされた。『はだかの発言』第28号，1970年11月29日付。
(109) 当日は長崎屋労組のモデル賃金のグラフが提示され，その高賃金に対して会場からため息やがっかりした声が聞かれたという。『はだかの発言』第34号，1971年2月7日付。

第Ⅰ部　流通産別構想の輻輳と「ゼンセン以前」

(110) 『はだかの発言』第36号，1971年2月21日付。
(111) 『はだかの発言』第36号，1971年2月21日付。
(112) 賃上げ要求39.8％の内訳は，定昇6.9％，ベア28.1％，等級号数調整4.8％である。また，スト権投票の結果は，総数219票，賛成218票，反対1票で確立した。『はだかの発言』第40号，1971年3月14日付。
(113) 労組側が要求書の骨子説明の際に提示した同業他社の年間賃金を示すグラフを見た会社側は西友ストアーの低賃金を知り非常に驚いたという。『はだかの発言』第41号，1971年3月21日付。
(114) 『はだかの発言』第42号，1971年4月4日付。
(115) 『はだかの発言』第43号，1971年4月11日付。
(116) 『はだかの発言』第44号，1971年4月18日付。
(117) 『はだかの発言』第46号，1971年5月2日付。
(118) 以下の妥結表明までの記述は，『はだかの発言』第46号，1971年5月2日付による。なお，妥結表明の時点で委員長村上満勇は，1万円の上積みは1〜2％となり実質では年間24％の賃上げになると主張している。
(119) 『はだかの発言』第47号，1971年5月9日付。
(120) 『はだかの発言』第62号，1971年8月8日付。
(121) 同盟流通は脱退に際して，同盟路線をとらない労組と一緒になることは無理であり，その意味から全国チェーン労協のなかでの労戦統一，産別志向は不可能であると表明した。『はだかの発言』第65号，1971年8月29日付。その後同盟流通が解散し，ゼンセンによる組織化が本格化することが明確になると，全西友労組を含むゼンセン非加盟労組は，一転してゼンセンからの組織化を避ける対応を迫られることになった。
(122) 『はだかの発言』第71号，1971年10月10日付。
(123) 『はだかの発言』第80号，1971年12月12日付。なお，世話役労組は継続して，全西友労組，東光ストア労組，全ユニー労組，いずみや労組，灘神戸生協労組となった。
(124) 『はだかの発言』第154号，1973年5月13日付，第156号，1973年6月20日付。
(125) 『はだかの発言』第174号，1973年9月23日付。
(126) チェーン労組・中立会議の友好組合から，中賃によって全西友労組が右傾化するのではないか不安である，御用組合になるな，などの意見が出されたという。『はだかの発言』第179号，1973年10月28日付。
(127) 全西友労組結成5周年に際して，同じくチェーン労組・中立会議の主力労組であるいずみや労組の役員は，チェーンストア業界の労組には全西友労組のようにいわゆるすじを通す労組とすじを通さない労組に分かれつつあると述べ，また全ユニー労組の役員は，全西友労組は全国チェーン労協へ同時に初参加した親友労組であると述べている。これらの内容も，自主的なチェーンストア労組を集結させる自負に基づいてあくまでも企業別労使関係を形成する各労組が連帯しているという無所属労組の特徴を示唆している。『はだかの発言』第171号，1973年9月2日付。
(128) 『チェーン労協ニュース』第1号，1978年3月15日付。

(129) 社名のユニー（UNY）とは，unique（独自，唯一），united（団結，連合），universal（万人共通，普遍的），unity（統一，和合），unify（一体，統一）からとった合成語である。経済界「ポケット社史」編集委員会編『ユニー　新しい豊かさを創造する幸福企業』経済界，1991年，p.140。
(130) 経済界「ポケット社史」編集委員会編『ユニー　新しい豊かさを創造する幸福企業』経済界，1991年，pp.150-152。
(131) 西川俊男は，他方で当時のアメリカ流の店舗の大規模化には半信半疑であった。例えば，1964年，大磯で開催された「東レサークル」のセミナー講師スターンによる日本の大規模店舗は500坪だが全世界のチェーンストアが4,000坪だとの発言に対して，ダイエーの中内㓛，岡田屋の岡田卓也，イトーヨーカ堂の伊藤雅俊，長崎屋の岩田孝八といった経営者たちとともに憤慨し，反発したという。だが，西川俊男はその言葉は40年後の日本で現実になったと回想している。「西川俊男」『日本チェーンストア協会設立30周年記念：先達に聞くチェーンストアのポテンシャルと歴史的革命－チェーンストアの経営革命証言集－』日本チェーンストア協会，1998年，pp.88-89。また，このセミナーで初めて中内㓛と会った西川俊男は，当時のダイエーに対して，西川屋チェンの違いは衣料中心でワンストップショッピングのため食品はつけ足しで，最初から郊外出店，と述べている。中内潤，御厨貴編『生涯を流通革命に捧げた男　中内㓛　中内㓛シリーズ第Ⅱ巻』千倉書房，2009年，pp.420-421。
(132) 経済界「ポケット社史」編集委員会編『ユニー　新しい豊かさを創造する幸福企業』経済界，1991年，pp.141-150。西川俊男は薬剤師の資格をもち，日本薬化学に就職し，当初は病院経営者の長女と結婚したため総合病院の経営を目標としていたという。なお，西川屋チェン改称後の1964年9月に出店した半田店は，西川俊男がアメリカで視察した店舗を模して，外壁を赤と白で塗り分けて西川屋チェンと専門店ゾーンを併設した。吉田貞雄『新生「ユニー」の時代対応戦略　複合小売業の"森"をつくる』ダイヤモンド社，1988年，p.83。
(133) 森永乳業の招待による欧州視察旅行であった。吉田貞雄『新生「ユニー」の時代対応戦略　複合小売業の"森"をつくる』ダイヤモンド社，1988年，p.84。両者が一緒にデンマークのショッピングセンターを視察していた時に合併について語り合ったという。その背景には第1次資本自由化による海外流通企業の日本上陸を危惧したり，視察の直前に誕生したジャスコが業界内の合併機運を高めたことなどがある。また，合併計画に対してほていやの社内は古川秀一の「鶴の一声」で承認されたが，西川屋チェンの社内は否定的であったため西川俊男と西川義雄社長が意思統一を図った。経済界「ポケット社史」編集委員会編『ユニー　新しい豊かさを創造する幸福企業』経済界，1991年，pp.152-153。ユニーの誕生以前にも，例えば，ほていやは横浜市の松喜屋と合併し，焼津市の大勝堂と業務提携し，西川屋チェンも，飯田市のマルサン，四日市市の銀杏屋と合併を前提として業務提携しており，両社は大規模化に積極的であった。吉田貞雄『新生「ユニー」の時代対応戦略　複合小売業の"森"をつくる』ダイヤモンド社，1988年，p.85。
(134) 吉田貞雄『新生「ユニー」の時代対応戦略　複合小売業の"森"をつくる』ダイヤ

第Ⅰ部　流通産別構想の輻輳と「ゼンセン以前」

　　　モンド社，1988年，p.85。中堅食品スーパー3社とは，名古屋市のスーパー丸正，恵那市の主婦の店バロー，岐阜市のライコースーパーである。
(135)　ユニー株式会社の記念式がホテルナゴヤキャッスルで開催され，社長高木久徳から，新会社の経営ポリシーとして，強力な国際企業の完成，流通近代化と国民生活の向上への貢献，日本経済の成長と安定への寄与，中部圏を基盤としたナショナルチェーン化などが宣言された。なお，手続き上は売上の大きかったほていやが存続会社となった。経済界「ポケット社史」編集委員会編『ユニー　新しい豊かさを創造する幸福企業』経済界，1991年，p.141。
(136)　『全ほニュース』（全ほていや社組機関誌）臨時創刊号，1969年1月21日付。
(137)　ほていや労組については不明点が多いが，筆者が関係者に実施したインタビューによると，労組役員は，委員長青島雅昭，副委員長中野勤，書記長前田泰男，会計松本治郎，執行委員岡山正弘，執行委員佐々木玄治郎らである。青島雅昭は本社人事課で働きながら劣悪な労働条件の全体像を把握できたことが，労組結成を決心させ性急に行動させたと推測される。
(138)　若林稔は，全ほていや社組結成10周年記念座談会で，全ほていや社組の結成を決意した契機として，ほていや労組結成の時にどうしても愛労評との関係を切りたかったと述べている。『ゆう』（全ユニー労組機関紙）第83号，1979年2月13日付。
(139)　『全ほニュース』臨時創刊号，1969年1月21日付。なお，全ほていや社組結成のケース冒頭の1960年代の描写は，若林稔自身による組合結成までの経緯の回想の一部である。若林稔は，他にも労働条件の悪さによって16歳の女性労働者が入社3か月で突然に無断退職した事件や，新規出店の7日前に入社した男性労働者が連日明け方3：00まで働いて開店日当日に退職した事件について語っている。さらに，1968年12月に入社後8か月の青島雅昭を中心としたグループから，愛労評に全面的に依存して労組結成に動いていることを打ち明けられたが聞き捨て，愛知県中小企業労働相談所を訪ねて組合結成を相談してから，全ほていや社組の結成に踏み出したという。
(140)　『ちから』（『全ほニュース』から改称）第2号，1969年4月17日付。
(141)　『ちから』第2号，1969年4月17日付，『ちから』第3号，1969年6月15日付，『ちから』第4号，1969年6月25日付，『ちから』第5号，1969年8月30日付。
(142)　1970年度も委員長若林稔，書記長山田邦紀が選出された。『ちから』第6号，1969年11月8日付。
(143)　第1回定期大会には，松吉英男（全ダイエー労組委員長），杉本尚（東光ストア労組委員長），村上満勇（全西友ストア労組副委員長）が来賓として出席した。また，愛知県中小企業労働相談所の所長によると，同所長がほていや社組の結成準備から接触していたことがわかる。『ちから』第7号，1969年12月28日付。
(144)　全西川屋チェン社組の初代書記長横江康秀によると，それまで労組結成の話は何度かあったが，結成に動いた者は退社したり不本意な異動によって，立ち消えになっていたという。横江康秀『私の履歴書』（自製資料）1998年，p.18。
(145)　水曜日になると全社から結成有志が西川屋チェン社員会館会議室に集まり，結成準

第2章　先覚的なチェーンストア労組

　　備委員会を開いて討議した。結成に際しては時期尚早論や親睦会発展論などが渦巻いていたが，結成の決断に最も説得力があったのは，「合併後の将来を見越して新会社設立には労働者側の参加も求めていこう。」という全ほていや社組委員長若林稔の意見であったという。横江康秀『私の履歴書』1998年，p.18。
(146)　横江康秀『私の履歴書』1998年，p.18。なお，全西川屋チェン社組の結成準備大会および結成大会にはそれぞれ全ほていや社組から委員長含め5～6人の役員が出席している。『ちから』第8号，1970年4月8日付。
(147)　賃金交渉の開始直前に書記長横江康秀，中央執行委員丸山真二，書記局員石本美喜子の3人が専従者となった。また，西川屋チェン副社長西川俊男は，ユニオンショップやチェックオフに理解を示さず，協定化が難航したという。この点も当時のチェーンストア経営者の労組に対する否定的な態度を物語っている。横江康秀『私の履歴書』1998年，p.19。
(148)　『ちから』第9号，1970年5月30日付。
(149)　『ゆう』第6号，1971年11月20日付。
(150)　横江康秀『私の履歴書』1998年，p.19。なお，結成大会には，会社側から高木久徳社長，西川俊男副社長，全国チェーン労協の主要労組（東光ストア労組，全ダイエー労組，渕栄労組，十字屋労組，赤札堂労組，全西友労組）の委員長が参加した。また，結成大会後には結成記念パーティーを名古屋市の鶴舞公園奏楽堂広場で開催した。『ゆう』創刊号，1971年1月8日付。
(151)　労使交渉の当初は，西川屋チェン副社長西川俊男が，統一要求とはいえ年間5か月の協定からすれば過大な要求であるとして怒りを表したという。また，前年の3.85か月はいわゆる大盤振る舞いで，夏期一時金は1.65か月と振るわない状況での控えめな要求となり満額回答に至った。横江康秀『私の履歴書』1998年，p.20。
(152)　『月刊ユニー』1971年4月号，p.8。なお，ユニーは1971年3月18日，約1,000人の新入社員を集めた大規模な入社式を開催した。
(153)　具体的には，関東ユニーは収支が拮抗し，中部ユニーは赤字，東海ユニーは黒字，本社のユニー株式会社は大幅黒字と，業績は大きく分散する性質の会社であった。横江康秀『私の履歴書』1998年，p.21。なお，全ユニー労組の事例で観察できる会社合併による労組活動の難しさを勘案すると，本章でとりあげた渕栄労組の事例においても，深くは立ち入れなかったが，会社の合併が労組活動に与える影響は大きかったと推測される。
(154)　『ゆう』第5号，1971年9月15日付，横江康秀『私の履歴書』1998年，p.21。労組役員は，全ユニー労組内が二分し労組役員が労働条件悪化に憤った旧西川屋チェン社組の支部長たちに詰め寄られ，つるし上げられたという。
(155)　『ゆう』第10号，1973年2月28日付。なお，極秘の営業をしていた衣笠衣料センターの管理職は当初は違反営業を否定した。
(156)　『全ユニー労組ニュース』（全ユニー労組機関誌）第2号，1974年11月15日付。
(157)　『ゆう』第7号，1972年2月20日付。例えば，富山駅前SC，高岡SC，今池SCの店舗が協議の末に合意に至った。
(158)　『全ユニー労組ニュース』第7号，1975年3月27日付。

第Ⅰ部　流通産別構想の輻輳と「ゼンセン以前」

（159）『全ユニー労組ニュース』第7号，1975年3月27日付．藤岡SC，三島SC，吉原SC，磐田ユニー，浜松ユニー，泉町SC，金沢SC，新岐阜さが美の店舗で19：00閉店が強行された．一方で，店舗の管理職が組合員に登用昇格の話を持ち出して個別に説得したり，朝礼時に指示したりと就労圧力をかけた．ある支部長によると，管理職はありとあらゆる手口で組合員におどしをかけ，分断工作をしたと報告している．

（160）『全ユニー労組ニュース』第7号，1975年3月27日付．なお全ユニー労組は，労働協約の平和条項に基づいて，労働委員会での斡旋や調停受け入れを選択した．仮にこれらを受諾しない場合には再交渉に臨み，それでも決裂した場合に対抗手段の行使を伴う争議行為を開始する段取りであった．

（161）『全ユニー労組ニュース』第12号，1975年7月18日，『全ユニー労組ニュース』第13号，7月30日付．

（162）『全ユニー労組ニュース』第4号，1974年12月15日付．

（163）『全ユニー労組ニュース』第4号，1974年12月15日付．労使懇談会には会社側から社長と副社長2人，労組側からは委員長横江康秀ほか三役が出席した．横江康秀によると，不況対策委員会の真意は4社合併を成功させることにあるが，合併後の「所有と経営の分離」を含む経営近代化を視野に入れていたという．

（164）『全ユニー労組ニュース』第8号，1975年4月1日付．

（165）1975年度の賃金交渉では激しい攻防を見せ，地労委あっせん案を拒んでストライキ権を確立した交渉で妥結に至った．また1976年度の賃金交渉でもスト権確立を背景にした妥結となった．いずれのスト権投票でも，支部別，販社別の賛成票の分散が著しく，組合結成以来懸案であった旧2社間の組合員意識の違いはむしろ増幅されていたと推測される．会社の業績がいかに組合員の意識を左右させ，労組活動を分断する要素となるかを如実に物語る．『全ユニー労組ニュース』第9号，1975年5月20日付，『ゆう』（『全ユニー労組ニュース』から改称した全ユニー労組機関紙）1976年7月7日付．

（166）『ゆう』1976年2月4日付，『ゆう』1976年2月21日付，横江康秀『私の履歴書』1998年，p.23．

（167）経済界「ポケット社史」編集委員会編『ユニー　新しい豊かさを創造する幸福企業』経済界，1991年，pp.156-158，吉田貞雄『新生「ユニー」の時代対応戦略　複合小売業の"森"をつくる』ダイヤモンド社，1988年，p.90．なお，当時の西川俊男は「利益の鬼」と呼ばれたという．

（168）『ちから』第3号，1969年6月15日付．なお，全国チェーン労協に初参加した全ほていや社組初代委員長の若林稔は，「情報と意見の相互交換の機関であり，互いに同業界内の組合としての最大公約数を確認しあいながら，その中から個別にメリットのある同類項を見出す機関である．」「産別組合化に対して消極的であっても，無秩序に集う激しい力がチェーン業界の新しい像をつくる．」などと報告している．これらの言明から全ほていや社組のみならず全ユニー労組となってからの上部組合に対する態度が理解できる．『ちから』第4号，1969年6月25日付．

（169）全ほていや社組から委員長若林稔，書記長山田邦紀，副委員長名倉弘，会計部長福

田俊彦，西友ストアー労組から副委員長三上元，同村上満勇，事務局長高崎満，財務局長富沢司郎が出席した。『ちから』第4号，1969年6月25日付．

(170) 例えば，第8回全国チェーン労協には，同盟の前組織局長坂場実が専ら同盟の立場から「チェーン労組の組織と運営」と題する講演を行った。また，DILAの中心労組も参加し，商業労連構想などを巡って全国チェーン労協と話し合うなど，全国チェーン労協は他の上部組合と幅広く交流していた。『ちから』第4号，1969年6月25日付．その一方で，例えば一般同盟に加盟していた全ダイエー労組委員長松吉英男は，DILAや商業労連に対してチェーンストアと百貨店の立場の違いを強調した否定的な意見を述べるなど，チェーンストア労組を中心とした産別構想を堅持する勢力があった。『ちから』第5号，1969年8月30日付．

(171) ゼンセンの役員は流通部会を結成したことで参加を一層要請したい，個より多数，さらに多数でこそ力となりうる，ゼンセンに加入しないのは全ほていや社組の組合員の労働条件を悪くして裏切ることになる，などと説得したと当時の全ほていや社組委員長若林稔は回想している。『ちから』第9号，1970年5月20日付．

(172) 当時の全ユニー労組委員長横江康秀も，ゼンセン同盟のオルグによる執拗な加入勧奨があったと回想している。横江康秀『私の履歴書』1998年，p.21．

(173) 青井忠治は，富山県立高岡工芸高校を卒業後，上京して上野の月賦販売店の丸二家具店に勤務してから，27歳で独立して豊多摩郡中野町（現東京都中野区）に開店した。1941年に中野店，阿佐ヶ谷店，下北沢店，深川店，吉祥寺店を展開して従業員150人であったが廃業し，戦後を迎えた。なお，月賦販売店の起源は鎌倉時代の頼母子講とされているが，販売方法としては，1895年頃に無尽講式販売を月掛け売りの割賦販売へ進化させた愛媛県今治市の呉服店の丸善が草分けとされている。1915年以降，丸善からのれん分けされた丸共，丸武，丸二などが東京に進出した。月賦販売店は，以上のほか丸愛，丸大，丸越など，丸がつく企業が多く，緑屋，正金，井野屋，木原など丸がつかない企業も含めて愛媛県出身者の経営者や従業員が多い。吉田貞雄『商魂 小売のロマンに賭ける男たち』ダイヤモンド社，1984年，pp.93-99．

(174) 奥住正道『証言戦後商業史 流通を変えた100人の記録』日本経済新聞社，1983年，p.112．

(175) なお，平田隆文は，この前日の1955年6月27日，自身と吉原幸雄の解雇の撤回を求めて東京都労働委員会に調停を申請した。

(176) 組合員全員の直接無記名投票で除名が決定された。丸井労働組合『丸井労働組合30年記念誌 MARUI 30 年表』1985年，p.8．

(177) ある労組役員経験者は，1960年時点で組合活動イコール共産党活動であり，闘争至上主義で春闘，年末闘争ともけんか腰の活動を続け，会社存続の瀬戸際であったと証言している。丸井労働組合『丸井労働組合30年記念誌 MARUI 30』1985年，p.30．丸井労組は，本シリーズで事例分析の対象とした労組の中で，左翼的活動の兆候が見出された長崎屋労組や全ダイエー労組，別組合の結成がみられた渕栄労組や全ジャスコ労組の事例よりも，共産党の影響が現出した活動を明瞭に観察できる事例である。

第Ⅰ部　流通産別構想の輻輳と「ゼンセン以前」

(178)　当時の労組の中央執行委員会は，支持政党でいえば共産党，社会党，無支持の3グループに分かれていたが，委員長と書記長の辞任で社会党支持者が弱体となり，共産党支持と無支持で新委員長と新書記長を分け合ったという。丸井労働組合『丸井労働組合30年記念誌　MARUI 30』1985年，pp.36-37。

(179)　この同友会の他にも，平和グループの対抗勢力として，伊勢の道場で修業し，奉仕の精神を高める有志組合員の「修養団」があり，中野駅前の清掃などを続けていた。丸井労働組合『丸井労働組合30年記念誌　MARUI 30』1985年，p.45。

(180)　労組役員経験者たちの証言によると，この時期の執行部内では激しい活動に同調しないと，「除名にしてやる。会社のひも付き，犬，シッシッ。」と非難される専制的な状態であった。また，ストライキを抑える意見を出した坂田貞夫は監視のため旅館に足止めされ，帰宅できなかったという。丸井労働組合『丸井労働組合30年記念誌　MARUI 30』1985年，p.39。

(181)　丸井労働組合『丸井労働組合30年記念誌　MARUI 30』1985年，p.46。

(182)　一方では，百貨店の職場が右傾化し，ストライキを敵視して生産性向上運動に参加することをよしとする加盟労組があるため，闘争力の弱い産別組合となったことを崩壊の原因とする分析もある。石川忠雄「全百連の解体とその背景」，『月刊労働問題』第57号，1963年，pp.35-36。

(183)　全百連の解散決議案に白票を投じる案もあったが，白票は卑怯であるとの反対意見が出された。この大会では議論が紛糾し，興奮した組合員が議長団席に駆け上って乱闘騒ぎを起こしている。丸井労働組合『丸井労働組合30年記念誌　MARUI 30』1985年，p.48。

(184)　石川忠雄「全百連の解体とその背景」，『月刊労働問題』第57号，1963年，p.34。

(185)　丸井労働組合『丸井労働組合30年記念誌　MARUI 30』1985年，p.43。この解散決議案に必要な賛成票は31票であったが，投票結果は賛成29票，反対10票，無効1票，白票1票であり，2票届かず否決された。この結果を受けて全百連執行部は総辞職し，新執行部役員が立候補したが過半数の賛成票を得られず執行部不在となったまま財産管理等を主業務とする全百連管理委員会が管理することとなった。しかし，全百連地連のうち東京都連が解散すると他の地連も解散を始め，機能不全に陥って崩壊した。五十嵐政男『流通小売業における産業別組織の記』UAゼンセン，2014年，pp.38-39。

(186)　『向上』（丸井労組機関紙）第25号，1965年6月16日付。

(187)　この背景には，丸井労組の役員がDILAにおける交流によって先行する百貨店の高い労働条件を目の当たりにして競争心が高まり，労組活動を充実させたことがある。丸井労働組合『丸井労働組合30年記念誌　MARUI 30』1985年，pp.53-54。

(188)　DILA第1回チェーンストア部門セミナーは，1967年5月18日〜19日に開催され，丸井労組を含め10労組が参加した。幹事労組は丸井労組，緑屋労組，東光ストア労組であり，講師の1人として日本リテイリングセンターチーフコンサルタント渥美俊一が参加した。第2回チェーンストア部門セミナーは，1968年5月22日，23日に開催され，12単組が参加した。法政大学教授白井泰四郎，ゼンセン同盟書記長宇佐美忠信らが講師であった。『向上』第48号，1967年6月28日付，1968年6月10日付。

(189) 例えば，どの労組にも古くから労働協約があり毎年内容を議論して改訂を重ねている点，退職金規定を毎年増率要求している点，年金制度の研究を開始している点など労使交渉面の他に，新入組合員の合宿教育，組合員に対する毎日の速報体制などの教宣，さらには休憩室や食堂など福利厚生といった多くの面で丸井労組と大きな差があることがわかったと報告されている。『向上』第26号，1965年7月20日付。
(190) 『向上』第27号，1965年8月20日付。
(191) 1965年11月13日の労使による労働協約調印式の席上で，委員長坂田貞夫は，「一部の心ない管理職の労働条件に対する誤った行動が労使の協力体制を乱すのは残念である。」「管理職に遵法精神を養成するための教育の徹底をお願いしたい。」などの発言をしている。また，同時期の丸井労組は「経営家族主義の誤った独善的な考えで労使協定を平気で破ろうとすることに強く反対する。」と主張している。『向上』第31号，1965年12月4日付。
(192) 『向上』第68号，1969年9月15日付，第69号，1969年10月10日付。商業労連加盟投票では，投票率は89％と高率であり，総数3,242票，賛成2,918票，反対141票，白票183票であった。
(193) 丸井労組から委員長坂田貞夫の他に，副委員長葉茸清が副会長に就任し，丸井労組が複数の役員を出す商業労連の幹部組合であったことを示す。商業労連『商業労連20年の歩み』1991年，p.60。

第3章 「ゼンセン」の組織化戦略と流通部会の結成

1 はじめに

　第1章および第2章では，複数の産別組合の流通産別構想が輻輳化する過程と，これらの構想の下での企業別組合の結成と初期活動の事例分析を行った。チェーンストア労働者を大同団結させる構想を瓦解させ，全繊同盟，商業労連，チェーン労協の3産別時代を招いて「分断の労使関係」に突入した原因はゼンセンのチェーンストア組織化参入であった。

　本章は，その他ならぬゼンセンとはどのような特質をもつ組織であり，どのようにチェーンストア組織化に乗り出して，流通部会を創設するに至ったのかを検討する。また，流通部会の活動も分析するため，時期区分からみれば正確にはいわゆる「ゼンセン以後」も若干含むが，あくまでもその前提要因にもなる「ゼンセン以前」の分析が主題である。

　ゼンセンは，後に形を変えて流通産別構想を実現する主体となるため，本書はゼンセンの変転も議論するが，本章では，「変転の労使関係」を考察するための材料を探索することになる。すなわち，Z点の特定を含むZモデルの構築のための基礎作業を行う。

2 全繊同盟の特質

(1) 全繊同盟の結成と上部組織の変遷

　1946年8月1日，経営側との一定の協力関係を保つ右派の総同盟（日本労働

第Ⅰ部　流通産別構想の輻輳と「ゼンセン以前」

組合総同盟）が結成された[1]。他方，同じく1946年の8月19日，共産党の指導の下で左派の産別会議（全日本産業別労働組合会議）が結成され，対立する2つのナショナルセンターが誕生した。

　繊維産業では，総同盟による産別組合結成の準備活動の1つとして全繊同盟（全国繊維産業労働組合同盟，会長松岡駒吉，総主事富田繁蔵）が，総同盟の結成前日の1946年7月31日，繊維産業の労働者の労働組合が集結して94組合，約6万7,000人で結成された[2]。当時，繊維産業では工場別の労働組合が次々に誕生していたが，企業ごとに交渉することの利点が重視され，企業別組合へと改編されつつあった。また，地方の繊維労組が集まり，地方連合会が誕生していった。

　繊維産業には戦前から労組が存在し，総同盟への加盟組合が多かったこともあり，戦後も総同盟志向が強かった。一部には，全繊同盟への反対勢力が出現して日繊連（日本繊維産業労働組合連合会）を結成したが，1948年には全繊同盟と組織統合した[3]。

　それ以来，全繊同盟は企業と対立するのではなく労使対等を追求し，労使で産業の健全な成長を図り，それに基づいて労働者の経済的，社会的地位を向上させる民主的な産別組合を目指してきた。また，企業別組合の連合体ではなく，全国的な単一組織が志向された。すなわち，全繊同盟は，企業別組合を基本とすることの弱点を補い，できる限り産別機能を装備することを追求してきた。本書で描くことになる全繊同盟の特質のすべてが，この全国的な単一組織志向に基づくものであるといってよい。

　次に，同盟（全日本労働総同盟）の結成に至るまでの全繊同盟の上部組織の変遷をごく簡単にたどっておこう。まず，総同盟と対峙していた産別会議は，終戦直後の逼迫した経済状況での時宜を得た運営により，当初は総同盟を上回る組織拡大を開始した[4]。しかし，大量解雇による激しい争議により大きな打撃を受け，また民主化が開始され組織規模が縮小して弱体化した[5]。1949年12月，産別会議は分裂し，新産別が誕生した。

　一方，結成当時から全繊同盟が加盟した総同盟も内部の左右対立が激しく，左派を嫌う労組の脱退により分裂した。1950年になると，共産党と産別会議への対抗勢力のナショナルセンターとして各方面の支援を得て総評（日本労働組

合総評議会）が結成された。総同盟右派の多数の労組と同じく，全繊同盟は総評結成時は総同盟を通じて合流し，後に単独で加盟した。

しかし，今度はその総評が結成2年にして左傾へ転換し始めた。産別会議を脱退した労組が総評に加盟して左派労組が多数になってくるにつれ，結成当初の企図と離れ，また綱領違反が目立つなど総評内部の左右対立が顕著になった。そこで，全繊同盟の他，海員組合，全映演，日放労による四単産が結束して総評へ批判書を出した。しかし，事態は変わらないため総評から脱退する労組が続出した[6]。全繊同盟は1953年に総評を脱退した[7]。

その後，批判書を出した四単産と復活した総同盟の労組で結成された民労連が母体となって，1954年，右派労組の協議体として全労（全日本労働組合会議）を創設した[8]。だが，ナショナルセンター機能を持つ上部組織間の競合になることから，総同盟が全労会議から脱退して全労会議と並立する形で合意し，同盟会議（全日本労働総同盟組合会議）が発足した。そして，いよいよ全労と総同盟の統一を図った発展的拡大のために，1964年に同盟が誕生した。

この系譜をさかのぼってみれば，同盟，同盟会議，全労会議，民労連，総評，総同盟に加盟し，それぞれのナショナルセンター機能を持つ上部組織において，常に主要組合の1つとして有力な役割を担っていたのが他ならぬ全繊同盟であった。例えば，有力組合として上部組織の会長職に就任させるという立場であり，1つの産別組合の役割にとどまることなく，日本の労働運動全体に及ぼす影響力をもつことをねらっていた。

(2) 「力と政策」

全繊同盟の内部では，その活動全体が「全繊運動」と総称されている。その中身はもちろん全繊同盟の綱領に基づき行動を進めることであると推察される。一方で，その全繊運動とは「力と政策」なるスローガンで表現されることが多い。力をもってこそ，政策の立案，決定，実行を軸にした全繊運動に邁進できる，との解釈ができる。

力とは，量で考えれば組織規模であり，質で考えれば組織能力であると考えられる。組織規模は現勢規模であるから理解しやすいが，組織能力はその内容に踏み込まなければ理解しがたい。組織能力には，大きく体制と人材の両面が

あると思われる。すなわち，どのような組織体制をもち，どのような人材を集め育成することで優れた組織能力を保有しているのか，という視点で分析しない限り，全繊同盟を単に大規模な組合だと誤解するであろう。

こうした観点から全繊同盟の特質をみれば，大産別主義と内部統制といった2つの要素にまとめることができる。言い方を変えれば，全繊同盟は，大産別主義をとる，高度に内部統制された産別組合である。その内容を暗示させ，簡潔に伝達する表現が「力と政策」であるとみてよい。

(3) 大産別主義の内容と展開

全繊同盟の大産別主義から始めよう。その根幹には，「全繊同盟の運動が正しければ，一産別にとどめず，日本の労働運動全体に影響を及ぼさなければならない。」という全繊同盟初代会長松岡駒吉の主張が後々まで伝承されていることがある[9]。すなわち，自らの産別組合の運営のみならず，日本の労働運動全体にまで力を持ちうるために，大規模な産別組合であることが必須と考えられている。

まず，全繊同盟の運営にとって，大産別主義をとる理由は何か。繊維産業には，いわゆる「10大紡」といわれた大規模紡績企業をはじめ，化繊や羊毛の繊維素材の大手企業だけでなく，中堅や中小が多い業種や繊維加工のすそ野の広い下請け構造の下での多数の小規模企業が含まれる。全繊同盟は，結成当初から大企業の労働者だけでなく，中小企業労働者の組織化を怠らなかったためである[10]。

それは全繊同盟の活動を結成当初から支えた，戦前から各地で活動を続けてきた組合運動家たちが，大手労組だけを集める組合ならば，産別組合と公称はできてもその体をなしていない空疎な組合に陥るとの考え方を強く持っていたからである。

中小企業労働者の労組の多くは，専従者を配置できないため，単体では活動の成果を得ることは難しい。このため，上部組合としては中小労組の活動への支援が欠かせず，それを保証する組織と財源の確保が必要となる[11]。したがって，財源問題についていえば，支援をそれほど必要としない大規模の労組をさらに結成させたり，既存組合を全繊に加盟させる必要があり，同時に全繊

同盟の世話役活動をなるべく減らせる労組に育成する必要がある．他方で，できる限り，企業ごとの個別の交渉や協約ではなく，中央交渉の実施や中央協約の締結をねらうことになる．それにあわせて協約を同一地域で拡張適用することをねらう(12)．

この状況が，常に組織拡大を求める大産別主義をとる最大の原因となる．また，繊維産業においてほとんどの大規模労組については，組織化を一定程度完了した以後は，他産業に乗り出すほどの潜在的な組織拡大意欲となっていた．

次に，日本の労働運動全体に影響力を持ちうるために全繊同盟が大規模な産別である必要性はどこにあるのか．まずは，他ならぬ労働界で最大の産別組合となることで，ナショナルセンターの要職をはじめ，労働分野の審議会や労働委員などで多数の委員を輩出して日本の労働運動全体を牽引するためである．また，産業政策を立案し，実行に移すためである(13)．そのためには，産業分野の審議会委員や，国や地方自治体の議会に多数の組織内議員を送り込むだけの大規模な産別組合であることが求められる(14)．

こうして全繊同盟には全繊運動を怠りなく進めるために，常に組織拡大という命題を突きつけられるような強固な大産別主義が定着しているのである．

(4) 内部統制の実態

① 組織構造の変遷

全繊同盟の特質を考察するために優れた組織能力に着目する場合のもう１つの主な要素は，内部統制である．そのうち，体制上の特徴は，本部と都道府県支部の双方の整備を前提とする中央集権化された組織と運営にある．

まず，全繊同盟の本部機能の完成度は，全繊同盟の上層幹部と本部各部署責任者の長期安定的な就任や高い専従者比率によって支えられている．例えば，全繊同盟結成後の数年を除いて，1950年頃以降は会長と書記長は長期の就任となり，ごく一部を除き本部専従者である(15)．また，組織部長，教宣部長，調査部長などの本部部長は，1953年，1954年の組織改革により加盟労組役員と兼務のない専任となり，書記長に統括されることになった．この結果，専従者の同一人物が長期にわたって部長就任する慣行が生まれた(16)．

全繊同盟は本部の出先機関の地方組織である都道府県支部についても，結成

以来，順次整備してきた。結成時の全繊同盟の実体は，ほとんどが各地方にあった繊維連合会が集まったものであり，直轄ではなく統制はゆるやかで多くの点で分権的な産別組合であった。

そこで，全繊同盟は中央集権化をねらい，地域組織の改革に着手した。1951年9月には，加盟労組の地方繊維連合会への加盟を義務づけ，都道府県支部と改称するとともに，全繊規約の優先性や，組織や区域や経費の面で本部権限を高めた。ただし，まだ都道府県支部の職員は全繊職員ではなく，都道府県支部職員として扱った。また都道府県支部の経費は本部が全額を負担しておらず，したがって各支部は加盟労組から別途支部会費を徴収した。つまり，都道府県支部の自律性は残されたままで，独立採算の度合いが強かった[17]。しかし，1953年9月以降，1955年6月，1959年7月の改革で，都道府県支部含めすべて全繊職員となり，本部交付金による支部側の特別会計の余地のない本部会計に一本化された。すなわち，本部の集権性を格段に高めながら，支部の財政を安定させた[18]。

同時に全繊同盟は，都道府県支部長の人事権を掌握し，成り行き次第で支部長が固定されていたほとんどの支部へ，支部長を配置したり異動させることが可能になった。すなわち，支部へ新任の支部長を配置したり，本部経験だけでなく，複数の支部経験を積ませながら，役員候補の能力を高めたり選抜することで，全繊同盟が求める職業的専門性が高く内部統制に耐える人材の強化が図られた[19]。

このように整備されてきた本部と都道府県支部を，全繊同盟に加盟する労組の立場からみると，まず，加盟労組はすべて本部の業種別の部会に所属するよう整理される。全繊同盟結成当初から，部会設置が定められ，綿紡部会，化繊部会などを筆頭に構成されていたが，その位置づけは社会経済情勢や加盟労組の伸長に応じて改編されてきた[20]。部会は，本部が策定する全繊運動の方針を前提にして業種特有の課題に応じた活動を進めるという意味で，本部を補完する任務を持つ。

また，加盟労組は，同時に都道府県支部に所属するが，事業所単位で複数の労組を有する場合には，事業所の所在する各都道府県を所属支部とする。部会が業種特有の課題に取り組むのに対して，支部は地域特有の課題に取り組みつ

つ活動を進める(21)。ただし，単独で支部内の加盟労組の世話役活動や組織化を行うだけでなく，例えば，賃上げ交渉，合理化交渉，組織化などで本部を補完したり代替したりする。出先機関とはいえ支部が極めて重要な任務を果たしている。

こうした本部と都道府県支部の整備が進んだ結果，集権的な本部と，出先機関としての支部との相互関係を強固に形成する体制ができあがった。両者の相互関係の上に，決議機関としては全繊大会と中央委員会，執行機関として中央執行委員会，常任中央執行委員会，諮問機関として専門委員会，特別委員会を経た公式的な運営を行っている(22)。

以上のように，全繊同盟は，本部と都道府県支部の整備と双方の緊密な相互関係，それを通じた人材育成によって内部統制を維持し，強化させてきた(23)。また，他の産別組合では加盟労組が脱退を示唆しがちで，それが産別組合の強化を封じることがあるのに対して，全繊同盟では加盟労組を除名することはあっても，脱退を許すことは稀である(24)。このような内部統制は，いかなる全繊運動を展開する上でもその成果を高めるために十分に発揮されてきた。

② 賃金交渉の特徴

全繊同盟は，賃金交渉を産業別の賃金闘争として位置づけ，統一賃金闘争と呼んで取り組んでいる。労働組合運動において最優先されるべき賃金交渉を統一的に展開する時にこそ強固な内部統制が求められる。すなわち，全繊同盟の賃金交渉は，中央闘争委員会を編成し，その委員長である全繊同盟会長に，闘争中の交渉権，妥結権，ストライキ権を掌握させて強力な統制の下で進められる。

具体的には，業種別部会の利害調整を行い，また都道府県支部の意向も反映させながら，要求額，要求率，方式や日程についての本部方針を練り上げ，中央委員会において公式的に決定する。その後，一般に各労組の力量に応じたいわゆる梯団方式によって，労組グループごとに順次交渉を指令し，あわせて各労組への情報伝達と収集した回答や妥結の情報の交換を行う。交渉段階では，部会と都道府県支部の双方の役割分担によって，交渉指導に入る。その過程でストライキの実施が企図されれば，中央闘争委員会への申請を経て委員長の許

可によりストライキに入る。最終的に委員長の決裁を前提とした妥結に至る[25]。

　ただし，この闘争方式は，大手労組も中小労組も同一であるが，部会の指導の及ばない地方の支部傘下の労組や中小労組の賃金交渉における支部指導の役割は極めて大きい。それは，闘争委員長にある妥結権やスト指令権などは支部長に委譲され，支部長の裁量で各部会へ申請しながら行使することからも明らかである[26]。

(5) 象徴的な史実

① 近江絹糸争議

　統一的な賃金交渉においては強固な内部統制が不可欠であり，賃金交渉に注目するだけでも全繊同盟の内部統制力の高さを十分に示すことができる。だが，さらに賃金以外にも全繊同盟の内部統制力の高さを端的に示す象徴的な事件を取り上げよう[27]。

　まずは正織争議や帯谷争議など数々の全繊同盟の争議の中から近江絹糸争議を選択する。近江絹糸争議は，同じく1954年に発生した日本製鋼所室蘭製作所争議，尼崎製鋼所争議と並ぶ3大争議の1つであり，全繊同盟にとって，産別組合の総力を投入したという点で画期的であり，後々まで語り継がれるという点で象徴的である。

　この争議は，賃上げや労働時間などの労働条件の向上要求ではなく，封建的にゆがめられていた労務管理の打破と人権の確立を要求した争議である。「人権争議」と通称され，その異常さに対して社会から大きな同情や反響を集める中で106日に及ぶ大規模な争議となった[28]。

　近江絹糸は10大紡に次ぐいわゆる新紡の1つで急成長の途上にあったが，その陰では，いびつな労務管理を続けていた。しかも，1946年に御用組合が結成されており，会社の意のままに労働者を管理していた。それを察知し問題視した全繊同盟は，常に組織化の対象としており，1949年，「近江絹糸労働組合刷新同盟」を設置して支援体制をとっていたが，不調に終わっていた[29]。

　1951年，近江絹糸彦根工場の講堂で開催された新入生歓迎映画会で火事が発生し，出口に殺到した労働者のうち転倒者が下敷きになり，死者23人を含む犠

牲者多数の圧死事件となった。事件発生の責任もさることながら，会社側は事故現場を早々に整理してから事後報告したため，真相は解明できなくなった。これを重くみた全繊同盟は，「近江絹糸民主化闘争本部」を設置した[30]。改めて近江絹糸に対する組織化を急ぎ，速やかに労働者有志を集めて指導した。こうして1954年5月25日，本社従業員20人で近江絹糸労組が結成され，全繊同盟へ加入した。会社側の執拗な妨害が組合結成を阻んでいたので，全繊同盟大阪府支部が中心になって秘密裡に労働者を指導して有志による組合結成に踏み切ったのである[31]。

近江絹糸労組は，6月2日には170人で決起大会を開催して，会社に対する22項目の要求書を可決した。6月3日，要求書を提出して団体交渉を申し入れたが会社側が回答を拒否したため，直ちに組合員全員がストライキに入った[32]。

この直後から，約1か月の間に本社，2営業所（名古屋，東京），7工場（岸和田，彦根，中津川，富士宮，大垣，津，長浜）の全てに組合が結成され，ストライキが波及した。1954年6月25日時点で組合員数約6,700人となった[33]。全繊同盟に加入した新たな近江絹糸労組を第2組合と呼ぶならば，それ以外の第1組合，第3組合，第4組合に対する組織化が全繊同盟と第2組合で継続され，以後組合員は増加を続けた。

全繊同盟は，1954年6月6日に臨時中央執行委員会を開催し，直ちに闘争体制を確立した。すなわち，「近江絹糸争議対策中央本部」と各現地に「近江絹糸争議現地対策本部」を設置し，委員の指名と動員を行い，あわせて本部と現地に非常事態用の動員体制を作った[34]。

以後，各支部で団交要求とそれに対する妨害や拒否，組合役員の解雇や工場閉鎖の強行などでストライキが続発し，工場内組合拠点づくりとロックアウト，操業のための原料入荷と製品出荷をめぐるピケラインにおける小競り合いや乱闘が繰り返され，労使双方のビラまき合戦が続けられた。また，会社側はスト破りのために第2組合の組合員の故郷の父母へ情報操作のための手紙や電報を届け，全繊同盟と第2組合はその誤解を解くための活動で応戦した[35]。

さらに，会社側が暴力団を投入したことで負傷者と逮捕者が続出し，刑事事件と不当労働行為は山のように積み上がっていった。争議が激しくなるにとも

ない，労組支持の世論は高まり，支部近隣の住民による労組支援活動が盛り上がった[36]。

近江絹糸争議の収拾の目途が立たず，長期化することが予想されたため，いよいよ調停の動きが始まった[37]。当初は，銀行頭取らが財界を代表して近江絹糸社長の夏川嘉久次に対して調停に動いたが失敗した。その後中労委が1954年7月26日，5日間の争議休止を提示した。労使はこれを受諾して争議休止に入った後，8月3日に第1次あっせん案が提示され，会社側は早々に受諾した。

しかし，その内容は抽象的であり，全繊同盟加盟の近江絹糸労組を交渉相手として認めるものの，全繊同盟は団体交渉から外され，その団体交渉に今後の問題解決が委ねられることになるというものであった。この労組側に不利なあっせん案に対して，近江絹糸労組からも，全繊同盟の現地サイドからも不満表明が続出した。全繊同盟ではあっせん案の受諾について賛否両論が激しく対立したが，最後はそれを委ねられた中央執行委員会が受諾を決定し，8月4日，あっせんに基づく協定書の調印に至った[38]。

だが，第1次あっせん案の受諾直後から，会社側は団交を妨害し，第2組合以外の組合員だけを就労させたり，工場の給食を停止するなど，あっせんを全く意に介さないかのような暴挙に出た。さらに，第2組合の幹部役員ら9人の解雇を強行した。

8月12日，中労委が第2次あっせん案を労使双方へ提示したが，全繊同盟は，第9回定期大会にて，第2次あっせん案の拒否に加えて，さかのぼって第1次あっせん案を無効とし，会社側が受諾した場合でも解雇を撤回しなければ回答を受理しないことを決定した。これを受けて中労委はあっせんを打ち切った。

こうして近江絹糸争議が再燃し，8月13日，全繊同盟は近江絹糸労組の全支部へストライキを指令し，一斉ストに突入した。あわせて闘争委員会の再編を含め，闘争体制を強化し，経営者団体には近江絹糸の除名を，業界の協会には原材料割り当ての停止を，友誼労組には入荷や出荷の停止を要請しながら，大株主の銀行筋からも融資の停止を通じて会社側へ圧力をかけた[39]。

こうして再三の中労委あっせん申請となり，9月12日，労組側の勝利を決めた第3次あっせん案が提示された。全繊同盟の受諾方針を受けた近江絹糸労組は全支部の大会で受諾を決定した。9月16日，中労委会館で協定書の調印が実

現し，106日間にわたる近江絹糸争議は終結した。翌9月17日，全繊同盟の指示の下で，近江絹糸の全事業所は一斉に操業を再開した。

近江絹糸争議については数多くの争議過程の記録や研究があるが，全繊同盟が産別組合として大きく脱皮したとの評価が多い。それは間違いではないが，むしろこの争議期間の全繊同盟の行動の中でいかんなく発揮された組織能力にこそ着目すべきである。

すなわち，厳しい弾圧の下で組合結成を多発させ，争議中を通じて全国に点在する複数支部を一斉に指導し，闘争を継続する能力があった。また，近江絹糸労組の組合員に借金を負わせることなく，多額の全繊同盟組合員のカンパによって生活を保障した。さらには，資金援助のみならず原料や製品の搬出入の拒否，銀行の融資拒否，紡績協会からの除名，日経連からの除名，労働省や社会党からの圧力などを仕掛けながら，外部関係者も巻き込んでの大衆行動を実行できる組織能力を保有している。これらには，全繊同盟の特徴である大産別主義と内部統制が投影されている。

② 鐘紡労組の除名と復帰

1975年，ゼンセン同盟は，綿紡部会に加盟する10大紡の1つである鐘紡労組を，ゼンセン同盟の統制に反する行動をしたとして除名処分にした。鐘紡労組の統制違反と処分は度々重ねられてきたので，既に除名の予兆があった[40]。だが，有力組合の1つが除名されるとなると，単なるゼンセン加盟か非加盟かの問題では収まらず，各方面に大きな影響を与えた。

除名に至った理由は，1975年の賃金闘争で鐘紡労組が会社から提案された賃上げの一時延期案に合意し，ゼンセン同盟の統一闘争から離脱したことである。すなわち，会社側は「不況なので賃上げは1年待ってほしい。」という提案をしてきたが，ゼンセン同盟は絶対に認めないとの態度を決め，鐘紡労組へ提案拒否を指示した。ところが，鐘紡労組は，会社提案を認めることをゼンセン同盟へ報告し，ゼンセン同盟の再度の拒否指示にもかかわらず労使共同の記者会見の後，会社提案の受け入れを定期大会で決定した[41]。ゼンセン同盟は，鉄鋼や造船重機の妥結額に近い水準での解決を設定しており，鐘紡労組の行為が，逆にこれらの産業の妥結額を低下させることになり，民間労組の賃上げに悪影

響が広がった。このためゼンセン同盟は，1975年4月，緊急中央委員会を開催し，鐘紡労組に対する制裁について審議した。ゼンセン加盟組合側からは，多くの非難が鐘紡労組に集中し，除名賛成の表明が相次いだ[42]。鐘紡労組委員長真野正一が弁明して退場した後の無記名投票の結果，賛成多数で除名が決定した[43]。ゼンセン同盟は，あわせて「鐘紡民主化闘争委員会」を設置し，鐘紡労組の民主化を進めた上で，ゼンセン同盟の戦列への復帰を目標に掲げた[44]。統一闘争から離れがちであった鐘紡労組を除名しただけでは，離脱を容認して悪影響の種を放置したままとなる。したがって，除名して完了とするのではなく，ゼンセン同盟の統一闘争へ復帰させることこそが解決策となるからである。

以後，ゼンセン同盟と鐘紡労組との間で対話が継続されたが，1978年，ゼンセン同盟は時宜をとらえて鐘紡労組へ復帰を迫った。これに対して復帰の延期を示唆し続けてきた鐘紡労組は，復帰の前提条件として，鐘紡除名はゼンセン同盟の事実誤認に基づく決定として全面撤回を求める案を提示した。

これを受けたゼンセン同盟は，鐘紡労組との話し合いを終結し，加えて「鐘紡対策特別委員会」を設置した。すなわち，それまでの民主化対策では不十分と判断し，ゼンセン同盟の統制違反の責任を問うための積極的な対策に乗り出した。主要な対策は，第1に，ゼンセン同盟本部，部会，都道府県支部，加盟単組，事業所支部などが全面的に鐘紡労組との交流を一切停止することである。第2は，鐘紡製品に対する不買運動である[45]。

ゼンセン同盟の徹底的な対策に対して，直ちに鐘紡労組は復帰を検討した結果，鐘紡労組委員長松下陽は，ゼンセン同盟へ復帰して統一闘争を乱した非を認め，足並みを乱す行動はとらないことなどを表明し，ゼンセン同盟会長宇佐美忠信へ復帰の打診を始めた。さらに，事態を見守ってきた民社党の春日一幸があっせんを申し出て，1978年6月，ゼンセン同盟組織内議員の柄谷道一と春日一幸の立会いのもとで，宇佐美忠信と松下陽が復帰について合意し，合意書に調印した[46]。鐘紡民主化に関する委員会はすべて解散し，鐘紡製品の不買運動を終結させた。

以上の鐘紡労組民主化の経緯を一覧にすると**図表3－1**のようになる。ゼンセン同盟は，加盟組合に対して徹底した統制を求めた。統制違反に対しては，

第 3 章 「ゼンセン」の組織化戦略と流通部会の結成

●図表 3 － 1　鐘紡労組民主化の経過

日程		内　　容	備　　考
1975年	3 月 3 日	鐘紡が労組に対して賃上げ 1 年間凍結を提案	
	3 月25日	ゼンセン同盟で鐘紡労組が会社提案拒否を表明	中央闘争委員会
	4 月 4 日	鐘紡労組が会社提案を受諾方針へ転換	鐘紡労組中央委員会
	4 月 5 日	鐘紡労組が会社提案受諾方針をゼンセン同盟へ報告	
	4 月 7 日	鐘紡労使が共同記者会見で会社提案受諾を発表	
	4 月 8 日，9 日	鐘紡労組が会社提案受諾決定を承認	鐘紡労組定期大会
	4 月22日	鐘紡労組除名	緊急中央委員会
	6 月11日	第 1 回鐘紡労組民主化闘争委員会の開催	
1978年	1 月11日	ゼンセン同盟が鐘紡労組の復帰態度の表明を督促	
	2 月21日	鐘紡労組が復帰時期は不明との回答	
	2 月27日	鐘紡労組がゼンセン同盟が事実誤認との回答	
	2 月28日	鐘紡対策特別委員会の設置	中央執行委員会
	3 月27日	第 3 回鐘紡対策特別委員会の開催	
	3 月28日	ゼンセン同盟と鐘紡労組との交流断絶を決定	中央執行委員会
	5 月31日	鐘紡製品の不買をふくむ鐘紡対策を決定	中央委員会
	6 月 8 日	同盟がゼンセン同盟の鐘紡対策支持を決定	執行評議会
	6 月 8 日	鐘紡労組からゼンセン同盟へ復帰会談申し入れ	鐘紡労組委員長松下陽よりゼンセン同盟会長宇佐美忠信へ
	6 月12日	春日一幸が宇佐美忠信，松下陽と復帰あっせん会談	
	6 月13日	復帰あっせん案の合意	
	6 月14日	復帰合意書の調印	ホテルオークラで調印

（出所）『ゼンセン同盟史　第 7 巻』1978年，『同第 8 巻』1982年，労働省『資料労働運動史　昭和53年』，1982年より作成。

まずは慎重な処分を重ねながら案件によって除名に至る。また，除名して放置するのではなく，必ず民主化した上での復帰を視野にいれている。しかし，それが不調であれば，除名しただけになることを避けて，例えば不買運動などによる復帰対策を行う。このように，ゼンセン同盟は企業別組合の集合という体裁とは別に，本格的な産業全体の労使関係を見通した内部統制を求めるという意味で，日本では異例の産別組合である[47]。

③ 貯金目減り裁判闘争

　ゼンセン同盟は，1974年2月の第29回定期大会で「庶民貯金損害賠償闘争」についての緊急提案を行い，方針を決定した。その直後，第1次原告団28人が大阪地裁に対して，国を被告とする訴状を提出し，「貯金減価損害賠償請求事件」として法廷で争うとともに，重点的な大衆行動を開始した[48]。

　ゼンセンがこの訴訟に踏み切ったのは，1973年以降のいわゆる「狂乱インフレ」の責任は田中角栄内閣の失政にあり，労働者に損害を与え窮地に追い込んだとみなしたからである。すなわち，急速なインフレーションの進行により，賃上げがあっても物価上昇分で相殺される一方で，大切な将来資金として形成してきた貯金が大幅に減価し，生活が苦しくなった。この原因を経済状況に帰して労働者が犠牲を強いられるのは，産別組合として許し難く政権指導者に責任があるとした。

　具体的には，田中内閣が発足して以降，財政金融政策，不況カルテル等の市況対策，石油問題処理，土地政策と地価対策に関して，過失や怠慢があったとして，原告団と弁護団を編成し，提訴に踏み切った[49]。なお，原告団は1972年7月以前から30万円以上の郵政省所管の定期貯金および定額貯金の保有者であり，大阪府在住者で構成された。また，郵便局という政府機関への安心感，信頼感を醸成しながら貯蓄額の減価をしていることを問題視して，貯金保有者を原告とし，427万2,025円の損害賠償額を請求した。その後，集会，デモ行進，ビラまき，街頭宣伝，同盟や全郵政，民社党との支援協力，さらにはゼンセン同盟組織内議員による国会での追及などを継続し，こうした集中的な全国規模の大衆行動の過程で，各地で市議会や県議会の支援決議を得た[50]。

　この事件の公判の進行は**図表3－2**の通りである。第1審では，5回の公判

●図表3－2　貯金減価損害賠償請求事件の公判一覧

	日程	内容	備考
第1審	1974年3月16日	大阪地裁へ提訴	
	6月27日	第1回公判	
	9月5日	第2回公判	
	11月25日	第3回公判	
	1975年1月27日	第4回公判	
	5月26日	第5回公判	結審
	10月13日	大阪地裁が棄却判決	
第2審	10月13日	大阪高裁へ控訴	
	1976年2月23日	第1回公判	
	5月31日	第2回公判	
	9月13日	第3回公判	
	1977年1月17日	第4回公判	原告側相馬弁護士から反論
	4月25日	第5回公判	現代総合研究集団「経済政策ミスに関する鑑定書」提出など
	10月3日	第6回公判	国の政策ミスに関する鑑定証人喚問申請
	1978年1月23日	第7回公判	正村公宏の証人尋問決定
	3月27日	第8回公判	正村公宏の証言
	6月26日	第9回公判	正村公宏の証言
	10月2日	第10回公判	証人尋問を却下
	1978年12月18日	第11回公判	原告主張の要約陳述，結審
	1979年2月26日	大阪高裁が控訴棄却判決	
第3審	3月9日	最高裁へ上告	
	1982年7月15日	最高裁が上告棄却判決	
	7月23日	庶民貯金目減り裁判原告団，弁護団，ゼンセン同盟が終結声明	

（出所）『ゼンセン同盟史　第7巻』1978年，『同第8巻』1982年，『同第9巻』1986年より作成。

第Ⅰ部　流通産別構想の輻輳と「ゼンセン以前」

の後に結審したが，1975年10月，大阪地裁が棄却の判決を出して全面的に国の主張を認めたため，原告団は直ちに大阪高裁へ提訴した。第2審の公判は11回に及び，第1審では統治行為や損害などの法律の論争を中心に臨んだのに対して，政策の不当性や金権政治なども問題にして主張を展開した。また経済学者へのアンケート調査結果や狂乱インフレに関する研究論文を利用し，政府責任を求めるための証人喚問を試みた。あわせて1977年に政府が公定歩合を引き下げたことに対して，連動する預金金利の引き下げがさらに目減りの追い打ちをかけるとして，ゼンセン同盟は大規模な反対運動を展開した[51]。

　しかしながら，1979年2月，大阪高裁が控訴棄却の判決を出した。このため，原告団は，控訴棄却判決を不服として最高裁への上告に踏み切った。だが，1982年7月に上告も棄却されると，原告団，弁護団，ゼンセン同盟は，「訴えが退けられても政府が同じような政策の誤りを繰り返さないようインフレ抑制の監視を続ける。」との訴訟終結声明を発表した[52]。大阪地裁へ提訴してから9年目で田中首相は既に退陣し，福田，大平，鈴木，中曽根の各首相に交代してからの敗訴となったが，大衆行動を含めて社会的な注目や共感を集め，国を追い込んだ。

　こうした戦術を取り，それを支えるほどの大規模な大衆行動を継続できる産別組合は日本には他に存在せず，この事件もゼンセン運動の展開として象徴的な史実の1つに加えるべきである。

3　組織化能力

(1)　組織化への傾注と凝集

　ゼンセンに関して最優先で指摘される特徴は，突出した組織拡大の意欲と実績である。すなわち，結成以来，常に壮大な組織拡大の目標を公言し，その目標を乗り越えて，組織拡大を継続してきた。これは，大産別主義の下で常に組織拡大を計画し，必ず実現できるだけの高度な組織化能力を保有していることを示す。

　この組織化能力の土台として，何よりも組織拡大を優先するという態度がゼ

ンセンに浸透していることがあげられる$^{(53)}$。組織拡大に専心する態度は，全繊同盟の結成時に，繊維産業の大企業労働者だけを組織化する方針が否定され，中小企業労働者を含めた産別組合を選択した判断によるものであり，結成当初から一貫する大産別主義が浸透したことによる$^{(54)}$。

また，ゼンセンは，組織化能力の拠点である本部の組織部を充実させ，あわせて組織化への大規模な予算を投入してきた。1970年代からは，全国を飛び回る組織化専任の担当者をおよそ5人，それを支える内勤担当者2人，それらを統括する組織担当役員を配置する体制を完成させた$^{(55)}$。ただし，実際の組織化は，都道府県支部との緊密な連携関係により推進されている。

この「組織化優先」の伝統は，組織化に関する機会や経験の確保によって決して消失せず，むしろ強化されてきた。その背景には，ゼンセンの役職員は適材適所による配置や異動の前に必ず組織部に配属される慣行があることや，組織化対象となった地域では支部役員や近隣加盟労組の役員や組合員が動員されること，ゼンセンの研修施設「中央教育センター友愛の丘」で組織化に関する集合教育を徹底していることなどがある$^{(56)}$。すなわち，本部，都道府県支部，部会などいずれの立場でも常に組織化を考え，実際に組織化に接する機会が多い環境にある。

他方，加盟労組の幹部出身者だけでなく，組織化担当部署に所属して組織化を経験した役職員たちも含め，いわゆるプロパー採用者たちの昇進機会が大きい。実際に会長，書記長，副会長などトップ層を多く輩出している事実も，ゼンセン全体で組織化に取り組んでいることを物語っている。

(2) 組織化手法の特徴

ゼンセンの組織化戦略は，大企業のみならず中小企業の労働者も広く組織化し，その産業で大きな労働市場を占有することによって労働者の繁栄をめざすことである。もちろん，その土台には，組織化を最優先する組織風土がある。ただし，それはいわば戦略の策定であって，戦略の実行，つまり実際の組織化活動の方法や運営はいかなるものなのかを明らかにしなければ，組織化能力の中身は明らかにはならない。

一般にゼンセンの組織化の方法の最大の特徴は，経営者の納得を得ることを

中心とした徹底した経営対策をとることとされている。すなわち，労組の結成について，経営者の理解を得ることを重視し，経営者の知らないうちに当然の権利のように労組が結成されることを避ける。その背景には，ゼンセンが結成以来，労使対等で信頼と話し合いによる建設的な労使関係を築くという路線をとってきたことがある[57]。

具体的には，組織化担当者が組織化対象とする目標事業所に接近し，例えば1か月に1度というように定期的に労働者との情報交換を繰り返す。あわせて機会をとらえて経営者にも接触し，産別組合としての信頼を得て機が熟した段階で詰めていく。ゼンセンでは，早期から経営者との信頼関係が形成され労組結成について理解がある場合は公然型，後々まで場合によっては結成通知を受け取るまで経営者が労組結成について未知である場合は非公然型と呼ばれている[58]。

ただし，労使対立路線のみを信奉する立場からは，経営者が納得して労組が結成されるというこの手法が批判されることが多い。時にこうした組織化の手法が「ゼンセンは会社ぐるみで組織化する。」「経営者を組織化する。」などと揶揄される。その是非は本書の研究課題ではないので詳細に議論しないが，著者はこれらの批判は的を射ていないと考えている。要点だけを述べよう。

まず，著者が調べた組織化事例の限りでは，実際には労働者を組織化しているのであって，経営者を組織化しているのではない。労組結成後の労使関係や結成の中心人物たちの保護などを勘案し，経営者への説明を怠らないということである。その時期は労働者の組織化と同時並行か，労組結成直前である場合がほとんどであり，場合によっては結成後になる場合もある。いずれにせよ，労働者を犠牲者にしないことが優先されている。

また，ゼンセンが大量に組織化できた実績の本質をみるべきである。その中には当然に会社側と徹底的に敵対した非公然型の組織化が含まれている[59]。つまり，非公然型でも組織化できる産別組合が公然型を志向していることの意味を問うことなく，手法の是非だけを異端視することは避けるべきである。非公然型の教訓を公然型へと昇華させていることを見極める必要がある。その手法の中身をみると，非公然型よりも公然型の方がはるかに高度で耐久力のいる難事であり，深慮の果ての手法である[60]。

(3) 集団組織化の完成

　さらに検討すべき点がある。こうした手法はどのような経緯でゼンセンのノウハウとなったのかということである。ゼンセンといえども，結成時から組織化能力が高いとは考えられないし，当時の労働環境からみれば，組織拡大に邁進する以前には数知れないほどの争議対策に手をとられていたはずである。ということは，ゼンセンの組織化の手法はある時期までは流動的であり，言い換えれば未完成であったと考えられる。労使対等路線だけで組織化手法を説明することは不十分であり，組織化能力を高めて，後に継続されるように一気に軌道に乗せた画期的な組織化手法に到達したと考えるのが妥当である。

　本章は，この点について，ほぼ大手企業の労働者の組織化を完了していた段階で，そこから一層の組織化実績を上げた事実に着目したい。というのは，中小企業の経営者と労働者の間には特有の親密な人間関係があり，加えて，経営者の労組忌避意識が強いため，組織化は困難を極めるからである。それにも関わらず，中小労組の組織化の実績を積み上げてきた。このため，非常に困難であるはずの組織化に成功するだけの能力や経験を保有することこそが，ゼンセンの財産であると考えられる。

　そこに踏み込んでみると，全繊同盟時代の組織化担当者（オルガナイザー，オルグ，オルグマン）が編み出した「集団組織化」と呼ばれる手法が組織拡大に大きく貢献した事実が浮上する[61]。この集団組織化は1970年代以降のゼンセンの高度な組織化能力を発揮するための基礎となった[62]。

　集団組織化とは，一言でいえば，地域ぐるみの組織化であり，特定の繊維業種の企業が密集する産地を対象として展開される。1950年代の静岡県の浜松，愛知県の蒲郡，知多，西尾，愛北，尾北などの地区をその発祥とし，以後，奈良，大阪，兵庫，岡山，広島，香川といった全国有数の繊維の産地で次々に組織化が進んだ[63]。

　ただし，集団組織化を単なる産地を単位とした組織化ととらえるだけでは不十分であり，個別の企業を結節する組織化のセンター・ポイントを利用して組織化する点が強調されるべきである。こうした中心点は，既存の業種団体や協同組合の場合もあれば，新たにそれらの編成を促す場合もある。中小企業の経

営者が感知しないように労組の結成を進めるのではなく，労働者の労組結成への支持を集めながらも，むしろ中心点に集めた経営者に労組への認識を深めさせるよう働きかける，いわば「ガラス張り」の組織化である[64]。そこには，困難を極める中小企業での労組結成において，労働者や経営者の無理解や抵抗を克服し，結成後には経営者から労働者が報復されることなく，主従関係から労使関係へ移行させることを最も優先するための工夫がみられる[65]。この集団組織化により，ゼンセンの中小企業労働者の組織化は急速に進んだ[66]。

また，特定の集団組織化の成功例は，他の集団組織化の成功も誘発した。この結果，中小労組であっても経営者団体との中央交渉に持ち込むことができた。例えば，1954年には，全国で25産地の約25,000人の綿スフ織物の中央集団交渉が全繊同盟と綿工連（綿織物工業組合連合会）との間で実現した[67]。

この集団組織化による組織拡大の成功経験をゼンセンの組織化能力の財産ととらえる立場からは，次の3点の有効性が指摘できる。すなわち集団組織化は，一時期の華々しい組織化業績というわけではなく，後々の組織化能力の一層の向上にとって有効な効果をもたらした。

第1に，組織の活性化をもたらすだけの経験ノウハウが蓄積された。組織化を進める際の本部と都道府県支部との連携が不可欠となるだけでなく，労組結成後も世話役活動や賃上げ闘争で連携することで，組織化しらずの労組に陥らない。また，ゼンセン内部で組織化担当者の育成が継続され，競い合いながら常に組織拡大を続けることになる。その慣行が埋め込まれることで，常時組織化すべき労働者を求めることになり，それが大産別主義の根底で厚みを増す。

第2に，集団組織化で得た組織化の「必勝パターン」は，全繊同盟が結成以来追求した労使対等の理念に近づく活動となる。組織化のノウハウが昇華され，ますます有効性を磨くことで，一時的な駆け込み寺のような労組結成とは対極の，健全で長期安定的な労使関係の形成にとって不可欠な労組結成として自信を深める。他方，こうした組織化により，経営者の労組忌避意識を逸らしたり，和らげる効果を抽出したと思われる。経営者と対抗することを組織化の段階で前面に出すのではなく，経営側の利点を伝えながら，理解させることに比重をかけている。当然のことながら，労組を危険なもの，経営を阻害するもの，と即断する経営者の組合観は，先入観や無理解からくる観念であることが多い。

組織化の担当者は，実質的に組織化を経営者の無知や未知への対処ととらえるようになった。

　第3は，この集団組織化の成功経験がチェーンストア労働者の組織化に応用されている点である。複数の企業をつなぐ接点をつくり組織化の中心点とする集団組織化は，複数の店舗を束ねる本部機能をもつチェーンストアでは，本部中枢，時には経営者をも組織化の中心点とした手法をとることが可能であるためである。しかし，急いで付け加えれば，この手法は，組織化の多様性に応じてその時期も方法も異なり，その対応能力こそが高い組織化能力の内実の1つであると思われる。おそらくは，この対応能力の多寡やそれを保有する組織化担当者の数が，ゼンセンの組織化能力を大きく左右すると推察される。

　こうして，ゼンセンは，集団組織化で培った手法によって組織拡大の開拓先であるチェーンストア労働者に照準を合わせることになった。

4　組織化対象の拡大

　ゼンセンが，チェーンストアの組織化に乗り出したことは，組織化の対象が転換した面と，拡大した面がある。組織化対象の転換については，チェーンストアが衣料を商品として扱うことを取り上げ，繊維産業の川上から川下へ手を広げたと説明されることが多い。すなわち，組織化の対象とされてきた繊維製造業が衰退に転じたことへの，いわば「垂直統合」による対応策である。同時に，化学繊維を繊維ではなく化学商品ととらえて，化学産業へ乗り出す意図がみられたのは，いわば組織化対象の「多角化」をねらうものであった[68]。

　こうした説明は間違いではないが，組織化対象の拡大を説明するには不十分である。ゼンセンが組織化対象を拡大した理由を特定することが必要であり，そのためには，全繊同盟の大産別主義と内部統制の歴史上に，チェーンストアの組織化を位置づけなければならない。

　その前提条件として，同盟と総評の2強ナショナルセンターの対立構造がある。もちろん，全繊同盟は同盟の主要産別組合であり，こうした対立上，全繊同盟は繊維産業の衰退とともに，沈むわけにはいかなかったのである。しかし，そのためには着実な労働組合としての組織能力の向上がなければならない。そ

第Ⅰ部　流通産別構想の輻輳と「ゼンセン以前」

の組織能力の向上を目指して，都道府県支部の整備や中央集権的な本部機能の強化を進めてきた。あたかもそれらを試すかのような結果になり，躍進につながった近江絹糸人権争議をはじめとする数々の争議や政治活動を経て，ますます組織能力が高まってきた。

　そこへ本部と都道府県支部の連携を通じた集団組織化の成功が重なった。つまり，組織化対象が繊維産業の衰退で縮小したのに対して，組織化能力は確実に増強された。全繊同盟が結成以来追求してきた大産別主義と内部統制が整い，仕上がったのである。極言すれば，川上から川下への組織化というスローガンはいわば後付けであり，組織衰退の危機がなくとも，組織拡大に打って出たと考えられる。

　こう考えると，チェーンストアという新たな組織化対象を開拓したのは，「左右の労使関係」の中で，例えば，かつての石炭産業の労組の衰退ぶりの教訓を他山の石としながら，全繊同盟の組織能力の仕上がりを試す局面であったと考えられる。チェーンストアの組織化に成功し，ゼンセンの組織能力の完成度が確認されれば，以後，他の産別組合との競合があっても，いかなる産業の組織化にも着手でき，同盟として労働者を救済するだけでなく，日本の労働組合を主導するという目標に近づくことができる。しかし，失敗すれば，ゼンセンは危機的となり，沈下していく。チェーンストア組織化以後のゼンセンの歴史をみるかぎり，この局面を成功裡に通過した。ただし，水面下ではそれを達成した組織内部の大きな葛藤や組織化担当者の並々ならぬ苦労があったものと思われる。

　さらに，組織化の対象となったチェーンストア業界にも，「左右の労使関係」がそのまま持ち込まれた。例えば，チェーンストア業界の有力なコンサルタントの1人である奥住正道は，1971年当時の総評全国一般のチェーンストア労働者の組織化を大きく問題視している。すなわち，総評全国一般が指導した多くの争議では，労働者が不安定となり，しかも途中で支援が放棄されるため，労働者に対する利点は皆無だと断言している[69]。

　つまり，全繊同盟がチェーンストア労働者の組織化に乗り出した時期には，荒廃した労組を避けたいという業界のニーズがあったと考えられる。その点は，チェーンストア業界屈指のコンサルタントで，有力チェーンストアが集合する

「ペガサスクラブ」を率いる渥美俊一のセミナー運営においてもうかがい知れる。

例えば，1969年2月，ペガサスクラブは，労組対策に関する研修を始めた。ただし，そのセミナーの狙いは，労組を作らせないようにする方策の伝授ではなく，むしろ作らせることにあった。具体的には，ペガサスクラブのセミナーへ総評と同盟から同時に講師を呼び，競わせるように講義をさせた[70]。こうした業界内で高まる正常な労使関係に対する期待や，それを意図した活動は，ますますゼンセンによる組織化を加速させる一因となった。さらにいえば，ゼンセンこそが組織化を進めるべきという判断につながり，総評全国一般のみならず，商業労連，そして一般同盟や全化同盟などとの競合もやむなし，とされたのである。

このうち，商業労連に関しては，結成時に商業労連が同盟入りしなかった事実を重くとらえて，全繊同盟が本格的にチェーンストア産業の労働者を組織化することを決断した。また一般同盟や全化同盟に加盟していたチェーンストア労組では，全繊同盟の働きかけによって全繊同盟への移籍が相次いだ。こうした経緯も，ゼンセンの旺盛な組織化意欲と能力がチェーンストア労働者の組織化へ向かわせたことを示している[71]。

そうであれば，ゼンセンのチェーンストア労働者の組織化は，組織化対象の変更というだけでは不十分である。結成以後一貫して追求してきた中小企業労働者を含めた組織化，大きな一般組合を目指すという大産別主義と内部統制を支える組織化戦略が一気に表面化したといった方が現実的であろう。こうして「分断の労使関係」の幕が上がった。

5　流通部会の結成

全繊同盟は大産別主義と内部統制の強化の過程で，成長性の高いチェーンストア産業に目をつけ組織化に乗り出した。それは，繊維産業の産別組合からの脱却という意味で，大きな転換点である。結成30周年記念大会で，全繊同盟からゼンセン同盟へ名称変更したのも，この転換を端的に物語っている。ただし，それは単なる組織化対象の転換ではなく，縮小し始めた組織化対象と急速に向

上した組織能力との距離を埋めながら，日本の労働運動をリードできるだけの大産別組合になれるのかどうかを賭けた大きな転換点であった。

全繊同盟は，1969年10月，第２回中央委員会において「全繊同盟流通部会準備会」の設置案を満場一致で決定した[72]。その後，早々に流通部会の準備へ着手した。流通部会準備会の開催状況は，**図表３－３**の通りであり，４回の会議によって流通部会の創立に関する部会方針の検討を重ねた[73]。

このうち，細部の決定に至った第３回準備会では，流通産業の組織化状況と以後の動向について議論された後に，創立中央委員会に提出する議案として，部会規約案，活動計画案，部会創立宣言文案，予算案が検討された。また，創立中央委員会の運営に関して，司会，議長団，代議員，書記，受付，などの割り当てや，委員会進行プログラム，組織外組合や業界関係者，マスコミ関係者など招待者，創立記念レセプションの運営などが検討された[74]。

この流通部会準備会を経て，1970年２月，全繊同盟流通部会創立中央委員会が，第25回定期大会の前日に開催され，**図表３－４**の通りの「流通部会創立宣言」によって全繊同盟流通部会（部会長坪西辰也，書記長竹山京次，５労組，組合員数約１万2,000人）が誕生した。加盟労組は長崎屋労組（委員長川野正男，48支部，3,200人），全ジャスコ労組（委員長藤田友彦，５支部78分会，4,400人），ニチイ労組（委員長勝島喜一郎，８支部70分会，3,500人），赤札堂労組（委員

●図表３－３　全繊同盟の流通部会設置準備会の開催

会議	日時		場所	主な議題
第１回	1969年	11月10日	本部	流通部会結成決定の了承，部会活動方針と運営，予算
第２回	1970年	１月10日	大阪府支部	流通部会創立中央委員会の開催準備，賃上げ方針，組織拡大
第３回（小委員会）	〃	１月24日，25日	熱海	流通部会の細部方針
第４回	〃	２月９日	大阪府支部	最終方針決定，創立中央委員会の開催準備

（出所）　全繊同盟『第25回定期大会報告書　④組織の拡大と強化について』1970年より作成。

第3章 「ゼンセン」の組織化戦略と流通部会の結成

●図表３－４　全繊同盟流通部会創立宣言

> 　われわれは，本日ここに，全繊同盟に加盟する流通部門労働組合を結集して，全繊同盟流通部会を創立した。激動と変革の1970年代といわれるその幕開け黎明において，全繊同盟に流通部会の発足をみたことは，まことに意義深いものがある。
> 　明年度以降には，巨大な外国資本の本格的な進出を迎え，わが国流通業界は，ますます戦国時代の様相を深めつつある。このときにあたり，われわれ流通部門に従事する労働者は，企業レベルをはなれ産業レベルに結集して，業界の秩序ある安定した発展にとりくみ，生活諸条件の向上をはからなければならない。
> 　流通部会結成の意義は，まさにここにある。
> 　われわれは，本創立中央委員会において，流通部会として進むべき４つの基本目標と，この目標にそってとりくむべきいくつかの諸活動を決定した。この活動が，実りある成果として加盟各組合員に，かつまた業界の繁栄に結実するか否かは，われわれ１人ひとりの強い団結の精神と，その行動・実践力にかかっている。
> 　いまこそわれわれは，全繊同盟の旗のもと，55万同志と腕を組み，肩をならべ，70年代の激しく揺れ動く困難な諸情勢に向かって，大胆にして慎重，かつ創意とえい知を結集し，高度成長下の経済・社会に即応した組織活動と流通政策をかかげて，勇猛果敢に挑戦していこう。
> 　さらにまた，われわれ全繊同盟流通部会は，流通業界の中心勢力として，流通近代化のための歴史的役割を呼びかけ，これを支援し，もって流通部会への大同団結をはかっていこう。

（出所）　全繊同盟流通部会『創立中央委員会議案書』1970年，pp.23-24。

長近藤勝，10支部，1,000人），ハトヤ労組（委員長水城昭正，310人）であった[75]。

　流通部会役員の一覧は，**図表３－５**の通りである。流通部会の役員と兼任する全繊同盟の役員としては，川野正男が流通部会担当中央執行委員，勝島喜一郎が全国執行委員に選出された[76]。なお，第２代部会長は下田喜造であり，初代部会長の坪西辰也と合わせて流通部会結成後８年間はゼンセンの本部から部会長が就任することになったが，以後はすべて部会加盟労組委員長から部会長が選出されている。

　全繊同盟はこれを受けて，翌日の第25回定期大会において，1970年代の労働運動の再編に備え，産別組合として十分な機能を発揮していくための一環として，流通部会の設置を正式に承認決定した[77]。なお，この定期大会に報告さ

●図表3－5　全繊同盟流通部会創立時の役員一覧

部会長	坪西辰也	全繊同盟本部
副部会長	川野正男 勝島喜一郎	長崎屋労組 ニチイ労組
書記長	竹山京次	本部
執行委員	藤田友彦 谷口　洋 近藤　勝 上野陽仁 水城昭正 木賀完二 降矢昌幸	全ジャスコ労組 全ジャスコ労組 赤札堂労組 赤札堂労組 ハトヤ労組 長崎屋労組 ニチイ労組

（出所）『全繊新聞』1970年3月2日付。

れた1年間の組織拡大結果は，新規加盟103組合，同3支部で約2万7,500人の組合員であり，全繊同盟史上最高の組織拡大となった。その大きな理由は，チェーンストア労働者へ傾斜した組織化活動を実施したためであると分析されている[78]。

　流通部会は，結成からさっそく加盟5組合で統一賃上げ闘争，一時金闘争，労働時間短縮闘争に入り，全繊運動が初めてチェーンストアへ及んだ。流通部会結成後1970年中には早くもイトーヨーカ堂労組，尾張屋労組などが結成され全繊同盟への加盟を実現した。また，チェーンストア労働者の組織化と並行して，大阪地区を中心に小泉労組，全イトキン労組など繊維商社の労働者の組織化にも成功し，労組の結成と加入が相次いだ[79]。それにともない，繊維組合員数の縮小が進行する中で，全繊同盟の組織化の強化と拡大構想は，「60万全繊」「70万全繊」「80万全繊」というように毎年大きくなっていった[80]。

　さらに，チェーンストア労組の全繊同盟への加盟は，繊維企業の工場が撤退した後に，活動主体が手薄であった東京都支部を大きく立て直すものであった[81]。この東京都支部が典型といえるが，全国で続々とチェーンストア労組が加盟し，繊維労組中心だった支部構成の変化を通じて活性化を促した。

6　同盟流通の創設と解散

　全繊同盟のチェーンストア労働者の組織化への参入が本格化したことで，同盟憲章との矛盾を問いただす一般同盟加盟チェーン労組を中心とする勢力が同盟会長滝田実に対する抗議を行った結果，1970年に同盟流通（全日本労働総同盟流通労働組合共闘会議）が誕生した[82]。すなわち，同盟系に限られるとはいえ産別組合化を優先させ，より大きな労組活動の第一歩を踏み出した。一方で同盟流通の発足は，全国チェーン労協の体質強化を後退させ，無差別中立労組に対して大きな打撃を与えた[83]。

　全繊同盟流通部会は，同盟流通でも終始イニシアティブをとっていた。第1に，同盟流通の初代議長は坪西辰也，第2代議長も下田喜造というように，全繊同盟の本部役員である流通部会の会長が就任した。同盟流通役員には，同盟本部，一般同盟，全化同盟などとそれらの加盟労組の役員も入っていたものの，要職の就任や人数面からみて全繊同盟の勢力が強い組織体であった。同時に，チェーンストア労組による自主的な産別組合の結成の可能性はほとんど消えていた。

　第2に，同盟系だけで産別組合化を急ぐという名目により，チェーンストア労組主体の活動基盤であった全国チェーン労協との絶交を決定し，元来の流通産別構想にとって痛手となる意思決定を実行に移した。だが，その半面で同盟系労組と無所属中立労組で活動の実態に大きな隔たりがあることが鮮明になった。

　第3に，ただし，同盟流通は当初から賃上げ交渉を重視する姿勢が明確であり，そのための共同歩調の枠組みは正常に形成されていた。例えば，初任給，最低保障賃金，中間ポイント賃金，共通の要求水準設定など同盟流の仔細な要求方法がチェーンストア産業へ持ち込まれた。この点はチェーンストア業界の労使関係形成への大きな貢献として評価されるべきである。

　以上のように同盟流通が限定された時期に，しかも非効率な点もあるとはいえ，擬似的な流通産別組合の機能を果たしたことは特筆されるべき史実である。ただし，他方では，既存産別の出先組織の域を出ないとみなされる場面も認め

られる。運営の実態面では情報系統の重複や、全国チェーン労協をはじめ外部交流に対する態度の差異、欠席多数状況の発生などの足並みの乱れが解体の原因となりかねない兆候が散見された。既存産別組合の形式的集合による危うい共存体制といった現実があったと推測される。

果たして、1973年4月、結成後3年を待たずに同盟流通は全繊同盟の解散動議によって崩壊した[84]。このため、本来の一般同盟による流通産別構想は消滅し、既存産別によるチェーンストア組織化の軌道が出現した。とりわけ同盟流通の解消を主張し、終止符を打った全繊同盟は、公然と一層の組織化に集中し始め、いわゆる「ゼンセン以外」の労組を大きく動揺させた。本腰を入れた全繊同盟の組織化やそれに伴う移籍加入が相次ぎ、流通部会は急拡大し始めた。

7　流通部会の活動と成果

(1)　賃金、一時金に関する活動

1970年代の流通部会の初期の活動とその成果については、流通部会加盟の主要なチェーンストア労組の結成や初期活動の事例を分析する次章以下においても検討することになるが、あらかじめ概要を示しておく。まず、賃金と一時金に関する活動から始めよう。

流通部会が結成された1970年度の賃上げでは、流通部会加盟労組は同盟の17％賃上げ方針を受け、それを最低基礎額にしてプラスアルファを付加する方針により、3月10日要求書を提出し、3月31日解決を目標として交渉に臨んだ。加盟5組合の平均妥結額は、8,853円で26.2％の賃上げ率であった[85]。

個別にみると、長崎屋労組の要求額、妥結額、賃上げ率は、順に9,664円、9,388円、28.3％であり、同様に全ジャスコ労組が10,000円、9,037円、26.7％、ハトヤ労組が7,800円、7,107円、21.2％、赤札堂労組が9,000円、8,725円、24.8％、ニチイ労組が12,000円、10,008円、29.8％であった。5組合とも3割増という強気の要求の結果、世間相場を大きく上回る賃上げとなった[86]。

以後、1980年度までの流通部会の加盟労組の賃上げ状況は**図表3－6**の通りであり、強気の要求が続いた。だが、石油危機による狂乱物価に対する賃上げ

●図表3－6　流通部会加盟労組の賃上げの状況

年度	対象小売労組数	小売労組要求平均		流通部会小売労組妥結平均		世間相場妥結	
		賃上げ額(円)	賃上げ率(%)	賃上げ額(円)	賃上げ率(%)	賃上げ額(円)	賃上げ率(%)
1970	5	—	—	8,853	26.2	9,166	18.5
1971	7	11,176	26.3	10,590	24.8	9,727	16.9
1972	10	11,650	23.5	10,140	21.7	10,138	15.3
1973	9	14,424	24.5	14,293	24.3	15,159	20.1
1974	24	26,900	40.4	22,105	33.2	28,981	32.9
1975	25	23,995	27.6	16,084	18.5	15,279	13.1
1976	36	15,675	16.6	11,209	11.9	11,596	8.8
1977	44	15,750	15.4	11,270	11.0	12,536	8.8
1978	53	13,820	12.4	8,002	7.2	9,218	5.9
1979	60	9,863	8.5	7,801	6.7	9,959	6.0
1980	75	10,493	8.5	9,355	7.6	12,023	6.8

（出所）　ゼンセン同盟『流通部会10年史』1981年。

での生活防衛に集中して4割増を要求し3割増を獲得した1974年度をピークに，成長率の低下と物価鎮静によって賃上げ率は低下し，1978年度からは一桁の賃上げ率となった。他方，この間に流通部会加盟労組が増え，中小規模の労組も増えたが，1970年代を通じて常に世間相場を上回る賃上げ率を維持した[87]。

　また，一時金については，労使の意識の隔たりを除去することから着手された。小売業界の経営者は，一時金とは賞与であり，労働者への慈恵的な支給や功績への褒賞と考えがちであった。このため，そうした主従関係の要素を退けて近代的な労使関係の形成を目指す必要がある。流通部会では，まず賞与ではなく一時金や臨時給与と位置づけ，賃金の一部であるとの考え方を強調し，賃上げと絡ませることなく一時金を獲得することを基本姿勢とした[88]。

　こうして開始された1970年度の一時金交渉では，年間5か月以上の獲得が目標とされた。その結果，長崎屋労組では年間5.6か月，ニチイ労組は5.3か月，ハトヤ労組は5.2か月，赤札堂労組と全ジャスコ労組は4.5か月以上の獲得を実現した[89]。

以後，1980年度までの一時金獲得状況は図表３－７の通りである。賃上げ結果の場合と同様に，1974年度が一時金交渉結果のピークとなっている。1970年代を通じて，年間５か月に届かない労組を抱えながらも５か月以上要求の基本姿勢を変えずに，先進的な加盟労組の5.5月以上の実態も戦術に使いながら，一時金の増額に取り組んだ[90]。

●図表３－７　流通部会加盟労組の一時金獲得の状況

年度	対象小売労組数計	5.5か月以上	5か月以上	4.5か月以上	4か月以上	4か月未満
1970	5	1	2	2	0	0
1971	8	0	4	2	2	0
1972	8	0	4	2	2	2
1973	16	1	12	3	0	0
1974	11	4	6	1	0	0
1975	32	2	21	6	2	1
1976	31	0	20	3	6	2
1977	31	1	19	5	3	3
1978	33	1	17	8	3	4
1979	29	0	17	8	3	1
1980	34	2	21	3	2	3

（出所）　ゼンセン同盟『流通部会10年史』1981年。

(2) 労働時間に関する活動

　チェーンストア業界では，急成長に伴い新規出店が増える過程で労働者に長時間労働を強いており，既に大きな課題となっていた。そこで，流通部会は1970年２月の創立中央委員会において，一部の産業から広がりつつあった週休２日制の推進と早期実現について確認していた。当時は夜間の購買へ移行する消費者意識が強まり始め，これに対応した営業時間の延長傾向がみられたため，労働者を悩ませていた長時間労働の問題をさらに悪化させる危険性があった[91]。このため，「流通部会経営対策委員会」とその下部組織として「労働時間短縮小委員会」を設置し，また週休２日制実現のための実施計画について議論し，1972年度中に流通部会の統一基準を出すという方針を決定した[92]。

これを受けて，流通部会は7回の中央執行委員会を経て，1971年3月までに隔週2日制を実施し，1972年4月から週休2日制による週40時間へ所定内労働時間を短縮する方針を出した。あわせて各企業の実情に応じて，企業単位で労使協議の下部に時短の研究機関を設置し，時短実現の前提条件と段階的な実施計画を検討することにした[93]。

　以後，流通部会は，1972年3月の週休2日制推進のための基本方針を決定し，1975年9月には年間総所定労働時間1,968時間実現方針を決定して取り組みを重ねた。また，チェーンストア業界の時短は営業時間に大きく規定されるため，活動の軸足を営業時間対策に置き，休日数の確保を織り込んだ営業時間の短縮を目指すことになった[94]。

　このうち年始の正月3日間の休日の獲得は難航し，1970年代を通して積極的に取り組み，1980年代に入ってもなお流通部会の重要課題でありつづけた。通常，正月3日間は定休とするのが一般的であったが，東北地方などを中心に年を越して新年になった直後に初売りを始める「初商」と呼ばれる慣習があり，そこから徐々に正月営業が広がる動きがあった。

　だが，チェーンストア労働者にとっては，正月営業は時短の阻害要因に他ならない。しかも，この初商問題の影響は業界内に留まらず，卸売企業，運送企業などの労働条件にも及ぶことになる。

　これを重くみた流通部会は，各社の正月営業を後退させることを狙った。しかし，当初こそ若干の成果があったが，徐々に正月営業が進展し始めた[95]。このため，2日営業，3日営業など地方や店舗によって正月営業に踏み切る店舗では，正月勤務手当を獲得し，厚くする戦術を併用した。

　1977年に流通部会が決定したチェーンストア営業休日と営業時間についての当面の方針は，閉店時間19：00まで，年間営業休日27日以上，正月三が日は休日，の三原則が確認されている。また正月手当については1日5,000円支給とされた[96]。

　それを受けた1978年と1979年の正月営業の状況は，**図表3－8**の通りである。例えば，一部の店舗で正月営業を行うが手当のある長崎屋労組，全ジャスコ労組，ニチイ労組，三が日を休日として4日営業に手当のある全ダイエー労組，正月手当がないイトーヨーカドー労組やヨークベニマル労組，新たに正月手当

第Ⅰ部 流通産別構想の輻輳と「ゼンセン以前」

● 図表 3 - 8　1978年と1979年における主要労組の正月営業の状況

労組	1978年 1月2日 営業店舗数	1978年 1月2日 正月勤務手当	1978年 1月3日 営業店舗数	1978年 1月3日 正月勤務手当	1978年 1月4日 営業店舗数	1978年 1月4日 正月勤務手当	1979年 1月2日 営業店舗数	1979年 1月2日 正月勤務手当	1979年 1月3日 営業店舗数	1979年 1月3日 正月勤務手当	1979年 1月4日 営業店舗数	1979年 1月4日 正月勤務手当
長崎屋労組	12	8,500円	16	6,000円	全店	なし	15	8,500円	14	6,000円	全店	なし
全ジャスコ労組	11	7,000円	20	6,000円	全店	なし	13	7,000円	17	6,000円	全店	なし
ニチイ労組	3	10,000円	4	10,000円	12	なし	4	10,000円	2	10,000円	全店	なし
赤札堂労組	0	－	0	－	12	なし	0	－	0	－	13	なし
イトーヨーカドー労組	11	なし	全店	なし	全店	なし	17	なし	全店	なし	全店	なし
全忠実屋労組	0	－	0	－	12	10,000円	0	－	0	－	全店	なし
全ダイエー労組	0	－	0	－	全店	なし	0	－	0	－	全店	5,000円
全エンドー労組	12	3,500円	17	500円	全店	なし	13	3,500円	18	500円	全店	なし
ヨークベニマル労組	24	なし	2	なし	全店	なし	26	なし	3	なし	全店	なし
マルエツ労組	0	－	0	－	0	－	0	－	0	－	0	－
ヤオハン労組	全店	なし	全店	なし	全店	なし	全店	3,000円	全店	3,000円	全店	なし
平和堂労組	0	－	0	－	全店	なし	0	－	10	3,000円	全店	なし
全いずみ労組	0	－	全店	3,000円	全店	なし	0	－	全店	2,000円	全店	なし
寿屋労組	0	－	全店	4,000円	全店	なし	0	－	全店	5,000円	全店	なし

(出所) ゼンセン同盟『流通部会10年史』1981年より作成。

を獲得したヤオハン労組，3日営業の手当が増えた寿屋労組と減った全いづみ労組など各様である。正月営業を行う店舗数の増減と正月勤務手当の獲得や増額の進展をみる限り，少なくとも1970年代の初商問題の攻防は一進一退であったことがわかる。だが，1980年に入ると正月営業の普及と拡大がさらに進み，流通部会の活動をもって全面的に抗うことはさらに難しくなった。

(3) 「大店法」対策

　1970年代の流通部会の活動として，最後に「大規模小売店舗法」（「大店法」）の制定に関する取り組みを取り上げる。発端は，戦後一度は廃止されたものの，1956年に再び制定された第2次「百貨店法」の改正の動きが活発になったことによる。第2次「百貨店法」には，戦後の復興過程で復活した百貨店の営業を規制し，中小小売商を保護するねらいがあった。すなわち，百貨店営業に特有な値引きや返品，派遣店員の規制が図られたが百貨店の拡大は止まらず，さらに百貨店の営業を規制する必要性が高まった。だが，チェーンストアが出現して着実な成長を始めると，中小小売商を脅かす業態として認識され，規制の矛先はチェーンストアへも向けられた。

　この規制の動きは，国民の生活を豊かにすることを使命と考えるチェーンストアにとっては，その成長を妨害されるだけでなく，労働者の労働条件の低下につながる恐れが出てくる。このため，1972年に流通部会は「百貨店法」の改正に賛成の立場を表明する一方で，その改正内容について陳情活動を開始した[97]。

　1973年，「百貨店法」に代わる「大店法」が成立すると，その実施に際して，百貨店の派遣店員の利用の廃止が実現するよう公正取引委員会へ要請した[98]。百貨店が自社で雇用していない労働者を店舗で販売に従事させる商慣行が残されているのは，チェーンストアが推進する流通近代化にも，公正な企業競争にも反するし，また他ならぬ派遣店員の労働条件にも関わるからである。

　これに加えて，いよいよ1974年に「大店法」が施行されると，流通部会は，閉店時間と休日数についてゼンセンの組織能力を背景とした産業政策活動に入った。すなわち，既に流通部会加盟労組の店舗の閉店時間の繰り上げを実施し，1974年4月には20：00閉店の店舗を皆無にした成果がある。この取り組み

第Ⅰ部　流通産別構想の輻輳と「ゼンセン以前」

を根拠に19：00閉店，月間休日2日のラインを要求し，それ以上の規制によって営業時間の短縮を求めるとすれば減収減益と労働条件の低下をきたすという危惧を表明し，陳情を重ねた(99)。その結果，閉店時間19：00，年間休日30日の最終案が出され，この調整目安が正式決定になった。

しかし1976年には，さらに中小小売商や商店街の利益擁護に偏る可能性が高い商調協（商業活動調整協議会）による出店規制を含む「大店法」への改正計画が明らかになった。同時に，「大店法」適用外の規模の店舗の出店についても条例などで規制される事例がみられるなど，一気に規制強化に向かう情勢になった。このため流通部会は，流通近代化に沿わない行き過ぎた規制とみなして猛然と反対し，長崎屋労組，全ジャスコ労組，イトーヨーカドー労組など加盟労組組合員を動員した東京の中央集会とともに，全国での集会とデモ行進を展開した。具体的には，東京（中央集会，日比谷野外音楽堂，1万人），大阪（中央集会，中之島剣先公園，7,000人），札幌（大通公園，800人），仙台（野外音楽堂，700人），名古屋（久屋広場，2,000人），金沢（中央公園横，500人），広島（労働会館，550人），福岡（警固公園，1,500人）で計約2万3,000人が参加した(100)。

だが，1978年10月，改正「大店法」は成立し，1979年5月から施行された。主な改正点は，規制が適用される大規模小売店舗の対象面積が1,500m^{2}から500m^{2}へ引き下げられ，1,500m^{2}以上を第1種大規模小売店舗として通産大臣管轄，また500m^{2}以上1,500m^{2}未満を第2種大型小売店舗として都道府県知事管轄としたことである。

こうした「大店法」の改正時期を通して，流通部会が取り組んだのがダイエー熊本出店拒否問題であった。1975年7月，熊本市への出店計画を表明したダイエーに対して，地元の商調協が出店拒否と回答した。この当時，全国各地でチェーンストアの出店をめぐる地元との摩擦が大きくなりつつあり，いわゆる「熊本方式」が波及する恐れがあった。流通部会は，この動きに対して消費者の利益を優先し，「地元エゴ」に対抗することを目的に出店規制の反対運動を展開してきたのであった。ゼンセン同盟は，「大店法等改悪反対対策委員会」を設置し対策を開始した(101)。

ところが，地元商調協は，1977年10月にダイエーが面積縮小による再度の申

請で譲歩しても再び拒否回答をしたため，一気に反対運動が激しくなった[102]。そこで流通部会は，大店法等改悪反対対策委員会の下部に「熊本ダイエー対策小委員会」を設置して，消費者団体と共同で出店拒否反対運動を開始し，ビラまき，通産省申し入れ，集会などを重ね，あわせて民社党衆参両院商工委員の現地視察調査を促し，国会質問を通じて通産省審議会での審議に持ち込むよう働きかけた[103]。

こうして，1978年12月，通産省審議会での審議を経て，申請内容の50％強の制限を含む通産大臣答申を経て，通産大臣勧告が受け入れられたため，熊本ダイエー対策小委員会は1979年1月に解散した[104]。しかし，1980年代に入ってからは，大規模小売店舗への規制問題が再燃し，流通部会の取り組みも再始動することになる。

8 おわりに

本章では，チェーンストア組織化に参入し，流通部会を創設したゼンセンに焦点を合わせ，その特質と組織化戦略を明らかにし，流通部会を創設するまでの経緯と初期活動について検討した。ゼンセンは，結成当初から大産別主義を堅持し，強力な内部統制を求めながら「力と政策」の理念に基づくゼンセン運動を進めてきた。その組織化戦略は，大企業だけでなく中小企業の労働者も視野に収め，繊維産業で大きな成果をあげていた。

一見すると，繊維産業の労働者を組織化してきた産別組合が突然にチェーンストア労働者の組織化に転換したかのようにみえる。またそう語られてきた。だが，全繊同盟の結成から追跡し，その特質を考察してみれば，「力と政策」でゼンセン運動を推進する組織体としてチェーンストア労働者の組織化が必然であったことが示唆される。後に，専門店や飲食店，さらには，もっと幅広い衣食住に関する産業の労働者に組織化対象を広げ，同時に既存労組の加盟をねらって他産別との合同を繰り返したことも，その必然性を物語っている。

すなわち，ゼンセンは1950年代および1960年代を通じて，「左右の労使関係」の中で大産別主義を強固にすると同時に内部統制を仕上げるに至り，集団組織化の完成をもって組織化対象の拡大を求めるようになった。そうした産別組合

第Ⅰ部　流通産別構想の輻輳と「ゼンセン以前」

の特質を下敷きにした独自の合理性に基づき，1970年代を通してだけでなく，1980年代以降も大産別主義の下での高度に統制が及ばない労働組合運動に対する焦燥感を表明するかのように，チェーンストア労働者の組織化を連綿と続けた。また，ゼンセンが求める統制に応じる力量のある労組とそうでない労組という区別ができたことが，組織化の競合や産別組合への上部加盟の判断の分岐に影響し，流通産別構想の再興を抑える原因となった。つまり，「分断の労使関係」の継続が決定的となった。

しかし，現況では，チェーンストア労組三極がすべて結集して民間最大産別組合のUAゼンセンとなり，事実上の流通産別は実現されているのであるから，ゼンセン自体がこの方向性を大きく転換させたことになる。この点に着目するZモデルの構築にとって「変転の労使関係」の内実の把握は不可欠である。このため，次章以下の1970年代におけるゼンセン加盟の主要チェーン労組の結成と初期活動の事例分析の後には，1980年代以降のゼンセンの変移を追跡する。

● 注

（1）　戦後に結成された総同盟は，戦前に存在した総同盟の後身組織であり，戦前の総同盟の前身組織は友愛会である。友愛会はキリスト正統派が主張する三位一体説を拒否するユニテリアン派の鈴木文治が，1912年に15人の労働者とともに結成した。鈴木文治は，労働組合を教会に代わり得るものとしてみなし，会員同士が助け合う組合活動の精神はユニテリアン主義の延長線上にある。土屋博政「社会運動の源流，ユニテリアン─宗派性を超えたキリスト教の影響をたどる─」『改革者』5月号，2009年，p.54。友愛会の名称の由来は，イギリスで労働組合が団体禁止法により弾圧されていた時，互助会のような友好団体として生まれたfriendly societyから鈴木文治がヒントを得て命名したものである。上條愛一『労働運動夜話』一燈書房，1956年，pp.251-252。土屋博政「ユニテリアン主義と友愛会の精神」，友愛会創立を記念する会『講演会記録』2008年，pp.16-17。

（2）　全繊同盟『全繊同盟史　第2巻』1965年，pp.59-60。

（3）　日繊連は，1947年3月に敷紡，東洋紡，鐘紡の3組合約6万人で結成された。全繊同盟と袂を分かつことになった理由は，全繊同盟に不潔感を覚えたこと，総同盟傘下に入れば自由な組合活動が制約されることとされた。だが，全繊同盟と紡績協会とで設置した紡績復興会議に当初はオブザーバーとして，また間もなくメンバーとして参加し，全繊同盟と共同歩調をとるようになった。塩田庄兵衛「全国繊維産業労働組合同盟」，大河内一男編『日本労働組合論─単位産別組合の性格と機能─』有斐閣，1954年，pp.289-290。

1947年，当時全繊同盟の大会に次ぐ決定機関であった第1回評議員会において，日繊連から全繊同盟へ合同申し入れがあることが紹介された。日繊連が執行委員会と中央委員会

で，全繊同盟との合同問題を協議して決定したこの合同申し入れを全繊同盟が認め，その後設置した合同準備委員会での調整を経て合同が実現した。全繊同盟『全繊同盟史　第2巻』1965年，pp.226-229。
（4）　総同盟は産業別のみならず地方組織を重視した組織化を進めたのに対して，産別会議は，アメリカ産業別労働組合会議（CIO）の組織論を輸入したかのような，全国的，地方的産業別組合のみを組織化した。組織論の違い，つまり産業と地域という二本立ての組織化を進めなかったことが産別会議の欠点との見方がある。浅見和彦「戦後日本の組合組織化運動とその論点－ローカルユニオンの歴史的な文脈－」『月刊全労連』第129号，2007年，p.2。
（5）　この結果，当時の労働組合の多くが熟練，不熟練の区別なく組織され，また職員と工員を区別することなく職場の全労働者を一括して組織されることになった。このため産業別組合という目標から離れ，職場別組合，事業所別組合へ固定する傾向を強めた。それが後に企業別組合として確立した。兵頭淳史「日本の労働組合運動における組織化活動の史的展開－敗戦から高度成長期までを中心に－」，鈴木玲，早川征一郎編『労働組合の組織拡大戦略』御茶の水書房，2006年，p.8。
（6）　四単産からの批判書で猛省を促されたはずの総評がそれをまったく受け入れないため，今度は四単産が総評4回大会で総評本部の運動方針案に対して反対提案を行った。だが，この代案提出に対してヤジと怒号で騒然とした後，見事な大会戦術による運営ぶりにより，たくみに多数決で原案を決定した。自らが少数の場合には少数意見を尊重するよう迫り，自らが多数の場合は少数の意見を封じ込める，民主的運営とは違う常套手段がとられたという。滝田実『わが回想－労働運動ひとすじに』読売新聞社，1972年，pp.36-39。
（7）　しかし，全繊同盟には，総評脱退に関して内部で激しい賛否両論の応酬があった。1953年9月の第8回定期大会では，総評を脱退するという運動方針が決定されたものの，総評即時脱退の決議は，賛成234票，反対143票，白票53票，無効1票の投票結果で有効票である総数の3分の2に達せず否決された。それに先立つ賛否の代表意見では全面対決の様相になり，全繊同盟内部にもくすぶっていた左派傾向が一気に表面化した。総評脱退方針が残っていることを受けて，1953年10月に開催された臨時大会では，総評や左派社会党のデモ隊による30数種類のビラまきなど，猛烈な宣伝が行われる緊張した雰囲気に包まれた。改めて総評脱退とそれに代わる新組織の結成をあわせた決議では，賛成285票，反対105票，白票30票，無効3票となり，総数の3分の2をわずか3票上回る僅差で総評脱退を機関決定した。全繊同盟『全繊同盟史　第3巻』1966年，pp.347-373。
　　臨時大会の会場では，全繊同盟に対する嫌がらせのために動員された他の産別組合の幹部，組合員，共産党員たちが大挙して押しかけ，「御用組合」「裏切り者」「労働者の敵」などと罵詈雑言を浴びせるなど異常な雰囲気に包まれていた。金田直樹「総同盟との決別，左傾化した総評からの脱退」，UAゼンセン『歴史を語り継ぐ』第1巻，2008年，p.4。
　（http://www.uazensen.jp/image/sinior/rekishi/5-1.pdf）
（8）　全労憲章はその内容が総評基本綱領とほとんど変わらないように起草された。滝田実『わが回想－労働運動ひとすじに』読売新聞社，1972年，p.39。この事実も，全労結成のきっ

第Ⅰ部　流通産別構想の輻輳と「ゼンセン以前」

　　　　かけは，急速に左傾化した総評の基本綱領違反に批判が集中したためであることを物語る。
（9）　例えば，佐藤文男「ゼンセン同盟はなぜ組織化に強いか」『連合』第124号，1998年，p.16。
（10）　様々な組織化の試行を経て，1950年に綿紡，化繊，羊毛，麻以外のすべてを網羅する地織部会（地方繊維部会）を結成し，正面から雑多な業種の中小企業労働者を組織化した点を他の産別組合の組織化実態と比較して，特筆大書すべきであるとの指摘がある。小池和男「全繊同盟」，岡崎三郎ほか著『日本の産業別組合　その生成と運動の展開』総合労働研究所，1971年，pp.5-9。
（11）　ゼンセン同盟にとって，中小組合の労働条件闘争や合理化闘争への指導や支援こそ，組織化の成果に結びつく最も重要な任務である。中村圭介「ゼンセン同盟」，東京都立労働研究所『中小企業分野における産業別労働組合－組織と活動－』1983年，pp.80-81。また，ゼンセン同盟は中小の世話活動と組織拡大を重点に置いた財政支出を行い，それは大手組合の理解と負担によって支えられている。芦田甚之助「ゼンセン同盟　大手と中小の相乗作用で組織拡大」『労働レーダー』第80巻第4号，1980年，p.9。ただし，中小規模の組合が多い点は，自動車総連もほぼ同水準である。例えば，2005年時点で加盟する300人未満の中小組合の割合はUIゼンセン同盟が79.4%，自動車総連が70.4%である。だが，自動車総連は労連方式で加盟していること，役員が大手出身であることが大手中心の印象を与えるとの指摘がある。岩崎薫「UIゼンセン同盟－組織の特徴　－自動車総連・電機連合との比較を中心に－」，産別の組織形態と機能研究会『UIゼンセン同盟の組織形態と機能に関する研究報告書』労働問題リサーチセンター，2008年，pp.26-27。
（12）　この背景には，一部の企業で突出した労働条件を獲得するのはその企業の競争力を低下させ，それが雇用喪失につながることを公正競争の点から回避するという考え方がある。つまり，中小企業の組織化に取り組む全繊同盟が協定や拡張適用にこだわるのは，中小企業を明確に念頭においているからである。古川景一，川口美貴『労働協約と地域的拡張適用－UIゼンセン同盟の実践と理論的考察－』信山社，2011年，p.216。
（13）　全繊同盟が熱心に産業政策に取り組む理由として，繊維産業特有の要因があるとの説明がある。すなわち，原材料を海外から輸入し製品を海外へ輸出するため為替変動の影響が大きく，大阪を中心に発達してきたため政府介入を排除して自由な経営を尊ぶために好不況の影響を正面から受けるなどのため，戦後は好況期より不況期が長く産業構造の転換が迫られる。このため，合理化や企業倒産の危機が大きく，会社側や政府に事後の責任を負わせるより，全繊同盟として産業の姿を描きその実現を図ることを重視してきたという。宇佐美忠信『和して同ぜず　私と労働運動』富士社会教育センター，1998年，pp.88-92。
（14）　専従役員や加盟労組の役員を民社党公認で立候補させ，全繊同盟の強力な応援により当選させることで，数多くの議員を誕生させてきた。
（15）　主要労組のユニオンリーダーの性格に焦点を当てた研究によれば，全繊同盟に企業籍のない組合幹部が多いのは，中小企業労働者を組織化する産別であることが原因である。また，大手企業の労働者を組織し，しかも組織率が高いことが産別を安定させ，ユニオンリーダーを生みやすくしている。さらに，繊維産業の会社側は政府の保護も小さい中で国際競争に耐えてきたため団結が強いことが，組合側の団結を促すことになり，全繊同盟の

強化につながっている。大河内一男，氏原正治郎，高橋洸，高梨昌『日本のユニオンリーダー』東洋経済新報社，1965年，pp.120-124。
(16)　中村圭介「ゼンセン同盟の組織化活動と組織体制の整備」，東京都立労働研究所『労働研究所報』第3号，1982年，pp.32-35。中村圭介は全繊同盟の組織化能力の高さを多面的に実証したが，その根底に職業的組合運動の担い手の姿を見出している。
(17)　ただし，この時期の中央集権化への改正は円滑に進んだわけではなく，集権化の方向は原則として受け入れられたが，統制の緩和を継続する意見も根強かった。久谷興四郎「全繊同盟の結成初期における中央集権化確立への道程」，労働問題リサーチセンター産別の組織形態と機能研究会『UIゼンセン同盟の組織形態と機能に関する研究報告書』1998年，pp.11-12。
(18)　中村圭介「ゼンセン同盟の組織化活動と組織体制の整備」，東京都立労働研究所『労働研究所報』第3号，1982年，pp.35-37。また，その結果，全繊同盟の本部の役職員が，企業籍から離れた者，企業籍を残した者，プロパーの者の三者が拮抗する構成になり，特定の立場に偏りにくいという組織の強みを作ることにつながった。久谷興四郎「全繊同盟の結成初期における中央集権化確立への道程」，労働問題リサーチセンター産別の組織形態と機能研究会『UIゼンセン同盟の組織形態と機能に関する研究報告書』1998年，pp.14-15。
(19)　出自別の支部長の構成をみると，各都道府県の支部長が配置される場合，その支部の常任などが昇進する場合，別の支部の常任や支部長が異動する場合，本部から支部長へ異動する場合などが発生するようになった。中村圭介「ゼンセン同盟の組織化活動と組織体制の整備」，東京都立労働研究所『労働研究所報』第3号，1982年，p.37。こうした人材を通して，本部が決定した方針や政策を即時に実行できる体制ができた。久谷興四郎「全繊同盟の結成初期における中央集権化確立への道程」，労働問題リサーチセンター産別の組織形態と機能研究会『UIゼンセン同盟の組織形態と機能に関する研究報告書』1998年，p.17。
(20)　全繊同盟創立大会において可決された「規約」第9条で，加盟組合は同一種類あるいは同一業態別に相互連絡をなす機関を設置するものとされた。当時は繊維産業だけだが，それでも製品の種類が多く業種が分かれ，業種ごとに労働条件が異なり，その改善のためには業種ごとに経営者団体との交渉が必要と判断されたためである。久谷興四郎「全繊同盟の結成初期における中央集権化確立への道程」，労働問題リサーチセンター産別の組織形態と機能研究会『UIゼンセン同盟の組織形態と機能に関する研究報告書』1998年，pp.7-8。この趣旨は，2012年にUAゼンセンとなり，部会の上に部門を冠するほど大規模になっても不変である。
(21)　中村圭介「ゼンセン同盟」，東京都立労働研究所『中小企業分野における産業別労働組合　組織と活動』1983年，pp.84-85。なお，部会内部に関しては，中央委員会，執行委員会，常任執行委員会，専門委員会，業種対策委員会が置かれており，部会三役は本部と異なり，加盟労組代表者のリーダーシップが強いものの，部会書記長は専従者が多い。中村圭介「ゼンセン同盟」，東京都立労働研究所『中小企業分野における産業別労働組合

第Ⅰ部　流通産別構想の輻輳と「ゼンセン以前」

組織と活動』1983年，pp.100-109。
(22)　中村圭介「ゼンセン同盟」，東京都立労働研究所『中小企業分野における産業別労働組合　組織と活動』1983年，pp.86-93。なお，支部の内部には，総会，常任委員会，業種別協議会，地域別協議会が置かれている。中村圭介「ゼンセン同盟」，東京都立労働研究所『中小企業分野における産業別労働組合　組織と活動』1983年，pp.110-116。
(23)　最近のゼンセン同盟の人材育成を分析した研究は，ゼンセン同盟の役職員には，3年前後のローテーションがある，どの部署に配置されても「力と政策」の両面に関与し貢献する，都道府県支部人材は地方の行政や審議会委員やナショナルセンターの地方機関の役員などの機会を通した広い分野の経験を積む，国や地方の選挙支援活動を通じて活動のベクトルあわせをする，などの傾向があることを指摘する。村杉靖男「UIゼンセン同盟を支える人材の研究」，労働問題リサーチセンター産別の組織形態と機能研究会『UIゼンセン同盟の組織形態と機能に関する研究報告書』1998年，pp.56-57。

　　近年のこれらの傾向は集権化によるものと考えられるが，その過程をみる限り，結成直後から理想とされていたようである。例えば，1950年の正織興業争議では全国から全繊同盟の役職員や加盟労組が現地入りし，その経験を背景に1953年からの近江絹糸争議へ入るというように，本部や都道府県支部から実践活動に参加し育てることを重視していることがわかる。また，加盟する中小労組の活動を守るのは都道府県支部であり，賃金闘争，世話活動，組織化，選挙運動の他，地域の組織連携活動も加わる厳しい仕事ぶりが人材育成に欠かせないという伝統がある。例えば，栃木県支部長の経験者は，支部長在任中に14もの役職についていたという。以上は，大星輝明「県支部活動の実際」，労働問題リサーチセンター産別の組織形態と機能研究会『UIゼンセン同盟の組織形態と機能に関する研究報告書』1998年，pp.119-120，大星輝明「仲間の心を揺さぶる運動がほしい－常に組合員の側に立った運動であれ－」，UAゼンセン『歴史を語り継ぐ』第1巻，2008年，pp.1-3（http://www.uazensen.jp/image/sinior/rekishi/4-3.pdf）による。

　　正織興業争議は，1951年8月の賃上げ要求に対する会社の拒否に端を発している。1952年1月，当初は5～6％の賃上げにこだわり，交渉の進行によっても低率の賃上げ回答に固執する会社側に対して，正織興業労組は，24時間ストとそれに続く無期限ストへ突入した。全繊同盟は，現地に争議対策本部を設置し，オルグ動員，ピケライン防衛，警察との衝突，第2組合対策など徹底的に指導応援した。47日間のストライキの果てに，会社側は18％の賃上げと一時金300万円を支払うことで解決した。全繊同盟『全繊十年のあゆみ－わたくしたちはかく斗った－』1955年，pp.16-17。なお，この正織興業争議で活躍した全繊同盟の若手職員たちは後に主要な役職についている。宇佐美忠信『和して同ぜず　私と労働運動』富士社会教育センター，1998年，pp.67-70。
(24)　大河内一男，氏原正治郎，高橋洸，高梨昌『日本のユニオンリーダー』東洋経済新報社，1965年，p.126。
(25)　以上は，中村圭介「ゼンセン同盟」，東京都立労働研究所『中小企業分野における産業別労働組合　組織と活動』1983年，pp.129-134。
(26)　大星輝明「県支部活動の実際」，労働問題リサーチセンター産別の組織形態と機能研

第3章 「ゼンセン」の組織化戦略と流通部会の結成

究会『UIゼンセン同盟の組織形態と機能に関する研究報告書』1998年，p.120。
(27) ここで取り上げた3件だけでなく，合理化対策，産業政策，政治活動，さらにはナショナルセンターにおけるリーダーシップなど，全繊同盟の内部統制力は多面的に投入されている。
(28) 要求22項目には，「我々の近江絹糸紡績労働組合を即時認めよ」「会社の手先である御用組合を即時解散せよ」をはじめ，「仏教の強制絶対反対」「夜学通学等，教育の自由を認めよ」「結婚の自由を認めよ，別居生活を強制するな」「人権を蹂躙した信書の開封，私物検査を即時停止せよ」「密告報償制度，尾行等一切のスパイ活動強要を止めよ」「外出の自由を認めよ」などが含まれる。全繊同盟『全繊同盟史 第3巻』1966年，pp.404-405。
近江絹糸長浜工場支部の役員経験者によると，当時の近江絹糸ではこの22項目の通りの実態があり，会社側は信書開封については恋愛が能率を下げる，夜間学校への通学妨害については通学が能率を下げると考えていた。要求項目以外にも病院が近隣にないのに工場内に医療設備がないこと，生産性の向上を煽るための従業員競技をさせるなど問題が多かったという。金田直樹「近江絹糸人権争議，深夜の組合結成－長浜工場・新組合支部長の回想－」，UAゼンセン『歴史を語り継ぐ』第2巻，2009年，pp.4-5。(http://www.uazensen.jp/image/sinior/rekishi/3-2.pdf)　また，大垣工場の人事課員は，上司の命令で労働者の手紙を開けて読んだり，問題視した労働者を無理やり転勤させてきたことを告白している。個人あてに届いた手紙は湯気を当てて開封し，1つ1つ内容を上司へ報告していた。一番多い手紙はラブレターだったという。「私は信書開封係だった　近江絹糸大垣工場の特高警察」『読売新聞』1954年6月18日付朝刊。
(29) 労働者に対する社外との遮断と監視，御用組合による外部交流拒否など，会社側が積極的な妨害を続けたからである。宇佐美忠信『和して同ぜず　私と労働運動』富士社会教育センター，1998年，p.73，朝倉克己『近江絹糸「人権争議」はなぜ起きたか　五年間の彦根工場潜航活動を経て』サンライズ出版，2012年，p.59。組織化が難航を極め，労組の結成まで5年を要するほどの困難の原因は，結成を実現して争議に入った後の会社側の常軌を逸した攻撃が物語っている。
(30) 朝倉克己『近江絹糸「人権争議」はなぜ起きたか　五年間の彦根工場潜航活動を経て』サンライズ出版，2012年，pp.80-84。なお，朝倉克己は近江絹糸争議を題材とした小説（三島由紀夫『絹と明察』1964年，講談社）の登場人物のモデルであり，三島由紀夫から取材を受けたことを明らかにしている。
(31) 全繊同盟『全繊同盟史 第3巻』1966年，pp.403-406，今津菊松『労働運動七十年－今津菊松の記録－』今津菊松の記録刊行会，1982年，pp.346-347。
(32) 1954年4月初旬から全繊同盟の指導で，会社側にきわめて従順な係長級のすべてと新入社員以外の男性従業員が極秘に集まり，労働組合について勉強し，仮の組合役員，組合規約の案，スローガンの案などを決めていた。「秘密会」と呼ばれた会合は毎晩のように続き，参加人数が増えていった。組合結成後，決起大会までの5月30日には旅館に集まり，大会の模擬練習を行った。6月2日決起大会当日の17：45分の終業ベルとともに，課長たちがうろたえるのを尻目に全員が退席し，会場の日紡会館に向かったという。一楽チエ子

第Ⅰ部　流通産別構想の輻輳と「ゼンセン以前」

「その日まで」，全繊同盟『解放の歌よ高らかに－近江絹糸人権闘争の手記－』1954年，pp.119-125。

(33)　全繊同盟『全繊同盟史　第3巻』1966年，pp.406-407。

(34)　本部には全繊同盟幹部と各部会からの代表者を常駐させ，本部オルグは常に招集準備を整えていた。各現地本部には都道府県支部長を中心に支部内各工場から派遣された委員を常駐させ，あわせて最低100人以上の非常時動員体制を作った。全繊同盟『全繊同盟史　第3巻』1966年，p.406。

(35)　会社側は，全繊同盟に加盟する労組を切り崩すため，第2組合の風紀が乱れているなどと父兄に葉書を出したりした。ところが，あわててかけつけた父兄は真相を聞かされて会社の悪辣さを知り，親子で抱きあって泣く場面がみられた。全繊同盟『写真全繊十年史』1955年，p.52。

(36)　暴力団は大阪市内の浮浪者や失業者で構成され，手配人が日当450円，三食の食い放題と晩酌，一日タバコ3箱といった条件で集め，各工場へ送り込んでいた。「食い放題晩酌付　日当450円の暴力団」，『読売新聞』1954年6月14日付朝刊。また，後に全繊同盟会長となった宇佐美忠信は，富士宮支部での争議活動中，ピケの中心にいて警察から暴行を受けた後に逮捕された。金田直樹「近江絹糸争議，ある現地オルグの回想－富士宮工場での記録－」，UAゼンセン『歴史を語り継ぐ』第1巻，2001年，pp.4-6。(http://www.uazensen.jp/image/sinior/rekishi/3-1.pdf) しかし，宇佐美忠信を拘留した警察署を住民が包囲して激しい投石を繰り返し，短期で解放させた。この事実は，近江絹糸労働者への同情や全繊同盟への支持に基づく住民による支援活動の一端を物語る。宇佐美忠信『和して同ぜず　私と労働運動』富士社会教育センター，1998年，pp.76-79。

(37)　本文の以下の第1次から第3次までのあっせん案提示をめぐる経緯は，全繊同盟『全繊同盟史　第3巻』1966年，pp.401-403, pp.495-508，による。

(38)　全繊内部では，あっせん案への不満が高まり，会長滝田実をはじめあっせん案をのんだ執行部をつるし上げることになった。この点について，政府，中労委，財界，マスコミなどが人権争議の早期解決を望み，労組側の大幅な譲歩を求める情勢となり，それに滝田実が傾いたとの分析がある。上野輝将『近江絹糸人権争議の研究－戦後民主主義と社会運動』部落問題研究所，2009年，pp.161-178。

　一方，滝田実は近江絹糸争議での勝敗の評価については，労組の具体的要求がどれほど通ったか，争議の後に労組が強化されたか，他の労組に良い影響を与えたか，の3つの要素があると回想している。いくら英雄視される争議でも要求が通らない場合が多く，争議後に労組が分裂することが多く，今後もやるぞというより争議はこりごりだ，という場合が多いからという。滝田実『わが回想－労働運動ひとすじに』読売新聞社，1972年，pp.61-62，滝田実「近江絹糸争議（1954年）」，河西宏祐編『戦後日本の争議と人間　千葉大学教養部の教育実践記録』日本評論社，1986年，p.291。

(39)　近江絹糸は製品を出荷しようにもその手段が奪われ，暴力団などを使って出荷したとしても港湾労組が港で積荷を拒否し，さらに何らかの手段で外国に持ち込めても国際自由労連を通じて近江絹糸製品は購買されなくなった。また融資停止措置に関しては，なかな

第3章 「ゼンセン」の組織化戦略と流通部会の結成

か応じない銀行に対して，動員された組合員が銀行窓口へ大挙して押しかけ，1円の預貯金を繰り返して業務を繁忙にさせる手荒いデモンストレーションに出たという。滝田実「近江絹糸争議（1954年）」，河西宏祐編『戦後日本の争議と人間　千葉大学教養部の教育実践記録』日本評論社，1986年，pp.289-291。

(40) 鐘紡労組の統制違反は，1957年のスト指令違反（1年間権利停止），1958年の賃下げ受諾（処分なし），1959年の合理化受諾（処分なし），1962年の中労委提訴指令違反（処分なし），1964年の協定締結違反（譴責），1974年の統一闘争指令違反（譴責）の5度にわたる。『鐘紡労使とゼンセン同盟－昭和50年』慶應義塾大学ビジネス・スクール，1975年，pp.2-3。また，全繊同盟には鐘紡除名以前にも，東洋紡労組や呉羽紡労組などを除名した経験がある。

(41) ゼンセン同盟『ゼンセン同盟史　第7巻』1978年，p.474。

(42) 例えば，ゼンセン同盟で多くの中小企業を指導する地繊部会の中央委員からは，「賃金凍結は全労働者への裏切り行為だ。一企業一組合のエゴは絶対に許されない。天下の鐘紡でも凍結したのだから，と中小企業の経営者はわれわれの要求に反論してきており，今回の措置は中小企業労働者の目の前を真っ暗にしたもので，弱者切り捨ての行為だ。」と激しく非難した。『週刊労働ニュース』1975年4月28日付。

(43) 総投票数162票，賛成156票，反対5票，無効1票であった。ゼンセン同盟『ゼンセン同盟史　第7巻』1978年，p.475。また，ゼンセン同盟は直ちに統一ストライキへの突入を決定し，スト宣言集会を経て大規模な統一ストを実施した。大原社会問題研究所『日本労働年鑑　第46集1976年版』労働旬報社，1975年，pp.260-261。

(44) 労働省『資料労働運動史　昭和53年』1982年，p.814。

(45) 不買運動には，全組合の施設内の鐘紡製品の飲料自動販売機の撤去も含まれた。その他には，鐘紡問題に関する機関紙などによる教宣活動，スローガン，ステッカーなどの作成，同盟や友誼組合との連携活動などがある。労働省『資料労働運動史　昭和53年』，1982年，pp.814-815。当時の鐘紡問題を友誼組合へアピールしたビラのタイトルは「エゴ丸出しの鐘紡経営者　労組幹部も片棒かつぎ「賃上げ0」」であり，「勝手に会社提案飲む」「会社と結託，仲間を見捨てて」「御用組合通り越し」「会社の組合部だ」などの見出しが躍っている。『鐘紡労使とゼンセン同盟－昭和50年』慶應義塾大学ビジネス・スクール，1975年，p.27。

(46) ゼンセン同盟『ゼンセン同盟史　第8巻』1982年，pp.359-360。労働省『資料労働運動史　昭和53年』1982年，p.815。

(47) 賃金交渉では，一般に産別組合は事実上加盟組合が決定した妥結について事後的な承認権を行使するだけである。しかし，ただでさえ長期の繊維不況の中で組合勢力の減少しつつある時に，2万人余りの組合員と1億円もの巨額の組合費の損失をもたらすことをあえて行ったのが，鐘紡労組の除名であり，ゼンセン同盟がいかに稀有な産別組合であるか，といった驚きや称賛を集めた。白井泰四郎「賃金交渉と労使協議制」，氏原正治郎，倉野精三，舟橋尚道，松尾均，吉村励編『講座＝現代の賃金4』社会思想社，1977年，pp.41-42。

第Ⅰ部　流通産別構想の輻輳と「ゼンセン以前」

(48)　定期大会での緊急提案の後，「労組の社会的立場での活動の絶好の場である。最後まで闘いぬいてほしい。」との意見に対して，「場合によっては最高裁までいく。」と会長宇佐美忠信は回答している。ゼンセン同盟『ゼンセン同盟史　第7巻』1978年，p.348。

(49)　井上甫「全繊の庶民貯金損害賠償闘争－闘いの意義と今後の展望－」『月刊ゼンセン』第233号，1974年，pp.16-17。経済政策の過失を立証するのは難しいが，全繊同盟が依拠したのは，憲法第29条「財産権」，同第65条「行政権」，内閣法第6条「行政各部の指揮監督」，国家賠償法第1条「公権力の行使に基づく損害の賠償責任，求債権」，同第4条「民法の適用」，民法第709条「不法行為の要件」，同719条「共同不法行為」，郵便貯金法第1条「この法律の目的」，同第12条「貯金の利率」である。

(50)　原告団の内訳は，全繊同盟の組合員17人，一般住民11人である。「庶民貯金損害闘争のあゆみ」『月刊ゼンセン』第233号，1974，pp.14-16。原告団の団長は門内千尋（ユニチカ山崎労組），事務局長は金原金治（全繊同盟大阪支部次長），弁護団の団長は宮武太，事務局長は相馬達雄ほか8人とされた。ゼンセン同盟『ゼンセン同盟史　第7巻』1978年，pp.379-380。

　　ただし，当初は東京，名古屋，大阪の3つの地裁での一斉提訴が計画されていたが，弁護団の編成が間に合わず大阪だけになり，またその大阪でも一般住民の原告団編成で難航を極めた。高橋立成「全繊の目減り訴訟と国民春闘」『月刊労働問題』第196号，1974年，p.32。

(51)　内閣官房，大蔵省，日銀，経済企画庁，郵政省に対する預金金利引き下げ反対の申し入れ，各政党に対する目減り補償についての公開質問，反対アピールの公表，郵政審議会委員に対する反対要望書の提出，貯金局長に対する抗議などである。『ゼンセン同盟史　第8巻』1982年，p.229。またゼンセン同盟は，1978年の公定歩合引き下げと連動した預貯金金利の引き下げの時にも，貯金目減りが拡大するとして，郵政大臣へ反対を申し入れた。

(52)　ゼンセン同盟『ゼンセン同盟史　第9巻』1986年，pp.212-213。なお，付言すれば，この闘争で国に対する労働組合の対抗力を証明したのみならず，いち早く鉄鋼，造船，自動車，電機，交通・運輸など，民間産別組合を中心に，同盟，総評，中立労連，新産別といったナショナルセンターが支援したというまとまりが労戦統一の動向へ好影響を与えた。市谷良穂「田中内閣の失政ただした「庶民預金の目減り裁判」」『戦後60年消費者運動の経験を語り継ぐ』くらしのリサーチセンター，2006年，pp.205-206。

(53)　ゼンセン同盟には，組織化を優先する意識が役職員に浸透し，「組織化をしない産別組合はねずみを取らない猫」，「組合1つ作って何ほの世界」といった伝統的な組織文化が存在するためである。江口慎一「組織化の要因と都道府県支部の機能」，労働問題リサーチセンター産別の組織形態と機能研究会『UIゼンセン同盟の組織形態と機能に関する研究報告書』1998年，pp.88-89。

(54)　中小労働者を含めた産別組合を選択したのは，戦前から全国に点在していた労働運動家たちが全繊同盟へ集まり，そう主張したことによるという。佐藤文男「ゼンセン同盟はなぜ組織化に強いか」『連合』第124号，1998年，p.16。

(55)　佐藤文男「ゼンセン同盟はなぜ組織化に強いか」『連合』第124号，1998年，p.16。なお，

本部の組織化担当部署の人数は以後もほとんど変化がない。例えば，2007年末の時点でも計10人である。梅崎修「組織化と労働条件決定における産別労働組合の役割」，労働問題リサーチセンター産別の組織形態と機能研究会『UIゼンセン同盟の組織形態と機能に関する研究報告書』1998年, p.72。

(56) 江口慎一「組織化の要因と都道府県支部の機能」，労働問題リサーチセンター産別の組織形態と機能研究会『UIゼンセン同盟の組織形態と機能に関する研究報告書』1998年, pp.89-90，佐藤文男「ゼンセン同盟はなぜ組織化に強いか」『連合』第124号，1998年, p.16。

(57) 江口慎一「組織化の要因と都道府県支部の機能」，労働問題リサーチセンター産別の組織形態と機能研究会『UIゼンセン同盟の組織形態と機能に関する研究報告書』1998年, pp.93-94。

(58) 二宮誠「公然型の組織づくり（その１）」，日本労働組合総連合会『組織拡大担当者中央研修会講演内容報告書』1998年, pp.22-31。

(59) ゼンセン同盟は組織化に際して，経営者の理解を得ることから，争議を含めた徹底した対決に至るまで経営側の対応に応じて使い分けをしている。鈴木玲「産別組織の組織拡大戦略－その制度的文脈と媒介要因－」，鈴木玲，早川征一郎編『労働組合の組織拡大戦略』御茶の水書房，2006年, pp.297-298。

(60) 労働組合の結成は，労働者の救済や解放が目的なのであって，労働組合の結成は手段であり，それらの倒錯がないように戒め，組合結成の必要性，可能性，必然性がすべて揃った時に実現すべき，というゼンセン同盟の元組織化担当者の組織化経験に基づく言明がある。大出日出生「「組織化」の方程式」，UAゼンセン『歴史を語り継ぐ』第1巻, 2008年, pp.2-3。（http://www.uazensen.jp/image/sinior/rekishi/6-1.pdf）また，組織化を含むゼンセンのオルグの活動の実態は，二宮誠『労働組合のレシピ ちょっとしたコツがあるんです』メディアミル, 2014年でうかがい知ることができる。

ゼンセン同盟は労使対等の理念を掲げるため，組織化担当者は絶対に口にしないことだが，組織化担当者のこうした行動原則から判断すると，ゼンセン同盟の組織化方式において，経営者教育の機能を見出すことができる。労使対立で経営者を成敗して職場を不安定にすることと，労働者を守るために経営者を教育し職場を安定させることを対比すれば，公然型の組織化の難度がいかに高いかが推測される。

(61) 労働組合では，組織化の担当者は通常はオルグと呼ばれている。この場合，オルガナイザーの略である。ただし，組織化そのものだけでなく労組活動に関連する活動が広くオルグと呼ばれる場合がある。

(62) 全繊同盟の組織規模の推移をみれば，10大紡をはじめとする大手労組と中小労組の双方を組織化してきたものの，総評脱退によって，麻部会加盟労組の大半と中小組合の一部を失ったのち，近江絹糸争議への集中もあって組織規模は停滞した。そこで組織化の再生力となったのが集団組織化であり，最大の部会に育った地繊部会の伸長とともに，以後組織規模は増大の一途をたどった。小池和男「戦後単産史2　全繊同盟－組織ののびと春闘に加わらない賃金交渉－」『季刊労働法』第61号, 1966年, pp.142-147。

(63) 佐藤文男「集団組織化の背景と実態－全繊同盟はこうして中小企業を組織化した」『同

第Ⅰ部　流通産別構想の輻輳と「ゼンセン以前」

盟』第70号，1964年，p.73。なお，集団組織化の命名は，佐藤文男が全繊同盟のオルグとして遠州経営者協会と話し合って組合を結成するのを取材した新聞記者への回答がきっかけで，以後使用されるようになった。佐藤文男『オルガナイザーファイル』ゼンセン同盟，2002年，pp.40-41。集団組織化は地繊部会や支部との連携で進められ，中小労組の単一化や地域統合を通じて，地繊部会の拡大につながった。ゼンセン同盟『地繊部会30年のあゆみ』pp.141-157，木村牧郎「繊維産業の労使関係－尾西地区毛織業の地域集団交渉」，松村文人編『企業の枠を超えた賃金交渉』2013年，pp.162-167。

(64)　もちろん，経営者を説得して経営者の指示で労組を結成するのではない。全繊同盟のオルグは，共産党も総評も全繊同盟も同じような方法で組合作りをやっていると述べている。ビラを配り，街角にポスターをはり，未組織事業所にオルグを入りこませ，あるいは知人友人を通じて同意を獲得しながら組合を結成する。佐藤文男「集団組織化の背景と実態－全繊同盟はこうして中小企業を組織化した」『同盟』第70号，1964年，p.68。

(65)　1954年以降，浜松地区で組織化を進めた佐藤文男によると，同時期には32組合中，2，3組合を除いて組合結成後，紛争や争議が絶えず労使関係が先鋭的に悪化した。いわば飼い犬に噛まれた，と考える経営者と，組合結成で権利意識に目覚めた組合員との争議で暴力団の介入を含む不当労働行為が日常茶飯事となった苦い経験が，集団組織化の発想につながったという。佐藤文男「わたしのオルグ日記　拡大に拍車かけた「集団組織化」」『どうめい』12月号，1984年，pp.18-19。他方，組織化の成功が重なれば，経営者たちは，全繊同盟の組織化目標とされるといくら抵抗しても無駄という評判が高まり，話し合いに応じる現象も集団組織化へつながった。佐藤文男「運動家としての心」，UAゼンセン『歴史を語り継ぐ』第2巻，2009年，p.6。(http://www.uazensen.jp/image/sinior/rekishi/no2/2-1.pdf)

(66)　例えば，佐藤文男はゼンセン同盟浜松地区事務所在任中のうち，1956年から1961年までに114の紡績・織布組合，14の染色組合，18の金属木材組合などを結成させ，遠州労連が発足するまでになった。佐藤文男「わたしのオルグ日記　「人と運動の心」をつかむ」『どうめい』11号，1984年，pp.18-19。また，ゼンセン同盟本部中央オルグへ転任した1961年以降は，後に播州労連となる兵庫県の西脇地区，香川県の手袋産地の白鳥地区（25組合，約2,000人），愛媛県のタオル産地の今治地区（17組合，約2,000人）など次々に集団組織化による組合結成を重ねた。佐藤文男「わたしのオルグ日記　組合できずんば帰らず」『どうめい』1月号，1985年，pp.18-19，佐藤文男「わたしのオルグ日記　四国に中小労組の花咲く」『どうめい』2月号，1985年，pp.18-19。

(67)　照井光文「私の喜びと感動」，UAゼンセン『歴史を語り継ぐ』第1巻，2008年，p.1。(http://www.uazensen.jp/image/sinior/rekishi/4-15.pdf)

(68)　流通部会の組織化に参入する時期の全繊同盟の幹部は，近い将来には，繊維産業，化学産業，流通産業の労働者が三本柱になるとみていた。『読売新聞』1970年4月2日付。

(69)　1955年以降，渕栄の争議を皮切りに，センバスーパーなど多くの争議倒産を発生させたことは，労使交渉に不慣れな小売業者に挑みかかるオルグの態度に責任があるとした。また，組合費の上納が不可能と判断したオルグが指導を放棄し連絡を避けて労組を見捨て

たり，新たな組織化目標を探し回るオルグが，「組合にも経営というものがあります。組合費の納入額よりもコストのかかることは仮にオルグでもしませんよ。」と平然といってのけたケースを報告している。奥住正道『証言戦後商業史　流通を変えた100人の記録』日本経済新聞社，1983年，pp.251-253。

(70) 渥美俊一は学生運動経験者であることを明らかにし，組合は必要であるが指導力のない勝手な組合をつくるのなら大切なチェーンストアがだめになると公言した。その上で，総評から組織局全国オルグ高田佳利を，同盟からは一般同盟会長増原操を招いた。

　その記録を見る限り，高田佳利の講義内容は，総評を怖がる経営者に対する気遣いからか，組合づくりの具体的な手法ではなく全般的な問題について話している。例えば，製造業と流通業の比較を通じた産業情勢や賃金制度，流通業労働者の悩みという単調労働や長時間労働，さらには人間疎外などについて述べ，あわせて労働者的家畜の存在から人間の存在になるための労組の必要性を説いている。高田佳利「講義　中堅企業労組の組織と育成」，日本リテイリングセンター『経営情報』1969年5月号，pp.45-77。なお，総評組織局の内部資料によると，1969年当時，高田佳利はオルグの中で唯一の商業サービス分野担当であり，少なくとも立場上は小売業に疎いわけではなかったはずである。「オルグ名簿」，総評『オルグ制度資料1969年』，労働政策研究・研修機構労働図書館「特殊資料コレクション」。

　それに対して，増原操の講義は，総評との対比を続けながら，繰り返して同盟を売り込んでいる。例えば，労組として政治闘争をするつもりはない，革命を起こして我々が内閣をつくろうというのでもない，企業や産業を背負う労使はお互いの立場を考えて労使共通の利益がどこにあるか善意をもって追求するべきだ，両者は対等であり節度ある強い労組は会社にとっても財産だ，などと訴えている。また，全ダイエー労組や十字屋労組，エンドー労組などを組織化した実績に基づいて，全国のスーパー約200社を全部組織化すると公言したり，組織化した企業の社長から「組合を作ってくれて助かった。従業員がよくなった。能率が良くなった。」と感謝された話を紹介するなど，同盟の有効性の説明に余念がない。増原操「講義　同盟の組織した中堅企業労組」，日本リテイリングセンター『経営情報』1969年5月号，pp.63-99。

　労組対策のセミナーは以後も継続して実施されたが，1977年からは同盟系の講師だけを招くようになり，さらに1983年からは渥美俊一自身が講師をつとめた。渥美俊一「労組の本質と労組対策の原則」『経営情報』1986年12月号。

(71) 商業労連の結成時に全繊同盟にあいさつに訪れた商業労連幹部とのやりとりの中で，同盟への加盟を問いただした全繊同盟側に対して，商業労連側から同盟加盟をしない旨の回答があった。これに納得できない全繊同盟は，独自で流通産業の労働者を結集させることを明言したという。また，全ジャスコ労組の結成の陰には，全繊同盟が組織化したマルサ衣料労組が，労組のなかった岡田屋との企業合併で解散したため，岡田屋に照準をしぼったという。これら組織化担当者の回想からも全繊同盟の高度な組織化能力の内部に観察される意識や行動がチェーンストア労働者の組織化へ直結した点がわかる。佐藤文男「流通部会10年に寄せて－私の運動回顧録から－」，ゼンセン同盟『流通部会10年史』1981

第Ⅰ部　流通産別構想の輻輳と「ゼンセン以前」

年，pp.8-11。同じく流通部会結成当時に数多くの組織化を手がけた担当者も，当時全繊同盟の定期大会に商業労連の結成に動いた中心労組の伊勢丹労組が招待組合として参加していたことや，DILA の時期から同盟が支援してきた商業労連が同盟路線を目指すと期待していたが加盟を果たさなかったことを回想している。和田正「流通部会初代部会長　故坪西さんを偲んで」，ゼンセン同盟流通部会『流通部会20年史』1990年，p.17。

(72)　流通部会準備会の設置が決まった後，1969年9月に結成されたばかりの長崎屋労組委員長の川野正男が準備会設置に対する抱負を述べた。全繊同盟『全繊同盟史　第6巻』1975年，p.420。

(73)　全繊同盟流通部会準備会委員は，副会長竹内文義，組織教宣局長柄谷道一，組織部長佐藤文男，中央執行委員坪西辰也，大阪府支部長山田精吾，愛知県支部長朝見清道，兵庫県支部長穴井豊記であり，加盟したチェーンストア労組からも数人が参加した。また，流通会発足までの期間に全繊同盟へ加盟した組合は，この流通部会準備会へ所属することになった。全繊同盟『第25回定期大会報告書　④組織の拡大と強化について』1970年，pp.2-3。

(74)　一般同盟，全化同盟などの同盟系組合だけでなく，チェーン労協，商業労連が創立中央委員会の招待組合とされた。さらに興味深いのは，創立中央委員会代議員の割り当ての決定であり，長崎屋労組10人，全ジャスコ労組10人，ニチイ労組10人などの割り当てとともに，創立中央委員会までに加盟が決定した場合として，全ダイエー労組からの10人が決定されていることである。全繊同盟は流通部会創設以前から，一般同盟の代表労組で最大の全ダイエー労組に対して全繊同盟への加入活動を試みていたことがわかる。全繊同盟流通部会準備会『流通部会準備小委員会議事録』1970年。

(75)　全繊同盟流通部会『創立中央委員会議案書』1970年。なお，いずみや労組も流通部会へ加入予定であり，当初は部会結成準備委員を出していた。この議案書に「いずみや労組委員長片山喬三，27支部，2,500人」と記載されていたが，直前に加入が中止された。全繊同盟への加入を組合員投票にかけ，否決されたものと思われる。創立中央委員会の直前に，流通部会への参加予定組合であるいずみや労組が目下全員投票を行っているとの報道がある。『週刊労働ニュース』1970年1月26日付。また，流通部会の正式名称は，部会規約第1条によると，全国繊維産業労働組合同盟流通部会（Retail and Wholesale Department ZENSEN DOMEI）とされた。労働省『資料労働運動史　昭和45年』，1974年，p.784。

(76)　『全繊新聞』1970年3月2日付。

(77)　全繊同盟『全繊同盟史　第6巻』1975年，p.541。

(78)　全繊同盟『第25回定期大会報告書　④組織の拡大と強化について』1970年，pp.1-2。なお，流通部会の結成当初の規模は大きいとはいえ，その20年前に結成されたばかりの地繊部会（後に地方部会）とほとんど同じ規模であった。地繊部会（部会長尾野三郎，書記長下田喜造）の結成は1950年11月28日で，組合員数が1万4,000人，組合数は154組合でスタートした。ゼンセン同盟地繊部会『三十年のあゆみ』1979年，p.Ｉ。流通部会と地繊部会で共通するのは，当初は弱小部会でも，後にゼンセン最大の組織人員を誇る部会となった点である。この事実は，ゼンセンがいかに中小労働者を組織化したかの証拠である

第3章 「ゼンセン」の組織化戦略と流通部会の結成

とともに，新しい部会の役員が後の組織拡大に強力な熱意を燃やすという証拠でもある。しかし，両部会の結成の中身はまったく違う。流通部会の結成では，5組合でこの組合員数1万2,000人もの組織規模を達成している。つまり標的とするチェーンストア労組では各労組の規模がはるかに大きく，ゼンセンはその意味でも新たな組織化方法へ移行した。

(79) ゼンセン同盟流通・サービス部会『流通・サービス部会30年史』2001年，p.155。

(80) 例えば，流通部会結成2年後の1972年時点の全繊同盟の組合員数は約58万人であるが，1975年の組合員数目標を70万人と設定していた。非常に大きな目標であり極めて組織拡大に積極的であることがわかる。このうち，1972年時点で組合員数が約2万3,000人まで増加していた流通部会の1975年までの3年間の新規加入組合員数目標は，6万8,500人であり，地繊部会目標の約10万人には及ばないものの，その他の部会目標の2,000～3,000人を大きく上回る計画であった。全繊同盟『第27回定期大会追加報告書(4) 組織の強化と拡大について』1972年，pp.1-2。これに対して，1972年から1975年までの流通部会への新規加入は，31組合による約1万2,100人であり，目標に及ばないものの，1975年には早くも70組合，約5万1,200人の規模にまで拡大していた。ゼンセン同盟『流通部会10年史』1981年，pp.25-27。

(81) 流通部会結成による組織拡大は，都道府県支部の補強という効果があった。例えば，1970年～1980年の東京都支部は，企業の本社，営業所，流通関係労組がほとんどを占め，地域活動や選挙活動などの苦労は大変なものだったが，流通部会加盟労組の協力を得て何とか活動できたという。柘植幸録「ゼンセン同盟第38回大会で「流通，衣料，地繊三部会による組織再編」など組織改革方針が決定される～常に改革を進め，いつまでも若々しく～」，ゼンセン同盟流通部会『流通部会20年史』1990年，p.48。

(82) 同盟流通の結成と崩壊の詳細については，本田一成「十字屋労働組合と同盟流通労組共闘会議」『國學院経済学』第65巻第3・4号，2017年を参照されたい。

(83) 全国チェーン労協残留労組，すなわち無所属中立のチェーンストア各労組にとっては，サロン的な協議体組織から脱皮し，産別化を視野に入れた体質強化の動きが白紙となった。また，無所属中立の役割や広く有効な産別組合創造のための発意団体が極めて重要であるとの認識で発足したチェーン労組・中立会議は，同盟流通と激しく対立することになった。労働省『資料労働運動史 昭和45年』1974年，pp.786-787。

(84) 一般同盟加盟の主力チェーンストア労組である十字屋労組は，同盟流通の解散について，1つの課題を議論するにも所属産別組合の機関決定を経るために同盟流通としての活動が制約されたり，産別対抗意識があったり，各産別組合の組織体としての思惑があったりして運営上の阻害要因となり，全繊同盟から解散論が出されたと総括している。十字屋労組『第13回定期大会議案書』1973年，pp.55-56。

(85) ゼンセン同盟『流通部会10年史』1981年，p.47。

(86) ゼンセン同盟『流通部会10年史』1981年，pp.48-62。

(87) もちろん，大手チェーンストアだけに限れば，要求水準や妥結水準は高い。例えば，1974年度をとると，大手4社では要求額28,696円，妥結額26,650円と，小売労組平均を大きく上回る。ゼンセン同盟『ゼンセン同盟史 第7巻』1978年，p.367。

第Ⅰ部　流通産別構想の輻輳と「ゼンセン以前」

(88) 『全繊新聞』1971年5月27日付。
(89) ゼンセン同盟『流通部会10年史』1981年，p.63。
(90) ゼンセン同盟『流通部会10年史』1981年，pp.64-66。なお，流通部会は，結婚により短勤続で辞める女性労働者の退職金が少額であることを問題視し，1972年度から中央委員会で方針決定の上，退職金改定交渉を開始した。以後，1975年度，1977年度，1978年度，1980年度と同様に改定交渉を重ねている。ゼンセン同盟『流通部会10年史』1981年，pp.70-73。
(91) 流通部会結成前の労働時間に関しては，店舗は年中無休，祝祭日も休めず，普段は他産業の人達が休んでいる時に働くことが常識になっていて，超繁忙期を過ぎた正月三が日くらいはゆっくり休みたいというのが共通の願いであった，とチェーンストア労組委員長の経験者が回想している。菅野直栄「昭和50年代の正月営業対策について～厳しく困難な対策の苦い思い出～」，ゼンセン同盟流通部会『流通部会20年史』1990年，p.47。
(92) 全繊同盟流通部会『創立中央委員会議案書』1970年，p.8。さっそく1970年末には，年末営業時間の延長を拒否するなどの成果が報告されている。例えば，ニチイ労組は，企業側からの年末繁忙期の営業時間延長要望を初めて拒否し，延長中止で決着した。ニチイ労組の結成と全繊同盟流通部会の加入を背景とした交渉力が示された例である。「全繊新聞」1970年12月3日付。また，1971年11月から加盟労組が交渉に入り，例えば，長崎屋労組では1971年2月から隔週休2日制実施，ニチイ労組では1971年5月から隔週休2日制実施，1972年5月から週休2日制実施，赤札堂労組では1971年6月から隔週休2日制実施，1972年2月から週休2日制の実施といった回答を獲得した。ゼンセン同盟流通部会『流通部会20年史』1990年，p.33。
(93) ゼンセン同盟『流通部会10年史』1981年，p.67。
(94) 1972年の営業時間対策の方針は，当時20：00以降も営業を続けていた店舗に対して最長閉店時間とするとともに，標準閉店時間を19：00として以後の時間帯勤務には特別手当を要求するというものであった。また年間定休日数を24日以上とすること，年末営業時間延長を認めない，正月休日は1月1日から3日までの3日間とすることなどの方針であった。だが，1975年の営業時間対策の方針は，閉店時間19：00まで，毎週定休制を含む年間定休日24日以上，正月3日間休日の完全獲得となった。ゼンセン同盟『流通部会10年史』1981年，pp.83-84。なお，1972年の方針によりニチイ労組は地労委提訴により，最長20：00閉店を獲得した。ゼンセン同盟流通部会『流通部会20年史』1990年，p.39。
(95) 初商問題は，チェーンストア各社の正月営業の影響が大きく，また流通部会加盟労組に一部脱落もあり足並みが揃わず，活動の成果ははかばかしいものとはいえなかった。だが，限定的とはいえ1970年代のチェーンストア労働者の労働条件の保護に寄与したことは間違いなく，この取り組みの経験が1980年代の初商問題対策にも活用された。産別組合は，労働者のために日本人の生活慣習を変えることすらねらう行動をとることを示す。
(96) 『流通部会10年史』1981年，p.88。
(97) 1972年8月14日，全繊同盟は，通産大臣に対する申し入れで，流通近代化，消費者利益確保の視点を法律で明らかにすることや，百貨店以外の大規模小売店舗も法律の対象と

第 3 章 「ゼンセン」の組織化戦略と流通部会の結成

することに賛成した。ゼンセン同盟『ゼンセン同盟史 第 7 巻』1978 年，p.163。また，1972 年 9 月 28 日，通産省に対して，営業時間の画一的規制ではなく，店舗の立地条件，顧客数，時間帯，売上などを考慮して閉店時間の標準を 19：00 とする，年間休日数を設定し最低目標日数は 24 日以上とする，などの要請を行った。ゼンセン同盟『流通部会 10 年史』1981 年，p.90。

(98) この要請を受けて，1978 年 12 月 20 日，公正取引委員会は百貨店各社に対して，派遣店員は 1978 年 3 月 31 日までに廃止し，それまでに毎年 25％の計画的減員をすることなどを指示した「百貨店の手伝い店員改善について」を出した。ゼンセン同盟『ゼンセン同盟史 第 7 巻』1978 年，pp.273-274，ゼンセン同盟『流通部会 10 年史』1981 年，p.102。

(99) 1974 年 10 月 19 日，下田喜造流通部会長が「大規模店舗審議会」へ出席して陳述するとともに，1974 年 11 月 4 日，「閉店時刻・休日日数についての要望書」を通産大臣へ提出し，以後も通産省へ陳情を続けた。ゼンセン同盟『流通部会 10 年史』1981 年，pp.91-92。すなわち，「大店法」は当初はチェーンストア労働者の時短につながり歓迎された反面で，行き過ぎの規制がチェーンストアの発展を阻害し労働者の利益に反するとの懸念があった。この態度にもゼンセン運動の一面を垣間見ることができる。

(100) ゼンセン同盟『ゼンセン同盟史 第 8 巻』1982 年，p.209。各省庁には主として，新たなチェーンストア出店規制の中止，条例や指導要綱による出店規制の強化中止，商調協の民主的運営の確保などを申し入れ，あわせて与野党の商工委員や通産大臣に陳情を行った。さらに日本チェーンストア協会に対して出店の協調体制確立，商工会議所に対して商調協の民主的運営の指導強化を要請した。ゼンセン同盟『ゼンセン同盟史 第 8 巻』1982 年，pp.209-210。

(101) ゼンセン同盟『ゼンセン同盟史 第 8 巻』1982 年，p.504。

(102) ダイエーが第 1 回目に届け出た面積は 43,979m² であったが，第 2 回目には約 34％削減して届け出て再度の事前調整に入った。ゼンセン同盟『流通部会 10 年史』1981 年，p.96。

(103) 熊本商調協が，地元商業の厳しい経営環境，地場産業の小売業の発展の保護，地元大洋デパート再建の優先性などの理由で，ダイエーの譲歩内容を含む申請を拒否した。このため流通部会は，速やかに熊本市民に対する計 12 万枚のビラまき，地元消費者団体の応援を行い，ダイエー熊本出店賛成決起集会を白川公園で開催した後，デモ行進に入った。また，地元消費者団体は商調協の消費者代表委員の人選に疑義を示して辞職を要求したり，熊本市商工会議所へデモ行進と陳情を行った。これに対して，地元商店街側は，市内でダイエー出店反対のデモ行進を行った。ゼンセン同盟『流通部会 10 年史』1981 年，p.96。

(104) ゼンセン同盟『ゼンセン同盟史 第 8 巻』1982 年，p.504。なお，この一連の大型店舗規制対策の活動により，流通部会としての政治活動の必要性が痛感されることになり，流通部会組織内議員を擁立するきっかけとなった。1979 年の地方統一選挙では，さっそく流通部会初の組織内議員として，阿部征一（マルエツ労組，浦和市議会），中川昭吉（全ダイエー労組，豊中市議会），本田光夫（寿屋労組，熊本市議会）の 3 人が立候補し，揃って当選を果たした。ゼンセン同盟流通部会『流通部会 20 年史』1990 年，pp.41-42。

第 II 部

「ゼンセン」の
チェーンストア組織化

第4章 流通部会「設立メンバー」のチェーンストア労組

1 はじめに

　本章では，ゼンセン傘下のチェーンストア労組を取り上げて分析する。まず，いち早くゼンセンの支援で結成された労組が流通部会創設を迎えて主力労組となった，いわゆる設立メンバー労組の中から，長崎屋労働組合（長崎屋労組）と全ジャスコ労働組合（全ジャスコ労組）を選択して，労組の結成と初期労組活動の事例分析を行う。

　長崎屋は十字屋，キンカ堂，赤札堂などと同様に有力な衣料チェーンストアであり，長崎屋労組は「繊維の川上から川下へ」という当時のゼンセンの流通組織化のスローガン通りの第1号労組である。日本有数のイオンの前身企業であるジャスコは，岡田屋，フタギ，シロの3社の合併企業であり，食品を扱うものの衣料とは縁が深いため，全ジャスコ労組も，文字通り繊維の川下の組織化とみなすことができる。

　本章の事例労組の限りでも，必ずしも整序できるわけではないが，「混乱の労使関係」「同床の労使関係」「左右の労使関係」の実態が明示的に表出し，あるいは暗黙に示唆される。それらは，「ゼンセン以前」の先覚的労組の事例とは大きく異なるわけではない。すなわち，「分断の労使関係」がみられる他は，チェーンストア労組で共通する傾向が多く，事例分析の結果は明瞭である。

　なお，全繊同盟は流通部会を創設後，本格的に組織化を進めるにあたり，繊維の産別組合からの脱却を内外に示す目的で，1974年に全繊同盟の名称をカタカナのゼンセン同盟へと変更した。

2　長崎屋労働組合の結成

(1) 長崎屋の沿革と経営の状況

　長崎屋社長の岩田孝八は，1922年，ふとん店と綿打ち工場の経営者の長男として神奈川県茅ケ崎市で生まれた。長崎屋の創業期の沿革は**図表4－1**の通りである[1]。岩田孝八は，軍隊生活を経て復員後の1946年に，まず平塚市にかき氷店「オアシス」を開業して繁盛店に育てた。オアシスの主力商品は当初はかき氷であったが，途中からアイスキャンデーと2本立てにした[2]。また，オアシスに併設させる形で小間物販売を成功させると，徐々にふとん店と衣料

●図表4－1　長崎屋創業期の主な経過

年	内容
1946年	岩田孝八が，かき氷店「オアシス」を開業
1948年	株式会社長崎屋布団店を創業，オアシスの布団用品売場に併設
1950年	オアシスを閉店，町田店を開店
1951年	日本橋で卸売業に進出（後に撤退）
1953年	平塚西店（後の平塚店）を開店
1956年	平塚店で食品部門を併設（後に閉鎖）
1957年	八王子店（チェーンストア化の第1号店）を開店
1958年	鎌倉店を開店
1959年	清水店を開店
1962年	本社を平塚から東日本橋へ移設
1963年	東京証券取引所第二部に株式を上場

(注)　店名が確認できる主な開店に限って記載している。1962年時点で長崎屋の店舗数は16であった。

(出所)　建野堅誠『日本スーパー発達史年表』創成社，1994年，岩田孝八「目標を高く，視野を広く」，岩田孝八，井植薫，手塚国利，玉置明善，上西亮二『経営のこころ』日刊工業新聞社，1973年，猪飼聖紀『松籟の如し　異能の商人　岩田孝八』四海書房，1988年より作成。

第 4 章　流通部会「設立メンバー」のチェーンストア労組

品の店舗を展開し始めた。

　岩田孝八は，最初からチェーンストアの営業を構想していたわけではなく，まず1950年にオアシスを閉店し衣料品の販売に注力した際に，衣料品の利益率が高いことを実感したという[3]。その上で，1953年，町田店や平塚西店が好業績を記録したことによる自信から，チェーン展開を決意した。

　また，1959年に約1か月間にわたるアメリカ小売業界視察団の一員となってJCペニーなど有力企業を分析したことで，チェーンストア経営に進むための方針や計画の正しさを確信した[4]。視察を終えて帰国した後には，強力なチェーンストア志向を前面に出して出店を開始した[5]。また，本社を平塚から東日本橋に移転させ，仕入部を新設した[6]。

　続いて長崎屋は，株式上場による大規模企業を目指し，1963年4月，東証二部市場を通じて株式を公開した。当時のチェーンストアでは，十字屋に次ぐ早期の上場となったが，ちなみに同じく1963年には，4月に丸井，7月に緑屋が東証二部市場に上場している[7]。

　岩田孝八は，小売業の近代化にとって株式上場が不可欠と考えていた。また，事業の拡大には人材の育成が最大の条件だと判断していた。上場を果たした1963年から大卒者の大量採用を継続し，例えば1967年から1970年までの4年間では約1,300人の大卒を採用するとともに内部固めを追求した[8]。同時に，労働者の生きがいの1つが収入であると考え，経営政策や努力目標を明示し業績評価を徹底して，高い収益を給与に大きく反映させる「高能率，高賃金の原則」を追求した。

　これらの点で長崎屋は，日本の商慣行の形態から脱することなく，また丁稚や小僧から始める劣悪な労務管理の旧態を続けようとする，当時の典型的な商業経営とはまったく異なっていた。こうした異質な考え方を持つ長崎屋の経営陣が労働組合に対して否定的であるはずがなく，それが労組の結成に大きく作用した[9]。

　長崎屋は成長を続け，1970年には4年間の研究を経て第1号のショッピングセンターを京阪枚方駅前に開設し，地下にテナント食品部門を設置した[10]。実は長崎屋は以前にも，食品部門に手を伸ばしていたが失敗し，その苦い経験から食品販売にはきわめて消極的であった[11]。だが，その苦手意識を克服し，

189

再度の食品販売へ乗り出した後は，要所で年間30店舗以上の大量出店による拡張や，テナント方式から直営方式への移行に踏み切り，四国を除くほぼ全国にナショナルチェーンの基礎を築くことになった。労組が結成されたのは，その直前であった。

(2) 労組結成の経緯

　伝統的な商人とは一線を画する岩田孝八の考え方に基づいて，急速な企業の拡張を計画していた長崎屋は，内部固めを視野に入れて労組について研究を始めた。1969年，その一環として労務部長が全繊同盟を訪れ，労組について説明を求めた。全繊同盟で対応したのは，チェーンストア労働者の組織化を本格的に開始したばかりの組織部の組織担当者，しかも，後に初代流通部会長となった坪西辰也であった[12]。

　こうして，ゼンセン側の労組に関する情報提供に基づいて，会社側は総評ではなく同盟路線の民主的な労組に理解を示し始めた。その後，今度は有志の労働者たちが全繊同盟を訪問し，労組の活動や実践的な結成の指導や支援を受けるようになった。その中心にいたのは，後に初代委員長となる川野正男であり，以後，労組結成までに同僚に呼びかけ有志を増やしていった。

　長崎屋の事例は，経営者の特異ともいえる発想により，会社側が組合について研究し始めたことが結成の遠因となった点で，異例の組織化事例である。ただし，その遠因が現実に労組結成へつながったのは，全繊同盟が既にチェーンストア組織化に乗り出していたからである。

　労組結成の準備を進めてきた有志たちは，1969年9月8日，長崎屋本社5階ホールで長崎屋労働組合（長崎屋労組，委員長川野正男，書記長木賀完二）を結成した。この結成大会に約360人（本社約300人，店舗約60人）の参加者を集め，図表4－2のような本部役員でスタートした。

●図表 4 − 2　長崎屋労組結成時の本部役員一覧

中央執行委員長	川野正男	本社
副執行委員長	大谷恭平	支社
書記長（兼会計）	木賀完二	本社
中央執行委員	大和田瑞穂	八王子店
〃	浅井俊策	本社
〃	斉藤太司	本社
〃	作元正憲	沼津店
〃	木曽雪子	本社
会計監査	成島辰雄	本社

（出所）『全長労ニュース』第1号，1969年9月30日付より作成。

(3) 結成後の体制整備

　長崎屋労組は，直ちに各店舗の支部結成に着手し，1969年9月25日時点で早くも20支部を結成し，全支部で結成を完了することを急いだ。その後，短期間に臨時大会を重ね，労組の体制整備を進めた。

　第2回臨時大会は1969年10月13日，全繊同盟で開催され，4人の労組役員を選出して補充するとともに，同日に会社とユニオンショップ協定を締結した。第3回臨時大会では，組合規約の執行委員の定員に関して，若干名から組合員500人に1人へと改正するとともに，本部専従書記の増員や労働金庫の加入などを決定した。さらにこの大会では，全国チェーン労協への加盟を決定した[13]。また，大会とあわせてそれまで労組の活動になじみのないチェーンストア労働者向けの組合研修会を実施し，本格的な教宣活動に入った[14]。

　第4回臨時大会になると，この時点で組織規模は，55支部，組合員数約4,000人に拡大した。また，組合員の中から多数の労組専従者を立候補させ，優秀な専従者を育成する目的から，役員の待遇を引き上げることが決定された[15]。

　こうして長崎屋労組は，結成直後の第1期中に頻繁な大会運営を強行しながら，本部役員を16人（うち専従者7人）に増員し，関西専従を置くことなどを含めた体制整備を行って活動を軌道に乗せることに成功した[16]。また，1970年9月に定期大会を開催し，第2期に入った。

なお，結成年度である1969年度の組合費収入は，2,945万8,177円であった[17]。これ以後の組織規模は，1970年度は57支部で組合員数4,013人，1975年度は90支部で4,911人，1980年度は93支部で5,193人に拡大した。

(4) 左傾化の回避

船出したばかりの長崎屋労組を苦悩させる事件も発生している。例えば，委員長川野正男は，結成2年目に，左翼組合員の選挙活動と一部のパートタイマーの組合結成が大きな問題として立ちはだかったことを回想している[18]。詳細は不明だが，前者については，他の労組も含めて，当時結成されたチェーンストア労組では学生運動経験者が労組役員のポストを狙う例がみられた[19]。また，後者については，一部のパートタイマーが総評系労組に個人加盟し，長崎屋のストアに支部を設置したものと推測される。個人加盟はやがて途絶えたが，初期の労組活動には，こうした左傾化を回避するための対策も含まれていた。

これらの不穏な動向もあって，長崎屋労組は，1970年11月の第5回臨時大会で，改めて組合の民主的運営を強調した「組合活動基本方針」の制定を決議した[20]。

(5) 流通産別構想に対する態度

長崎屋労組は，全繊同盟流通部会が誕生した際には，設立メンバーとして創立大会へ出席した。既述のように，それに先立って，1969年10月に開催された全繊同盟の中央委員会で流通部会準備会の設置が決まった直後には，結成されたばかりの長崎屋労組の委員長川野正男が，流通部会に対する抱負を述べている。

他方，流通部会結成時に，長崎屋労組は全国チェーン労協を中心とした流通産別の結成活動に誘われ，1970年に全国チェーン労協へ合流した。その意味で，長崎屋労組にも流通産別構想を視野に入れていた時期があったといえる。だが，この構想に積極的に乗り出すことはなく，労組結成直後ということもあって，ゼンセンの産別組合としての力量を駆使することが組合員のためになると判断した[21]。つまり，ゼンセンの力に頼り，労組の力をつけていくことを優先さ

せたのである[22]。こうして、長崎屋労組は、流通部会にとどまって活動を継続することを選択した。

3　初期の労組活動

(1)　社内食事と寮の改善

　1970年代初頭の当時、労働者にとって改善すべき環境課題の上位にくるのは、住環境と食事であり、長崎屋労組の場合も例外ではない。小売業において圧倒的多数を占める若年者や単身者は採用後直ちに入寮して職場へ通勤することや、休憩時間に店内の自社食堂で食事をとること（店食）が一般的であったからである。

　長崎屋労組が、結成直後から早々に取り組んだのも、店食の改善であった。まず、1969年に5店舗の組合員に対して、店食の満足度に関するアンケート調査を実施した。その結果は、「満足している」が10％、「満足ではないが我慢できる」が49％、「不満である」が41％であった[23]。しかし、店舗ごとにみれば、例えば尼崎店では満足している組合員が70％であったため、その水準を目標値とする店食の改善を会社側に申し入れた。その結果、社長岩田孝八から改善の指示が出されることになったが、それでも店食の不満の高い店舗は責任を追及するとともに、アンケートの実施と改善の取り組みを継続した。

　1970年には、店食の標準メニューの導入、労使と調理師による「店食委員会」の設置と運営、改善後の食材費や備品費の会社側負担などを要求したが、会社側の費用負担を巡って紛糾し決着しなかった。これを打開するため、労使で組合員店食費の月間徴収による店食実験店を運営することになり、秋田店、赤羽店、三軒茶屋店、浜松店、岸の里店で試行された[24]。実験から2か月後のアンケート結果で、利用者のおよそ7割が評価したため、この方向でさらに改善に取り組むことになった。

　この後も、労組は食費の個人負担分の値上げを拒否して店食の改善を求めたのに対して、会社側は一貫して食費の値上げを主張したため、交渉は難航した。だが、1973年5月以降、打開を図るための集中的な交渉に入ってから、食費の

値上げと赤字分負担以外の争点は、ほぼ労組要求通りに合意した[25]。

　すなわち、店食の運営は、食材費の地域差や利用者数の規模によって各店ごとに食費が分散するため、食材費が高く利用者が少ない店舗では赤字額が膨らむ。したがって、全店共通の食費額の設定と、赤字を会社側が負担するのか労組が負担するのかが最後まで残された最大の争点であった。

　このうち、赤字負担については、会社側が赤字の半額負担という回答が出されたが、労組は定期大会で確認した上で拒否しながらも、食費の値上げについてはやむを得ないとの結論を出すと、会社側は一転して全額負担を回答した[26]。こうして、1973年11月からの適用で、全店共通の1か月の店食個人負担額は1食3,500円、2食5,500円、3食7,000円と決定され、労使は店食改善交渉を終結し、これ以降は労使協議の議題として、毎年5月に定期的に協議することとした。

　しかしながら、赤字額は膨らみ続け、早くも1974年5月の労使協議において赤字負担が再び争点となったため、労組は団体交渉に持ち込んだ。この交渉の結果、1974年10月4日の会社側の最終回答により、1か月の店食個人負担額は1食4,800円、2食7,500円、3食9,500円と増額し、また1974年9月までの赤字は会社が負担することになった[27]。

　他方、外食の傾向が強まり、また業界では、店食を続けたとしても会社補助を利用した運営から自主運営に切り替える動きが始まった。自主運営とは、利用者負担の原則により、利用者が食材費や調理担当者の人件費などを負担し、運営方法や利用状況によって店舗ごとに店食の個人負担額が異なり、また、赤字額の徴収や黒字額の返還を行う方式である。労組は、1975年5月1日より、自主運営に切り替えることを決定し、長年取り組んできた店食問題に終止符を打った[28]。

　次に、長崎屋労組の寮の改善に関する取り組みを取り上げよう。長崎屋の入寮基準によると、寮に入るのは、新卒者、中途採用者、会社命令により転勤した者で通勤範囲外（通常の交通機関で2時間を超える）の勤務地の者であり、これらのうち、自己都合で入寮しない者と退寮した者は外されていた。しかし、当時の小売業界では他社も含め、寮の質がおおむね貧弱であり、長崎屋労組もその改善に追われた。例えば、長崎屋の入寮基準によると、部屋内の床面積は

1人当たり2.5畳を標準としており，収容人数は4畳半と6畳の部屋で2人，8畳で3人，10畳で4人であった[29]。

寮の設備面でも決して組合員が満足する水準とはいえず，長崎屋労組は結成直後から重要度の高いものから速やかに要求した。例えば，1970年の冬季には，労使協議会で交渉した結果，暖房について大幅な改善に成功した。具体的には，各部屋にこたつ暖房一式（電気ごたつ，こたつ布団，下敷き，こたつ板）を完備し，寒冷地の寮ではこたつ暖房に加えて，石油ストーブ完備か暖房手当の支給かの選択となった[30]。また，1971年夏季には，柏支部の寮に関して，店長と支部長の交渉により寮の各室に網戸や扇風機を設置させることに成功すると，それを突破口にして改善を進めた[31]。

以後，長崎屋労組は，寮の改善から社宅や持ち家へと取り組みを広げた。1972年からは，入社後結婚までは独身寮，結婚後は家族構成に見合った社宅への入居と自己資金の確立，さらには貸付金制度の整備によって定年までに持ち家を取得できる「住宅総合対策」を策定し，住宅問題に関する労使交渉を始めた[32]。

(2) 賃上げ交渉の開始－1971年度賃金交渉－

長崎屋労組が結成されたことで，いよいよ賃上げ交渉が開始された。ここでは，ある程度まで労組の活動が軌道に乗った第2期である1971年度の賃金交渉を取り上げよう。

1971年度の賃金交渉は，物価上昇と景気調整下で，「昨年実績より21％以上，1万円増。」といった同盟会長滝田実の指令と，全繊同盟流通部会の指導により開始された。当時のチェーンストア業界では労働力不足，長時間労働，社会的休日の勤務に加え，転勤問題などがあり，それらに比べて低い労働条件を早々に改善するために大幅な賃上げ要求を掲げる傾向があった。また，急成長中ゆえの高い成果があり，しかも若年組合員が圧倒的に多いため労働運動の高まりに直結しやすいことも高額および高率要求を加速させる要因となった[33]。

長崎屋労組は1971年3月9日，第6回臨時大会において組合要求原案を可決し，翌3月10日に1万1,716円の賃上げ額，24.8％の賃上げ率を含む要求書を直接社長岩田孝八へ提出した[34]。

3月14日，長崎屋労組は要求書説明会を開催し，会社に対して賃上げ要求内容に関する組合の基本姿勢と集約した組合員意見を述べた。要求の要点は，在籍者優先の賃上げ，中間指導層の引上げ，中高年層の引上げなどである。特に，最も労働密度が濃く貢献度が高い中間指導層と女性組合員との昇給額に大差がないこと，学齢の子どもを持つ世帯者に対する配分が薄いことなどへの配慮が欲しいとの意見が反映されていた。あわせて要求書には記載がないが，多数の組合員からの要望であり重視すべき留意事項として，退職金，帰省手当，妥結後の支払いの短縮化，早期の解決，個別賃金の重視，バイヤー手当や遅番手当の増額などを求めた。

3月23日には，第1回賃闘委員会を開催し，同業労組の状況確認，「全繊同盟流通部会戦術委員会」のスケジュール調整などを行い，3月末日までは自主交渉，解決しない場合は4月1日に流通部会戦術委員会に持ち込むことなどを決定した。同じく3月23日，労使協議会が開かれ，会社側の考え方の説明を得た。会社側は，在職者優先については賛同し，中間指導層の引上げと中高年層の引上げは既に実施している旨を回答した。3月26日に回答，3月27日に団体交渉との日程を組み，労使協議会は閉会した。

会社側回答が届いた3月26日，第2回賃闘委員会が開催され，会社回答の分析を通じて，職級間の配分，地域手当，本人給，社宅個人負担，一時金などで組合要求と大きな相違があると判断し，回答拒否を決定した。あわせて，闘争本部を設置し，精力的な団交を続ける目途を4月5日として，満足できる回答のない場合はさらに強固な闘争体制を組んで交渉を進めることを決定した。

こうして臨んだ3月27日の第1回団体交渉では，第1次会社回答を拒否することを伝達した。これを受けて開かれた3月30日の第2回団体交渉において，長崎屋労組は2次回答を促したが，会社側は，技術的な変更はありうるが絶対額は変更しないと回答し，不穏なまま4月1日に第2次回答の提示，4月2日に第3回団体交渉の開催を決定して交渉を打ち切った。

4月1日の第2次回答を受け取った長崎屋労組は，4月2日，団交の前に第3回賃闘委員会を開き，第2次回答を分析し審議した結果，拒否することを決定した。加えて，流通部会戦術委員会の他労組の進行状況を報告するとともに，4月7日までに解決しない場合には4月12日以降スト権を確立する準備に入る

第4章　流通部会「設立メンバー」のチェーンストア労組

という流通部会方針を確認した。同時に支部からの組合員の意見集約を始めた。4月2日の第3回団体交渉では、第2次回答の拒否と、第3次回答を要求した。

　4月6日、会社側から第3次回答が提示されたことをもって、4月7日、第4回賃闘委員会が開かれたが、なお回答には問題が多く不満が残されたとして、同じく4月7日の第4回団体交渉の席についた。団体交渉では労使双方から意見の応酬があったが、会社側がこれ以上話し合う必要はないとの判断で退席し、閉会となった。

　これを受けて長崎屋労組は、団交直後に第5回賃闘委員会を開催し、議論の場を賃闘委員会に加えてブロック会議に拡大した上で判断することを決定した。以後、3回開いたブロック会議を経て、4月10日の第5回団体交渉の直前に設定した第6回賃闘委員会では、ブロック会議の報告と意見集約を行い、あわせてスト権確立投票の準備を徹底した。こうして、長崎屋労組は改めて支部から集めた意見とスト権確立準備を背景に第5回団体交渉に臨んだが、労使双方からの意見の応酬で紛糾し、翌4月11日の第6回団体交渉へ持越しとなった。

　4月11日の第6回団体交渉はさらに持越しとなったが、翌4月12日の第7回団体交渉では会社側は、若干の上積みのある最終回答を出した。このため、長崎屋労組は4月12日中に第7回賃闘委員会、翌4月13日に第8回賃闘集会を開き、その直後の賃闘集会において、最終回答を受け入れることを決定し、同日の第8回団体交渉で決着した[35]。粘り強く交渉を続けた長崎屋労組は、要求額を上回る1万1,792円を獲得し、その妥結額は全繊同盟流通部会の主要チェーンストア労組の中で最も高かった。

　長崎屋労組は、以降もこうした交渉を続け、高い賃上げを実現した。また、一時金でも、高能率、高賃金の原則を額面通りに実行させるかのように、強力な交渉力を背景に業界一の月数を実現した。長崎屋労組の結成後から1970年代の賃上げ結果は**図表4－3**の通りである。あわせて交渉による一時金獲得の月数の推移も併記している。

●図表4－3　1970年代の長崎屋労組の年度別月例賃金引上げと一時金の推移

年度	賃上げ		一時金	
	額（円）	率（％）	額（円）	月数（か月）
1970	9,838	30.6	不明	5.6
1971	11,792	24.8	不明	5.2
1972	11,205	19.3	不明	5.2
1973	14,886	21.9	440,225	5.5
1974	26,492	33.0	567,143	5.6
1975	19,613	17.5	631,717	5.4
1976	15,000	12.2	698,443	5.4
1977	15,000	11.0	738,624	5.2
1978	12,046	8.0	786,323	5.2
1979	10,628	6.5	868,238	5.4
1980	12,333	7.0	901,690	5.2

（出所）　長崎屋労働組合『20周年誌』1991年より作成。

(3)　1972年度の賃金交渉

　続いて翌1972年度の賃金交渉を取り上げよう。1972年度も前年度とほぼ同時期に賃金交渉が開始された。1972年2月3日，長崎屋労組は，中央執行委員会において，各支部から集めた意見に基づいて賃金闘争要求原案を作成した。基本的な姿勢としては，同盟が要求する21％を起点とした要求，チェーンストア業界最高水準の賃金の維持，在職者中心の要求，中高年層の引上げ重視，などを掲げた。3月9日，長崎屋労組の第3回中央委員会でこの要求原案が可決された。

　あわせて1972年3月1日に開催された全繊同盟流通部会中央大会で3月10日までの要求書提出，3月20日までの回答指定日，4月10日までの解決目標，といった統一スケジュール下に入った。また同盟流通にも参加し，同じく4月10日までの自主解決スケジュールと流通部会および同盟流通の妥結承認を了承し

た(36)。

　こうして長崎屋労組は3月10日に会社側へ要求書を提出し，3月14日に要求書説明会を開催した。労組の月例賃上げ要求額は1万2,063円であったのに対して，3月22日の会社側からの第1次回答は8,326円であった(37)。このため，3月23日の第1回賃闘委員会で，労組は検討に値しないと一蹴し，会社側が提案した時短および厚生問題との一括交渉も拒否し，あくまで賃上げ交渉として切り離すことを決めた。こうして，同日23日の第1回団体交渉に臨み，正式に第1次回答を拒否した。

　3月28日，第2回賃闘委員会を経た同日28日の第2回団体交渉では，新たな回答は出なかったが，賃上げと，時短および厚生問題を切り離した交渉とすることを会社側が了承した。同日，さらに労組は第3回賃闘委員会を開催し，第2次回答に備えた。

　4月4日，会社側の第2次回答が出され，第1次回答より1,012円増の9,338円が提示された(38)。しかし，労組は4月5日の第4回賃闘委員会の議論を経て，同日開催された第3回団体交渉でも，提示額が低く誠意がみられないと回答を拒否し，さらに，4月6日の第4回団体交渉で上積みを要求した。

　この後，労組は賃闘委員会，賃闘職場集会，ブロック会議での組合員の意見集約を経て，4月10日の第5回団体交渉に臨んだ。だが，会社回答のうち，賃上げ額は変わらず，交渉打ち切りとなった。

　その結果，労組が全繊同盟流通部会，同盟流通と共同歩調を取り始めたところで，第11回賃闘委員会を経た4月13日の第6回団体交渉において，1万1,205円，賃上げ率19.35％の最終回答が出された(39)。これを労組が受け入れて，1972年度の賃金交渉は決着した(40)。前年度と同様に，非常に高い交渉力を背景とした賃金交渉の事例といえる。

(4) 労働時間の短縮－週休2日制の導入－

　1970年10月，全繊同盟流通部会は，中央委員会において労働時間短縮を共通課題と位置づけ，1972年までに週休2日制の実現を目指すことや，それに先立って1971年中に隔週休2日制による時短を開始すること，具体的な実施のために労使が研究する場を設置することなどを決定した。

第Ⅱ部　「ゼンセン」のチェーンストア組織化

　これを受けて，長崎屋労組は，労使による「時短委員会」を設置して協議を重ねた。時短委員会の名称は第6回までであり，第7回からは時短のために生産性向上を検討する趣旨で「生産性労使委員会」へと変更した[41]。流通部会の指令によって週休2日制の重点項目としたことから，当時のチェーンストアは，時短のための単位を1週間と設定し，1週40時間を確立することが最も有効な取り組みであると判断していたことがわかる。また生産性と組み合わせていることから，時短は生産性向上の成果の獲得というより，時短の実施による生産性向上をねらっていたものと思われる。

　いずれにせよ，長崎屋労組のこの間の労使協議で争点となったのは，適正人員の算定方法や，パートタイマーの増員と教育訓練，後方作業の独立による諸問題，交替シフトの編成などである。

　具体的にいえば，適正人員の算定については，従来の売上数値に基づく算定に代えて，組合員の時短に対応できる算定基準を設ける必要があった。また，時短を支える生産性向上策の1つとして，後方の単純作業を集約して独立させ，パートタイマーに担当させることが企図された。このため，女性正社員の仕事内容が変わり，男性正社員の仕事の一部を担う動きが始まった。さらに，店舗が立地する地域相場の違いがパート賃金に対応できていないことや，パート向け教育訓練が欠落していることが露呈した。後方作業の再編に伴い，店舗によっては換気や照明などの問題も発生した。シフト編成の難しさは，名目上の営業時間と労働時間を分離しても実際には解消されず，シフト対象の範囲等の綿密な再編が必要とされたまま解決は見送られた。

　しかし，長崎屋労組は，様々な問題があるものの，週休2日制の導入のためには，その進行の中で問題に取り組む以外にないと判断し，労使協議会で交渉を続けた。こうして，合計11回の労使協議の継続と，1971年1月のモデル店舗の設置を経て，1971年2月に全店舗で隔週休2日制へ移行した。また，1972年2月からの週休2日制の実施を計画した[42]。

　だがこの後はこう着状態となり，計画した1972年4月からの完全週休2日制の導入には至らなかった。その主な原因は，隔週休2日制の導入時に条件の1つとされた店舗の定休日数の削減が，労使の争点として残ったからである[43]。すなわち，1972年4月からは1週40時間労働，年間休日104日といった長崎屋

第 4 章　流通部会「設立メンバー」のチェーンストア労組

労組の運動方針の下で，生産性労使委員会は継続されたものの，週休 2 日制の導入に関しては労使の見解に隔たりがみられた。

週休 2 日制の実現にとって，事前に労使で一致することが必要とされた争点は，最大のポイントである年間の休日日数に，定休日，有給休暇の繰り込み，拘束時間，生理休暇，適用除外者を加えた 6 点であった。年間休日78日を104日へと大幅に引き上げる制度変更であるから当然だが，週休 2 日制の導入のハードルがきわめて高いことがわかる[44]。

また，会社側は時短による人件費の追加の原資をつくるために，業界の営業拡大傾向を背景に，30日であった定休日の減少を繰り返し労組へ求めた。この定休日交渉が最後まで残り，これ以外の争点はほぼ合意形成が図られた。このため，当初は定休日の維持を主張してきた長崎屋労組は，人員の確保ができることを前提として，ある程度の定休日減少はやむを得ないとの態度に転換し，全繊同盟流通部会の指導方針に沿って定休日24日を歯止めとする条件交渉に移った[45]。

その結果，1973年 1 月，週休 2 日制の導入は1975年 3 月とし，導入に至るまでの年間休日の増加と定休日の減少の措置について労使が合意した。すなわち，週休 2 日制に向けて年間休日を毎年 5 日〜10日ずつ増やし，定休日を 1 日〜 3 日ずつ減らすことで，導入時には年間休日104日，定休日を24日とするものとされた。

ただし，本部勤務者は店舗に比べて休日数が少ないが 1 日の実労働時間で45分短いという特性があったため，休日数の増加をねらう交渉は難航した。また，店舗の監督職のうち数値責任者はオペレーション上，年間休日の大幅減が不可能と判断し，当面は適用除外者として1974年の年間休日は労使合意の87日ではなく，82日とされた[46]。

こうして，年間休日104日による週休 2 日制の導入は，さらに1976年 3 月へと延期された[47]。だが週休 2 日制が実現しても，実際には年間休日104日を達成しにくい状況が続いたため，労組は以降も労使交渉を続け，一層の休日増を要求した[48]。

(5) 労働時間の短縮－初商の撤廃交渉－

　全国規模でみれば，当時の小売業界において正月営業は一般的ではなかった。ところが東北地方などでは正月から初商の習慣があり，全国チェーンではこの初商問題が次第に大きくなっていった。

　結成間もない長崎屋労組は，早くも1970年冬期から初商に関する交渉を始めた。長崎屋労組の基本姿勢は，初商を撤廃することであったが，例外店舗を認めて初商手当で対応していた。すなわち，長崎屋のほとんどの店舗は，正月三が日は休日となっていたが，例えば，仙台のように1月1日から街全体がお祭りのような初売りを行う地区では，地元商店街と連携して営業したいとの要請が会社側から出されていた。このため，長崎屋労組は一部の例外事項として初商を認め，初商手当を要求した[49]。

　1972年末には，1973年度の休日と祝日の重複日が3日間あったため，このうち2日分を初商2日分へ拠出し，残り1日を組合員各人の休日とすることで対応した。これは，週休2日制導入の交渉で年間休日数の調整が進む中での臨時措置であり，以後は休日数の増加で消化する方針となった[50]。

　1973年度の初商交渉では，長崎屋労組は，1975年度をめどに初商を全廃し，1974年度は1月2日営業店舗を3日営業開始へ，3日営業店舗は4日営業開始へ移行するとの方針を打ち出した。すなわち，初商に関する交渉は各店舗ではなく本部交渉に切り替えるとともに，新たな初商店舗は認めず，既存の初商実施店舗については，労使で見直すことを要求した[51]。この背景には，初商の実施店舗の組合員からの正月の休日確保の要求が高まったことがある[52]。顧客の欲求に応えるチェーンストア業界で働く労働者も，社会生活を営む一市民であるべきとの考え方が浮き彫りになったといえよう。長崎屋労組はこれらの要求を受けて，初商問題をチェーンストア労働者の労働条件の向上や，業界の近代化を阻害する要因の除去ととらえて取り組んだ。

　ゼンセン同盟流通部会も早急に初商方針を決定し，チェーンストア各労組の初商交渉を後押しした。すなわち，1975年度の正月三が日休日の完全獲得，1974年度の正月休日2日以内の組合員の休日1日増，正月出勤手当は1日5,000円，重点3地点で地域共闘の団体，マスコミ，労働基準監督署，商工会議所へ

の協力要請，消費者へのビラまきなどを決定した[53]。

しかし，この初商問題は容易に収束しなかった。売上不振の年度では，売上と利益を確保するために，確実に売上をとれる初商を断念することを容認できない会社側と，労働条件向上の観点から正月勤務を避けたい労組側の主張は相容れず，正月営業が拡大する1980年代まで持ち越された。

その過程で労組は，1976年度に向けた1975年10月から11月の交渉において，初商廃止を原則としながらも，手当増額の同時要求を開始した。10回以上の労使交渉と3回の会社回答の後，1月2日勤務7,000円，3日勤務5,500円で合意している[54]。初商問題の労使交渉の焦点は初商の廃止ではなく，徐々に正月出勤手当の増額に移っていった。

(6) レクリエーション活動

最後に，初期の主要な組合活動の1つとして，レクリエーション活動について言及する。長崎屋労組の最初のレクリエーション活動は，1970年8月の三宅島洋上大学である。この活動は，レク活動と労組教育を兼ねたものであり，全繊同盟流通部会が主催し，長崎屋労組を含む流通部会加盟労組の組合員が参加した。8月4日から20日までの期間に4つの班に分かれ，東京三宅島間3泊4日の航路を利用した活動である。レク活動としては，水泳教室，フォークダンス，コーラス，釣り，キャンプファイヤーなど，学習面では意見交換，パネル討論，各職場の実情や経験交流などを実施した[55]。

また，長崎屋労組の独自企画による最初のレク活動は，1972年2月のスキーフェスティバルである。2月2日から4日，2月22日から24日の2回に分けて，苗場スキー場で開催した。このスキーフェスティバルは赤札堂労組と合同主催，全繊同盟流通部会後援により実施され，長崎屋労組から約130人が参加した[56]。

以後，長崎屋労組は，全繊同盟流通部会のレクリーダー研修会への参加でレク活動担当者を養成するとともに，レク企画を増やし内容を豊富にした。当時，レクリエーションが活発になった背景には，隔週休2日制の実施があった。すなわち，時短の達成により余暇時間の確保をねらいながら，レク活動の充実を図り，組合員の求心力を高める努力を継続した。

4 　全ジャスコ労働組合の結成

(1)　ジャスコの沿革と経営状況

　次に全ジャスコ労働組合（全ジャスコ労組）の事例に移ろう。1960年代後半には日本の先覚的な小売企業が伝統的な商慣行に基づく経営からチェーンストア理論による経営へと脱皮し，驚異的な成長に備え始めた[57]。その一群の企業の中に，提携や合併によって大規模化を目指すジャスコがあった[58]。

　ジャスコ設立の中心人物の1人は，アメリカ小売業の視察によって多店舗経営の必要性を痛感した，創業200年の呉服店である岡田屋の社長岡田卓也であった[59]。岡田卓也は，1946年6月に父親の死去により，若年で家業を継いで社長となり，チェーンストアへの脱皮を志して合併による大規模化をねらっていた[60]。小売業の勉強会に出席しては，候補者と判断した経営者に合併を呼びかけていたが，1967年12月に経営診断や経営者会議などを運営する勉強会の「東レサークル」に出席した際に，兵庫県で衣料品店を展開しており急成長中のフタギ社長二木一一に合併を打診した。この打診がきっかけとなり，1968年2月，四日市商工会議所で協議を持ち両社の合併構想は加速した[61]。また，ほぼ同時期に西川屋やニチイにも提携を打診していたが，実現しなかった。このうちニチイとの提携がまとまらず大阪地区が空白のままであったところへ，1968年5月に大阪でスーパーマーケットの店舗を展開するシロ社長井上次郎が提携を打診してきたことを受けて，3社による新会社の設立構想がまとまった[62]。

　こうして1969年2月，後に連邦経営の中枢を担う本社機能の株式会社ジャスコが誕生した[63]。ところが，ほどなく1969年4月に井上次郎が急死し，しかも，それを受けて合併を急ぐ過程で，シロの経営状態が危険であることが発覚した。3社の合併交渉に行き悩んだ結果，まず岡田屋とフタギの2社が合併し，シロは京阪ジャスコと社名変更した子会社にして，ジャスコグループの一員として取引先や金融機関に援助を要請しながら再建させた後に，再度合併を目指すことになった[64]。

第4章 流通部会「設立メンバー」のチェーンストア労組

　ジャスコは発足早々，シロとの決別を選択しなかったことで京阪ジャスコの損失補填による綱渡りのような経営が続いた。他方では，井上次郎の急逝の直後に合併が実現しなかったことが，シロの労働者の心情に影を落とした。1972年8月，ジャスコは京阪ジャスコほか計3社と合併した。この京阪ジャスコとの合併に至るまでのジャスコの主な経過をまとめると，**図表4－4**のようになる[65]。

●図表4－4　ジャスコ設立の主な経過

年	月	内容
1758年	－	元祖岡田惣左衛門が岡田屋を創業
1937年	11月	二木一一がフタギを創業
1946年	6月	岡田卓也が岡田屋社長に就任
1955年	8月	井上次郎が飯田を創業（1963年，シロに商号変更）
1967年	12月	東レサークル例会で岡田卓也が二木一一へ合併を打診
1968年	1月	四日市商工会議所で岡田屋，フタギが業務提携を協議
	5月	岡田屋，フタギが合併を前提とした業務提携
	6月	岡田屋，フタギ，シロで業務提携
	9月	社内公募により，社名がジャパンユナイテッドストアーズ，通称ジャスコ（JUSCO）に決定
1969年	2月	3社共同出資で本社機構「ジャスコ株式会社」設立
	4月	井上次郎死去
	10月	ジャスコ第1号店（焼津店）開店
1970年	3月	第1次合併（岡田屋，フタギ，オカダヤチェーン，カワムラ，ジャスコが合併）
	4月	シロが京阪ジャスコに商号変更
1972年	8月	第2次合併（ジャスコ，やまてや，やまてや産業，京阪ジャスコが合併）
1973年	2月	第3次合併（ジャスコ，三和商事，福岡大丸，かくだい食品，かくだい商事，マルイチ，新庄マルイチが合併）

（注）　各地方のジャスコの設立や他社との業務提携などは省略している。
（出所）　岡田卓也『小売業の繁栄は平和の象徴－私の履歴書－』日本経済新聞社，2005年より作成。

(2) 労組結成の経緯

　ジャスコでは，3社の合併が決定して企業の大規模化が現実性を帯びたことで，労働組合の結成気運が芽生え，労組の必要性を感じた有志グループが結成準備に動いていた。その背景には，ジャスコ社長岡田卓也が合併による大規模化には株式の上場と労組の存在が不可欠と考えていたことがある。大規模化するための潤沢な事業資金調達を可能とするために株式上場を求め，大規模化によって甘くなりがちな経営チェック機能を確保するために労組を求めたのである[66]。

　ところが，有志グループが労組を結成する直前に，突然に別の労組が出現した。将来の合併が企図されていたとはいえ，別会社としてスタートすることで危機感を募らせたシロの労働者たちが，1969年10月7日，ジャスコ労働組合（ジャスコ労組）を結成したのである[67]。同日7日，シロの労働者である組合三役が会社を訪れて岡田卓也へジャスコ労組の結成を通告した[68]。大規模で近代的な経営のために不可欠と考えていたはずの労組が，その発展の阻害要因として立ちはだかったのである。

　しかし，翌日の10月8日，先を越された形になったが，結成準備にあたっていた全ジャスコ労働組合（委員長藤田友彦，書記局長谷口洋）が約160人の組合員を集めた有志結成大会で結成された[69]。全ジャスコ労組はこの有志結成大会以後，改めて結成大会を開催し，また兵庫支部，東海支部，三重支部，京阪支部の順に支部結成大会を重ねた。結成時の労組役員は，**図表4－5**の通りである。結成後初期の労組役員には合併3社の労働者が偏りなく就任している。

　全ジャスコ労組は第2組合となり，総評全国一般の指導によって先鋭化し組織拡大を開始したジャスコ労組に後れを取り窮地に陥った[70]。だが，全ジャスコ労組は，1969年10月14日に改めて開催した結成大会と，会社への結成通知書の提出，さらには2回の中央委員会，2回の団体交渉を経て持ちこたえた。10月29日には西九条此花会館で第1回臨時総会を開催して団結を強め，同日ゼンセン同盟への加盟を決定し，本格的に労組活動を開始した[71]。

　依然として，ジャスコ労組から全ジャスコ労組へ組合員を移して一本化することは容易ではなかったが，全ジャスコ労組の団結力により1年後にはジャス

●図表4-5　全ジャスコ労組結成時の本部役員一覧

中央執行委員長	藤田友彦
副執行委員長	久保井敬一 広田耕一
書記局長	谷口　洋
財務局長	伊東庸三
中央執行委員	中津弘二（兵庫支部長）
〃	碓井泰博（京阪支部長）
〃	岩田庄司（本部支部長）
〃	加藤由夫（三重支部長）
〃	飯田英次（東海支部長）
会計監査委員	西馬亮一（兵庫支部）
〃	進士　忠（三重支部）

（出所）『全ジャスコ労組新聞』第1号，1969年11月30日付。

コ労組が消滅した。ただし，ジャスコ労組を上回る全ジャスコ労組の強力な組織化の背後には，チェーンストア労働者の組織化に乗り出した全繊同盟による支援があった。同時に，人事担当常務取締役で社長岡田卓也の実姉の小嶋千鶴子は，ジャスコ労組の組合員に対して粘り強く説得を続けた[72]。

結成年度である1969年度は，2つの労組が併存していたことから，全ジャスコ労組の組合費収入は1970年2月時点で625万1,237円にとどまっていた。だが，この決算が報告された第2回定期大会での1970年度の組合費収入予算は3,000万円となった[73]。このことから，全ジャスコ労組による組織化が成功し，労組の規模が急拡大し始めていたことがわかる。また，1970年3月14日には，会社側とユニオンショップ協定を締結し，1973年に5,000人突破，1975年に6,000人突破，1979年に7,000人突破と，1970年代の組合員数は増加を続けた[74]。

なお，全ジャスコ労組が結成当初に定めた活動綱領の中で特定の政党を支持しない旨の箇所が後に削除され，ゼンセンに歩調を合わせ民社党を支持する姿勢を打ち出し，多くの組織内議員を輩出した。全ジャスコ労組には当時，合併会社ゆえの混乱やジャスコ労組結成の背景にあった特定の政党活動に対する大きなアレルギーがあった。しかし，ゼンセン同盟副会長柄谷道一を組織内候補

と決定して臨んだ1974年の参議院議員選挙では，当選を果たしたとはいえ初めての国政選挙協力で無力感を経験した。同時に，労働者の労働条件向上と政治とは無縁ではありえないとの見解が徐々に広がった[75]。

　この綱領の決定や変更が物語るように，全ジャスコの門出は，合併後に特有の苦労をともなう活動の始まりであった。合併した各社の制度が一挙に統合されたわけではなく，旧社の異なる制度が継続する期間には，賃金，労働時間，福利厚生などのあらゆる面で，出発点が違うのに着地点を統一する調整に追われ難航した。全ジャスコ労組の初期活動では，全ユニー労組の事例と同様に，会社側に対する交渉力よりもむしろ労組内部での調整力が重視される局面があったことを念頭に置くべきである[76]。

　他方で，最も有望なチェーンストア企業の1つがゼンセン加盟を果たした事実が，以後のゼンセンの組織化実績に与えた効果は大きいと推測される。この時点で，イトーヨーカ堂は進撃の直前でそれほど知名度が高くはなく，当時の関東の雄である東急ストアや西友ストアーは労組が結成されていたが全国チェーン労協へ中心組合として参画しており，関西の雄である全ダイエー労組は一般同盟に加盟していたのである。

　なお，全ジャスコ労組では，1969年に就任して2期をつとめた初代委員長藤田友彦を含め，結成10年間で6人と多くの委員長が選出されている。例えば，本章で分析した長崎屋労組の場合，結成後10年間の就任委員長は，4期をつとめた初代委員長川野正男を含め3人であり，次章以降で分析するイトーヨーカ堂労組では結成後10年間の委員長は2人，全ダイエー労組では同3人である。全ジャスコ労組は委員長交代の頻度が高いタイプの労組といえる。

(3)　ゼンセン同盟流通部会創立への関与

　1970年2月，全繊同盟が流通部会を結成したが，全ジャスコ労働組合の役員は，その結成過程と部会の運営に深く関与している。すなわち，流通部会準備会には，全ジャスコ労組から委員長藤田友彦，副委員長久保井敬一，書記局長谷口洋が参加し，活動方針や規約，予算，役員など主要な検討に加わっていた[77]。

　そうして迎えた流通部会創立大会において，流通部会創立を宣言したのは藤

田友彦であり，流通部会役員選出の提案者を谷口洋がつとめるというように，全ジャスコ労組の2人が大役を果たした[78]。また部会結成直後の1970年度は，藤田友彦と谷口洋が執行委員，久保井敬一が会計監査として部会役員に選出された[79]。なお，流通部会創立記念レセプションでは，ジャスコから社長岡田卓也，人事部長小嶋千鶴子が参加し，岡田卓也は祝辞を述べている[80]。

(4) 同盟流通に対する態度

1970年9月に，同盟系の3つの産別組合に加盟するチェーンストア労組によって同盟流通が発足したが，この時点では全ジャスコ労組は不参加の姿勢をとっていた。またゆるやかな連合体である全国チェーン労協への参加も見送っていた。

しかし，同盟からの組織強化に関する助言を受ける形で1970年11月に新たな同盟流通へ改編されると，全ジャスコ労組は積極的に参加する方針を固めた。さっそく1971年1月に同盟本部で開催された「1971年同盟流通賃金闘争総決起集会」に参加し，同盟の力を背景とした労組活動に合流した[81]。ただし，同時に，組合活動の主体はあくまでも全ジャスコ労組であり，指導を仰ぐべき場合の上部組合はゼンセン同盟であることを確認している[82]。

全ジャスコ労組は，同盟系チェーンストア労組が同盟流通の体質強化のために全国チェーン労協から脱退したことや，全国チェーン労協の調査への協力を停止したことを高く評価した。しかしながら，同盟流通への参加を決めた後も，同盟流通に過大な期待をかけることは現実的ではないと表明している[83]。全ジャスコ労組は，あくまでも全繊同盟流通部会の加盟労組という位置づけを強固に保っていた。

5 初期の労組活動

(1) 労働協約の締結

チェーンストア労働者が組織化されていなかった当時は，当然のことながら労働協約は存在せず，労組の結成によって労働協約に基づく労働という新たな

一歩を踏み出すことができた。それは伝統的な商業の主従関係から近代的なチェーンストアの労使関係へと切り替わったことの1つの証明である。また，先進的なチェーンストアの協約化には，労働協約による労働を標準とするよう波及させることで業界の近代化を牽引する役割があった。

労働協約には就業規則より優位性のある法的拘束力があり，その運用を通じて相互理解が深まり，労使関係の安定性を築き，企業平和を維持することができる。したがって協約化そのものに，労組がチェーンストア業界の成長に寄与する面がある。全ジャスコ労組は，結成直後から労働協約の締結を急いだので，まずこの点について取り上げよう。

全ジャスコの労働協約の締結の契機は，1969年11月の第1回臨時総会における会社側と順次協約を結びそれらを統合する，いわゆる「積上方式」による協約締結方針の決定にさかのぼることができる[84]。この方針により，1970年4月までに，会社側と団体交渉契約および暫定労働契約を締結するとともに，以後も積上方式で締結を継続することとした[85]。

全ジャスコ労組は1970年11月に労使協議制の導入を機関決定し，経営審議会と労使協議会の設置を労使で合意した[86]。これを受けて，1971年2月に第1回の労使協議会が開催され，労働協約，時間短縮，賃金，組織検討，福利厚生の5つの専門委員会が設置された。各専門委員会は労使各3人で構成される[87]。

このうち，労働協約専門委員会では，暫定労働協約を踏まえて，債務的部分と規範的部分のうちまず前者の集大成を行うことや，団体交渉によって協約を締結することなどが労使で合意された[88]。

こうして全ジャスコ労組は各種の協約の締結を文字通り積み上げ，1972年3月16日の第4回定期大会において，ほとんどの内容を集約した労働協約の締結を決定し，3月27日の中央労使協議会で締結に至った。ただし，例えば，労働協約と就業規則の関係，組合活動と人事権の解釈，争議協定の是非などで疑義と反論の応酬を含む多くの協議を重ねた後の締結となった[89]。

(2) 賃上げ交渉－1972年度の交渉－

次に，初期の全ジャスコ労組の賃金交渉について検討しよう。ここでは，全

ジャスコ労組の結成以来2回の賃上げ交渉を経て、内部体制の整備がある程度まで進められた第3期にあたる1972年度の交渉を取り上げる[90]。

1972年度の賃金交渉では、全繊同盟の要求方針は同盟と同じく21%以上であった。これを受けて全繊同盟流通部会は23%前後、前年度妥結額を下回らない額の獲得、最低賃金は25歳扶養1人と30歳扶養2人で設定、中間ポイント賃金は高卒女性21歳勤続3年と高卒男性25歳勤続7年で設定、地域手当、家族手当、住宅手当の改定増額、7:00以降および19:00以降勤務者の特殊時間帯勤務手当の要求などを柱とする具体的な要求方針を固めた[91]。

この全繊同盟流通部会の方針と指導の下、全ジャスコ労組の1972年度の賃上げ要求額および要求率は基本給1万円、諸手当アップ分1,245円であり、あわせて1万1,245円、約24.5%と決定された。このうち、基本給分は定昇込みで昇給昇格原資を含まず、また諸手当分は世帯手当、住宅手当、上級社員手当から構成される。基本給は等級別に昇給を確保するとともに、女性組合員の年齢別賃金格差を広げることを要求した。これにより、高卒女性の入社後数年間の、主要他社よりも低く抑えられてきた賃金を上げることをねらった[92]。

要求した基本給をさらに男女別、等級別に試算した配分案にまで分解すると図表4-6のようになる。すなわち、男性は平均1万911円、女性は8,513円の基本給の増額を要求し、男性の場合は嘱託9,000円、1級9,300円から6等級では1万4,800円までといった配分となるが、4級以上では男女差がなくなる。ただし、アップ率は1級と2級で大きい。また、高卒女性を中心とした年次格差分は500円であり、最低保証分は男性のみで827円となり、以上を合計した男女の平均が基本給要求の1万円となる。

これに諸手当分を加えた総額の男女別試算による配分案は、図表4-7の通りである。世帯手当を新設して、男性に対して第1扶養5,000円、第2扶養1,000円、第3扶養500円で平均3,206円、住宅手当は、扶養者のある男性から、扶養者または配偶者のある男性へ適用を拡大して143円、上級社員手当も新設して2,000円と決定された。

全ジャスコ労組は、この要求案を1972年3月16日の定期大会で決定し、3月17日に会社側へ要求書を提出し、第1回会社回答を受けて3月27日に団体交渉を開始した。会社側回答は一発回答による解決を意図した1万円であり、ほと

●図表4－6　1972年度の全ジャスコ労組の賃上げ要求案（男女別，等級別の基本給配分案）

(円)

等級	男性	女性	合計	
6級	14,800	14,800	14,800	17.2%
5級	12,800	12,800	12,800	18.2%
4級	10,800	10,800	10,800	19.1%
3級	10,000	90,00	9,168	19.2%
2級	9,700	8,550	8,811	21.4%
1級	9,300	8,100	8,267	21.6%
嘱託	9,000	7,800	8,332	18.6%
平均	10,911	8,513	9,351	20.4%
年次格差是正分	100	500	360	0.8%
年齢別最低保証分	827	－	289	0.6%
基本給上昇分合計	11,838	9,013	10,000	21.8%

（出所）『ふぇにっくす増刊』第28号，1972年2月付。

●図表4－7　1972年度のジャスコ労組の賃上げ要求案（男女別配分案）

(円)

	男性	女性	合計	
基本給	10,911	8,513	9,351	20.40%
年次格差是正分	100	500	360	0.79%
年齢別最低保障分	827	－	289	0.63%
世帯手当（新設）	3,206	－	1,120	2.44%
住宅手当（改善）	143	－	50	0.11%
上級社員手当（新設）	36	96	75	0.16%
総計	15,223	7,800	11,245	24.53%

（出所）『ふぇにっくす増刊』第28号，1972年2月付。

第4章 流通部会「設立メンバー」のチェーンストア労組

んどの要求案を受け入れたもので，労組側をやや驚かせた。だが，世帯手当の新設と高卒女性の年齢別格差の拡大を拒否したことを突破口にして，団体交渉を重ねた。

世帯手当の新設に関して，会社側は，努力した者に多くが配分される賃金制度が必要であり，中高年だけに配分する時代遅れの手当との主張を続けた。また会社側は，高卒女性の賃金に関しては，その職務内容が固定されており，加齢に応じて必ず一定の差があるのは合理的ではなく，同時にパートタイマーの戦力化により将来はさらに職務が限定されるとの見通しから，格差の拡大の根拠を否定した。

この2点で労使交渉が難航したまま，交渉の焦点が1万円の突破に移ったところで，設定されていた自主交渉の打ち切り日である4月10日を超えることとなった。そこで全ジャスコ労組は全繊同盟流通部会との共闘や，スト権の確立を視野に入れ始めた。ワッペン闘争の開始とスト権の確立を検討していたところ，4月12日，会社側から1万200円，22.2％の回答が出た。平均賃金としての内訳は，基本給分が8,971円，諸手当は住宅手当が200円，地域手当が179円，役職手当改定が850円のアップであった。

これらの会社側回答を受けて，4月14日に労組の評議委員会が妥結承認に踏み切り，賃上げ交渉が終結した[93]。具体的な基本給分の男女別および等級別の妥結平均額は**図表4－8**の通りであり，また手当の妥結改定額は**図表4－9**の通りである[94]。ちなみに，全繊同盟流通部会加盟の小売業労組10組合の1972年度の平均要求額は1万1,650円の23.4％，妥結額は1万140円の21.7％であり，全ジャスコ労組の賃金交渉はそれらをわずかに上回るものであった[95]。

● 図表4－8　1972年度の全ジャスコ労組の賃上げ妥結額（男女別，等級別の基本給配分）

（円）

等級	男性	女性	合計	
6級	14,080	14,080	14,800	16.9%
5級	12,100	12,100	12,800	17.9%
4級	10,100	10,100	10,800	18.5%
3級	9,450	8,650	8,840	18.8%
2級	9,150	8,250	8,426	20.9%
1級	8,250	7,750	7,817	20.0%
嘱託	7,550	7,150	7,331	16.9%
基本給分	10,333	8,178	8,971	19.6%
合計	10,063	8,533	10,200	22.2%

（注）　合計は，基本給分に手当分を加算した。
（出所）『ふぇにっくす増刊』第31号，1972年4月10日付。

● 図表4－9　1972年度の全ジャスコ労組の賃上げ妥結額（手当）

（円）

		従来	改定後
役職手当	6級	24,000	30,000
		21,000	27,000
		18,000	24,000
		15,000	21,000
	5級	8,000	10,000
		7,000	9,000
		6,000	8,000
		5,000	7,000
	4級	4,000	6,000
		3,000	5,000
		2,000	4,000
	3級	—	2,000
住宅手当		5,000	8,000

（注）　改定後の3級役職手当は新設。改定後の住宅手当の適用者は，「扶養家族または配偶者を有する男性」。
（出所）『ふぇにっくす増刊』第31号，1972年4月30日付。

(3) 一時金交渉－1972年度の交渉－

　続いて，ジャスコ労組の一時金交渉の事例に移る。全ジャスコ労組は，一時金交渉を夏期と年末の２回に分けず，１年間で一括して交渉する方式を採用した。1972年度についても，一括交渉で特段に不利な点はなく，またそこから生まれる余力を他の問題の交渉へ振り向けるとして，1972年６月に一時金の要求に入った[96]。具体的な要求は，中労委調査等に基づき民間主要企業の年間の一時金の月数が５か月台であること，全繊同盟流通部会の統一目標が年間５か月以上であることを重視し，基本給の5.33か月，28万7,500円と設定した。なお，一時金の配分比率は1971年度と同じく夏期43％，年末57％とした。

　この1972年度の要求を含め一時金の推移を等級別に支給額と月数の両面からみると図表４－10のようになる。全ジャスコ労組は結成以来，前年度を上回る一時金を要求して獲得しながら，一時金が５か月以上となる配分対象の等級を着実に下方へ広げてきた。また，伸び率に注目すれば，上位等級よりも下位等級の一時金について支給額でも月数でも高めてきたことがわかる。つまり，徐々に等級別の一時金格差を縮めてきている[97]。さらに，他社との比較を重視するジャスコ労組は，同時期の同業他社の一時金を上回るように取り組んでいた[98]。

(4) ワッペン闘争をともなう賃金交渉

　賃金交渉にせよ一時金交渉にせよ，全ジャスコ労組は例年，自主交渉の期限を超えても決着しない場合，ワッペン戦術に入る準備をしていた。ワッペンやリボンは，製造業の賃金交渉では多用されていたが，小売企業の経営者は，販売に従事する労働者が着用したワッペンが顧客の目に触れることを極端に忌避する傾向がみられた。ジャスコの場合も例外ではない。このため全ジャスコ労組もワッペンに対しては慎重に取り扱ってきた。ここでは，全ジャスコ労組が初めて全組合員に対してワッペン着用を指令して全面展開した1975年度の賃金交渉を取り上げよう。

　前年1974年度の賃金交渉では，第１次石油危機による狂乱物価が発生したため，インフレから生活を防衛するための高賃金を求め，要求額２万6,761円

第Ⅱ部 「ゼンセン」のチェーンストア組織化

●図表4-10 全ジャスコ労組の等級別一時金の推移

	1970年度		1971年度			1972年度			1970年度			1971年度			1972年度		
	支給額	伸び率(%)	支給額	伸び率(%)	要求額	伸び率(%)	支給月数	伸び率(%)	支給月数	伸び率(%)	要求月数	伸び率(%)
6級	557,400	100	633,000	113	751,000	135	7.05	100	7.40	105	7.72	110
5級	345,400	100	424,200	122	519,300	150	5.90	100	3.16	104	6.55	111
4級	229,100	100	286,500	125	381,200	166	4.77	100	5.15	108	5.88	123
3級	174,000	100	225,700	130	300,900	173	4.43	100	4.77	108	5.38	121
2級	145,200	100	185,800	128	254,500	175	4.18	100	4.53	108	5.24	125
1級	129,000	100	170,700	132	227,600	176	3.84	100	4.24	110	5.02	131
嘱託	139,100	100	173,100	124	231,100	166	3.71	100	3.92	106	4.69	126

(出所)『ふぇにっくす』第33号、1972年6月10日付。

(37.1％),妥結額2万3,780円(33.0％)といった高い賃上げを実現していた[99]。しかし,その反動で消費が落ち込みつつあり,企業倒産が続出するなど日本経済は曲がり角に立っていた。1975年度の賃金交渉は,チェーンストアの爆発的な成長性に疑問符が付き始めた時期にあたる。

　1975年3月3日,賃上げ闘争臨時大会を開催した全ジャスコ労組は,2月に作成された労組執行部要求原案の通り,1975年度の賃上げ要求案を決定した[100]。平均で基本給2万2,897円(24.3％),資格給950円(1.0％),世帯手当1,241円(1.3％),住宅助成金610円(0.6％),地域手当40円(0.05％),社宅負担金246円(0.25％)で,合計2万5,984円,27.5％の要求であった。

　労組側要求の趣旨説明に重きをおいた3月3日の第1回団交を経て,3月24日の第2回団交では,会社側が鉄鋼労連の数値に依拠するとの理由で有額回答を保留したため,労組は一気に硬化した。会社側の回答引き延ばし策に対抗するため,早急にワッペン着用を決定し,3月30日に全分会一斉職場集会を開催してワッペン着用を確認し準備に入った。

　ところが3月31日の第3回団体交渉では,会社側が春期7％,秋期3.8％という異例の2段階方式による低額の回答を提示したため,全ジャスコ労組は不当な回答と判断し,ワッペン闘争に踏み切った。他方,会社側がワッペンの剥奪や着用者への叱責を始め,多くの支部でトラブルが多発した。しかし,4月4日の第4回団体交渉でもなお上積み回答がなかったため,労組はスト権投票の準備に移った。

　4月8日,全ジャスコ労組はスト権確立評議委員会を開催し,スト権投票を実施した結果,97.9％の賛成を得てスト権が確立し,自主解決の期限の4月11日以後に直ちに実施する第一波ストライキを4月13日に,また第二波ストライキを4月19日に設定した。

　このスト権を背景にした4月10日の団体交渉で,会社側は春期11.8％,秋期17.8％の回答を提示したが,これを労組が拒否したところで4月11日を迎えた。なお,同日,ダイエー労組が19.5％で妥結,ニチイ労組が18.5＋αで妥結した。全ジャスコ労組は会社側と深夜まで交渉を重ね,春季16.5％,秋期21.5％,年間平均19％,1万7,949円の賃上げ回答を引き出した。4月12日,評議委員会でこの会社側回答を受け入れることを決定した。全ジャスコ労組は,翌日に予

定されていたストライキのビラまき態勢を解除し、ワッペン着用の終了を指令し、賃上げ交渉は終結した[101]。

1972年の賃金交渉では、妥結の最終局面に関して一部の組合員から不満があがっていた。だが、1975年の賃金交渉では、全ジャスコ労組は、要求と会社側の回答の隔たりが大きいことを問題視し、早期からワッペン闘争に入り、さらにストライキの実施を背景に交渉を続けた。1975年度のゼンセン同盟流通部会の小売業組合の賃上げの平均妥結率は18.5％であり、全ジャスコ労組は、強力な交渉力により、当初の異例ともいえる低額回答を業界水準以上の妥結へと引き上げた。

(5) 労働時間の短縮

全ジャスコ労組は、創設されたばかりの全繊同盟流通部会が決定した労働時間短縮の方針に基づき、さっそく1970年から週休2日制導入の検討を始めた。チェーンストアも小売業の一般傾向と同じく長時間労働が問題になっており、しかも企業間競争が熾烈になればなるほど、時短が困難になっていた。しかし、チェーンストア労組が誕生し、産別組合が創設されたことにより、組合員の労働条件向上の観点から、労働条件を犠牲にした企業間競争ではなく、各企業の労働者が集結したことを背景とした業界全体の時短交渉を模索できる段階に入った。

全ジャスコ労組は、1970年10月の第3回臨時大会において、週休2日制の導入に向けた取り組み方針を確認し、当時1週48時であった労働時間を、1972年4月から週休2日制による1週40時間に短縮する活動に入ること、および、その準備段階として1971年度中に隔週休2日制への移行を要求することを決議した[102]。

これを受けて1970年11月2日、全ジャスコ労組は、会社側に対して週休2日制の要求書を提出した[103]。臨時大会で決議したスケジュールに沿った導入内容に加えて、労使協議会の下部組織の時短研究機関を設置して労使双方が時短の前提条件と段階的な実施計画を検討することや、解決目標の期限を1971年3月末とすることなどを求めた。また、その準備措置として、時短のPR活動の推進、売場の応援体制確立のための作業割当の改善や人員配置の適正化、作業

方式の改善，残業手続きの明確化，年次有給休暇と代休の完全消化，始業終業休憩時間の順守，休日増に備えた福利厚生施設の充実などを要求した。

ジャスコの労使で設置した専門委員会で最も議論が集中したのは，他ならぬ「時間短縮専門委員会」であった[104]。また，時短のために不可欠となる作業の効率化や標準化，人員配置など店舗組織の改善は「組織検討専門委員会」が担当することになった。

第1回の時短専門委員会が開催されたのは1971年5月26日であり，年内の4回の委員会によって，年間の休日日数の増加で時短を主導すること，できるだけ長期休暇を導入すること，売場主任や監督職でも同様の時短とすること，生産性や計画性の進展による時短とすることなどの共通認識により議論を深めた[105]。

その成果として，労使は第1期（1971年8月～1972年7月）時短計画を策定した[106]。この計画による取り組みは，週休2日制の導入を視野に入れ，その前に隔週休2日制の導入を可能とする体制がとれるかどうかを試す意味で，一種の実験といえる。すなわち，計画休暇の概念を導入し，組合員が店課長以上の上司と話し合って事前計画による休日を確保することをねらった。また，連続休暇を投入し，6日間の休日を2回取得するものとした。さらに，疾病欠勤や遅刻早退に振り替えることが可能な，病気や冠婚葬祭などの理由で使える調整休暇を導入して休日を取得する際の障壁を低めた。

他方，管理職の時短も視野に入っていた点が特筆される。同時期の多くのチェーンストアでは隔週休2日制の導入が推進され始めていたものの，店舗の課長以上は適用除外となり，実際には女性組合員のみに円滑に浸透する例が多かった。これに対して，ジャスコ労使はその矛盾をできる限り緩和する目的で，勤続年数に基づいた休暇取得と功労金の支給をセットにした「ごくろうさん休暇」を採用した。

こうした時短計画に先立ち，富洲原店を実験店に指定し，その結果をもって連続休暇の方法論が提示された。すなわち，連続6日間の休暇を2回とるためには，短期間にチーム単位でまとまって休日に入ることとされ，例えば，8月下旬，その直後，9月上旬，9月中旬に分かれることや，日曜日は全員出勤日として販売に集中する一方で，他の組合員との引き継ぎを行うことなどである。

これらの取り組みの結果，1971年度は，連続6日休暇2回分で12日，連続3日休暇（正月）で3日，連続2日休暇11回で22日，1日休暇38日，調整休暇10日で，合計85日の休日数となった。また，これ以降の目標年間休日数では計画休暇の連続日数をさらに伸ばし，年間休日日数を大きく増加させる計画であった[107]。実際には計画通り進展しなかったが，労使で取り組むための強力な指針として週休2日制への移行を主導した。

以上のことから，労働時間の短縮に関する労使の取り組みは，単なる時短の要求というわけではなく，休日を増やす目的を達成するための労使協議による生産性向上の協業とみたほうが妥当である。同時に，近代的なオペレーションを備えており，理論上，時短の達成が可能であるはずのチェーンストア業界において，実際には時短が会社側の意向や指示のみでは達成できない難事であることを示している。

(6) ZL 運動

ゼンセンの「力と政策」のスローガンの下で，流通部会の加盟労組も，労使対等路線を展開した。すなわち，常に労使対立ではなく，得るべき成果を増加させることを視野にいれた活動を追求する。全ジャスコ労組の活動の中からその好例を取り上げよう。その1つは商品ロスの低減という小売業界で共通する課題に対して，「ロスをなくそう（ゼロ・ロス，ZL）。」と全ジャスコ労組が会社側と共同で取り組んだZL運動である。

1970年6月，全ジャスコ労組は，生産性を向上させて多くの成果配分を要求することを目的として，ZL運動を強力に推進することを宣言した[108]。当時，店舗では1年間6回（食品は12回）の棚卸しが実施されていたが，毎回不明の商品ロスが続出していた。そこで，全ジャスコ労組は，利益確保と発展阻害要因の除去のために労使で早急に解決すべき問題ととらえ，商品ロスの低減とそれに伴う年間1回の棚卸しへの移行を目標に掲げて，組合員が団結して努力することを確認した。同時に，労使でZL運動推進本部と各種小委員会を立ち上げ，それぞれに労組役員が参加して運営方法の検討と原案作成に入った。

全ジャスコ労組の分析によると，商品ロスの原因は，第1に商品部門の売価変更方法が原因の商品部責任ロス，第2に店舗側の販売方法が原因の店舗側責

任ロス,第3に品切れによる機会損失ロス,第4に伝票処理の誤りによる不照合ロス,第5にレジ間違い,商品の汚損や万引きなどによる不明ロスと特定された(109)。

ZL運動を具体的にみよう。まず,店舗ではZL運動推進の組織を編成し,商品担当グループごとにチームが作られる。例えば,明石モード店では,ZL運動推進本部長,ZL運動推進協議会,売上必達委員会を置き,各商品担当には商品ロス撲滅小委員会,事務上のロス撲滅小委員会,レジ上のロス撲滅小委員会,棚卸し上のロス撲滅小委員会,売上必達小委員会と称するチームが編成されている(110)。

それぞれのチームの活動は,ブレーンストーミングを通じたZLのための問題把握と対策の決定と,行動のチェック項目づくりである。東山二条店の例を取り上げよう。例えば,東山二条店の家庭用品部門チームでは,ブレーンストーミングによってロスの要因を売価記入違い,値付け違い,不良品と返品処理の誤り,万引き,不適正在庫の5項目に特定し,次のような対策を決定した(111)。すなわち,売価の記入間違いの発生を避けるために,売価記入は管理担当者が記入するとともに,特に特売商品の売価記入は特定指示書に基づいて記入する。特定指示書は売場担当者が控えを蓄積し特売日終了時点で売価記入したものとする。値札間違いに対しては,プライス表と照合しながら補充し,間違いがあれば納品書にさかのぼって照合する。不良品と返品処理は専用の箱を用意し,不良品は発見時に,返品商品は閉店後に箱に入れ,1週間に1度売価変更して伝票に記入する。万引き対策は,売場を極力離れず,1日2回の商品整理と1時間1回の巡回点検を行い,売場に必ず販売員のいるイメージを強める。在庫量については,多くなると見切りロスと不明ロスが膨らむ傾向にあるので,3日に1回の倉庫整理を行い,在庫量が売上高を下回るようにする。

もう一例,門真店の食料品家庭用品部門合同チームを取り上げよう。門真店ではこの他に生鮮部門チーム,1階3階チーム,2階4階チームの計4チームがあり,チェッカーは各チームに分かれる。食料品家庭用品部門合同チームのブレーンストーミングの結果,伝票の記入漏れ,レジ間違い,売価変更が多いといった問題が発見された。このため,売価変更を減らす,値札落ち商品を発見する,不明確な価格の廃止を目標と設定するとともに,特にチェッカーの目

標として，釣り銭間違いの注意，返金時の打ち間違い処理の徹底，そろばんによる検算などを掲げた(112)。

また，ZL運動の開始とともに，その一環として，社長と全ジャスコ労組委員長によるZL運動メッセージとZL運動手帳の配布，毎月15日から1週間のZL運動推進週間の設定，各店舗朝礼時のZL運動活動発表の継続，ZL運動バッチの装着などのキャンペーン活動や，ZL運動に関する懸賞論文の募集やZL運動コンクールなどを進めた(113)。

チェーンストアは，商品の高速な回転率を梃子に大きな利益を得る小売業態である。このため，小さなロスは小さな利益喪失では済まないため，切実な問題であった。ZL運動の事例は，こうした重大な経営課題に対して労使で取り組むことを示している。ジャスコ労組はその取り組みの成果を最大にして収穫することを望んでいたことは明確である。すなわち，労働協約の締結や賃金交渉では激しい協議に入ったり紛争に至る一方で，労使交渉の成果を上げるための源泉を追求するためには積極的に協力する。ZL運動は，まさに労使対等の組合運動の1つであるといえる。

6　おわりに

本章は，長崎屋労組，全ジャスコ労組の結成と初期の活動に関する事例分析を行った。長崎屋労組の事例では，主要な内容に立ち入って検討した結果，以下の点が示唆された。

まず，労組の結成によって一般に労働条件や職場環境の整備が進むことになる。その中には未払いや不払い残業，不当解雇などを回避して労働法を遵守させる効果がある。労働法違反が横行するようでは，企業としての将来はないが，実際には伝統的な商業の労務管理には労働法違反が後を絶たなかった。長崎屋がこれに該当するわけではないが，新たな業態として台頭したチェーンストアであっても過渡期には商業経営者の裁量によって，同じ轍を踏む可能性があった。その危惧を避け，業態の近代化へ貢献したのは労組であった。

伝統的な労務管理にしがみつき，乗り切ろうとする経営者にとっては，労組は経営の障害であるとみなされ，絶対に認めたくない存在となる。これに対し

て，近代化を進める経営者ならば，労組を会社の内部固めのために必要な存在とみる。チェーンストア労働者の組織化の開始はその分かれ道をつくった。

　幸いにも長崎屋のケースでは，経営者のタイプは後者であり，長崎屋労組は円滑に結成された。しかも，経営者が追求していたのは，「高賃金，高能率の原則」による経営であり，労働者にとって高賃金を獲得する機会となった。だが，経営者の理想と，現実の賃上げは全く違う。長崎屋労組は，この原則の追い風に乗りつつも，さらに執拗な賃金交渉を継続し高賃金を獲得した。とりわけ，長崎屋労組の一時金の月数は突出しており，他の労組の要求に波及することで業界の労働条件の向上を牽引した。同時に，長崎屋の成長にとって不可欠な高能率に対して労使で取り組めるように整備したのは他ならぬ労組であった。

　労働時間についても，賃上げと同じく労組が強力に要求し獲得したものである。休日が増えても忙しくて休みがとれない状況から，実際に休める体制を作り上げるのは容易ではなかった。週休2日制の導入は，労働法が定めるから実現したのではなく，集団的労使関係を駆使した労組が，生産性の向上を進めながら会社側を動かしたからこそ実現できた。それに加えて，時短の獲得と表裏一体の関係でレクリエーション活動を進め，最も過密で多忙であった産業に，新たに余暇の現実性を組み入れた。

　長崎屋労組は，賃金や労働時間といった重大な問題だけでなく，店食や寮など，さらにはレクリエーションを通じて，高能率を実践するはずの組合員が，不満や苦情をため込んで能力発揮の程度を低下させる可能性を除去していた。この意味でも生産性を向上させることになり，「高賃金，高能率の原則」を仕上げていたのは労組であった。

　それだけでなく，労組は労働者の凝集性を高めた。賃上げや労働時間などあらゆる労働条件の交渉では，労働者が一体となりまとまる経験が重ねられる。一体感のある経営，求心力のある経営は経営者にとっての理想だが，会社側だけで実現するのは難しい。こう考えると，労組は実はチェーンストア人材を育てていることわかる。労働者が自主的に労働条件や職場環境を改善する過程では，自らの仕事を考え，自らが所属する職場や企業を考え，企業が躍動する業界を考えるからである。労組は責任あるチェーンストアマン，チェーンストア・ウーマンを育てていた。

以上のように，「同床の労使関係」が認められた。こうした健全な労使関係を背景とすれば，労働条件や職場環境の向上を通じてチェーンストアを近代的産業に相応しい水準まで引き上げ，業界を成長させた労組の役割は大きいと考えられる。

本章ではこの視点を保持して全ジャスコ労組の事例に目を移して分析した。しかし，全ジャスコ労組の組合結成と初期の労組活動の内実は，一言でいえば「三重苦」の様相で進行していた。第1に，全ジャスコ労組の結成直前に別の左傾組合が結成されたことにより，第2組合の立場で労組活動を始めることを余儀なくされた。第2に，ジャスコの大規模化の原動力である企業合併にともない，旧社の制度や慣行の余波を受けながらの交渉の調整に追われた。第3に，企業の近代化のために不可欠であったはずの労組がその阻害要因になりかけた事実により，経営者に労組に対する潜在的な疑心が再起しかねない中で，労使対等の立場を形成するという難事に直面していた。すなわち，「混乱の労使関係」と「左右の労使関係」が重なっていた。

だが全ジャスコ労組はその状況下にあって，ゼンセンの協力や支援を受けながら組織拡大して唯一の労組となり，積極的な労組活動を開始した。本章で取り上げた活動のうち，賃上げや一時金の交渉では，流通部会の方針や指導を受けて，出発点が違っても着地点を同じくする困難があったものの，着実に条件向上を進め，業界水準を押し上げた。また労働時間については，計画的な連続休暇を入れた休日数の増加によって徐々に労働時間の短縮を図った。労働条件や職場環境の整備は，チェーンストアの爆発的な成長のために必要な大卒者の大量採用にとって，欠かすことができない要点であった。

この他にも全ジャスコ労組は，労働協約の締結を急ぐとともに，労使対等の関係の基礎固めとして組織体制の整備を推進した。さらに，労働者が獲得する成果を拡大するため，労使でZL運動を展開した。

全ジャスコの事例では三重苦があったために，労組が不在であった場合を想定することで，その役割の大きさが鮮明になる。例えば，労働時間の短縮では，会社側の主導によって早々に休日の増加が確保されただろうか。あるいはZL運動のような生産性の向上策の全面展開は，会社側が従業員に直接に指示して動き出したのだろうか。これらの行動は，労働者が一丸となり，労働条件の上

第4章　流通部会「設立メンバー」のチェーンストア労組

昇や将来の展望を持たなければ実現しない。急成長中で労働強化が続くチェーンストアにおいて，団結ある行動に現実性を持たせたのは労組であった。また，合併を多用して成長するジャスコではなおさら労組の役割が大きかった。

全ジャスコ労組の1975年度の賃金交渉の経緯が示唆するように，会社側の経営者の意識は潜在的には非常にシビアであり，時にそれが交渉の前面に押し出されてくる。だが，全ジャスコ労組はワッペン着用やスト権確立およびスト設定を背景とした交渉で最終的に巻き返し，業界水準以上の賃上げを守った。この事実に限らず，全ジャスコのあらゆる活動にはそれぞれの苦境があったはずである。しかし，激しく対立する局面を経験しながら常に労使対等の立場を求め，組合員の成果の拡大のために生産性の向上を視野に入れて，労組活動を続けてきた。こうした「同床の労使関係」を通じて成長を続けた労組が，ジャスコの発展に貢献してきたといえる。

● 注
（1）　長崎屋は2007年，株式会社ドンキホーテの連結子会社となった。
（2）　アイスキャンデーを販売し始めたのは，オアシスの近隣に十字屋がアイスキャンデー店を始めたからである。以後，練乳アイスキャンデー，すいかアイスキャンデーなどで両社は競っていた。長崎屋と十字屋は神奈川県発祥の衣料品チェーンとして激しく競合する以前に，アイスキャンデーで競合していたことになる。猪飼聖紀『松籟の如し　異能の商人　岩田孝八』四海書房，1988年，pp.214-215。
（3）　岩田孝八「目標を高く，視野を広く」，岩田孝八，井植薫，手塚国利，玉置明善，上西亮二『経営のこころ』日刊工業新聞社，1973年，p.23。
（4）　岩田孝八「目標を高く，視野を広く」，岩田孝八，井植薫，手塚国利，玉置明善，上西亮二『経営のこころ』日刊工業新聞社，1973年，p.32。
（5）　このアメリカ視察に参加し，後に企業合併によりジャスコを設立した岡田卓也は，視察中，岩田孝八と同室に寝泊まりして，毎夜のように日本の小売業の将来について語り合っていた。その時に岩田孝八は「これからはチェーンストアでやっていく。」と決意を語ったという。岡田卓也『小売業の繁栄は平和の象徴－私の履歴書－』日本経済新聞社，2005年，pp.67-68。
（6）　この本社仕入部へ問屋を集めて商品展示して各店の仕入担当者が選定する，統一展示会方式を導入した。岩田孝八「目標を高く，視野を広く」，岩田孝八，井植薫，手塚国利，玉置明善，上西亮二『経営のこころ』日刊工業新聞社，1973年，p.36。
（7）　奥住正道『証言戦後商業史　流通を変えた100人の記録』日本経済新聞社，1983年，pp.158-159。

第Ⅱ部 「ゼンセン」のチェーンストア組織化

(8) 猪飼聖紀『松籟の如し　異能の商人　岩田孝八』四海書房，1988年，pp.344-345。
(9) 例えば，長崎屋常務は，「会社の成長のためには，資本の公開，経営の合理化，従業員との関係改善のために労働組合が必要である。」と発言している。『全長労ニュース』(長崎屋労組機関紙)第1号，1969年9月30日付。また，「企業間の熾烈な競争に勝ち残るために多少の矛盾が生じた際に，労組が遠慮なく会社に忠告し，改めるべきことは改めるといった労組のチェック機能に期待する。」との意見を述べた。『全長労新聞』(『全長労ニュース』から名称変更)第4号，1970年2月15日付。
(10) 岩田孝八「目標を高く，視野を広く」，岩田孝八，井植薫，手塚国利，玉置明善，上西亮二『経営のこころ』日刊工業新聞社，1973年，pp.40-41。
(11) 長崎屋は1956年に平塚店の空き地を利用して食品部として食品販売を始めた。この食品部はテナント方式で肉，菓子，つくだ煮，茶，パン，たこ焼きの店舗を入居させて家賃を取り，鮮魚だけを長崎屋が直接販売した。だが地元鮮魚店からの圧力で平塚市場から仕入れができず，築地市場で買い付けていた。店員には商品知識も販売技術もなかった。売上は低迷し，大量に売れ残った魚の処理に困り果て馬入川に捨てていたという。結局，直営から撤退し鮮魚もテナントとした。これが食品はやっかいでひどい目に遭うものだという岩田孝八の原体験となった。猪飼聖紀『松籟の如し　異能の商人　岩田孝八』四海書房，1988年，pp.304-306。
(12) 竹山京次「流通部会礎石の人－坪西さん(初代部会長)を偲んで－」，ゼンセン同盟『流通部会10年史』1981年，p.5。
(13) 『全長労新聞』第4号，1970年2月15日付。
(14) この研修会では，会社側の常務，給与厚生部長，訓練部長の講義と質疑応答，全繊同盟の教宣局長，化繊部会教宣委員長の講義と質疑応答，これらの他に賃金，時短，厚生の各分科会が開催された。『全長労新聞』第2号，1969年12月20日付。
(15) 会社在籍時の現給保障や，委員長25,000円，副委員長，20,000円，書記長20,000円の月額専従手当の加算，通勤手当の実費支給などが決定された。『スクラム』(『全長労新聞』から名称変更)第5号，1970年7月16日付。
(16) 『全長労新聞』第2号，1969年12月20日付。
(17) 『スクラム』第7号，1970年10月15日付。労組の規模拡大にともない，以後の組合費収入は4,732万9,593円，5,827万554円，8,661万4,735円というように年度を重ねて増加し，活動を支える予算が潤沢になり始めた。『スクラム』第31号，1971年9月15日付，『スクラム』第56号，1972年9月20日付，『スクラム』第76号，1973年9月15日付。
(18) 長崎屋労働組合『20周年誌』1991年，p.7。
(19) この点について，長崎屋労組の第2期組合本部役員選挙では，候補者は定数を上回り，「本部の体質そのものに問題があり真に闘争を貫徹するために，本部を我が手で変革しなければならない。」など激しい闘争意欲を持つ候補者が含まれている。『スクラム』第6号，1970年8月18日付。また，例えば，長崎屋労組結成と同じ1969年には，ジャスコで当初計画されていた労組結成の前日に，突如として極秘に準備されていた左傾派組合が結成され，会社側へ結成を通告し，本来結成されるはずの労組の初期活動の足かせとなった。岡田卓

第 4 章　流通部会「設立メンバー」のチェーンストア労組

　　　也『大黒柱に車をつけよ　私の体験的経営論』東洋経済新報社，1983年，pp.32-34。
(20)　組合活動基本方針は，結成大会で採択された綱領と結成スローガンに基づく理念や精神を具体的に示したものである。長崎屋労働組合『20周年誌』1991年，p.3。
(21)　長崎屋労働組合『20周年誌』1991年，p.7。
(22)　ゼンセン同盟『流通部会10年史』1981年，p.12。
(23)　『全長労新聞』第 3 号，1969年12月20日付。
(24)　『スクラム』第12号，1971年 1 月15日付。なお，この時点の食費個人負担の月間徴収額は，3 食で男性5,500円，女性5,000円，2 食（昼夕）で男性4,500円，女性4,000円，1 食（昼または夕）で男性2,500円，女性2,000円であった。
(25)　食費の値上げと赤字分負担以外では，主として店食の管理者，調理担当者，食事場所の環境などについて交渉されてきた。『スクラム』第79号，1973年11月 1 日付。
(26)　この判断には，3 食 1 か月間の食費は6,500円～7,500円という全繊同盟の調査結果が利用された。『スクラム』第79号，1973年11月 1 日付。
(27)　赤字額の会社負担が開始された1973年 5 月から1974年 4 月までの負担額は約600万円であった。『スクラム』第105号，1974年10月15日付。
(28)　『スクラム』第120号，1975年 5 月15日付。長崎屋労組は自主運営後も店食運営委員会を継続させ，食費のガイドラインを 1 食4,000円，2 食8,000円，3 食10,000円に設定した。
(29)　これらの長崎屋の当時の寮の情報は，『スクラム』第18号，1971年 4 月15日付による。
(30)　『スクラム』第 8・9 号，1970年11月30日付。
(31)　柏支部の男子寮は比較的涼しいため各室に網戸が設置され，女子寮は痴漢防止の目的から窓を開放しないため各室に扇風機が設置された。『スクラム』第24号，1971年 6 月30日付。
(32)　『スクラム』第51号，1972年 7 月15日付。
(33)　『スクラム』第22号，1971年 6 月 3 日付。
(34)　以下の要求から妥結までの経緯の記述は，『スクラム』第22号，1971年 6 月 3 日付による。
(35)　最終回答を受け入れるとの結論には，それ以上の賃上げにはストライキしかないが，既に流通部会内で最高額の回答を引き出していること，および，ストライキの実行力が万全でないことが大きく影響した。『スクラム』第22号，1971年 6 月 3 日付。
(36)　以下の1972年度の賃上げ交渉における要求書提出までの動向は『スクラム』第43号，1972年 3 月21日付による。
(37)　『スクラム速報』第 7 号，1972年 3 月25日付。
(38)　『スクラム速報』第10号，1972年 4 月 4 日付。
(39)　『スクラム速報』第14号，1972年 4 月14日付。
(40)　労組は，不満が残るとしながらも，同時に出された一時金5.2か月の回答を評価して最終回答額で妥結した。当時，一時金 5 か月未満の大手チェーンが多かったことを勘案すると長崎屋の一時金は業界最高水準であった。以上，要求書提出から最終決着に至るまでの動向は『スクラム』第46号，1972年 4 月20日付による。

第Ⅱ部 「ゼンセン」のチェーンストア組織化

(41) 以下の週休2日制への取り組みについての記述は,『スクラム』第15号, 1971年3月9日付による。
(42) 隔週休2日制の導入された直後, ある支部の組合員は,「人員の確保, 売上, 商品管理, その他諸々とやはり忙しさで気が張っているのだろうか, とにかくトラブルは無い。」との意見を寄せている。時短と労働強化の間に置かれた当時のチェーンストア労働者の状況がうかがい知れる。『スクラム』第14号, 1971年2月23日付。
(43) 長崎屋労働組合『20周年誌』1991年, p.12。
(44) 『スクラム』第40号, 1972年2月15日付。
(45) 『スクラム』第52号, 1972年7月30日付,『スクラム』第53号, 1972年8月15日付。なお同時期の他社の定休日は, 例えば, ダイエー(年間休日95日)やイトーヨーカ堂(同80日)は年中無休, 西友(同97日)は月1回であり, 丸井(同88日)は1972年度28日, 1973年度25日, 1974年度23日といった減少計画があった。
(46) 『スクラム』第69号, 1973年5月30日付。
(47) 長崎屋労働組合『20周年誌』1991年, p.18。
(48) 労組のアンケート調査によると1975年度に104日の休日数を完全に消化できた組合員は75.8%である。『スクラム』第140号, 1976年4月15日付。
(49) 『スクラム』第8・9号, 1970年11月30日付。
(50) 『スクラム』第59号, 1972年11月15日付。
(51) 『スクラム』第78号, 1973年10月15日付。
(52) 例えば, 札幌, 会津若松, 秋田, 仙台, 八戸の各支部の初商に出勤する組合員は「従業員の人並の生活を無視した2日初売り。」「社会人としての生活の確保をしなければなりません。」「正月は我々にとっても正月だ。」「店長を先頭に男子, 女子とも大変忙しい。」「正月三が日だけでものんびりしたい, 休んでいたい。」など多数の不満を労組へ寄せている。『スクラム』第78号, 1973年10月15日付。
(53) 『スクラム』第78号, 1973年10月15日付。
(54) 『スクラム』第135号, 1975年12月15日付。この合意額は会社側の第3次回答を労組が受け入れたものである。第1次回答は1月2日勤務6,000円, 3日勤務5,000円, 第2次回答は2日勤務6,000円, 3日勤務5,500円であった。
(55) 『全繊新聞』1970年7月16日付。
(56) 『スクラム』第16号, 1971年3月15日付。
(57) チェーンストア企業へ脱皮を目指した小売企業は, 1962年4月に渥美俊一が結成した「ペガサスクラブ」のメンバー企業であった。10年後に年商100億円を目指して天を翔けようと13社でスタートし, 以後の日本の小売市場で驚異的な成長を予定して大規模化へ向けて行動していた。なお, 1963年10月, ペガサスクラブの事務局として, 株式会社日本リテイリングセンター(JRC)が設立された。渥美俊一『流通革命の真実 日本流通業のルーツがここにある』ダイヤモンド社, 2007年, p.274。
(58) ジャスコは, 2001年にイオンに社名変更し, 2008年にイオンは純粋持株会社に移行した。

第4章　流通部会「設立メンバー」のチェーンストア労組

(59) 1959年，業界誌『商業界』の主催による視察であり，当時岡田屋は2店舗を展開していた。岡田卓也はアメリカでショッピングセンター，ホームセンター，バラエティストア，通信販売など多種多様な業態や販売方法，日本では考えられない数千店といった大量の店舗展開などに驚き，1店1店の売上が小さくてもチェーンのように連鎖し多店舗展開することで大きな存在になっていることを痛感した。岡田卓也『小売業の繁栄は平和の象徴－私の履歴書－』日本経済新聞社，2005年，pp.64-68。
(60) 早稲田大学在学中の就任であり，いわゆる学生社長であった。奥住正道『証言戦後商業史　流通を変えた100人の記録』日本経済新聞社，1983年，p.233。
(61) 岡田卓也は，東レサークルで紙切れに「合併」と記して二木一一へ手渡した。岡田卓也『小売業の繁栄は平和の象徴－私の履歴書－』日本経済新聞社，2005年，pp.69-72。
(62) 岡田卓也『小売業の繁栄は平和の象徴－私の履歴書－』日本経済新聞社，2005年，pp.70-75。
(63) 例えば，ジャスコの誕生には，各企業はオーナー経営者であり意思決定と行動が早いこと，主に借入の大きい銀行の意向による組織の制約がなかったこと，労働者の平均年齢が若く企業が成長段階にあったことなどが良好に作用したとの分析がある。中村秀一郎『商魂の系譜　企業家精神に生きる61人』日本経済新聞社，1973年，p.206。
(64) 岡田卓也『小売業の繁栄は平和の象徴－私の履歴書－』日本経済新聞社，2005年，pp.78-80。具体的には当時の日本勧業銀行，大和銀行から融資を引き出し3社の支払いを手形に換えることで，現金払いを続けてきた岡田屋で浮いた約20億円をシロの救済へ回した。奥住正道『証言戦後商業史　流通を変えた100人の記録』日本経済新聞社，1983年，pp.234-235。
(65) なお，東レサークルでの打診以前の3社の店舗展開についていえば，例えば，1958年4月にオカダヤ四日市駅前店，1961年7月にフタギのスーパー第1号店の加古川店，1962年9月のオカダヤのスーパーの第1号店の桑名店，1963年6月のシロの吹田大型スーパーマーケットの開店など，セルフサービス方式や食品スーパー業態を試行していた。建野堅誠『日本スーパー発達史年表』創成社，1994年，p.12。また，シロについては，井上次郎が1960年の商業界セミナーへの参加を契機にチェーン志向を固め，1961年以後は，短期間で増資，庄内店の拡張，チェーン1号店の川西店の開店に至り，同店の拡張の後は吹田店，豊中店，高槻店を連続して出店させるなど驚異的な躍進をみせていた。岡田卓也『再び「大黒柱に車をつける」とき』1996年，pp.224-225。
(66) 辻原登『創業者は七代目　ジャスコ会長，岡田卓也の生き方』毎日新聞社，1995年，pp.129-130。
(67) 急速に拡大したため人材育成の余裕がなかったシロと，歴史と蓄積のある岡田屋とでは労働者の能力や意識の格差があり，公正の原則に基づく人事であってもシロの労働者の一部から不満が噴出したことがジャスコ労組の結成につながったとの分析がある。小嶋千鶴子『あしあと』求龍堂，1997年，pp.73-74。
(68) 「ジャスコ労組の三役の態度は荒々しく，ソファにふんぞり返って足を高く組んだり，大きな音をたててテープレコーダーを机の上においてにらんだり，身を乗り出して机を叩

229

第Ⅱ部　「ゼンセン」のチェーンストア組織化

いたり，冷静な雰囲気ではなかった。」と岡田卓也はジャスコ労組結成通告のことを回想している。岡田卓也『大黒柱に車をつけよ』東洋経済新報社，1973年，pp.32-33。
(69)　『全ジャスコ労組新聞』（全ジャスコ労組機関紙）第1号，1969年11月30日付。
(70)　当時の労組役員の回想によると，混沌状態にあった全ジャスコ労組は企業内の左翼勢力を排して求心力をつけることで必死だったという。「全ジャスコ労働組合年表〔第1期～第10期〕」，全ジャスコ労働組合『20年のあしあと』1989年。また，別の役員経験者は，「あの頃は合併直後で，労働運動に関するイデオロギー等の対立もあり，月夜の夜ばかりとは限らないぞなどとおどかされた。」と回想している。「全ジャスコ労働組合10周年記念座談会　歴代委員長対談」，全ジャスコ労働組合『10年のあしあと』1979年。
(71)　『全ジャスコ労組新聞』第1号，1969年11月30日付。
(72)　「ひたすら説得にあたる日々が続き，その一途さは尋常ではなかった。」と小嶋千鶴子は回想している。また，企業の近代化には労働組合が不可欠だが同一企業に2つの労組があれば話は別で，ジャスコ発展の障害になるばかりか組織が内部崩壊する危機をはらんでいたという。小嶋千鶴子『あしあと』求龍堂，1997年，pp.73-74。さらに小嶋千鶴子は，最も設備の劣っていたシロの女子寮の改善を手始めに福利厚生の充実や配置転換による人事交流に着手し，労働者の不満を解消することで先鋭化を抑えた。辻原登『創業者は七代目　ジャスコ会長，岡田卓也の生き方』毎日新聞社，1995年，p.133。なお，後に小嶋千鶴子は，「労組結成の初期に陥りやすい過激な行為は比較的一過性の趣で通過して，業界や企業の成長によって労働条件の改善は順調だった。」と総括している。小嶋千鶴子『あしあとⅡ』2009年，求龍堂，p.16。
(73)　『ふぇにっくす』（『全ジャスコ労組新聞』から名称変更）第5・6号，1970年4月15日付。なお，組合費の平均額は1か月500円であった。また，1970年度の収支決算書によると，実際の組合費収入は3,119万2,261円と予算額を上回った。『ふぇにっくす』第18号，1971年4月1日付。
(74)　全ジャスコ労働組合『20年のあしあと』1989年。なお，1987年には全ジャスコ労組の組合員数は1万人を超えた。
(75)　「全ジャスコ労働組合年表〔第1期～第10期〕」，全ジャスコ労働組合『20年のあしあと』1989年。
(76)　「全ジャスコ労働組合年表〔第1期～第10期〕」，全ジャスコ労働組合『20年のあしあと』1989年。
(77)　ゼンセン同盟『流通部会10年史』1981年，p.23。
(78)　全繊同盟流通部会『創立中央委員会議案書』1970年，pp.22-24。
(79)　このうち流通部会執行委員の谷口洋は部会宣委員長となった。ゼンセン同盟『流通部会10年史』1981年，p.31。
(80)　ゼンセン同盟『流通部会10年史』1981年，p.23。
(81)　この総決起集会では，同盟流通議長坪西辰也のあいさつ，同盟書記長重枝琢巳の祝辞の後，基調講演，賃金闘争方針に関する討論，決意表明，賃金闘争開始宣言，労働歌合唱などが行われた。『全繊新聞』1971年2月1日付。

第4章 流通部会「設立メンバー」のチェーンストア労組

(82) 『ふぇにっくす』第24号，1971年11月8日付。
(83) 重要な交渉事項についての指導は流通部会に依存しながら活動するものとされた。『ふぇにっくす』第24号，1971年11月8日付。
(84) 『全ジャスコ労組新聞』第1号，1969年11月30日付。
(85) 『ふぇにっくす』第5・6合併号，1970年4月15日付。
(86) 1970年10月16日開催の第3回臨時大会で決定された。全ジャスコ労組が生産性の向上には労使協調するという基本的姿勢のもとに労働運動を展開し，近代的な労使関係の確立のためには労使協議制が不可欠の要素であるとされた。『ふぇにっくす』第13号，1970年11月10日付。
(87) 『ふぇにっくす』第16号，1971年2月27日付。労使協議会は，会社側と全ジャスコ労組による「中央労使委員会」と，会社の各地区本部と労組の各支部による「地区労使委員会」の2種が導入された。労働協約専門委員会は，労組側が本部書記局長，東海支部長，兵庫支部長，会社側が人事本部長，経営企画本部法制室長，関西支社管理部人事課長である。
(88) 『ふぇにっくす』第17号，1971年3月4日付。なお，この協約化の推進の過程で，ジャスコ労組は大阪府地方労働委員会の組合資格審査で正式に法定組合として適格であることが認められ，大阪法務局で法人登記手続きをとっている。『ふぇにっくす』第22号，1971年8月21日付。
(89) 『ふぇにっくす』第33号，1972年6月10日付。労使内部の営みの1つであり，しかもその労使関係を体現するといわれる労働協約を外部からうかがい知る機会は希少であるし，また初期のゼンセン加盟のチェーンストア労組の協約の例として貴重である。その全文は，本田一成「日本の主要チェーンストア労働組合の結成(4)－全ジャスコ労働組合－」『國學院經濟學』第63巻第1号，2014年，pp.87-99を参照されたい。
(90) ゼンセン同盟『流通部会10年史』1981年，pp.49-50。
(91) 以下の1972年度の賃上げ交渉に関する記述は『ふぇにっくす増刊』第28号，1972年2月付，『ふぇにっくす』第31号，1972年4月30日付による。
(92) 『ふぇにっくす増刊』第28号，1972年2月付。全ジャスコ労組の高卒女性組合員の平均基本給は，18歳3万6,542円，19歳3万7,960円（103.9％，18歳時を100％とした割合，以下同じ），20歳3万9,260円（107.4％），21歳4万523円（110.9％）である。これに対して，例えば，長崎屋労組の高卒女性組合員では，18歳3万6,018円（100％），19歳3万8,670円（107.4％），20歳4万1,065円（118.7％），21歳4万2,765円（123.2％）であり，全ジャスコ労組の組合員の方が年齢別格差は小さく，20歳以降で約2,000円下回る賃金となる。
(93) 賃金交渉の終結後，スト権を確立することなく妥結に移ったことについて，全ジャスコ労組委員長は，「本来，闘争を組むことや争議をすることが目的ではなく，労使関係改善の要求をするなら自ら己を律し得る道義観と節度があってしかるべき。」と意見を発表した。他方，組合員からは，「今年の賃金闘争で要求貫徹のためにスト権確立してまでがんばろうと全組合員に呼びかけ，組合員のムードが盛り上がったところで妥結してしまった。」「もちろんストをすることがよいことではないと思いますが，組合の弱さを感じる。」

231

第Ⅱ部　「ゼンセン」のチェーンストア組織化

「掲げた項目の2つ，3つが要求通りになればいいというようになってしまっている。」「いつもの通りもう一歩という時で妥結し，物足りなさを感じた。」など，労組が争議に踏み出さないことに対する不満が寄せられている。『ふぇにっくす』第31号，1972年4月30日付。争議戦術や実行に長けた全繊同盟の加盟労組という立場にあって，結成間もなく体制整備を急ぐチェーンストア労組内部の苦悩がうかがい知れる。

(94)　この賃上げ交渉による改定昇給額の個別実例を記せば，Aさん（女性，高卒，19歳，勤続2年，2級）は3万9,600円（基本給3万7,000円＋地域手当2,600円）から4万5,250円へ，Bさん（女性，高卒23歳，勤続6年，3級）は4万3,000円（基本給4万3,000円＋役職手当0円）から5万3,650円（基本給5万1,650円＋役職手当2,000円）へ，Cさん（男性，大卒，24歳，勤続3年，4級）は5万2,000円（基本給5万円＋役職手当2,000円）から6万4,100円（基本給6万100円＋役職手当4,000円）へ，Dさん（男性，高卒，24歳，勤続7年，5級）は6万7,600円（基本給5万5,000円＋役職手当5,000円＋地域手当2,600円，住宅手当5,000円）から8万5,100円（基本給6万7,100円＋役職手当7,000円＋地域手当3,000円，住宅手当8,000円）へ賃上げされるなどである。『ふぇにっくす』第31号，1972年4月30日付。

(95)　ゼンセン同盟『流通部会10年史』1981年，p.50。

(96)　以下の1972年度の一時金交渉に関する記述は『ふぇにっくす』第33号，1972年6月10日付による。

(97)　ただし，以後4回の団交を経て，1972年7月12日に妥結した一時金の平均月数（新入社員，嘱託を除く）は，平均月数，平均年間額ともに1972年度を上回ったものの，5.11か月，28万3,400円にとどまった。『ふぇにっくす』第35号，1972年7月25日付，『ふぇにっくす』第38号，1973年1月1日付。

(98)　一時金の正確な比較は難しいが，例えば，1972年度の全ジャスコ労組の要求時点の勤続3年組合員の年間の一時金平均額に注目すると，女性高卒20歳では全ジャスコ労組24万2,000円（要求額）に対して，長崎屋労組25万4,000円（実額），イトーヨーカ堂労組19万円7,000円〜22万2,500円（要求額），ニチイ労組22万5,400円（要求額），ダイエー労組19万9,670円（実額），男性高卒20歳では全ジャスコ労組24万7,000円に対して，長崎屋労組該当者なし，イトーヨーカ堂労組21万円，ニチイ労組21万8,500円，ダイエー労組22万5,490円，大卒24歳では，全ジャスコ労組31万円〜34万8,000円に対して，長崎屋労組33万5,400円，イトーヨーカ堂労組26万7,500円〜38万7,500円，ニチイ労組28万6,900円，ダイエー労組28万8,720円となる。全ジャスコ労組は，一時金獲得で名高い長崎屋労組を下回るものの，それに次ぐ一時金を目指していたことがわかる。『ふぇにっくす』第33号，1972年6月10日付。

(99)　『ふぇにっくす』第51号，1974年3月20日付，『ふぇにっくす』第52号，1974年5月15日付。

(100)　以下の1975年度の賃上げ交渉に関する記述は『ふぇにっくす』第60号，1975年2月20日付，『ふぇにっくす』第61号，1975年3月20日付，『ふぇにっくす』第62号，1975年4月28日付による。

(101)　全ジャスコ労組は賃金交渉の終結直後，会社側のワッペン着用妨害に対して大阪地方労働委員会に不当労働行為救済の申立を行った。『ふぇにっくす』第62号，1975年4月

第 4 章　流通部会「設立メンバー」のチェーンストア労組

28日付。
(102)　『ふぇにっくす』第13号，1970年11月10日付。
(103)　『ふぇにっくす』第14号，1970年12月5日付。同時期に全ジャスコ労組が実施した組合員意識調査によると，組合員が時短のために望む方法は，「週休2日制」59％，「1日当たりの労働時間短縮」22％，「年間休日の増加」17％の回答でほとんど占められており，特に週休2日制への期待が高いことがわかる。
(104)　時短専門委員は，労組側が本部書記局長，本部企画部長，京阪支部長，会社側が人事本部人事課長，関西支社管理部人事課長，中部支社事業部北三重地区長である。『ふぇにっくす』第16号，1971年2月27日付。
(105)　『ふぇにっくす』第20号，1971年6月11日付。
(106)　以下，第1期時短計画に関する記述は『ふぇにっくす』第21号，1971年6月19日付による。店舗側では，連続休暇の取得のために，作業割当表の作成，代行者の育成，上長による週間個別作業割当表と週間部門別人員配置の照合などの引き継ぎのための作業が指示された。より具体的には，休暇者は代行者に仕事のポイントと週間スケジュールを理解させ，扱う商品のポイントや商品構成一覧表，フェイス図面，エンド商品陳列指図書，入荷時刻，取引先一覧表などを説明することが促された。
(107)　この連続日数とともに年間休日数を増加させる方式は「ニュー・ホリディ・システム」と命名された。『ふぇにっくす』第35号，1972年7月25日付。
(108)　『ふぇにっくす』第8号，1970年6月15日付。6月6日の第7回評議委員会で決議された。
(109)　『ふぇにっくす』第8号，1970年6月15日付。一方で全ジャスコ労組は組合員に対して，ZL運動の目的を逸脱して虚偽や不正によって成果を上げることを戒めている。
(110)　『ふぇにっくす』第10号，1970年8月30日付。明石モード店の特徴は，ZL運動に注意が行き過ぎると売上予算に対する認識や責任感が薄れる危険性があり，それを避けるために売上必達委員会と同小委員会を編成したという。
(111)　『ふぇにっくす』第10号，1970年8月30日付。東山二条店では，家庭用品部門と食料品部門に分かれてブレーンストーミングを重ねた。
(112)　『ふぇにっくす』第10号，1970年8月30日付。門真店では，これらの目標は社員食堂へ掲示されるとともにレジへ貼付され，手元所持用のコピーが配布されている。
(113)　例えば，岡崎店のZL運動推進スローガンには，「なくそうロス，上げよう売上。」「小さなロスから大きな利益を。」「ロスはゼロ，ボーナスはガッポリ。」「ロスをなくしてジャスコ発展。」「ゼロ・ロスは1日にしてならず。」などの作品がみられる。『ふぇにっくす』第8号，1970年6月15日付。

第5章 イトーヨーカドー労働組合

1 はじめに

　本章は，チェーンストア労働組合の事例として，イトーヨーカ堂労働組合（イトーヨーカ堂労組，後にイトーヨーカドー労組）を取り上げて分析する。第4章で分析した長崎屋労組，全ジャスコ労組は，ともに1970年2月の全繊同盟流通部会の創設前に結成されていた。これに対して，イトーヨーカ堂労組は，同時期に全繊同盟が組織化に着手していたが，流通部会の創設後に結成された。

　以下の事例分析において，労組の結成については，結成に至る経緯と結成直後の組織整備に焦点を当てて史実を辿る。また初期活動については，労働時間の短縮に関する取り組みに力点を置きつつ，一部，生産性向上活動や賃金および一時金交渉について取り上げる。イトーヨーカドー労組でも「混乱の労使関係」がみられ，とりわけ労働時間の短縮で緊張が高まる局面が散見されるが，他方では「同床の労使関係」の基調が崩れることはなかった。

2 イトーヨーカ堂労組の結成

(1) イトーヨーカ堂の沿革と経営の状況

　株式会社イトーヨーカ堂の設立は1956年であるが，開業は1920年の羊華堂洋品店にさかのぼる[1]。羊華堂洋品店は，後にイトーヨーカ堂社長となる伊藤雅俊の叔父の吉川敏雄が台東区浅草に開店し，4店舗となったところで，伊藤雅俊の異父兄伊藤譲がのれん分けされる形で経営参加した。

終戦後,羊華堂洋品店はいったん戦災で消失したが千住で営業を再開した。伊藤雅俊はその再開直前に,横浜市立商業専門学校を卒業した後の三菱鉱業勤務と戦時中の軍隊経験を経て,1948年に設立された合資会社羊華堂へ入社し,伊藤護の指導の下で働き始めた。ところが,伊藤護が1956年に病死した。このため事業継承して合資会社羊華堂とは別に,株式会社ヨーカ堂(資本金500万円,従業員20人)を設立し,社長に就任して衣料品のディスカウントへ転換していった[2]。1965年には,羊華堂洋品店からのれん分けされた複数のヨーカ堂の営業によって混乱が生じたことを受け,区別するために自らの名字を冠して伊藤ヨーカ堂へ社名変更した。

伊藤雅俊は,伊藤護や母親の伊藤ゆきが懸命に働きながら身をもって伝授した教えから大きな影響を受け,地味で慎重な商業を極めることに傾注していった[3]。例えば,1952年に伊藤護が定めた15の訓示から構成される「我等の誓」をヨーカ堂設立後に改めて発表して創業時の精神的支柱と位置づけ,以後,これに基づくメッセージを社内に送り続けた。また,社外にも商人の師と思い定める人物を選んで学び,商業経営への自信を深め,慎重ではあるが要所で決断する経営者の才覚を発揮し始めた[4]。

伊藤雅俊の最初の大きな決断は,未知のチェーンストア化への新しい取り組みであり,業界発展に意欲的なコンサルタントたちが収集し分析した情報に触れ,業界の主力が百貨店からスーパーストアへ移ることを見通した。また,日本金銭登録機(日本NCR)は自社のキャッシュレジスターを売り込むために,近代的な商業経営の普及啓蒙活動に力を注いでいた。1961年,伊藤雅俊は日本NCR主催の40日間にわたる欧米小売業視察に参加し,現地で店舗見学を重ねて日本の小売業の将来を予見すると,帰国後直ちにチェーンストア化の準備に入った[5]。まず千住店を増床し,その後に新規出店候補地を選定し,1961年に赤羽店,1962年に北浦和店,1963年に小岩店,立石店,1964年に蒲田店,大山店,1965年に三鷹店,1966年に溝口店,田無店と当初は慎重に,しかし着実に多店舗化していった。また1972年9月,東京証券取引所第二部上場を果たし,1973年7月には東証第一部へ上場した[6]。

本章でイトーヨーカドー労組の初期の活動を観察する1970年代は,急成長路線へ打って出るための土台づくりの時期であり,内部固めを仕上げる段階で

あった。すなわち，社長伊藤雅俊，副社長森田兵三，同鈴木敏文の3首脳時代を築きながら，着々と2人の副社長に権限を委ね，後のセブン・イレブンの開始と鈴木体制になってからの進撃を必定のものとした[7]。こうして，単品管理の徹底，店長会議や業務革新会議の継続による不断の改善，仮説とデータの重視などで名声を集めることになるイトーヨーカドー流の経営方式を開花させた1980年代を迎え，組織能力向上の軌道へ乗せることに成功した[8]。

　その前段階である1970年代の内部固めの時期には，労働組合の結成が待望されてよい状況があった。第1に，イトーヨーカドーは，一刻を争うような急速な大規模化を企図したのではなく，むしろ高収益を備えた財務体質が抜群によい優良企業を目指した。不動産などに手を出さない逸脱のない小売経営に邁進していた。その根底には，経営者の商業への求道がある。このため，いきおい，顧客を最優先する奉仕的労働が求められ，例えば，慢性的な長時間労働などの労働強化につながる傾向があった。

　第2に，急速な大規模化ではなくとも，従来に比べれば混乱を伴う未知の拡大には違いなく，そこにも意識や能力の変革を伴う労働者の大きな負担があった。また，賃金をはじめとする労働条件の業界相場が不透明な時期であり，就労と待遇とのギャップが生じることで求心力が落下する要素があった。

　第3に，他社と同様に急成長段階にあって，内部育成だけでは人材の不足が著しく，積極的に中途採用を継続した。このため，社内には多数の転職者たちが流入し，即時登用された一方で，退職者も大量に発生した。当時の転職者の登用と昇進ぶりは，後の役員体制が物語っている。例えば，1979年時点の伊藤家の2人を除いたイトーヨーカドーの取締役24人のうち，鈴木敏文を含む16人が転職組である[9]。

　以上のような状況下で，労使一体を商業倫理として所与のものとするだけでは，企業の健全な成長はおぼつかない。着実に成長するためには，労働者の労働条件を整備し，就労と待遇のギャップを除去して労働者の凝集性を高めた上での労使一体が不可欠であったと考えられる。そのための有力な手段の1つは労組の結成であろう。

　他方，この時期には会社側も堅実で慎重な成長を心がけているとはいえ，危惧を抱いていた。伊藤雅俊は，顧客への奉仕を事業目的として実践するために

は,大企業になることに疑念を抱く経営者であったことが知られている[10]。そうであれば,大規模になった後には,隅々まで情報の伝達と収集が及び,共通目標を見失うことなく労働者の凝集性を高めるという点で,労組の結成は極めて有効なはずである。

しかし,左翼的労組運動が激しい時代を経験した経営者が事前に労組の有効性を理解するのは不可能に近い。顧客に奉仕するためのイトーヨーカ堂において,ともに奉仕すべき労働者たちが会社と争う局面があること自体が,その商業哲学上の理解の範囲を超えることであった。このため,伊藤雅俊は,労組が結成された後には,団体交渉の責任者を鈴木敏文と決めて一切を任せ,決して団交の席に着くことはなかった[11]。しかし,このような無理解をよそにイトーヨーカ堂では労組結成の動きが表面化し始めていた。

(2) 労組結成の経緯

全繊同盟は,1960年代末にはジャスコと同様に,今後の成長が見込めるイトーヨーカ堂の労働者を組織化目標と設定していた。組織化にあたり,全繊同盟は,まず会社側に接触して労働組合の必要性を強調するとともに,結成について助言した。すなわち,イトーヨーカ堂の労働者の組織化では,労働者に接近して秘密裡に労組を結成させる,いわゆる「非公然型」ではなく,繊維産業の中小企業労働者の組織化で大きな成果をあげてきた集団組織化の手法をチェーンストア労働者組織化へ応用して,会社側の理解を得ることを優先した[12]。

具体的には,当時の人事課長であり他社で労組役員を経験していた鈴木敏文に働きかけた。鈴木敏文は,イトーヨーカ堂の規模から考えて,会社と労働者との円滑なコミュニケーションを図るために労組があった方がよいと判断した[13]。これに対して,伊藤雅俊は難色を示した[14]。だが,絶対に反対というわけではなく,イトーヨーカ堂の労働者は結成へと動き始めた。

その中心にいたのは,繊維商社からイトーヨーカ堂へ転職してきた直後から,社内慣行により年末に一時金が支払われないことに大きな不満を持っていた岩国修一である。岩国修一は,労組の結成にこぎつけられる環境へ変化したことを受けて,社内の有望で統率力のある人物を探しながら,次々に結成のための

仲間として引き入れていった[15]。同時に，全繊同盟の協力を得て結成のための実務の準備を重ねた[16]。

こうして結成有志が1970年9月19日に発起人委員会を開催し，次の3点を確認した上で，労働者たちから労組加入届を集める活動に入った[17]。すなわち，第1に，会社の発展には労組の発展がなければならず，労組の発展のためには会社の発展がなければならない。第2に，労働条件向上の交渉では話し合いを前面に押し出す。第3に，これら2点を達成するために，下から上へのコミュニケーションを円滑にする。

なお，この加入活動の過程では，別のグループが労組結成に動いていることが発覚してやや混乱した。だが，話し合いの結果，2つのグループが合流することになり，当初の予定通り，岩国グループを中心とした加入活動が継続された[18]。

以後，発起人委員は「イトーヨーカ堂労組結成趣意書」を提示して，各店舗から労働者50人に1人の割合で世話人を選出し，世話人2人以上の店舗では必ず女性を選任した。その結果，結成大会時点で90％以上の労組加入届を集めることができ，結成大会の具体的な準備に入った。

1970年10月22日，国保会館に結成準備委員8人と各店の代議員60人が集まり，結成大会が開催された。組合綱領，組合規約，活動方針，予算を決定し，役員を選出し，イトーヨーカ堂労組（委員長岩国修一，書記長内藤佳宣，組合員数約2,200人）が結成された[19]。本部役員の構成は**図表5－1**の通りである[20]。結成当時のイトーヨーカ堂は22店舗，売上は260億円の規模になっていた[21]。

さらに，同業他社の労組が加入していること，労働条件等に関するデータ収集が可能であること，50万人以上の組合員を集める上部組合として高い組織力を保有していること，話し合いによる解決を基本とすること，などを重視してゼンセンに加入することを決定した[22]。

結成大会では，初代委員長の岩国修一が「会社から仕事をやらされているという気持ちは捨て，自分達の手で職場を改善し，合理的な会社にしようではありませんか。」と呼びかけた[23]。また，伊藤雅俊も結成大会に招待され，組合結成の祝辞を述べた[24]。

イトーヨーカ堂労組の結成趣意書には，組合を通した経営への参加，労働組

●図表5－1　イトーヨーカ堂労組結成時の本部役員一覧

委員長	岩国修一（住居MD）
副委員長	塙　昭彦（食品MD） 斉藤力丸（衣料MD）
書記長	内藤佳宣（宣伝部）
中央執行委員	今関　勉（千住支部）
〃	長本英雄（EDP部）
〃	生井勲男（三ノ輪支部）
〃	山本秀男（蕨支部）
〃	松沢昭男（食品MD）
〃	深石　永（大井支部）
〃	伊藤幸成（経理部）
〃	岩波節子（蕨支部）
〃	安藤美枝子（西地区）
会計監査	伊藤幸成（経理部）

（出所）　イトーヨーカドー労働組合『十年の歩み』1980年より作成。

合と会社の共存共栄，といった文言が見出されることから，生産性や収益性の向上に労使で取り組む強い決意があったことが示唆される。この意識は全繊同盟流通部会の加盟労組に共通するが，イトーヨーカ堂労組ではその強度が格段に高いと思われる[25]。例えば，イトーヨーカ堂労組の結成大会に招待された全繊同盟会長滝田実はこの傾向を見抜いていた[26]。

なお，組合が結成された直後の交渉により，1970年の一時金は12月16日に初めて全額支給されることになった[27]。イトーヨーカ堂の労働者たちが，経営者の執心による強固な社内慣行を変え始めた瞬間であった。

(3)　結成後の体制整備

結成時のイトーヨーカ堂労組の財政状況は脆弱であった。組合結成にあたり，会社側から組合費を低減し，専従役員を減員するよう強力な要求があったからである[28]。組合費は，1人あたり基準内賃金の1％プラス定額200円と設定されることになり，同業他労組より低額となった。また専従者は3人である。こ

のため，早くも1971年3月から5月まで赤字財政の見通しとなった。さらに，会社の急拡大による組合員の増加もあり，労組活動に関する不安感が高まった。

これを重くみたイトーヨーカ堂労組は1971年2月の臨時大会で，さっそく財政力を伴う正常な運営のための組織強化を目的とした組合規約の改正を提案し，算定方式の変更による組合費の増額と専従者の追加を決定した[29]。あわせて，全繊同盟からの借入金も活用した[30]。組合費については，基準内賃金の1％と定額200円に加えて，夏期および冬期の賞与の1％を上乗せした[31]。この結果，1971年9月の第2回定期大会では，1971年度の組合費収入の実績約1,770万円に対して，1972年度の予算は約3,240万円を組むことができた[32]。この組合費の増額で，専従者は4人となった。さらに，イトーヨーカ堂労組は労組活動の充実のために，役員の増員につながるように組合規約を改訂した[33]。

他方，支部に関しては，店舗の支部に対して，本部支部（会社本部の労組支部）の活動が低調であることが顕在化してきた。本部支部は労働者が多いものの外出勤務が多く，また特殊な職種が寄り合うため問題点が共通でないなど，労組活動上の弱点があった[34]。このため，イトーヨーカ堂労組は本部支部の分割を決め，1972年6月に商品部支部，財務部支部，物流センター支部，スタッフ支部の新設各支部の役員投票を実施して支部役員を選出した[35]。初期の体制整備には，このような組織再編による支部活動の補強も含まれる。

3　初期の労働組合活動

(1)　I AM運動

イトーヨーカ堂労組は，結成時から生産性や収益性の向上に取り組む態度を明確に打ち出していた。実際に様々な労使交渉において緊張感の高まる局面に入っても，生産性向上の認識は堅持されていた。ここでは，生産性向上に対する態度の一端を示す活動として，初期の労組活動の中から，労組主導のＩAM（アイアム）運動に触れておく。

Ｉ AMとは，第1にアルファベット3文字を縮めたもので，入店客への声かけの徹底である。Ｉは「いらっしゃいませ。」Ａは「ありがとうございました。」

Mは「またどうぞおこし下さいませ。」である。第2に「私です。」との意味であり，顧客を満足させたり，信頼を得たりというように自分が必要とされることの確認である。つまり，顧客を十分に満足させることを常に意図しながら徹底し，生産性を上げる改善を継続させる活動であり，労組側が提案した[36]。

この運動は，組合員の賃金は会社の利益から出るのであって労組も顧客の獲得を考え，粗利益の拡大と経費の削減を追求しなければ，賃上げ交渉の対象が小さくなるとの強力な認識によって支えられていた。このため，イトーヨーカ堂労組は，IAM運動の目的は，賃金を上げることだと明言している[37]。また，いわゆる生産性三原則を意識して，生産性の向上の成果を公正に配分させるために労組が存在し，労使で生産性の向上に取り組むために，労使協議制が必要との見解を示した。

労組の結成直後から労組側主導でIAM運動を進めた背景には，ようやく得た団体交渉の場を十分に機能させることを狙っていたことがある。だが，それとともに，労組結成でまとまった一体感でさらに会社を成長させ，労働条件を向上させることの有効性を組合員全員に体験させようという，労組結成メンバーたちの強い意志があったものと思われる[38]。また，当時のイトーヨーカ堂が，業界内において西のダイエー，東の西友の2強からみれば，圏外の位置から一気に追い上げる位置へ転じる直前であったことが大きく影響したと考えられる[39]。すなわち，業界全体が急拡大する中で激しい競争を現場で感じとる労働者たちの期待感や危機感が高揚した結果の活動であると解釈できる。

(2) 賃金交渉－1973年度の事例－

本章では今後，イトーヨーカドー労組の初期活動の事例として，特に労働時間短縮の取り組みについて詳細に検討するが，その前に賃金交渉を検討しておこう。ただし，1970年代を通して追跡するのではなく，ある程度まで労組の組織体制が整った1973年度の賃上げ交渉に焦点をあわせる。

イトーヨーカドー労組は，1973年3月6日の臨時中央大会で，全繊同盟の1973年度統一要求案を土台にした賃上げ要求を決定した[40]。この要求決定に先立つ2月から，賃金対策特別委員会による要求案が中央執行委員会に諮られ，支部長への説明と各支部へ持ち帰っての討論と意見集約を行った。

臨時中央大会では，各支部からは初任給と一般販売・事務職の要求水準が低すぎる，負担の大きい遅番に対する手当が薄い，年齢別による配偶者手当と子どもに対する手当から構成される家族手当を扶養人数に基づく世帯単位の手当へ変える，チーフ・スペシャリスト職の年次格差が小さい，など約70点もの意見が集まった。しかも，要求案に対する修正動議も出されたため，労組執行部修正案の作成のための休憩を挟み，当初案に上乗せした要求案が決定された。

　イトーヨーカドー労組の要求は決して低くはないものの不十分であるとの意見が受け入れられ，修正案では若干の増額要求とするとともに，チーフ・スペシャリスト職の年次格差を広げることとなった[41]。また，遅番手当を倍額要求とした。さらに，家族手当については，当初案から増額して要求することとなった。

　こうして決定された賃上げ要求案に基づいて，会社側に団体交渉を申し入れ，1973年3月10日に開催された第1回団交では，労組要求の趣旨と内容を説明した[42]。図表5-2は，イトーヨーカドー労組の基準内賃金の要求額と妥結額を一覧にしたものである。基準内賃金は，基本給，職責手当，遅番手当で構成され，このうち職責手当については各等級で前年度に比べて500円増を要求し，遅番手当は前年度の2倍の1,000円を要求した。

　団交では，会社側が即座に反論し，チーフ・スペシャリスト職とマネジャー・MD職の年次の基本給の開きが大きいこと，世帯手当は老齢年金や児童手当の支給と矛盾すること，遅番手当の増額は輪番制と振替休日による運営で基本給が決定されているので認めがたいこと，割増率の増率要求は残業奨励になること，などを問題点として指摘した。

　第2回団交は，1973年3月17日に開催された。まず，会社側は，労組側は業界内で高賃金獲得を狙う他労組より抑えた要求であることは認めるが，それは他労組の要求に問題があると指摘した。

　その上で，次のような具体的な回答を提示した。まず初任給は前年度の1,000円上積みに対して1973年度は2,000円を上積みすること，チーフ・スペシャリスト職とマネジャー・MD職の年次格差は承服できないこと，チーフ・スペシャリスト手当の要求は認めること，などであった。これらの回答に対して，労組側は承服しがたい旨を伝え，支部討議を経て決定した労組側の態度を示す

● 図表 5 − 2　1973年度のイトーヨーカドー労組の基準内賃金交渉の要求額と妥結額

		一般販売・事務職				チーフ・スペシャリスト職				マネジャー・MD職	
		女性		男性		女性		男性		男性	
		高卒	大卒	高卒	大卒	高卒	大卒	高卒	大卒	高卒	大卒
18歳	1972年度 妥結	44,500		45,000							
	1973年度 要求	53,000		53,500							
	1973年度 妥結	53,000		53,500							
19歳	1972年度 妥結	44,500		45,000							
	1973年度 要求	55,200		56,500							
	1973年度 妥結	55,200		56,350							
20歳	1972年度 妥結	46,500		47,650							
	1973年度 要求	57,400		59,500		60,000		62,000			
	1973年度 妥結	57,450		59,200		59,960		61,800			
21歳	1972年度 妥結	48,500		50,250		50,450		52,200			
	1973年度 要求	59,600		62,500		62,500		65,200			
	1973年度 妥結	59,600		62,000		62,350		64,850			
22歳	1972年度 妥結	50,500	51,000	52,900	55,000	52,600		55,100			
	1973年度 要求	61,850	60,500	65,500	64,500	65,000		68,400			
	1973年度 妥結	61,850	60,500	64,700	64,500	64,800		67,900			
23歳	1972年度 妥結	52,550	51,000	55,400	55,000	55,400		58,350			
	1973年度 要求	63,800	63,000	68,000	67,500	68,000	65,600	72,100	70,000	72,500	
	1973年度 妥結	63,950	62,960	67,200	67,330	67,700	65,400	71,350	69,930	81,650	
24歳	1972年度 妥結	54,450	53,420	57,900	57,940	57,500		61,150	60,540	69,650	
	1973年度 要求	65,800	65,500	70,500	60,300	70,500	69,500	75,300	74,500	77,000	84,700
	1973年度 妥結	65,850	65,370	69,700	69,850	70,200	69,370	74,450	74,000	85,450	84,200
25歳	1972年度 妥結	56,350	55,790	60,400	60,470	60,100	60,100	64,350	64,230	72,850	72,320
	1973年度 要求	67,800	67,800	73,000	73,000	73,200	73,200	79,000	79,000	89,500	88,900
	1973年度 妥結	67,750	67,750	72,100	72,200	73,200	73,200	78,050	77,850	89,250	88,750
26歳	1972年度 妥結	58,250	58,250	62,800	62,800	62,200	62,200	66,950	67,050	78,050	77,850
	1973年度 要求	69,800	69,800	75,500	75,500	75,400	75,400	82,000	82,000	95,000	95,000
	1973年度 妥結	69,650	69,650	○	○	75,700	75,700	80,950	81,050	94,850	94,850
27歳	1972年度 妥結					64,300	64,300	69,550	69,650	81,150	81,050
	1973年度 要求					77,500	77,500	85,000	85,000	98,200	98,200
	1973年度 妥結					○	○	○	○	○	○

（注）　表中の空欄は該当者がいないため要求していないことを示し、○印は等級により職責手当額が異なるため記載していないことを示す。

（出所）　『さんか』第38号，1973年3月31日付より作成。

ために再度の団交と労組側傍聴者の参加を申し入れたところ，会社側は了承した。

　こうして臨んだ3月24日の第3回団交で，イトーヨーカドー労組は，まず他社の労使交渉の回答が出始めていることを受け，ダイエーや長崎屋に対して収益力があり高株価を維持しているのに，賃金は両社以下であることに触れた。その他，生産性向上に引き続き取り組むこと，チーフ・スペシャリスト職とマネジャー・MD職の要求は現状の就労実態と将来を比べた切実なものであること，遅番手当増額も労働者の立場からの率直な要求であることなどを伝達したが，交渉は難航した。

　だが，昼食休憩を挟んで再開された後の会社回答によって事態は打開された。すなわち，生産性向上を重視して第1次回答案を大幅に上回る回答とするが，チーフ・スペシャリスト職とマネジャー・MD職の能力発揮について大いに不満であると表明された。だが，組合の意向を尊重して，基本給ではなく手当増額で対応するとともに，とりわけチーフ・スペシャリスト職とマネジャー・MD職には従来に増して努力を要求するという考え方で，ほとんど労組側の要求に沿う回答を出した。

　すなわち，基準内賃金については，職種と年齢ごとに若干の要求額以上と以下が出たが，全体ではほぼ要求額通りとなる。職責手当については，チーフ・スペシャリスト手当は要求通りの回答であり，マネジャー・MD手当は当初要求しなかったが，基本給の賃上げに代わって前年度比2,000円から5,000円の増加となる。遅番手当は500円で現行通りとされたが，加えて店食のアップ分を調整する形で新設した調整手当として500円が支給される。割増率は現行通りの25％とされた。また，要求した家族手当の廃止と世帯手当の新設は1973年度は現行通りとされた。これらの回答を確認し，団交メンバー，中央執行委員，ブロック長で検討した結果，イトーヨーカドー労組は会社に受諾を通告し妥結に至った。

　この交渉経過から，急成長中であったチェーンストア業界において，高業績によって高賃金が導かれるのか，それとも高賃金が高業績を促すのかについて確固たる考え方がない中で，業界動向や他社の労使交渉を考慮してせめぎ合いながら労使で生産性向上に取り組む姿が見出される[43]。労働者の求心力を保

ちながらこの過程を乗り超えたという点で、チェーンストア労組は、業界の発展に貢献したものと考えられる。

(3) 夏期および冬期の一時金交渉－1973年度の事例－

賃上げ交渉に続いて、同じく1973年度の一時金交渉を取り上げる。まず夏期一時金については、1973年度要求案の作成に際して中央執行委員会が方針を決定し原案を作成していた。その後、支部の意見の反映を図るためにブロック会議を開催しながら、賃金対策委員も含めた拡大中央執行委員会を1973年5月14日に開催して要求案を固め、5月22日に開催した中央委員会で要求額を決定した[44]。あわせて夏期一時金の支給日を1973年7月7日とすること、最低保障額として昨年度支給実績額よりも1万8,000円以上を支給することを付帯要求項目として決定した。

第1回団体交渉は5月26日に開催され、労組側の要求に対して、会社側は要求額に大きな認識の差があるとしてその根拠の議論に集中し、数字回答に至らなかった。ところが、6月2日の第2回団交で出された数字回答は要求額に近いものであった。このため労組側は一発回答で妥結という案もあったものの、満額回答まで要求すべきとの結論に達し、会社側回答を拒否して6月5日の第3回団交を申し入れた。

第3回団交では、会社側がほとんど要求通りの回答であることを理由に反論したことから交渉は難航し、決裂した。休憩後も労組側は満額回答の決意表明を通して強硬な態度を変えなかったため、社内預金への積極的協力を条件として、一般販売・事務職の満額回答を含む上積み回答を引き出した。しかし、この回答に対しても労組は、再び同日の団交を申し入れるとともに、再度の休憩中に拡大中央執行委員会を開催してチーフ・スペシャリスト職とマネジャー・MD職の上積み要求意思を固めて団交に臨んだ。強行に上積みを要求した結果、チーフ・スペシャリスト職とマネジャー・MD職にもさらに一律500円増を得た段階で妥結に至った。

夏期一時金の要求額と妥結額を一覧にすると**図表5－3**のようになる。労組が会社側の回答に反発し団交を重ねてほとんど満額回答を獲得したが、それ以外にもこの一時金交渉では制度の整備を進めた。第1に、1972年度は高卒であ

● 図表 5 - 3 　1973年度のイトーヨーカドー労組の夏期一時金の要求額と妥結額

		一般販売・事務職				チーフ・スペシャリスト職				マネジャー・MD職	
		女性		男性		女性		男性		男性	
		高卒	大卒	高卒	大卒	高卒	大卒	高卒	大卒	高卒	大卒
18歳	1972年度 妥結	23,000		24,000							
	1973年度 要求	28,000		29,000							
	1973年度 妥結	28,000		29,000							
19歳	1972年度 妥結	23,000		24,000							
	1973年度 要求	91,000		96,000							
	1973年度 妥結	91,000		96,000							
20歳	1972年度 妥結	74,000		79,000							
	1973年度 要求	97,000		103,000							
	1973年度 妥結	97,000		103,000							
21歳	1972年度 妥結	79,000		84,000							
	1973年度 要求	103,000		110,000		115,000		122,000			
	1973年度 妥結	103,000		110,000		113,500		120,500			
22歳	1972年度 妥結	84,000	27,000	90,000		94,000		10,000			
	1973年度 要求	109,000	37,000	117,000	38,000	123,000		131,000			
	1973年度 妥結	109,000	35,000	117,000	38,000	121,500		129,500			
23歳	1972年度 妥結	89,000	27,000	96,000		101,000		108,000			
	1973年度 要求	115,000	113,000	124,000	120,000	131,000	123,000	14,000	134,000	161,000	
	1973年度 妥結	115,000	113,000	124,000	120,000	129,500	121,500	138,500	132,500	159,500	
24歳	1972年度 妥結	95,000	90,000	102,000	100,000	108,000	10,000	110,000	110,000	135,000	
	1973年度 要求	121,000	121,000	130,000	130,000	139,000	135,000	149,000	146,000	173,000	167,000
	1973年度 妥結	121,000	121,000	130,000	130,000	137,500	135,000	147,500	144,500	171,500	165,500
25歳	1972年度 妥結	101,000	97,000	107,000	107,000	115,000	112,000	124,000	122,000	145,000	135,000
	1973年度 要求	127,000	127,000	136,000	136,000	147,000	147,000	158,000	158,000	185,000	182,000
	1973年度 妥結	127,000	127,000	136,000	136,000	145,500	145,000	156,000	156,000	183,500	180,500
26歳	1972年度 妥結		10,700	112,000		112,000		132,000		155,000	150,000
	1973年度 要求	130,000	133,000	142,000	142,000	155,000	155,000	167,000	167,000	197,000	197,000
	1973年度 妥結	133,000	133,000	142,000	142,000	153,000	153,000	165,500	165,500	195,500	195,000

（注）　表中の空欄は該当者がいないため要求していないことを示す。
（出所）　『さんか』第41号，1973年6月15日付より作成。

れ大卒であれ、入社1年目のみならず、2年目についても夏期一時金は減額されていた。つまり入社2年間は一時金支給に関する同一視があったが、これを廃止した。第2に、一般販売・事務職の24歳以上、チーフ・スペシャリスト職の25歳以上、マネジャー・MD職の26歳以上の学歴別要求および妥結を改め、学歴同一支給の妥結額となった。

次に、1973年度の冬期一時金交渉の事例に移ろう。冬期一時金要求案については、1973年10月6日の拡大中央執行委員会において、ブロック会議等で集めた支部意見の反映を経た執行部原案を作成した。10月17日の中央委員会では一部上積み修正した要求額と、冬期一時金支給日を1973年12月5日とすること、最低保障額として昨年度支給実績額より3万円以上とすることなど付帯事項を決定した[45]。

1973年10月18日、第1回団体交渉が開催され、労組側は冬期一時金要求の考え方と内容について説明したところ、会社側は業績についての考え方を述べたのみで一時金回答はなかった[46]。第2回団交は10月25日であり、労組側が一時金回答を迫ったことで、要求にはとても応えられないとしながらも会社側が回答を提示した。しかし、全体で要求を約3,000円下回り、チーフ・スペシャリスト職で約4,000円、マネジャー・MD職で9,000円の要求との差額があったため合意点は見出せず、労組側は回答を拒否して、回答内容を全支部に伝達して組合員の意見集約に入った。

その結果、組合員の一時金満額獲得期待が非常に大きいとして、11月1日の第3回団交では冒頭から労組側が最終団交と位置づけ、妥結に至らない場合はさらに戦術的対応をとることを伝達して臨んだ[47]。その結果、会社側は上積み回答をしたため、ほぼ要求を満たしているとの判断から妥結した。冬期一時金の要求額と妥結額の一覧は図表5-4の通りである。

イトーヨーカドー労組は、この一時金交渉の過程で新たな成果を獲得している。第1に、同じ1973年度の夏期一時金と同様に、冬期一時金に関する入社2年間の同一視をやめ、あわせて一般販売・事務職の24歳以上、チーフ・スペシャリスト職の25歳以上、マネジャー・MD職の26歳以上の学歴間格差を解消したことである。

第2に、従来の「一時金2:3の原則」が破られたことである。この原則は、

第5章　イトーヨーカドー労働組合

●図表5－4　1973年度のイトーヨーカドー労組の冬期一時金の要求額と妥結額

		一般販売・事務職				チーフ・スペシャリスト職				マネジャー・MD職	
		女性		男性		女性		男性		男性	
		高卒	大卒	高卒	大卒	高卒	大卒	高卒	大卒	高卒	大卒
18歳	1972年度 妥結	91,000		96,000							
	1973年度 要求	138,000		143,000							
	1973年度 妥結	138,000		143,000							
19歳	1972年度 妥結	91,000		96,000							
	1973年度 要求	158,000		163,000							
	1973年度 妥結	158,000		163,000							
20歳	1972年度 妥結	110,000		115,000		132,000		140,000			
	1973年度 要求	166,000		172,000		188,000		195,000			
	1973年度 妥結	166,000		172,000		188,000		194,000			
21歳	1972年度 妥結	117,000		123,000		132,000		140,000			
	1973年度 要求	174,000		181,000		197,000		206,000			
	1973年度 妥結	174,000		181,000		197,000		205,000			
22歳	1972年度 妥結	124,000	111,000	131,000	118,000	140,000		150,000			
	1973年度 要求	182,000	168,000	190,000	175,000	206,000		217,000			
	1973年度 妥結	182,000	169,000	190,000	175,000	206,000		216,000			
23歳	1972年度 妥結	131,000	111,000	139,000	118,000	148,000	149,000	160,000	161,000	195,000	
	1973年度 要求	190,000	187,000	199,000	196,000	215,000	208,000	228,000	219,000	263,000	
	1973年度 妥結	190,000	189,000	199,000	196,000	215,000	211,000	227,000	218,000	261,000	
24歳	1972年度 妥結	138,000	131,000	146,000	140,000	156,000	149,000	170,000	161,000	195,000	200,000
	1973年度 要求	198,000	198,000	207,000	207,000	224,000	217,000	239,000	235,000	279,000	269,000
	1973年度 妥結	198,000	198,000	207,000	207,000	224,000	222,000	238,000	234,000	277,000	268,000
25歳	1972年度 妥結	145,000	145,000	153,000	153,000	164,000	162,000	180,000	175,000	210,000	200,000
	1973年度 要求	206,000	206,000	216,000	216,000	233,000	233,000	250,000	250,000	295,000	290,000
	1973年度 妥結	206,000	206,000	215,000	215,000	233,000	233,000	249,000	249,000	293,000	289,000
26歳	1972年度 妥結	152,000	152,000			172,000	172,000	190,000	190,000	225,000	220,000
	1973年度 要求	214,000	214,000			242,000	242,000	261,000	261,000	311,000	311,000
	1973年度 妥結	214,000	214,000			242,000	242,000	260,000	260,000	309,000	309,000
27歳	1972年度 妥結					180,000	180,000	200,000	200,000	240,000	240,000
	1973年度 要求					250,000	250,000	271,000	271,000	327,000	327,000
	1973年度 妥結					250,000	250,000	270,000	270,000	325,000	325,000

（注）　表中の空欄は該当者がいないため要求していないことを示す。
（出所）　『さんか』第50号，1973年11月10日付より作成。

いわば夏期と冬期の一時金の比率の枠であり，したがって夏期の1.5倍が冬期の一時金支給となる方式である。例えば，高卒3年目20歳の冬期一時金は17万2,000円となり，夏期一時金の10万3,000円の1.5倍の15万4,500円を上回る。このように従来の原則を超えた一時金獲得に踏み出した[48]。

第3に，チーフ・スペシャリスト職とマネジャー・MD職の27歳の金額が明示されたことである。27歳の金額は賃金テーブルの枠外にあって職種と職位が交錯し，しかも多くの中途採用者が在籍しているため会社側が明確にしてこなかった。しかし，この層の明示によって，複雑であるがゆえに指標を得たことで，さらに積極的な取り組みを進めることができるようになった。

なお，夏期一時金も含めて該当することだが，イトーヨーカドー労組の一時金要求は，いわゆる月数要求ではないという点が特徴的である。これは，もともとイトーヨーカ堂の一時金支給が長らく勤続別の定額支給であったことによる[49]。

一時金支給の入社2年間の同一視，一時金2：3の原則，年間月数ではない一時金制度などは，会社側が形成してきた旧来の社内慣行である。だが，イトーヨーカドー労組の組織体制の整備や交渉力によって，新たな制度へ改めた。つまり，旧来の商業ではなく，近代的なチェーンストア企業に相応しい制度へ労組が移行させた例といえる。また，その背景には，チェーンストア労働者の組織化に乗り出し，流通部会を創設した全繊同盟の業界全体の発展を視野に入れた政策づくりと加盟労組への指導がある。

(4) 労働時間短縮の取り組み

① 労働時間短縮交渉の概要

次に，労働時間短縮の取り組みを詳しく取り上げよう。まず指摘しておくべきは，労組結成の前に，イトーヨーカ堂は一部とはいえ週休2日制を導入していたことである[50]。もちろん，完全週休2日制ではなく隔週休2日制に近い運用で，指定された週に2日休日を入れていた。この点で，イトーヨーカ堂労組の労働時間短縮の取り組みは他労組と異なり，まずは1971年の団体交渉による2日休日のスケジュール決定から着手した[51]。

すなわち，1971年度は，2日休日の開始日を4月11日として，店舗は22週，

本部は32週（ただし本部は土曜半休制）に2日休日を入れることとした。ただし，店舗では店長や担当マネジャー，本部では統括マネジャー，統括アシスタントマネジャーなどは適用除外者とされた。あわせて，イトーヨーカ堂の統一休日は11日，特別休日は4日と決定し，適用除外者にはさらに特別休日の6日が加えられた。

この後，イトーヨーカ堂労組は，1972年度の時短に向けて，残業対策，計画的人員配置，退社時間の繰り上げ，隔週休2日制の全員適用による導入，正月三が日の休日化，年間休日数の増加を軸とする方針で，1975年に年間休日115日とする完全週休2日制の導入に向けて段階的に取り組むことを決定した[52]。

この決定が後々まで多様な方法を用いて連綿と続く，イトーヨーカ堂労組の時短交渉の本格的なスタートであった。以下では，休日数の増加，営業時間と残業の短縮，有給休暇の取得促進，年末年始の営業と就労に関する労使交渉，の4つの主要な時短の取り組みに焦点を合わせて，順に検討しよう。

② 1972年度の休日数交渉

1971年12月，イトーヨーカ堂労組は週休2日制について，1975年の完全週休2日制を目指し，そのために週休2日の適用者の範囲を広げることを優先し，特に最も労働時間面で過酷で週休2日の実施が困難とみられるMDに適用することを目標とした[53]。これを受け，1972年1月開催の中央執行委員会で，年間休日86日の要求案を決定した。

イトーヨーカ堂労組は，1972年2月12日から時短の団体交渉に入った[54]。労組側は，一般の販売・事務職，生鮮職A（一般，中級の生鮮担当），チーフ，スペシャリストに加えて週休2日の適用から外れていた薬剤師を適用者に含めて年間休日86日を要求するとともに，非適用であったシスター（教育訓練担当）も適用者として86日を要求した[55]。それらに対して，マネジャー・MD・生鮮職B（上級の生鮮担当）は，現実を勘案し私定休日を減じて73日要求とした[56]。

これに対する会社側の回答は厳しく，一般職等については年間休日80日，シスターは74日，マネジャー職等は，62日と要求を下回るものであった。その根拠は，値下げ率の分散度，品切れや死に筋商品の増加，売場とMDとの接触

不足などの点で，この層の仕事ぶりが週休2日制を導入する水準に到達していないこととされた。正確な需要予測による品揃え，単品管理，個人の能力向上など生産性を落とさずに休日を増加させる対策が必要との認識による厳しい回答であった。

この団交で労組側は，薬剤師およびシスターに週休2日制が適用された点，マネジャー職等に暫定有休が加わった点を評価した。だが，依然として1月3日の開店では合意せず，再度の交渉へ持越しとなった。

イトーヨーカ堂労組は，正月営業開始日を除く会社側回答を了承することを2月24日の中央委員会で決定し，その直後に団交を開催した。しかし，会社側は，従業員の労働条件と顧客サービスの両方を考慮した妥協点が1月3日の年始開業であり，いかなる事態があろうとも休日にはできないとの態度を堅持した。このため，労組執行部と時短委員会は，直ちに各支部大会を開くことを指示し，1月3日問題の討議に入ったが，1月3日の開店はやむを得ないとの結論に至った。3月3日の定期大会で正式に決定し，3月4日会社側へ通知して1972年度時短交渉を終結させた[57]。

③ 1973年度の休日数交渉

1973年1月29日，イトーヨーカドー労組の第2回中央委員会で，これに先立つ食品マネジャー層に対する意見聴取などの結果を反映させた1973年度の時短交渉の要求案が決定された。要求の骨子は，年間休日数の増加，生鮮職Bの就業時間短縮，本部半休制の廃止，1月3日の休日化などである。

休日数については，一般職等は前年度の妥結日数80日に対して95日，シスターは前年度74日に対して一般職等と同じく95日，マネジャー職等は前年度68日に対して74日といずれも大幅増の要求であった[58]。

休日数の増加要求以外の付帯要求としては，まず生鮮職Bの実働8時間，拘束9時間を，実働7時間45分，拘束8時間30分へと他の職種区分と揃えることを要求した。また本部の半休制に関して，出勤日は全日か全休かにすることによる通勤回数の減少で負担を軽減することをねらった。

こうしてイトーヨーカドー労組は，1973年2月17日，団体交渉に入ったが，会社側からの回答は，年間休日については一般職等とシスターが87日，マネ

ジャー職等が72日，付帯要求はゼロ回答であった。このため，労組は回答を拒否し，再度の団交を申し入れた。双方の協議時間を挟んだ同日開催の第2回団交では，一般職等とシスターの休日89日の回答があり，また，付帯要求では，生鮮職Bについては加工センター完成後に再度交渉することとなった。会社側が1月3日の営業に固執したため交渉は難航したが，結局1973年度の1月3日営業の続行を認める代わりに一般職等とシスターの休日をさらに増やして90日とする回答を引き出して妥結した[59]。労組は前年度に比べて休日10日増を獲得し，計算上は1週の労働時間が39.7時間となり，40時間を下回ることとなった。

④ 1974年度の休日数交渉

イトーヨーカドー労組は，週休2日制の導入を目標に，1973年度までの労使交渉で着実に年間休日数を増加させてきたが，依然として適用者の拡大が課題として残されていた。すなわち，1972年度の交渉では，適用除外とされてきたシスターと薬剤師を適用者として一般職等の区分に含めて，同一の休日数とすることに成功した。1973年度の交渉では，マネジャー職等のうち，マネジャーとMDは1973年に適用者となったもののほとんど実効性がなく，生鮮職Bは適用除外のままであった。これを受けて，1974年の交渉ではマネジャー職等の休日数の増加と，生鮮職Bの適用を重視した時短要求となった。

イトーヨーカドー労組は，1974年1月14日，18日の時短委員会，その間の1月16日，17日のブロック会議，1月24日の拡大中央執行委員会の開催で積極的に議論を重ね，時短要求関連原案を作成して，各支部の討議を求めた。その結果，1974年2月4日の第2回中央委員会で時短要求案が決定された[60]。

1974年度の時短交渉の経過は，要求，会社側回答，妥結を記載した**図表5－5**の通りである。一般職等については年間休日102日を要求した。生鮮職Bはマネジャー・MD職の区分から外すものの，一気に一般職等の区分として時短就労できる現実性は低いとの判断から，別の区分として休日出勤の手当支給日数を含めて一般職等と同じ102日を要求した。あわせて，生鮮職Bは実働8時間，拘束9時間を生鮮職Aと同様に実働7時間45分，拘束8時間30分とする短縮を要求した[61]。マネジャー・MD職の年間休日数は86日要求となった。

●図表５－５　1974年度のイトーヨーカドー労組の年間休日要求と妥結

職種区分	組合要求		会社の第１次回答		妥結日数	
	年間休日	内容	年間休日	内容	年間休日	内容
一般販売・一般事務・生鮮Ａ・チーフ・スペシャリスト・薬剤師・シスター	102日	法定52＋特別11＋私定39	97日	内訳は未定。	102日	法定52＋特別8＋私定37＋連続休暇5
生鮮Ｂ	102日	法定52＋特別11＋私定25＋休日出勤手当支給14	97日	生鮮Ｂの区分変更は認める。内訳は未定。	102日	法定52＋特別10＋私定20＋連続休暇5＋休日出勤手当支給15
マネジャー・マーチャンダイザー	86日	法定52＋特別11＋私定23	82日	内訳は未定。	87日	法定52＋特別10＋私定20＋連続休暇5

（出所）『さんか』第57号，1974年３月２日付より作成。

1974年２月18日，第１回団体交渉が行われ，イトーヨーカドー労組は交渉の力点を週休２日制適用者の拡大と生鮮職Ｂへの適用，年始１月３日休日に置くことを強調した。しかし，会社側としては，あくまでも初商を重視して正月営業開始日を早める意向を強く打ち出した。他方，労組側は正月就労には労働者の負担が多く労働条件の点から容認できず，正月営業開始日を遅らせるよう取り組んだ。以後労使は延々と初商問題で衝突することになる。

第１回団交では，取締役鈴木敏文が，労組が初商問題にこだわることを批判してゼロ回答とすると，労組役員は不満を表明して退席し，交渉は決裂した。２月23日，拡大執行部会議を開催して，団交に対する意見を集めた労組は，全組合員が納得できる回答があるまで，何度も団交を申し入れることを決定し，同日に団交開催を要求した。

２月25日の第２回団交では，委員長塙昭彦が，正月休日要求は正当であり妥協できないが，一部の問題で全体の問題解決を止めることもできないと主張し

た⁽⁶²⁾。会社側は，さらに休日を拡大するのはマイナス面が多い時期であるとして休日数を回答した。具体的には，一般職等で97日となり，生鮮職Bは5日制適用として認められたが休日数は変わらず，1日の労働時間の短縮も拒否された。これらの1次回答に対して，労組は正月休日の固定を前提にした回答であること，休日数の増加が小幅であること，などから拒否した。

労組は2月26日に全支部長を集めた第1次回答に関する討議を経て，2月27日の第3回団交に臨んだ。労使は初商問題で再度譲らず交渉は難航したが，一般職等と生鮮職Bで休日102日，マネジャー・MD職で87日の回答が出ると，合意に達しない初商以外は妥結に踏み切った。イトーヨーカドー労組は，初商問題を残したものの，連続休暇5日を含む大幅な休日増を獲得した。

⑤ 一直制導入による年間総労働時間の増加－1975年度の時短交渉－

1974年度の労働時間短縮要求で年間休日102日を獲得し，年間労働時間を1,973時間としたイトーヨーカドー労組は，1975年度の交渉では完全週休2日制の導入を目指して，さらに休日数の増加と労働時間の短縮をねらった⁽⁶³⁾。

1975年2月5日，第2回中央委員会で1975年度の時短要求原案が賛成多数で可決された。一般職等と生鮮職Bでは年間休日105日，マネジャー・MD職では91日の要求案であった。また，付帯要求として，引き続いて本部連休制の導入，生鮮職Bの実働7時間45分，拘束8時間30分への時短などを決定したほか，労使の「時短専門委員会」を設置し，フレックスタイム，一直制の実験，週休3日制などの協議を要求することを決めた⁽⁶⁴⁾。

前年度に獲得した一般職等と生鮮職Bの年間102日の休日数は，同年度の小売業界では，例えば，伊勢丹111日，ダイエー104日，ニチイ104日に及ばないものの，長崎屋97日，西友97日，忠実屋90日，いずみや68日など大手他社と比べても高い水準にあった。それをさらに上回る引上げ要求であった。

ところが，会社側から唐突で強硬な申し入れがあり，労使交渉は混乱した⁽⁶⁵⁾。それは一直制の導入であった。実は，生産性向上の観点や「大規模小売店舗法」の運用により，閉店時間がさらに早まるとの想定から，労組も二直制から一直制への移行に着目していた。だが，労組側の思惑をはるかに超えるスピードで会社側が一気に一直制の導入に踏み出してきた。

第Ⅱ部 「ゼンセン」のチェーンストア組織化

　1975年5月30日，イトーヨーカドー労組は，事前予告なしに一直制勤務体制の導入に関する申し入れを会社側から受けた[66]。一直制は休日数を増やす余地を広げるものの，1日の拘束時間の増加となり，年間総労働時間の増加につながる。すなわち，それまで早番は8時間30分拘束で7時間45分実働，遅番は8時間拘束で7時間15分実働であったが，交替勤務のない9時間拘束8時間実働にするというものであった[67]。

　労組は直ちに中央執行委員会を開催して，労使協議会などの通常の労使による議論を経ない一方的な要求であり組合員の意見集約が無視されていること，年間総労働時間の延長になりうること，などを大きく問題視した[68]。このため，6月3日の中央委員会で執行部見解を表明して支部の討議を促した。各支部大会が開かれ，多くの意見が出され，6月16日に中央委員会で労組執行部要求案が決定され，団交に向けて結束を固めた[69]。

　だが労組は，一直制導入に対して厳しい提案であるとして不満を表明しながらも，売上実績等や生産性向上の必要性の観点から最終的には認めざるを得ない立場となった。団交では，それと引き換えに猛然と休日数の増加の上乗せを要求し，一般職等は110日，生鮮職Bは97日プラス13日分の休日出勤手当支給，マネジャー・MD職は97日で妥結した。一直制は過渡的措置として，店舗では早番を9時間拘束で8時間実働，遅番を8時間15分で拘束7時間30分実働，本部では8時間30分拘束で7時間45分実働とする，厳密にいえば変則一直制の導入で合意した。

　この一直制によって労働時間は増加に転じ，1974年度に1,973時間まで短縮した年間総労働時間は1975年度には2,040時間となり，一旦は再び2,000時間超となった。1970年度の年間総労働時間は2,273時間であったので，イトーヨーカドー労組は結成後約5年間で233時間の時短を達成したことになる[70]。

　なお，1976年度以降1980年度までの休日数については，例えば一般職等で110日，生鮮職Bおよびマネジャー・MD職は1979年度から100日にとどまった[71]。このため，イトーヨーカドー労組の1970年代の時短の取り組みは，前半に他社に先行して休日数を増やし，後半は獲得した休日数をできる限り多く消化することに集中したと要約することができる。

第5章　イトーヨーカドー労働組合

⑥　営業時間の短縮と残業の削減

　イトーヨーカ堂労組は，結成直後から退社時間の繰り上げ要求の検討も始めていた。1971年9月の第2回定期大会には，決定した活動方針の1つに退社時間の繰り上げを加え，21：00まで営業して21：30退社となる7店舗で重点的に取り組むことを盛り込んだ。その第一歩として，1971年11月中旬～12月中旬の1か月間，最繁忙店といってよい千住店で夜間入出店客の調査を実施した。具体的には，他の支部から組合員が応援に入って20：00～21：00の入店客数と売上などを調べた[72]。

　その結果，千住店の売上構成比は20：00～20：30が3.4%，20：30～21：00が2.5%と低調であり，また20：00～21：00の入店客数は20：00～20：30の65%から20：30～21：00の35%に低下することなどを明らかにした。イトーヨーカ堂労組は，千住店で営業時間の短縮と退社時間の繰り上げが可能であれば，残りの6店舗にも波及させることができると判断して会社側に申し入れ，労使協議会で20：00閉店への移行を含む夜間営業の再検討に入った[73]。

　それとともに，1972年度の時短交渉では，労使協議会に労使各3人，計6人の常任委員で構成される「残業問題対策委員会」を設置することを取り決めた。労組のねらいは，休日数が増えても出勤日の残業が増えれば実質的に時短にならない状況を避けることであり，会社側のねらいは残業の増加に伴う残業手当の膨張を防ぐことであった。

　第1回の残業問題対策委員会は，1972年7月25日に開催され，残業調査の結果に基づいて，残業の削減，閉店から退社までの時間短縮などのための解決策づくりを開始した[74]。例えば，1972年6月の1人あたりの平均残業時間は月間7.2時間（男性11.9時間，女性3.9時間）であった。また，部門別，性別で分散があることから，レジ担当者，生鮮担当者，加工食品担当者，日配配送担当者など，それぞれの残業実態の問題が提起された。その第一歩として，レジ担当者の恒常的な残業を取り上げた。具体的には，レジ担当者の残業が発生する原因として，閉店後の精算作業と違算チェック作業，早番中番遅番の輪番者の偏りなどが特定された。そのため，閉店30分前に途中集金を入れ，違算5,000円以下であればチェック作業を翌日送りとする，閉店後は先に終礼を行う，在客状況により時間を繰り上げて精算する，などの改善策を決めた。これらの改

善策を8月1日～14日の期間に戸越店，川口店，柏店の3店でテスト実施した。しかし，有効な作業改善と生産性向上の決め手がなく，残業時間の削減の成果は芳しくなかった。

他方で，全繊同盟流通部会の1973年度の活動方針には営業時間の短縮も含まれ，営業時間の最長閉店時間は20：00とし，標準閉店時間は19：00とする方針が出された。この方針がイトーヨーカドー労組の営業時間の取り組みの遅れを自覚させることになった。

この状況を打破したのは，レジ担当を中心とした女性組合員の閉店時間の繰り上げ要求の高まりであった。1973年4月にイトーヨーカドー労組女子部会が開催され，改めて21：00閉店の弊害に対する不満の大きさが鮮明になった[75]。

こうして，1973年9月21日の第4回定期大会では，21：00閉店および20：30閉店の9支部による共同動議が出され，図表5－6のような20：00閉店要求決議案が可決された[76]。なお，この大会で，イトーヨーカドー労組は，第2代委員長塙昭彦が率いる新体制となった。

1973年10月3日，第1回労使協議会が開催され，1974年度のイトーヨーカドー労組の役員が，活動方針を会社側へ伝達し，時短については特に閉店時間の繰り上げについて強調した。その結果，労使協議会を挟んで開催された10月29日の年末年始の就業時間の団体交渉の席上では，閉店繰り上げ問題は急速に解決に向かった。すなわち，会社側から1974年1月より，21：00閉店および20：30閉店の店舗を20：00閉店とする回答があり，全店20：00閉店営業へ移行することとなった[77]。この20：00閉店の獲得こそが，イトーヨーカドー労組の初期活動において，組合員がもっとも団結を経験した画期的な交渉の1つであった[78]。

ただし，これで労働時間に関する不満が消失したわけではなく，以後も各店舗では恒常的に残業や休日出勤への不満が渦巻いていた。いくら労使交渉で労働時間に関するルールの取り決めに成功しても，各店舗に運用する力量がなければ時短にはつながらない。この点を重くみたイトーヨーカドー労組は，支部単位の労使でどのように時短の改善ができるかを話し合うことを促すために，1978年6月から8月に「時短キャンペーン」に乗り出した。各店舗で支部役員や組合員が店長と懇談し，その結果を支部の新聞へ掲載したり，スローガンを

第5章　イトーヨーカドー労働組合

●図表5－6　8時閉店・8時半退社を要求する決議文

> 　私たちイトーヨーカドー労働組合9支部（千住，大山，赤羽，北浦和，小岩，立石，蒲田，曳舟，浦和）は，支部組合全員の総意にもとづき，現行の9時閉店7支部，8時半閉店2支部の8時閉店，8時半退社を要求いたします。
> 　組合結成来，私たちは年間約130日間，毎晩の帰宅，帰寮が10時半，11時になるという非常識な状態をしいられています。9時閉店，9時半退社のもたらす弊害は計り知れません。起きている子供の顔も見られない。退社後友達と話も出来ない等，自由な時間帯の侵害，夜の1時間は昼の3時間だ，という声に代表される夜の労働のつらさ，また風呂にも行けないという切実な訴え，水商売をやっているのかとまわりの人から白い目で見られる等，はては18，9の若い女性が深夜10時半，11時に暗い夜道を帰らなければならない危険さです。
> 　これらは一部の例でしかありません。どれをとっても切実で深刻な問題です。私たちは9時閉店のために疲れています。悩んでいます。泣いています。こんな状態を1日も早くなくしてほしい，というのが私たちの心からの叫びです。
> 　私たちは，この8時閉店の問題がかつて不成功に終わったことを知っています。
> 　私たちはそれを私たちの努力と団結の不足として反省し，教訓とすることを忘れません。
> 　私たちは1人も欠ける事なく，最後まで団結し，今度こそ8時閉店，8時半退社をこの手に勝ち取るため全力を尽くします。
> 　私たちの支部組合員一同は全支部の仲間達と共に，イトーヨーカドー労働組合員5,000余名の総意として，現行9時閉店，8時半閉店支部の，8時閉店，8時半退社の要求を本中央大会の決議として採択することを提案します。
> 　　　　　　　　　　　　　　　　　　　　　　昭和48年9月21日
> 　　　　　　　　　　　　　　　　　　　　　　イトーヨーカドー労組
> 　　　　　　　　　　　　　　　　　　　　　　　9支部一同

（出所）『さんか』第46号，1973年10月3日付。

入れたポスターを作成したりしながら，支部ごとの労使懇談会の検討内容や改善策の確認を続けた[79]。

　この時短キャンペーンに先立ち，1978年5月には残業改善モデル店が指定され，モデル店の具体的な取り組みと他店への波及展開に着手できる態勢に入っている[80]。その結果，例えば，モデル店の1つである相模原店の加工食品部門では，図表5－7のような改善策が立案され，一部は即時実施された。改善策の多くは，発注や品出しの見直しによる作業の効率化や，アルバイトやパー

●図表５−７　相模原店の加工食品作業の改善策

加工食品チーフおよび担当者の残業時間を月25時間以内にする。

→ 社員，チーフの動機づけ
- チーフおよび社員の週間および月間の残業の枠を決める。（実施中）
- 残業時間の個人別グラフを作成，各自が一目で残業時間集計がわかるようにする。（実施中）
- 毎日業務日誌をつけ，その日の反省点をあげ，改善につなげる。（担当者→チーフ→マネジャー→店長）

→ ムリ，ムラ，ムダのない作業スケジュール
- 社員，アルバイトに対し，それぞれ能力に合った仕事を与え，仕事を平均化して時短を図る。
- エンドの陳列は多くても１日２本とする。
- 夜間補充を日中補充に切り替える。

→ ムダな発注の厳禁
- ダブル発注をしない。
- 日曜発注は必要な商品のみ発注する。
- ムダな作業を減らし，ストック場の整理整頓をする。

→ アルバイト人員の確保
- 出勤予定表を作成し，アルバイトに10日分の出勤予定を書かせ無断欠勤をなくす。
- 作業終了時に必ず翌日の出勤時間を再度確認する。
- 人員を増やし，常時出勤者15，16人にする。

→ ストック場の整理
- 棚を３月に２本，５月に２本減らし，目玉商品用の棚を設け，通路を広くし売場を作りやすくする。
- 日曜，月曜，水曜の週３回，ストック場の整理を実施し，同時にデッドストックを処理する。
- 値下げ商品の処理だけを行うパートタイマーをつくる。

→ アルバイト教育の徹底
- ムダな補充をさせないで，明日に必要な商品のみを補充させる。
- 補充時間は納品日は19：00まで，それ以外の日は18：00までと意識づける。（実施中）
- 段ボールを片付けながら作業を進めさせる。

→ 備品の管理
- プリンターを購入する。
- 平カートが少ないので補充する。（担当者→マネジャー）

→ 品出しのチェック
- 一般のアルバイトが商品を探す時間を減らす。
- 社員があらかじめ品出しに必要な商品のみを準備する。
- 社員の在庫管理を確認させる。
- アルバイトが出勤する前に，品出しの準備を行う。

（出所）『さんか』第124号，1978年８月９日付より作成。

トタイマーへの適切な作業権限の委譲など，実際には店舗レベルの生産性の向上策である。時短の推進とは，労使交渉の結果としての労働条件の向上には違いない。だが，そこには労組側も積極的に生産性向上を進め，その労働条件を享受するための努力を続ける姿勢がある[81]。

⑦ 有給休暇の消化促進

イトーヨーカドー労組は時短の取り組みにおいて，残業だけではなく有給休暇の消化の低さも問題視した。とりわけ，店舗の販売担当より上位のマネジャーやチーフなどで有休消化が悪かったからである。このため，労組は1972年8月末時点の各店の各職種の有休消化状況を調査した[82]。その結果に基づき，特に有休消化の悪い店舗や職種を示したのが図表5－8である。

全体平均の有休消化率は38.6％であり，マネジャーが35.9％，バックルームが50％となっているが，これらは消化率が低い店舗や職種が引き下げた結果で

●図表5－8　イトーヨーカドーの有休消化率ワースト10

ワースト順位	計		マネジャー		チーフ		バックルーム	
	店舗	消化率(%)	店舗	消化率(%)	店舗	消化率(%)	店舗	消化率(%)
1	平	22.3	平	2.5	立石	15.6	郡山	18.0
2	郡山	27.1	溝の口	15.9	三ノ輪	21.3	蒲田	18.8
3	蒲田	28.5	立石	25.0	曳舟	21.4	千住	32.8
4	曳舟	29.1	三鷹	25.0	田無	27.3	平	34.0
5	千住	30.0	郡山	25.5	平	28.7	蕨	37.3
6	三鷹	31.3	戸越	27.0	千住	29.2	赤羽	38.6
7	三ノ輪	31.7	北浦和	28.6	西新井	29.5	曳舟	38.9
8	立石	33.9	田無	29.0	三鷹	29.7	三鷹	41.7
9	西新井	35.2	千住	30.1	蒲田	30.8	川口	47.5
10	溝の口	35.8	蒲田	31.0	郡山	32.4	川越	47.9
平均	—	38.6	—	35.9	—	35.4	—	50.0

（注1）　1972年8月31日時点の消化率。
（注2）　グレー色は全体のワースト10店舗。
（出所）　『さんか』第28号，1972年10月20日付より作成。

ある⁽⁸³⁾。一方では，有休消化率が約60％の店舗がみられる。また，マネジャーやチーフの有休消化率が悪い店舗は，その店舗の消化率が悪くなっている。すなわち，マネジャーが有休を消化しないこと自体が店舗の消化率を落とすだけでなく，その下位で働く販売担当者たちの消化率も押し下げている⁽⁸⁴⁾。

イトーヨーカドー労組は，再度，1972年12月末時点の有休消化状況を調査している⁽⁸⁵⁾。その結果は，8月末時点の調査結果の傾向を再認識させるものであった。一例をあげると，店舗別のマネジャーの有休消化率は，全体で40.4％であるが，最も高い店舗で75％であるのに対して，最も低い店舗は6.5％と10倍以上の開きがある。チーフに関しても同様に，店舗間の分散がきわめて大きい。つまり，有休を消化できない常連の店舗が固定されている。

また，この調査ではMDの有給休暇や暫定休暇も調査項目に加えられた。部門別の調査結果によると，MDの有休消化率は高いとはいえず，とりわけ住居部門の有給消化率は29％，暫休消化率は0％と低く，特に文化品担当MDの有休消化率の低さが目立っている。

有給休暇の取得が低調なままでは目標とする完全週休2日制の実現は極めて困難となる。このため，イトーヨーカドー労組は，業務量や人員の問題があるにせよ有休を取得できる余地があるとみて，マネジャーとチーフに対して強力に有休の取得を呼びかける情報宣伝活動を開始した。

⑧ 年末年始の営業と就労に関する交渉

小売業の年末年始はいわゆる「書き入れ時」である反面，労働者にとっては繁忙により過重負担となる。このため，イトーヨーカ堂労組はさっそく1971年度から年末年始の就労問題に取り組んだ。

イトーヨーカ堂労組は，1971年9月の定期大会で正月三が日を休日とする方針で初商問題に取り組むことを決定し，1971年末と1972年始の労働条件の改善を求めて会社側と団体交渉に入った⁽⁸⁶⁾。会社側は，「1月3日開店（東北3店は2日開店）は会社のポリシーであり年間売上計画にも組み入れている。」「1月3日の売上は12月31日の売上に匹敵する巨額である。」「他社の中にも1月3日開店の店舗がありイトーヨーカ堂だけではない。」などと回答した。その結果，労組は第2回団交に入り，年始の営業開始を1月3日とすること（東北3店は

1月2日から営業開始で1月8日を休日)、振替休日で対応することなどを確認した。正月三が日の休業は達成されず、正月は各店で決定された必要人員による勤務となり、勤務者は1月4日から1月8日までに振替休日をとり、その他は正月休日とするという考え方で合意した[87]。

図表5－9は、イトーヨーカ堂労組が、当時の全27店舗の1971年12月31日と1972年の初商時の就労状況を調査した結果を示している。この調査によると、通常の閉店時間は、19：00から21：00までまちまちであり、12月31日にはどの店舗も30分から1時間の閉店時間の繰り下げを実施している。しかも、退社時間をみると、男性組合員の方が遅くなる場合が多く、その男性組合員は閉店後にさらに1時間から2時間後に退勤していることがわかる。新年を迎える直前の12月31日の夜間に働くという点で厳しい労働条件といえる。また、閉店から退勤までの時間に店舗ごとの分散があり、しかも男女差もあることから、作業の見直しによる労働時間短縮の余地が残されていた[88]。

一方、初商については、新年開店日に多数の労働者が出勤していることがわかる。休日者の割合を算出したところ、平均で35.2％となり、最大の小岩店でも半数、初商の慣行がある東北の郡山店や平店は1割を切っている。

その後も、イトーヨーカドー労組は年末年始の営業時間短縮の取り組みを続けた。例えば、1973年の年末には、会社側との交渉を通じて、年末就労の軽減に成功している[89]。まず、12月29日、30日、31日の各店舗の閉店時間を繰り上げた。すなわち、最も閉店時間が遅い店舗でも21：00まで、早い店では19：30に切り上げることができた。これは年末には深夜まで営業していた以前とは大きく異なる。

また、労組は年末営業の運用面に強く介入した。例えば、年末の客足に対応する営業延長については、従来は12月の土曜日と日曜日については例外措置を認めていたのに対して、12月29日、30日、31日に限った。営業時間延長を30分までに限定させたり、31日については交替勤務制で就労することに成功した。年末の就労は着実に軽減し始めた。しかし、年始については、1月3日を営業開始とするものの東北3店は1月2日とする点は変わらず、継続課題のまま残された。

さらに、1974年度の年末年始交渉では、労組は12月31日の開店時間を29日、

第Ⅱ部 「ゼンセン」のチェーンストア組織化

● 図表5-9　イトーヨーカ堂の1971年の年末と1972年の初商の勤務状況

店舗	店舗の閉店時間		12月31日退社時間		初商の就業		
	通常	12月31日	女性	男性	出勤者数	休日者数	休日者割合
千住	21:00	21:30	22:15	22:15	110	91	45.3%
大山	21:00	21:25	22:15	23:15	50	38	43.2%
赤羽	21:00	21:30	22:00	22:00	43	30	41.1%
北浦和	20:30	21:00	22:15	22:15	21	20	48.8%
小岩	21:00	21:30	21:45	22:00	27	27	50.0%
立石	21:00	21:15	21:45	22:00	47	32	40.5%
蒲田	21:00	21:15	21:45	22:15	68	54	44.3%
三鷹	20:00	21:00	22:00	22:30	36	26	41.9%
溝の口	19:30	20:30	21:15	21:30	66	44	40.0%
田無	19:30	21:00	22:00	22:00	44	9	17.0%
曳舟	21:00	21:30	22:15	23:00	66	42	38.9%
川越	19:30	20:00	21:00	21:00	92	52	36.1%
戸越	20:00	21:00	22:30	22:30	55	36	39.6%
三ノ輪	20:00	21:00	22:45	23:30	82	36	30.5%
西新井	20:00	21:00	22:00	23:00	71	47	39.8%
大井	20:00	21:00	21:45	22:30	87	64	42.4%
越谷	20:00	20:30	21:45	21:45	110	72	39.6%
郡山	19:00	19:30	21:00	21:00	86	3	3.4%
高砂	20:00	21:00	22:00	22:30	86	53	38.1%
蕨	20:00	21:15	22:15	22:15	100	49	32.9%
野田	19:00	20:00	21:00	21:00	108	52	32.5%
川口	20:00	21:00	22:00	22:30	68	29	29.9%
平	19:00	19:30	20:30	21:30	143	15	9.5%
亀有	20:00	20:30	21:30	22:00	94	47	33.3%
柏	20:00	20:45	21:30	22:30	115	78	40.4%
白河	19:00	19:30	21:00	21:00	93	18	16.2%
上板橋	19:00	19:30	21:00	21:00	93	54	36.7%
計	—	—	—	—	2,061	1,118	35.2%

(出所)『さんか』第16号，1972年2月5日付より作成。

30日よりも早めることで，31日の営業ピークを前倒しして，退勤時間を早めることをねらった。多くの店舗で31日については 9 : 30開店となり，千住，西新井，高砂，亀有，金町，曳舟など多くの店舗で閉店時間を繰り上げた。それとともに，労組は年末の営業時間の延長を制限し，さらには一斉退勤ではなく各売場の終了により順次退勤するよう組合員に指導した(90)。

　このように，同時期のイトーヨーカドー労組は，年末年始交渉において年末就業への取り組みを積み重ねていたが，年始の就業については際立った前進はみられなかった。しかし，1977年度の年末年始交渉では，労組結成以来の宿願である正月の営業開始日の繰り下げに成功し，初商問題の解決の糸口をつかんだ(91)。すなわち，会社側が正月 2 日営業開始を堅持してきた郡山店，栃木店，古河店を 3 日営業開始とした(92)。これは当該地域の慣行である初商をイトーヨーカドーの店舗が廃止したのに等しく，消費者ニーズへの対応という社会的要請を労働者の正月休日要求が上回ったという意味で，画期的な労使交渉結果であった。

　ところが，初商問題を前進させた1977年度の年末年始の時短のうち，1977年末の就労実態は，前年度から後退していることが明らかにされた。年末年始に関わらず休日数も含め，労使協定の締結をもって時短が進むわけではなく，時短を進ませるだけの現場の取り組みとその成果が必要となる。この点で，イトーヨーカドー労組は年末年始の実態調査の実施を怠らなかったため，とりわけ12月31日の退社状況が悪化している事実が露わにされた(93)。すなわち，年末営業の事前準備に精粗があり，売場間の応援態勢を細部まで詰める店舗以外は，軒並み営業時間が延長され，閉店後退社時間も遅れていたのである(94)。

　1978年の初商に関する交渉では，イトーヨーカドー労組はさらに苦戦を強いられることになった。すなわち，やや押し返し始めた前年度の交渉とは一転して， 3 回の団体交渉を経て， 1 月 2 日営業開始日となる店舗は再び前年度11店舗から17店舗に増えた(95)。このような一見，後退した結果になった背景には，最後には労使で合意に至ったインセンティブの実施があった。すなわち， 1 月 2 日営業店舗においては，当日出勤した正社員に対して， 1 月の日販予算を基準にして，同額つまり100％達成で 1 人当たり1,000円，150％で1,500円，200％で2,000円，というように50％増につき500円ずつ増額した手当を支給する。ま

た，当日4時間以上勤務するパートタイマーに対しては，100％達成で一律500円を支給する。

このような，インセンティブを強行してでも営業政策上，初商は必須であるという会社側の要望は強かった。また，労組側も厳しさを増す経営実態や消費者ニーズの高まりといった社会情勢を無視しにくいところへ，はっきりと就労条件の1つとして金銭条件の上乗せが示されたため，この方式を試行することを認めた[96]。

なお，1979年の初商交渉では，1月2日営業開始がさらに2店舗増えて計19店舗になる一方で，インセンティブを正社員が1月日販100％達成で2,500円として50％ごとに500円増へ引き上げるなど，インセンティブの増額に比重が移り始めた[97]。また，1980年の初商交渉では2日営業開始店舗は会社提案の24店舗から減らしたとはいえ21店舗となったが，インセンティブは初売手当へ変更され，正社員に対して一律5,000円とした[98]。

さらに，1981年の初商交渉は，イトーヨーカ堂の労使だけでなく，初商問題に危機感を募らせたゼンセン同盟が，従来よりも強く交渉へ関与したという点で異例であった。すなわち，ゼンセン同盟は正月営業の進行をチェーンストア企業ではなく業界全体の問題と位置づけ，イトーヨーカドー労組とゼンセン同盟の統一要求という形で交渉に臨んだ[99]。

その結果，例年よりも1か月以上早くからゼンセン同盟の指導の下で年末年始就労の団交に入り，1月2日開業開始店舗は前年度21店舗からの拡大を許さず，2店舗を1月3日営業開始，新規出店2店舗を1月2日営業開始として，同じく計21店舗とした[100]。しかも初売手当は1月2日だけでなく，正月手当へ変更して1月3日営業開始店舗に拡大することとなった。会社側は1月3日を通常営業日と位置づけているため激しく抵抗したが，ゼンセン同盟の団交への強力な介入もあって，1月3日手当は**図表5－10**のように妥結に至った。正月就労に対する対価要求を受け入れた巨額の上乗せといえよう[101]。この交渉は，ゼンセンとの統一要求交渉によっても初商問題が解決せず，またその結果，取り組みの焦点が初商の廃止から手当の増額へ移ったという点で象徴的である。

イトーヨーカドー労組は結成以来1970年代を通して，熱心に初商問題に取り組んできたが初商を撤廃するには至らず，また途中から手当の獲得と増額に切

●図表5－10　1981年度のイトーヨーカドーの正月手当支給額

	正社員	パートタイマー			
		4時間未満	4時間以上 6時間未満	6時間以上 8時間未満	8時間以上
1月2日	5,000円	2,000円	3,000円	4,000円	5,000円
1月3日	2,000円	500円	1,000円	1,500円	2,000円

(出所)　『さんか』第172号，1981年11月25日付より作成。

り替え，1980年代を迎えることとなった。以後，チェーンストア業界の正月営業はさらに進められることになる。しかし，一貫して会社側に対し，正月営業について慎重に進行させ，正月営業が労働者側の生活に負担を強いる事実やその対価について考えさせてきた。この営みが以後の総合労働条件の形成のための有力な基礎となったという点で，イトーヨーカドー労組の執拗な年末年始就労の取り組みは，有意義であったと評価することができる。

4　おわりに

　本章は，イトーヨーカ堂労組の結成と初期の労組活動について考察した。労組活動に関しては，賃金交渉の分析は最小限にとどめ，主として労働時間短縮に関する労使交渉について詳しく検討した。その結果，以下の点が示唆された。
　イトーヨーカ堂社長の伊藤雅俊は，当初は労働組合の活動に対して懐疑的であった。だが，ゼンセンの積極的な組織化が功を奏し，イトーヨーカ堂の労働者有志たちが集結して労組が結成されると，同盟路線の下で生産性向上に熱意を持つ労組を受容し始めた。この結成時のイトーヨーカ堂労組の態度は，既述の「滝田実・太田薫論争」で露わになった滝田実の信念そのものであり，実際にイトーヨーカ堂労組は結成直後から労組主導で生産性向上のための改善活動を開始した。1960年代に小売企業を脅かしていた左傾組合の激しい活動に対する経営者たちの警戒の念は強かったが，1970年代になるとゼンセンの組織化によって，「左右の労使関係」が転換し始めた好例といえる。
　だが，その同盟路線とは，あくまでも労働者が手にすべきパイの拡大と分配

要求であり，イトーヨーカドー労組では，労使対等の原則に基づき，いくつかの激しい山場を経験しながら労使交渉が継続された。

　例えば，イトーヨーカドー労組の賃上げ要求は地味であるといわれるが，業界水準を上回っており，労使交渉でも会社側回答を頻繁に拒否しながら高額妥結を達成していた。また，一時金要求において，会社側回答を認めないという支部の意見の高まりを材料として常に満額回答獲得へ向かった。労働時間短縮に関する交渉では，20：00閉店や一直制導入の団交において，ストライキに踏み切ってはいないものの，著しく緊張が高まり，「混乱の労使関係」の様相となったが，その過程で労組内の結束を固めた。なお，初商問題については，その決着は1980年代に持ち越された。

　ただし，賃金にせよ労働時間短縮にせよ，労使で生産性向上に取り組むことが根底にあり，「同床の労使関係」の姿勢が崩れることはなかった。この労組の態度は，企業膨張に依拠した売上主義よりも，顧客優先の原則に則った高収益主義に執着する会社側と一心同体といってよい。このため，急成長中の企業において，成長と待遇のバランスをとり，一層の成長に向かわせることができた。この点について，労使交渉における労使の要求や回答の内容を点検する限り，決して企業が単独で完遂できるわけではなく，労働者の立場から企業成長を軌道に乗せたのは労組であったといわざるを得ない。すなわち，他労組の事例と同様に，イトーヨーカ堂労組の結成と活動がチェーンストア業界の発展に果たした役割は大きいと考えられる。

　また，例えば，イトーヨーカドー労組が旧来の一時金制度から月数の要求方式へ変えたり，一時的にせよ拡大する正月営業に対して正月手当を導入できた背景には，ゼンセン同盟の指導力があった。企業別組合が十分に活動を推進できる条件の1つに，要所に乗り出してくる強力な産別組合であるゼンセンの存在があることが確認できる。

● 注
（1）　イトーヨーカ堂設立までの経緯は，邊見敏江『イトーヨーカ堂　成長の源流　伊藤雅俊と刻んだ「業革」への道程』ダイヤモンド社，2007年，pp.26-27，による。
（2）　競合企業は，上野の赤札堂，池袋のキンカ堂であり，都内安売り御三家と呼ばれてい

第 5 章　イトーヨーカドー労働組合

た。若林照光『セブン-イレブンはイトーヨーカ堂を超えられるか』日本実業出版社，1986年，p.82。
（3）　緒方知行，西村哲『イトーヨーカドーの経営　伊藤語録と高収益体質の秘密を探る』1978年，pp.111-116。伊藤雅俊の営業哲学の形成過程で，家族からの薫陶を重視する指摘は多い。例えば，若林照光『セブン-イレブンはイトーヨーカ堂を超えられるか』日本実業出版社，1986年，pp.79-81。森下紀彦『イトーヨーカドー　伊藤雅俊　商売の鉄則』ぱる出版，1990年，pp.48-76。鷲巣力『コロンブスの卵たち-「常識」に挑戦するイトーヨーカ堂グループ』毎日新聞社，1997年，pp.34-38。伊藤雅俊自身も，商いについて語る際には必ず母親や異父兄への感謝から始める。例えば，伊藤雅俊『商いの道-経営の原点を考える』PHP研究所，1998年，伊藤雅俊『ひらがなで考える商い　上』日経BP社，2005年。
（4）　伊藤雅俊が師と仰いだのは，平塚の梅屋百貨店社長の関口寛快である。関口寛快は，異父兄の死後に事業継承した直後の停滞期に無気力状態であった伊藤雅俊を支えた。伊藤雅俊『商いの道-経営の原点を考える』PHP研究所，1998年，pp.35-36。イトーヨーカ堂の多店舗化を助言したのも，伊藤雅俊がことあるごとに意見を求めた関口寛快であるという。邊見敏江『イトーヨーカ堂　成長の源流　伊藤雅俊と刻んだ「業革」への道程』ダイヤモンド社，2007年，p.46。
（5）　チェーンストアへの準備の一例としては，複数店舗を想定した部門別経営管理情報の収集と処理による利益管理への移行がある。邊見敏江『イトーヨーカ堂　成長の源流　伊藤雅俊と刻んだ「業革」への道程』ダイヤモンド社，2007年，pp.41-43。
（6）　上場には3年半の準備期間を要した。この準備の内容と進行は，邊見敏江『イトーヨーカ堂　成長の源流　伊藤雅俊と刻んだ「業革」への道程』ダイヤモンド社，2007年，pp.107-123，が詳細に記述している。
（7）　3首脳は各自が個性的であり，暗黙の役割分担があった。塩沢茂『イトーヨーカ堂店長会議』講談社ビジネス，1986年，pp.158-195。伊藤雅俊は発言権のない社長として権限を委譲していった。例えば，事実上の生命線といえる「業務改革委員会」でも，自らが希望してオブザーバーとなり，部下の反論を止めることになる自分の意見を封じて，部下の自由な意見を促して重用したという。森下紀彦『ヨーカ堂の高収益商法』ぱる出版，1995年，pp.52-53。
（8）　トヨタ自動車を筆頭に事例分析が集中していた組織能力構築に関してチェーンストアを取り上げた詳細な研究は，イトーヨーカ堂の組織能力の形成の初期段階において，伊藤雅俊の全社に対する「荒天準備態勢」発令で始まった業務改革がきわめて重要であったことを示唆する。邊見敏江『イトーヨーカ堂　顧客満足の設計図』ダイヤモンド社，2008年，pp.37-46。
（9）　中途採用しなければ成長に人材が間に合わなかったためである。鷲巣力『コロンブスの卵たち-「常識」に挑戦するイトーヨーカ堂グループ』毎日新聞社，1997年，pp.62-63。
（10）　「大きくなることは怖いことです。」「店というものは腐るもんなんですよ。」など伊藤雅俊は悲観的とさえいえる意見を表明している。森下紀彦『ヨーカ堂の高収益商法』ぱる出版，1995年，pp.214-217。また，1978年に，ダイエー社長中内㓛，ジャスコ社長岡田卓

第Ⅱ部 「ゼンセン」のチェーンストア組織化

也の後を引き継いで第3代日本チェーンストア協会会長に就任した伊藤雅俊にとって，小売業の本分は物を売ること，徒党を組んで政治に頼るのは嫌い，などの理由で就任は不本意であったとの分析がある。秘書は時々「大きくなりすぎた。」と伊藤雅俊が漏らすのを聞いたという。森下紀彦『イトーヨーカドー　伊藤雅俊　商売の鉄則』ぱる出版，1990年，pp.118-120。

(11)　伊藤雅俊は，「勝った，負けた。」とか「取った，取られた。」といった労使交渉の表現を極端に嫌った。ただし，経営協議会へは，団交とは切り離して考えて積極的に出席した。鷲巣力『コロンブスの卵たち－「常識」に挑戦するイトーヨーカ堂グループ』毎日新聞社，1997年，pp.119-120。

(12)　当時のイトーヨーカ堂には，1964年に発足した従業員親睦団体「杉の子会」があった。森下紀彦『イトーヨーカドー　伊藤雅俊　商売の鉄則』ぱる出版，1990年，p.124。だが全繊同盟は「杉の子会」を労組に鞍替えさせる組織化手法をとらなかった。

(13)　鈴木敏文は学生運動の経験者であり，東販で労働組合の書記長に就任し，賃上げ交渉中にイトーヨーカ堂に転職してきた。入社後は商品管理課係長，販促担当，3年目からは人事課長を兼務し，人事部門と広報部門の責任者となった。1970年，ゼンセン同盟から労組結成の働きかけを経験したという。ただし，鈴木敏文は，自らの組合経験に基づいて，組合への過剰な期待が労使にとって有害となると考え，組合結成当初の組合費と専従役員数を低く抑えるよう促した。鈴木敏文『挑戦わがロマン　私の履歴書』日本経済出版社，2008年，pp.73-74。

(14)　鈴木敏文は，社長の伊藤雅俊が当初は労組の結成に反対した理由として，顧客を最優先する商人であり，サラリーマン経験がほとんどないため労働者の権利を守る労組の存在そのものを容易に理解できなかったと分析している。鈴木敏文『挑戦わがロマン　私の履歴書』日本経済出版社，2008年，pp.73-74。

(15)　例えば，当時青果バイヤーで後に第2代委員長となる塙昭彦は，アメリカ視察から帰国したばかりの時に岩国修一から組合結成の協力を求められ，「あなたさえ OK してくれればすぐにでも労働組合結成の旗上げはできる。」と持ちかけられた。労働組合という言葉を口にしただけで左遷されたり，クビになると言われていた時代だったという。塙昭彦「出逢い。そして感謝－」，イトーヨーカドー労働組合『十年の歩み』1980年。また，従業員が5人以上集まる会合は事前に届け出なければならなかったという。松枝史明『イトーヨーカドー　伊藤雅俊の研究』東京経済，1981年，pp.77-78。他方，岩国修一が中途入社直後に組合結成に動いたことに違和感があったこと，岩国修一以外の有力な発起人候補が含まれていたことが有効であったこと，その有力者が全繊同盟にオルグされていたことなどの回想が公開されている。イトーヨーカドー労働組合『十年の歩み』1980年，pp.96-97。また，塙昭彦は岩国修一に説得されるまでは，「私はあなたがどんな人かよく知らない。組合をつくるなら自分でつくる。」と対応していた。鷲巣力『コロンブスの卵たち－「常識」に挑戦するイトーヨーカ堂グループ』毎日新聞社，1997年，p.116。

(16)　結成準備の会議は全繊同盟のオルグも参加して深夜から翌朝まで続いた。青果バイヤーだった塙昭彦は，会議終了後にそのまま市場へ買付けに行っていたという。イトー

第5章　イトーヨーカドー労働組合

ヨーカドー労働組合『十年の歩み』1980年，pp.98-99。また，各支部で加入届をとる世話人たちの教育研修の拠点として市ヶ谷の全繊会館が使われていた。イトーヨーカドー労働組合『十年の歩み』1980年，pp.103-104。ゼンセンでの会議は20：00ごろ集まり翌3：00～4：00ごろまでかかり仮眠して出勤していた，ゼンセン側のオルグも過労で前歯が3本抜けた，との証言もある。新井巌，岩崎寿次『イトーヨーカドーのユニオン・コミュニケーション戦略』産能大学出版部，1991年，pp.19-20。

(17)　『イトーヨーカ堂組合新聞』（イトーヨーカ堂労組機関紙）第1号，1970年12月1日付。

(18)　岩国グループの1人は，労組結成の説得活動中に別のグループの存在を知って驚いたが，会合を持って協力して結成することですっかり意気投合したと回想している。イトーヨーカドー労働組合『十年の歩み』1980年，pp.97-98。イトーヨーカ堂労組の結成では，全ジャスコ労組のケースのように2つの組合が併存する危機を迎えることはなかった。

(19)　労組機関紙で確認する限り，1972年6月に店舗名の表記に合わせてイトーヨーカドー労働組合へ名称変更されたので，本章では1972年6月以降の記述についてイトーヨーカドー労組と記載する。

(20)　なお，イトーヨーカドー労組結成後約20年間の委員長は，岩国修一が1970年度～1973年度，塙昭彦が1974年度～1982年度，太田喜明が1983年度～1986年度，川茂夫が1987年度～1992年度に就任しており，初期の労組活動では長期就任した塙昭彦の強力なリーダーシップ下にあったことがわかる。また，太田喜明や川茂夫などの委員長はもちろんそうだが，委員長でなくても労組役員に長期就任する傾向が認められる。

(21)　伊藤雅俊「剛毅朴訥仁に近い人物」，佐藤文男『生涯一オルグ　仲間とともに歩んだ日々の回想』1985年。

(22)　『イトーヨーカ堂組合新聞』第1号，1970年12月1日付。

(23)　『イトーヨーカ堂組合新聞』第1号，1970年12月1日付。

(24)　ただし，伊藤雅俊は既述のように労組の活動には懐疑的であり，したがって，家業から企業へ少しずつ脱皮し始めた1970年のイトーヨーカ堂労組の結成は青天の霹靂であり，全繊同盟を訪問した際に入口の石段を登りながら「これでイトーヨーカ堂も終わりだな。」と思い，組織部長佐藤文男に面会した際には「ずいぶん怖い人だな。」と思ったと回想している。伊藤雅俊「剛毅朴訥仁に近い人物」，佐藤文男『生涯一オルグ　仲間とともに歩んだ日々の回想』1985年。しかし，他方では面会時に「労組は経営者をうつす鏡です。」と話した会長滝田実を非常に高く評価し，ひとまず心配を解いたという。それほどまでに心配していたのは，取引先の食品会社の多くが総評系の労組に手を焼いて経営がおかしくなったのを見ていたからである。伊藤雅俊『伊藤雅俊の商いのこころ』日本経済新聞社，2003年，p.192。「混乱の労使関係」を避けられたのも，商人とテクノクラート，水と油，情と理などと対比される伊藤雅俊と鈴木敏文の異能の2人が不足を補い合っていたためと考えられる。伊藤雅俊『伊藤雅俊の商いのこころ』日本経済新聞社，2003年，p.142。

(25)　初期のイトーヨーカ堂労組で長期に委員長をつとめた塙昭彦は，会社が労組のいいなりの額を支払えば，いつかは倒産するのは明らかであり，労使の枠を超えて収益性の向上と生産性の向上に努力するのは自明の理である，と主張している。塙昭彦『人生すべて，

第Ⅱ部　「ゼンセン」のチェーンストア組織化

　　　　当たりくじ　どんな逆境にも負けない生き方・考え方』PHP研究所，2008年，p.125。
(26)　滝田実は，数えきれないほど労組の大会へ参加した経験の中で，当日の状況を鮮明に
　　　　記憶している数少ない例がイトーヨーカ堂労組の結成大会であると回想している。イトー
　　　　ヨーカ堂の労使の代表の話を静かに聞いていて，近代的労使関係の基本ともいうべき，労
　　　　使の対等協力，分配関係について見事な合意が成立しているため立派な労使関係が確立さ
　　　　れ，企業も労組も将来が明るく発展すると直感したという。「初心を忘れず地道な努力を
　　　　－結成大会の直感実る－」，イトーヨーカドー労働組合『十年の歩み』1980年，p.19。
(27)　『イトーヨーカ堂組合新聞』第1号，1970年12月1日付。
(28)　人事課長であった鈴木敏文が全繊同盟を訪問して直接に要求した。ゼンセン側は怒り
　　　　を表したが，結成の条件として要求を押し通し，イトーヨーカ堂の組合費は抑制される結
　　　　果となった。鈴木敏文『挑戦わがロマン　私の履歴書』日本経済出版社，2008年，pp.73-
　　　　74。
(29)　『さんか』（『イトーヨーカ堂組合新聞』から名称変更）第3号，1971年2月23日付。
(30)　ゼンセンからの借入金30万円と結成祝金8万円を予算に計上した。『さんか』第5号，
　　　　1971年4月5日付。
(31)　その後，イトーヨーカ堂労組は1972年3月3日開催の臨時大会において，さらに組合
　　　　費の定額部分200円を400円に引き上げた。『さんか』第18号，1972年3月13日付。
(32)　『さんか』第10号，1971年9月1日付。
(33)　具体的には，中央執行委員は「若干名」から「400人の組合員に1人を任命する」へ，
　　　　支部委員は「若干名」から「20人の組合員に1人を任命する」へ，それぞれ改定された。『さ
　　　　んか』第10号，1971年9月1日付。
(34)　例えば，1971年10月にイトーヨーカ堂労組が主催した秋のバスハイクの参加状況は，
　　　　当日が雨天であったこともあり，組合員数3,545人に対して参加者1,658人，参加率47％で
　　　　あった。だが店舗支部の参加率が50％〜80％であるのに対して，本部支部の参加率は9％
　　　　であった。『さんか』第13号，1971年11月12日付。
(35)　『さんか』第23号，1972年7月8日付。分割以前の本部支部大会には約10人しか集ま
　　　　らないなど，店舗支部の活動ぶりとの差異が大きかった。なお，新設した各支部役員の投
　　　　票率は約80％と参加状況は好転した。
(36)　『さんか』第10号，1971年9月1日付。
(37)　ＩＡＭ運動を推進した中心人物でありイトーヨーカ堂労組副委員長であった塙昭彦は，
　　　　「特に総評系の組合はこんな考え方をしたら御用組合呼ばわりされるでしょう。」「総評系
　　　　の多くは「親方日の丸」的な会社で潰れないでしょう。」「イトーヨーカ堂はどうでしょう
　　　　か。」「社員，組合員の力で折れない葦に創造し続けなければなりません。4,000名の組合
　　　　員とその家族のためにも。」などと述べながら，ＩＡＭ運動の提案理由を説明している。『さ
　　　　んか』第9号，1971年7月20日付。
(38)　例えば，イトーヨーカ堂労組は後年，このＩＡＭ運動に関して，次のような回顧を掲
　　　　載している。「生産性を上げるために，私たちが一番手短にできることはお客様を大切に
　　　　する姿勢ではないか。そんな考えから結成1年後の1971年には，私たちはＩＡＭ運動とい

第 5 章　イトーヨーカドー労働組合

う生産性向上に取り組みました。」「私たちの会社の利益はお客様に買っていただいて初めて利益が生まれる。いわば給料はお客様からいただいているのであり，労働組合もお客様を考えずして存在はできない。」「組合が経営者と対立だけしていて，会社そのものが発展していくだろうか。」「それはまさに涸れた井戸から水は汲めないとの考えによる，豊かな水を汲むための努力の実践でした。」セブン＆アイグループ労働組合連合会『イトーヨーカドー労働組合40周年記念誌』2010年，p.14。「生産性向上運動がめざすものは，会社の利益である。そんなことは会社の問題で，労働組合が考えるのはおかしいと思う人も多いでしょう。そして御用組合ではないかと決めつける人もいるでしょう。しかし，毎日の仕事を通じてお客様に満足を与えることが利益をもたらし，私たちの生活環境の向上につながるのです。」新井巌，岩崎寿次『イトーヨーカドーのユニオン・コミュニケーション戦略』産能大学出版部，1991年，pp.32-34。

(39)　労組結成時の売上ランキングは，1位三越，2位大丸，3位高島屋と百貨店がトップを占めており，チェーンストアではダイエーが4位，西友が5位，イトーヨーカ堂は17位であった。新規出店が少なく，売上の伸びも小さいため「いずれイトーヨーカドーはつぶれるだろう。」と陰口を叩かれていたという。鷲巣力『コロンブスの卵たち—「常識」に挑戦するイトーヨーカ堂グループ』毎日新聞社，1997年，pp.118-119。また，1972年の時点のイトーヨーカ堂に対して「番付でいえば，ダイエーが天下無敵の横綱ならイトーヨーカ堂は幕内に入ったばかりの新進気鋭。」「そんじょそこらの二代目とは出来が違う堤清二は中内㓛にとって油断のできぬ相手であったが，イトーヨーカ堂はまだ意識の外にあった。」といった評価もみられる。藤井行夫『ダイエー中内㓛商法　イトーヨーカ堂伊藤雅俊商法全研究』こう書房，1987年，pp.28-29。

(40)　以下の1973年度の賃上げ要求案決定に関する記述は，『さんか』第35号，1973年2月26日付，『さんか』第36号，1973年3月12日付による。

(41)　イトーヨーカドー労組は，世間相場と比較して業界の要求が高い理由について，大量の求人があり初任給が高いこと，業界の歴史が浅くほとんどが若年層だけで構成されていること，休日が少なく長時間労働であること，などを指摘している。『さんか』第38号，1973年3月31日付。ただし，まず高賃金ありき，と世間相場よりはるかに高い賃金を精力的に要求するタイプの労組ではないと思われる。

(42)　以下の1973年度の賃上げの団交と妥結に関する記述は，『さんか』第38号，1973年3月31日付による。

(43)　この交渉では，自社のマネジャー層の能力や努力の水準ではイトーヨーカドーはもう発展しないという危惧が会社側から強く表明された。要するに賃金を支払い過ぎているというのである。例えば，団交を終えたある労組役員たちは，「マネジャーの回答賃金が特に低かったが，能力がないからあれだけしか出さないという意味のきびしい口調で言われた。」「マネジャーへの期待感はもっともだと思う。きびしくなると思うが受けて立つつもり。」と報告している。『さんか』第38号，1973年3月31日付。それでも最終回答で賃上げを獲得する事実が労組の存在の大きさを示すものの，会社側はそれに相応した能力発揮を課す。こうした関係は，チェーンストア業界において労使対等で生産性向上を追求する実

態の一端を示している。
(44) 以下の1973年度の夏期一時金の団交と妥結に関する記述は,『さんか』第40号,1973年5月17日付,『さんか』第41号,1973年6月15日付による。
(45) 以下の1973年度の冬期一時金の団交と妥結に関する記述は,『さんか』第47号,1973年10月13日付,『さんか』第48号,1973年10月25日付,『さんか』第50号,1973年11月10日付による。なお,イトーヨーカドーでは夏期および冬期の一時金の他に,決算賞与が支給されていた。
(46) 会社側は,満額回答であれば修正予算を4億円近く超過し,その規模は予想を上回るとした上で,業績の伸びを分解すると営業収益より支払利息の軽減,株式上場を通じた資金調達による借入金減少等の営業外収益の上昇によるものになると主張した。『さんか』第48号,1973年10月25日付。
(47) また,労組側は「設備ばかり作ってもだめ。中で働く人間にも油をさせ。」「他社で働く同年齢の者と比較しても,もっと上積みしてもらわねばやる気がなくなる。」などの組合員の意見をぶつけた。『さんか』第50号,1973年11月10日付。
(48) この点に関して,例えばイトーヨーカドー労組が試算した1970年に入社した大卒者の一時金モデルを利用して,冬期支給額の夏期支給額に対する倍率を算出して推移をみると,入社年度で夏期の支給が少ない1970年度は3.48倍で例外,1971年度は1.43倍,1972年度は1.43倍と原則通りだが,1973年度になると1.60倍と原則以上となった。ただし,以後は年間月数の要求に改めたこともあり,再び1.5倍以下となった。イトーヨーカドー労働組合『十年の歩み』1980年,p.118。
(49) したがってイトーヨーカドーの1973年度の一時金の月数は不明である。この点について,ゼンセン同盟流通部会加盟労組の年間一時金月数をみると,イトーヨーカドーの月数が集計されているのは1975年度からであり5.44か月となっている。同じく1975年度の年間一時金月数は,長崎屋労組が5.35か月,全ジャスコ労組5.2か月,ニチイ労組5.25か月であり,他労組を上回っている。ゼンセン同盟『流通部会10年史』1981年,p.166。
(50) 伊藤雅俊は,週休2日制を採用する企業がほとんどない時期に,労組結成の前に会社主導で業界初の週休2日制に踏み切ったと回想している。伊藤雅俊『伊藤雅俊の商いのこころ』日本経済新聞社,2003年,p.87。
(51) 以下の1971年度の2日休日のスケジュール決定に関する記述は,『さんか』第5号,1971年4月5日付による。
(52) 『さんか』第10号,1971年9月1日付。イトーヨーカ堂労組は,会社側の週休2日制の運用に対して,求人対策として完全週休2日制をうたいながら実行できていない,労組の要求により準備不足のまま隔週2日体制を開始した,などと総括している。
(53) 1975年の年間休日数を115日として,それまでの間は1971年78日,1972年85日〜95日,1973年95日〜100日,1974年95日〜104日の休日数の獲得を目標とした。『さんか』第16号,1972年2月5日付。
(54) 以下の時短団体交渉の内容と経過は,『さんか』第17号,1972年2月24日付による。
(55) シスターは,各店に配置された新入社員への指導を中心とする教育訓練担当者の役割

第 5 章　イトーヨーカドー労働組合

を担う女性社員であり、かつての地方からの中卒集団就職者たちの職場指導、生活指導、相談対応をしていた年長者女性の役割の名残である。鷲巣力『コロンブスの卵たち－「常識」に挑戦するイトーヨーカ堂グループ』毎日新聞社、1997年、pp.53-54。シスターとしては1962年ごろから配置され、店長直属で会社が求める礼儀正しさや清潔さの監視役、しつけ役といえる。シスターは30歳前後の既婚者が多い。塩沢茂『イトーヨーカ堂店長会議』講談社ビジネス、1986年、pp.71-77。

(56)　イトーヨーカドーでは、個人ごとに決められた日に休むことを私定休日と呼ぶ。
(57)　『さんか』第18号、1972年3月13日付。
(58)　1973年度の時短交渉の記述は、『さんか』第34号、1972年2月24日付による。
(59)　会社側は顧客を大切にする理念に基づいて、1月3日に営業したいとの要望を曲げなかった。それに対して、労組は他社がほとんど1月4日営業開始なので無理な要求ではないと主張した。他の日に休日を増加させても1月3日は営業するとの会社側の強い態度をみてとった労組は、休日増を選択した。『さんか』第34号、1972年2月24日付。
(60)　『さんか』第54号、1974年2月1日付。「現状の上司の意識を変えない限り協定が変わっても時間通り帰れない。」「生鮮職Bの要求に期待し全面的に支援したい。」などの意見が集まった。
(61)　休日数要求の付帯条件は、本社勤務の連休制、特別休暇増加であり、その他の要求項目は、36協定の明確化、棚卸しと開店作業に関する労使協議、定年制延長である。この1974年の交渉でイトーヨーカドーの女性労働者の定年は45歳から男性と同様の55歳に改定された。『さんか』第54号、1974年2月1日付。
(62)　以下、第2回団交後から妥結までの経過は、『さんか』第57号、1974年3月2日付による。
(63)　『さんか』第63号、1974年9月19日付。
(64)　『さんか』第68号、1975年2月12日付。
(65)　『さんか』第74号、1975年7月1日付。
(66)　『さんか』第74号、1975年7月1日付。
(67)　イトーヨーカドー労働組合『十年の歩み』1980年、pp.80-81。
(68)　労組結成以来から努力してきた年間総労働時間の短縮を後退させるという意味で結成以来の困難な労使交渉であり、執行部にはストライキも辞さない強い態度があった。イトーヨーカドー労働組合『十年の歩み』1980年、p.110。
(69)　この一直制導入に関する団交について、ある労組の団交メンバーによれば、労使の認識ギャップが大きいという意味で、一番厳しい時短団交となったという。『さんか』第74号、1975年7月1日付。また、ある支部長はこの一直制に関する意見集約ほど切実で時間をかけた案件はなく、また普段はおとなしい女性組合員が熱心に反対意見を訴えていた、と回想している。イトーヨーカドー労働組合『十年の歩み』1980年、p.110。
(70)　イトーヨーカドー労働組合『十年の歩み』1980年、p.120。
(71)　イトーヨーカドー労働組合『十年の歩み』1980年、p.121。
(72)　『さんか』第15号、1972年1月1日付。

第Ⅱ部 「ゼンセン」のチェーンストア組織化

(73) 『さんか』第15号，1972年1月1日付。
(74) 『さんか』第25号，1972年8月18日付。第1回委員会には，労組から委員長，副委員長，書記長，会社から総括マネジャー，柏店ストアマネジャー，戸越店ストアマネジャーが出席した。なお，同時期に労組が7月29日に女子寮の女性組合員に実施した生活実態に関するインタビューでは，「遅番の場合は帰寮が夜11時を過ぎるため痴漢が出る。」「近所から変な目でみられる。」「深夜の風呂使用に苦情が出る。」などの不満があり，21：00閉店の解消を求める意見が多かった。
(75) 『さんか』第40号，1973年5月17日付。例えば，「夜9時閉店では帰宅が11時頃になる。」「8時閉店にして欲しい。」「9時閉店の店にはいたくない。」「9時閉店と7時閉店で遅番手当が同一なのはおかしい。」などの不満が集まった。
(76) 賛成99票，反対1票，保留2票であった。『さんか』第46号，1973年10月3日付。この活動は，会社側の営業時間は経営問題であるとの姿勢だけでなく，9支部だけの問題と考えられ全体の問題とされにくいという労組内部の体質があり難航した。9支部の支部役員が約1年間にわたり，他支部役員にこの要求方針の可決について説得したという。『さんか』第49号，1973年11月2日付。
(77) それまで千住店，大山店，赤羽店，小岩店，立石店，蒲田店，曳舟店が21：00閉店，北浦和店，浦和店が20：30閉店であった。イトーヨーカドー労組は，会社側の回答に対して，組合要求の正当性や組合員の団結を確認するとともに，会社側の誠意についても評価した。『さんか』第49号，1973年11月2日付。
(78) 帰りが深夜になり駅員に「あんたたち，夜のおつとめ？」と言われ続けた女性組合員たちが20：00閉店で初めて労組に大きな関心を持った，同時期の支部大会やレク活動では20：00閉店要求一色であったなど，20：00閉店に関する活動をイトーヨーカドー労組の労働運動の原点と高く評価する回想は多い。ある支部長は21：00閉店最終日のシャッターが降りるのを無言で見ていたことを感慨深く思い出すという。イトーヨーカドー労働組合『十年の歩み』1980年，pp.107-109。
(79) 『さんか』第123号，1978年7月6日付。
(80) 残業改善モデル店は，綾瀬，亀有，南砂町，金町，四街道，杉戸，浦和，相模原，上板橋，東村山，いわき植田，富士，富士吉田，帯広，厚木，津田沼の16店舗である。『さんか』第123号，1978年7月6日付。
(81) この3か月間の時短キャンペーンでは，労組は残業の手続き面でも，各店舗に対して残業当日の本人による申請書記入を徹底した。もちろん，短時間残業の場合や記入忘れなどによる申請なしの残業を減らすためだが，組合員本人が残業をチェックできるようにならないのは残業削減の責任を回避しているといった組合責任論も主張している。『さんか』第125号，1978年8月25日付。
(82) 『さんか』第28号，1972年10月20日付。
(83) さらにマネジャーとチーフについて部門別に有休消化率のワースト順位を記すと，住居チーフ33.1％，衣料マネジャー34％，衣料チーフ34.1％，住居マネジャー34.8％，食品チーフ40.1％，食品マネジャー42.1％，シスター42.4％，検品チーフ43.4％，レジチーフ

50.5％，食堂チーフ70.2％となる。住居と衣料で消化率が低い傾向がある。『さんか』第28号，1972年10月20日付。
(84) イトーヨーカドー労組は「上の人が休んでなきゃ，有休を言い出しにくい。」という組合員の意見を紹介している。『さんか』第28号，1972年10月20日付。
(85) 『さんか』第32号，1973年1月27日付。
(86) 以下の1971年末の年末年始交渉の記述は，『さんか』第14号，1971年12月18日付による。なお，年末就業については，12月28日から31日まで，および12月中の各土曜日は営業，31日は早番勤務で閉店後直ちに退勤する計画とする，などを労使で確認した。
(87) 組合員からは，正月営業は売上を考えるとやむを得ない，振休が初めて導入されたことは評価する，正月勤務や振休の割り当ては不公平になるため全員出勤がよい，正月出勤者の年末出勤軽減も必要，などの意見が寄せられた。『さんか』第14号，1971年12月18日付。
(88) イトーヨーカ堂労組は，閉店後退勤までの時間差を問題にし，初商の準備や生鮮などの部門の特性があるとしながらも，ほぼ同じ状態でも大きな差があり，それは作業経過のまずさによる失策であると分析している。『さんか』第16号，1972年2月5日付。
(89) 『さんか』第51号，1973年11月18日付。
(90) 『さんか』第66号，1974年12月18日付。1974年末の年末年始交渉では労使は2回の団体交渉の後に合意に至った。
(91) 『さんか』第115号，1977年12月25日付。
(92) 『さんか』第115号，1977年12月25日付。なお，土浦店，富士店は1月2日営業開始が是認され，この2店舗と平，白河，いわき植田，高萩，藤岡，弘前，上田，琴似，北42条の9店舗の計11店舗が1月2日営業となった。
(93) 『さんか』第117号，1978年2月28日付。
(94) 「年末年始実態報告」によると，1977年12月31日の閉店時間の延長を極力させない方針で臨んだのに対して，延長がなかった店舗は59％，15分延長が32％，30分延長が8％，30分以上延長が1％であった。また，閉店後1時間以内の退社を指導したが，チーフでは閉店後90分後退社が30％，120分後退社が22％，150分後退社が19％，150分以上後退社が16％，マネジャーでは閉店後120分後退社が33％，180分後退社が46％，180分以上後退社が18％に上る。とりわけチーフ，マネジャーの退社時間が遅い。また，売場別で最も退社時間が遅いのは加工食品売場であった。『さんか』第117号，1978年2月28日付。
(95) 藤岡，平，白河，いわき植田，高萩，富士，上田，琴似，北42条，弘前，土浦店，沼津，豊橋，松本，苫小牧，江別，津田沼の17店舗である。『さんか』第130号，1978年12月25日付。
(96) 『さんか』第130号，1978年12月25日付。
(97) 『さんか』第145号，1979年12月25日付。なお，社員だけでなく，パートタイマーのインセンティブも，当日勤務4時間未満では100％達成で500円として50％増ごとに500円増，4時間以上6時間未満では100％達成1,000円と50％増ごとに350円増，6時間以上では100％達成で1,500円と50％増ごとに500円増と，増額を獲得した。
(98) 『さんか』第161号，1980年12月25日付。パートタイマーの初売手当は，当日勤務4時

第Ⅱ部　「ゼンセン」のチェーンストア組織化

　　　間未満2,000円，4時間以上6時間未満3,000円，6時間以上8時間未満4,000円，8時間以上5,000円である。
（99）　『さんか』第172号，1981年11月25日付。
（100）　藤岡店，大麻店が1月3日営業開始に，新規出店した釧路店，船橋店が1月2日営業開始となった。『さんか』第172号，1981年11月25日付。
（101）　当時，ゼンセン同盟組織部長であった佐藤文男は2010年の講演で，加盟労組の初商問題交渉に乗り出した経験を話題にしている。団体交渉が始まると労組委員長からスト権を含めて交渉をゼンセン同盟の佐藤文男へ委任する旨の発言があり，佐藤文男も会社側もあぜんとしたという。その後，佐藤文男と労組委員長，会社側の経営者2人の計4人の交渉に入り，対象店舗の1月2日営業はなくなり，1月3日含め営業店舗の出勤者には手当が支給されることで妥結した。佐藤文男は，会社側は当時まだ余裕があったから受諾した，と語っている。佐藤文男「運動家としての心」，UAゼンセン『歴史を語り継ぐ』第2巻，2009年，pp.7-8。(http://www.uazensen.jp/image/sinior/rekishi/no2/2-1.pdf)

第6章 全ダイエー労働組合

1 はじめに

　本章では，創成期の日本のチェーンストア業界において急速な成長を遂げ，いわば「横綱企業」として君臨し業界を牽引してきたダイエーを取り上げ，労組の事例分析を行う(1)。

　ダイエー労働組合（ダイエー労組，後に全ダイエー労組）は，一般同盟に加盟し，同盟路線の下で「同床の労使関係」を開始し，それは後にチェーンストア出店規制に対する取り組みでも十分に発揮された。しかし，別の見方をすれば，争議自体が少なく特にストライキがほとんど観測されないチェーンストア業界にあって，労働委員会へ不当労働行為提訴に踏み切ったり，ストライキを決行したという点において稀有な事例である。「混乱の労使関係」の分析に好適といえよう。しかも，未遂に終わったとはいえ左翼的活動の脅威を経験し，潜在的には「左右の労使関係」の局面があった。

　また全ダイエー労組は，ゼンセンが組織化に着手して組合結成に至ったのではなく，当初は流通産別構想の主体であった一般同盟へ加盟して産別構想実現の推進役として活動を続けた後に，一転してゼンセン同盟へ移籍したという点においても異色である。すなわち，「分断の労使関係」を検討する好材料がある。

　したがって，これまで労組の結成と主として賃金と労働時間に関する初期の労組活動を考察してきたが，本章では特に組合結成，不当労働行為提訴，ストライキの決行，熊本出店規制に対する活動，ゼンセン同盟への移籍加盟に比重を置いて事例分析を行う。

2　ダイエー労組の結成

(1)　ダイエーの沿革と経営の状況

　1922年に大阪府西成郡で4人兄弟の長男として生まれた中内㓛は，神戸で育ち神戸高等商業学校（現神戸商科大学）を卒業した[2]。家業は1926年に薬剤師の経験がある父親の中内秀雄が神戸市兵庫区東出町に開業したサカエ薬局であり，小学校時代から仕事を手伝いながら学生時代を送った。1941年には，開戦状態となって高校を繰り上げ卒業して神戸商業大学（現神戸大学）を受験した。だが，不合格となり，日本綿花に入社したものの，すぐに広島で関東軍の独立重砲兵第4大隊へ入隊することになった。当初は広島からソ連国境付近に渡り，ソ連軍のトーチカ破壊に従事していたが，1944年に南方転戦の指令によりフィリピンのルソン島へ移動してリンガエン湾防衛にあたった。終戦を迎え，1945年11月に廃墟となった神戸へ復員した。

　中内㓛は日本綿花に戻らず，中内秀雄の人工甘味料の製造販売の仕事を手伝いながら，自らも路上での薬品取引をしていたが，1948年に中内秀雄の知人と三宮のガード下に友愛薬局を開業して，共同経営を開始した[3]。

　その後，1951年に友愛薬局から離脱し，弟の中内博を社長にして大阪市に現金問屋のサカエ薬品を開業した[4]。商品を仕入れてから販売するのではなく，前金を受け取って仕入れて販売したり，複雑な仕入れルートを経由しないことで低価格を実現するなど，後のダイエー商法の原型が垣間見られる繁盛店として営業を続けた[5]。薄利多売の循環で大きく販売量が増えたため，乱売を嫌う薬品メーカーはサカエ薬品に納入する問屋を特定して出荷を停止した。しかし，サカエ薬品はこうした妨害を受けながらも顧客の支持を集めて成長した[6]。

　その後，中内㓛は徐々に営業方針で意見が食い違う中内博と袂を分かち，1957年に末弟の中内力と共に大栄薬品工業を設立した。だが早々に見切りをつける一方で，薬品流通の中間機構排除の現実に触れて有望性を実感した小売業を志向した[7]。早くも同年，大阪市の千林駅前に薬品と日用雑貨を販売する

主婦の店ダイエーを開店し,「よい品をどんどん安く売る。」の有名な「ダイエー憲法」を制定した[8]。売上が低迷し始めると菓子の販売で打開し,売上を順調に伸ばした。

1958年には,神戸市の三宮へ第2号店を新規出店し,チェーン化への第一歩を踏み出した[9]。1959年4月,三宮店が手狭になったため閉店し,近隣の商店街の倉庫を順次買い取る形で移転して拡張し,食料品,衣料品,家電商品の販売へ手を広げていった。また,三宮に大きくそびえ当時売上日本一を誇っていた大丸に挑戦するように「見るは大丸,買うはダイエー。」の刺激的なキャッチフレーズを掲げた[10]。他方,中内㓛は低価格をもたらす流通経路の短縮を徹底的に追求するための仕入れ先を探し求めた。

この決意と行動は,すなわちテナントに頼ることなく直営にこだわることを示す。仕入れ先探しの好例の1つは,当時は高額であった牛肉である。ダイエーが牛肉の販売を開始しても精肉商は静観していたが,売場の盛況ぶりにあわて始め,ダイエーが仕入れる枝肉商たちに圧力をかけて取引を止めた。しかし,協力に応じた枝肉商とともに日本全国を行脚して枝肉の仕入れルートを開拓したり,沖縄で外国産の子牛を飼育して輸入したりと,様々な妨害に遭いながらも流通経路の短縮による低価格販売を曲げなかった[11]。

1962年,中内㓛はアメリカのシカゴで開催された全米スーパーマーケット協会の創立25周年記念式典へ日本の小売業経営者たちの訪米団の団長として参加する機会を得た。この時点のダイエーは6店舗で売上は77億円であった。記念式典でのケネディ大統領のメッセージに感銘を受け,訪米中の精力的な現地店舗見学を終えて帰国し,ナショナルチェーン化を最重点課題として掲げた[12]。中内㓛はダイエー創業当時から,雑誌「商業界」を主催する倉本長治の勉強会に参加していた。そこで知遇を得た渥美俊一が主宰するペガサスクラブに加わり,成長意欲に燃える経営者たちとアメリカへ渡ったのである[13]。

ダイエーは,1963年1月にさっそく西宮市へ鉄筋4階建て,4,300m^2のチェーン本部を開設し,同年3月に福岡市天神へ出店した[14]。この天神店は,チェーン本部によるオペレーションを初めて機能させ,以後の大量出店の算段を得る成功例としてダイエー社内に自信をもたらした[15]。次に同年7月に三宮へ後に大量出店する日本型総合スーパーの原型となる新しいタイプの店舗を出店し

た(16)。この新店舗のタイプの当時の略称は，SSDDS（Self Service Discount Department Store）であり，店舗正面のダイエーの表記とともにこの文字が掲げられた(17)。以上の中内㓛とダイエー設立前後までの初期の歩みをまとめると図表6－1のようになる。

その直後から，福岡と神戸の両方から瀬戸内海沿岸にネックレスをつなげるように出店していく「瀬戸内海ネックレス構想」や，首都圏の人口急増地帯へ虹をかけるように出店していく「首都圏レインボー作戦」で出店を加速させた(18)。

また，従来の商業保護や農業保護政策と，徐々に顕在化してきた業界への規制に対抗するために団結を図る目的で，チェーンストアの業界団体の発足にも意欲をみせ，1967年8月に創立された日本チェーンストア協会の初代会長に就任した(19)。1971年には大証二部へ株式上場を果たすとともに，増資によって証券市場から巨額の資金を調達し，旺盛な新規出店で本格的な全国進撃を遂行

●図表6－1　中内㓛とダイエー設立前後の主な経過

1922年	8月	大阪府西成郡で生まれる
1926年	－	父の中内秀雄が神戸市でサカエ薬局を開業
1943年	1月	広島で入隊
1945年	11月	復員
1948年	－	三宮ガード下で共同経営の友愛薬局を開業
1951年	－	弟の中内博とサカエ薬品を開業
1957年	4月	弟の中内力と大栄薬品工業を設立，製造業から小売業への転身を模索
	9月	大阪市千林駅前で主婦の店ダイエーを開業
1958年	12月	神戸市三宮に2号店を出店。後に近隣に移転
1962年	5月	6店舗展開の時点で初渡米。帰国後，ナショナルチェーン化へ
1963年	1月	西宮市へチェーン本部を開設
	3月	福岡市天神に出店
	7月	神戸市三宮に日本型総合スーパーの原型店舗を出店

（出所）　中内㓛『流通革命は終わらない－私の履歴書－』日本経済新聞社，2000年より作成。

した[20]。

　これ以降，ダイエーは，チェーンストア業界にあって名実ともに横綱企業として君臨することになる。ただし，突出した業績の根底には，日本チェーンストア協会の主要企業として団結して業界を守るべく取り組むと同時に，次のような「全方位好戦型企業」とでも呼ぶべき積極性があることを銘記すべきであろう。

　第1に，ダイエーは一貫してメーカーとの価格設定権の争奪に熱意を燃やした。圧倒的な支持率を誇っていたナショナルブランドを保有する松下電器産業との争いがその典型例である。松下電器は1964年からナショナル家電を安売りするダイエーに対して出荷を停止するとともに，ダイエーの仕入れルートをすべて断った。あわせて系列店の利益を守る目的で高価格の設定と維持を強化した。それに対して，ダイエーは二重価格を批判するロビー活動を続けた[21]。1972年，公正取引委員会が松下電器の再販売価格維持を撤回する勧告を出すに至る。このようにダイエーはメーカーとその系列店のための価格設定から，小売業や消費者のための価格設定への移行を徹底的に求めた[22]。

　第2に，中小商店や百貨店など同じ小売業の他業態に対する戦いがある。ただし，いずれの業態というより，旧来の商慣行を堅守し，士農工商と揶揄される位置に甘んじてきた，チェーンストアが誕生する以前に存在した小売業全体を標的とした。旧来の業態に抗議するかのような営業を仕掛け，当時百貨店首位の三越の売上を1972年に抜き去り日本一となり，以後地方百貨店へ甚大な打撃を与え始めた。他方，日本各地で沸きあがる地元出店反対勢力と粘り強く競り抜いた。例えば，尼崎店の出店では計画から出店まで2年，有名な熊本店では5年を要した[23]。全国各地で発生した出店反対運動への対処はチェーンストア各社で共通のものなっていくが，ダイエーは常に先頭を走っていた。

　第3に，もちろん，チェーンストア他社との熾烈な競争がある。ダイエーの最大の競争相手は当初は西友ストアーで，後にはイトーヨーカ堂となり，それぞれへ強烈なライバル意識をむき出した[24]。それは出店時の競合へ直結し，例えば，赤羽戦争，藤沢戦争，琴似戦争などと呼ばれるほどの激突をみせた[25]。自らが目標とする流通革命のためにダイエーは業界内でこうした敵愾心をまったく隠そうとせず，チェーンストア業界の筆頭であり続けることを追い求めて

成長を続けた。

(2) 労組結成の経緯と活動の開始

　既述のように，ダイエーは1963年に西宮本部を創設して本部機能を整え始めた。この本部へ続々と配属されてきた中途採用者たちの間では，他社での労働組合の結成の動きを察知して，労組に対する関心が芽生えていた。労組のことが頻繁に話題に上り，盛り上がる結成の機運の中心的役割を担ったのは，1964年に高浜運輸から中堅幹部社員採用でダイエーへ転職して総務部に配置されていた松吉英男であった。松吉英男は多数の企業の勤務経験を持つだけでなく，高浜運輸では全港湾高浜分会の書記長や副委員長として労組を率いていた。当時のダイエーは年中無休の営業を継続しており，賃金や労働時間などで問題を抱えていた。このため，ダイエーの労働条件の改善や労使関係の安定性にとって労組が必要であることを痛感し始めた松吉英男は，やがて社内で労組結成を構想する仲間からの人望を集めていった。

　こうして労組の必要性が強く意識され，結成準備が盛り上がり始め，1965年3月から，結成の有志たちが終業後に準備活動を始めた[26]。その結果，同盟路線を信奉することを決め，兵庫同盟へ訪問を重ねて組合づくりの実務について学んでいった[27]。また，神戸労政事務所，兵庫県労働研究所，他社の各関係者との意見交換も意欲的に進めた。他方，中内㓛は，成果の配分の前提として，生産性の向上を通じたパイの拡大に労使で取り組むという民主的な労組結成の態度に対して理解を示した[28]。

　このため，結成準備会が発足し，労組の結成に先立って運動方針，綱領案，規約案，大会などの準備に入った。その後，1965年5月20日に本部集会，5月21日に各店舗での結成趣意説明会を開催し，それぞれ過半数以上の賛同を得て大会代議員を選出した[29]。だが，一部では経営者擁護の立場や同盟路線反対の立場から組合結成を非難する支部がみられた[30]。

　こうした若干の混乱を含む結成準備を経て，1965年5月22日，神戸国際会館3階ホールにおいて代議員54人を集めた結成大会が開催され，組合員数2,120人でダイエー労働組合（ダイエー労組，委員長松吉英男，書記長鈴木達郎）が結成された。中内㓛も来賓の1人として参加したこの大会では当面の活動方針

●図表6-2　ダイエー労組結成時の本部役員一覧

委員長	松吉英男
副委員長	白石克義（商品第3部）
書記長	鈴木達郎
中央執行委員（組織部長） 　〃　　　　（青年婦人部長） 　〃　　　　（調査部長） 　〃　　　　（教育宣伝部長） 　〃　　　　（厚生部長） 　〃	吉田陽一（姫路店） 一野茂子（商品第1部） 宮本定義（宝塚店） 上田昭男（千林店） 鵜木洋三（三ノ宮第1店） 石川景悟（商品第2部）
会計	佐々木孝良（総務部）
会計監査 　〃	池島隆三（本部経理部） 犬山理恵子（灘店）

（出所）『ダイエー労働組合機関紙』第1号，1965年5月25日付より作成。

と予算を決定し，あわせて同盟への加入が承認された[31]。この同盟加入により，ダイエー労組は結成の支援を受けた兵庫同盟へそのまま直加盟することになった。組合役員選挙で，委員長に選任された松吉英男を含む労組役員は，図表6-2の通りである[32]。

　こうして，ダイエー労組はまず本部を設置し，当時21店舗だった各店舗での支部結成を始めた[33]。組合結成時の重点目標は，賃金体系の明確化，福利厚生施設の充実，労働時間の短縮であり，直ちに労組の活動を開始した。

　ダイエー労組は，さっそく夏期一時金の交渉を申し入れ，1965年6月18日から交渉を開始して2.4か月の要求案を提示した。これを受けた会社側から2.04か月の回答が出ると，労組は不満を表明して交渉を継続し，6月27日に2.04か月プラス3,000円で妥結した。結成初の交渉で，上乗せ獲得の成果を上げて順調なスタートを切った[34]。

　なお，ダイエー労組は1972年3月，全国化学一般労働組合同盟（全化同盟）に加盟していたサンコー労組と合併して全ダイエー労組となった[35]。このため，以下の1972年3月以降の記述については全ダイエー労組と表記する。

3 初期の労働組合活動

(1) 同盟憲章の遵守と流通産別への関与

　ダイエー労組は結成の支援を受けた兵庫同盟へ加盟したものの，ローカルセンターである兵庫同盟へ直加盟するのは，いずれかの産別組合へ加入すべきとする同盟の方針とは相容れない。というのは，同盟憲章によって，既存の産別組織に整理しがたい産業の労働者は過渡的に一般同盟に加入し，産別組合としての育成へ進むものとされていたからである。それまで日本に存在しなかったチェーンストアの労働者はまさにこの同盟の方針が想定する組織化対象に該当する。1966年2月，同盟方針下で構想されていた一般同盟が創設されると，実際にダイエー労組は一般同盟の地方組織である兵庫一般同盟へ加入した[36]。

　また，ダイエー労組委員長松吉英男は，兵庫同盟副会長および兵庫一般同盟会長に就任し，同盟憲章に従って，組合員10万人の結集による流通産別組合の創設を目指して，他のチェーンストアの労組結成に動き始めた[37]。また，流通産別組合への布石として，既に結成されていた先覚的なチェーンストア労組と歩調を合わせて，1966年11月に全国スーパー労協を結成した。ダイエー労組は全国スーパー労協を流通産別組合の母体にする意図で，一般同盟への参加を呼びかけた[38]。

　他方，当時同じくチェーンストア労組の組織化に乗り出し始めた全繊同盟の活動は，一般同盟側からみれば，チェーンストア労働者の結集に奔走する流通産別構想の障害となる。そこで，一般同盟は1969年に「チェーンストア組織対策特別委員会」を設置し，松吉英男を委員長に就任させてチェーンストア組織化を強化するとともに，同盟会長滝田実に対して全繊同盟のチェーンストア労働者の組織化へ反対の意向を表明するなど，同盟憲章との矛盾を指摘して抗議を続けた[39]。

　また，ダイエーが全国へ出店拡大に打って出たことで，ダイエー労組も全国へ支部を配置するに至り，労組本部とその近隣支部が地方一般同盟に加盟する

ことが必ずしも適切な活動に結びつかなくなってきた。このため，1970年にダイエー労組は兵庫一般同盟から離脱し，一般同盟本部へ直加盟することとなった(40)。この時点ではまだダイエー労組は，有力労組として加盟する一般同盟を軸とした流通産別組合の結成を志向する強力な推進役であった。

　こうして流通産別組合の誕生を視野に入れつつ，ダイエー労組が主導する形で，一般同盟の産業政策への取り組みが開始された。その一例として，百貨店によるチェーンストアの労働時間規制の動きへ対抗する活動を取り上げよう。この背景には，チェーンストアの台頭を目の当たりにした百貨店の危機感があり，競合する近隣のチェーンストアによって地方百貨店の売上や利益が圧迫されたことが契機となった。この事態を重く見た DILA が通産省や，全繊同盟および民社党と会談し，営業時間の拡大が流通近代化に逆行するとの観点から，擬似百貨店すなわちチェーンストアも規制の対象とする旨の陳情を行った(41)。

　この DILA の政治活動の模様が伊勢丹労組の機関紙に掲載されたことで，一般同盟側の知るところとなり，直ちに対抗策が出された。すなわち，1969年1月29日，衆議院第一議員会館にて，書記長春日一幸ほか民社党10人，会長中内㓛，上野光平ほか日本チェーンストア協会4人，一般同盟会長増原操ほか労組関係者11人が参集する「民社党，日本チェーンストア協会，チェーンストア労組三者会談」を開催した(42)。

　当時は百貨店側が営業時間の規制による労働時間の短縮で労働条件向上を目指していたため，チェーンストア側は，業界の発展を止めかねないものと危惧していた。例えば，年中無休，20：00閉店のダイエーを筆頭に，チェーンストア労組は，百貨店労組とは異なり，営業時間と労働時間を区分した上での労働時間の短縮は可能と主張し，営業時間短縮の動きに反対した。このように，ダイエー労組の初期には，労使や政党を巻き込み，生産性の向上を前提にした労働条件向上に関して，他業態と対峙する活動が含まれている(43)。また，この活動には，各チェーンストア労組にとって，それまでは存在しなかった流通産別組合の機能の必要性や妥当性を十分に認識させる効果があったと考えられる。

　なお，本章の事例分析は，他労組の論考の編成とはやや異なり，他労組が経験しなかった活動に焦点を当てるため，賃上げ交渉をはじめ労働条件に関する労使交渉の詳細分析は割愛している。このため，組合員数の推移からみた労組

の規模拡大と,賃上げおよび一時金の妥結結果からみた労組活動の軌跡を示す図表6－3を提示して,1970年代の全ダイエー労組の活動の概況について要約しておこう。

まず,結成時は2,120人であった組合員数は急速に増加し,1972年に1万人を超え,1975年度には2万人を超えた。その後,微減傾向をみせ,1980年度に

●図表6－3　1970年代までの全ダイエー労組の組合員数,賃上げ,一時金の推移

年度	組合員数（人）	賃上げ妥結結果				一時金
		全ダイエー労組		ゼンセン同盟流通部会小売組合（参考）		
		賃上げ額（円）	賃上げ率（％）	賃上げ額（円）	賃上げ率（％）	
1966	2,120	不明	11.2	—	—	4.35か月＋3,000円
1967	2,740	不明	13.0	—	—	4.7か月
1968	3,520	3,700	17.0	—	—	4.9か月
1969	4,450	6,510	27.4	—	—	4.1か月
1970	5,500	10,128	32.6	8,853	26.2	4.1か月＋7,000円
1971	8,400	12,531	32.6	10,590	24.8	5.0か月
1972	11,430	12,000	25.6	10,140	21.7	4.2か月
1973	13,220	16,500	29.0	14,293	24.3	4.8か月
1974	19,540	27,800	39.7	22,105	33.2	5.15か月
1975	20,580	27,171	29.7	16,084	18.5	4.8か月
1976	19,400	12,622	10.6	11,209	11.9	5.0か月
1977	18,200	14,584	11.2	11,270	11.0	5.0か月
1978	18,800	11,353	8.0	8,002	7.2	5.0か月
1979	18,800	9,771	6.5	7,801	6.7	5.0か月
1980	16,187	12,500	8.0	9,355	7.6	5.0か月

（注）　ゼンセン同盟流通部会の創設は1970年であり,1960年代のデータは存在しない。
（出所）　全ダイエー労働組合「30年周年記念誌　はぐるまの導術」1994年,ゼンセン同盟『流通部会10年史』1981年より作成。

は約1万6,000人となったものの,1970年代の着実な組織拡大が認められる。

　他方,労組活動の軌跡を賃上げと一時金の推移からみる限り,1970年代を通じてゼンセン同盟加盟労組の平均を大きく上回る高い水準を獲得している。要するに,毎年の賃上げだけでなく,一時金の月数も当時は最も高いとされる5か月以上を獲得していた[44]。すなわち,チェーンストア産業の労働者の労働条件を引き上げる立場にあったことがわかる。また,後に検討する1977年のゼンセン同盟移籍後は,大手や中心労組が高い労働条件を獲得することを他労組の交渉材料として産業全体の労働条件を高位へと導いた。この繊維産業の労使交渉で培われ流通部会でも展開されてきた,いわゆる「梯団方式」の中心に入って,全ダイエー労組はいかんなく労使交渉能力を発揮した。

　ただし,創業から急成長してきたダイエーの労働者の急増傾向は,大量の採用と大量の離職者の双方による結果である点に留意が必要である[45]。すなわち,一方では全ダイエー労組は,成長企業が労働者に求める労働強度に見合う高い待遇を確保してきたと解釈できるが,他方では労働移動が激しく求心力が低下しがちな職場の組合員が増加する状況での労組活動であった。組合員の要求は一様ではないのは当然だが,労働強度と待遇のギャップに対する不満の表明や対処も,以下で分析するように先鋭的になるなど大きく広がりをみせた。組織規模が拡大するほどに,全ダイエー労組は労組活動のかじ取りの難しさに直面しながらも,組合員の求心力を保ち,高めてきたと思われる。

(2) リボンの着用と不当労働行為の提訴

　当時のチェーンストア労組は本格的な労働時間短縮へ取り組み始めていたが,ダイエー労組は,まず年末の営業時間に着手した。1971年末には営業時間で労使が大きく衝突し,ダイエー労組はリボン着用戦術に入った[46]。

　すなわち,1971年11月20日に開催された労使協議会で,会社側から12月31日の営業時間は平常通りとの提案がなされた。しかし,前年の1970年12月31日は労使協定により19：00閉店であったため,平常通りの20：00閉店となれば退社は21：00を過ぎる可能性が大きく,既得権を放棄する内容となる。このため労組側は態度を硬化させ拒否した。その後11月24日から3回の団体交渉を経たが労使が主張を譲らず,ついに11月30日に会社側が団交打ち切りを宣言した。

労組はこれを受け，12月1日付で会社側へ通告した上で，12月3日8：00からリボンの配布と着用の指令を出した[47]。リボンもしくはワッペンの着用は，労組側としては当然の権利として実施したのに対して，会社側は来店客に対する配慮を理由として，職場でリボンを外すよう促した。職制からのリボンを外せとの厳しい命令と，労組からの絶対に着用を続けるよう求める指令との板挟みにあった組合員が大量に発生して，各店舗は混乱状態に陥った。

リボンやワッペンの着用は，工場内など顧客の目に触れる機会がない場合には会社側が黙認することが多いが，チェーンストアのように，売場などで直接に多くの顧客に対するメッセージとしてアピールすることになると，営業面からそれを避けようと会社側は過敏に反応する[48]。しかも，リボン戦術は労組結成によって会社側が初めて体験することで，無理解や誤解も交錯し，感情的な衝突が各所で相次ぐこととなった。例えば，ダイエー労組の役員が状況確認のために店舗を訪問しても，店内立ち入り禁止措置を実行しようとする警備員と押し問答になったりした[49]。

このリボンの着用を巡って職場で人間関係が断たれ孤立したり，精神的な圧迫を受けて深く苦悩する組合員が続出したため，事態を重くみたダイエー労組は全国の店舗への事情聴取に入った。その結果，職場では管理職がダイエー労組執行部の批判を続けるとともに，虚偽事項を記したビラを配布したり，リボン未着用へ戻すために組合員に説得や威圧を続けたことが明らかにされた。また，管理職はリボン着用者名簿も作成していた[50]。

こうした事情聴取の報告に基づき，ダイエー労組は，1972年2月26日，場所や時間等を会社側に通告した正常な組合活動であるリボン着用を妨害した不当労働行為として，大阪府地方労働委員会へ提訴した[51]。それ以後，1972年4月からの計7回の労組側への調査と尋問が実施され，会社側への調査と尋問に移った後，1973年2月19日，地労委から和解協定案による円満解決を促す和解勧告が出された。1973年3月10日，ダイエー労使は勧告を受け入れ，**図表6－4**の和解協定を締結してリボン戦術を巡る不当労働行為問題を終結させた[52]。

この提訴問題の経過と結末は，同盟路線の下で労使協調を志向して誕生したダイエー労組であっても，会社側の行き過ぎた行為に対しては，公的機関に持ち込むことになってでも組合員と組合活動を守る態度を強固に保持していたこ

●図表6－4　ダイエーの不当労働行為の和解協定書

　　　　　　　　　　　　和解協定書

　全日本労働総同盟全ダイエー労働同組合（以下，「組合」という）と株式会社ダイエー（以下，「会社」という）とは，大阪府地方労働委員会昭和47年（不）第5号事件に関し，下記条件により円満解決をみたので，ここに本和解協定書を作成し，双方誠実に履行することを確約する。

　　　　　　　　　　　　　　記

1．会社は，リボン・ハチ巻の着用およびこれに類する組合活動が行われた時に，個々の組合員に対して，また組合員を集めて，その取りはずし等の説得は一切行なわない。
2．組合は，リボン・ハチ巻の着用およびこれに類する組合活動を行う時には，組合の自主的判断に基づき慎重に整然と行なう。

　　　　　　　　　　　　　　　　　　　　　　　　　　　　　　　　　以上

昭和48年3月10日

　　　　　　　　　　申立人　　全日本労働総同盟
　　　　　　　　　　　　　　　全ダイエー労働組合
　　　　　　　　　　　　　　　中央執行委員長　　　勝木健司
　　　　　　　　　　被申立人　㈱ダイエー
　　　　　　　　　　　　　　　代表取締役　　　　　中内　切

上記確認する。

　　　　　　　　　　　　　　　　　　　大阪府地方労働委員会
　　　　　　　　　　　　　　　　　　　　審査委員　　橘　　憲
　　　　　　　　　　　　　　　　　　　　参与委員　　山田精吾
　　　　　　　　　　　　　　　　　　　　　〃　　　　朝倉弘文

（出所）　全ダイエー労働組合『第8年度一般活動報告書』1973年，p.134。

とを示す。また，チェーンストア労組の初期活動において，労使対等の原則を追求していたことを証明する事例といえる。しかし，他方では，同時期のダイエー労組の内部には，別の勢力による一部の左翼的労組活動の要素があったものと推察される[53]。

(3) ストライキを伴う労使交渉

　全ダイエー労組は，労使交渉の末にストライキを決行した経験を持つ数少ないチェーンストア労組として知られている。すなわち，チェーンストア業界において，ストライキの実施と中央労働委員会（中労委）に持ち込まれた労使交渉は，1970年代のみならず現在に至るまで稀有な事例であり，詳細に分析しよう。

　全ダイエー労組は，1974年度の賃上げ交渉に向けて，「組合員賃金アンケート調査」，「家計実態アンケート調査」をはじめ，経済動向に関する調査を活用した賃金実態資料の作成，対策委員会における議論を経て，1974年1月30日に開催した第3回中央委員会で春闘基本方針を決定した[54]。その後，複数回の中央執行委員会で労組執行部要求案を作成し，2月16日～25日に各支部集会で要求案を検討した。直後の2月26日～3月2日には各地区の支部長会議において支部での検討結果を集約し，3月3日の再度の中央執行委員会で修正要求と交渉スケジュールを決めた。

　また，同時期には恒常的な長時間の残業，とりわけ新規出店時の過大な残業負担が緊急課題となっていた。このため，全ダイエー労組は1973年秋から年末にかけての臨時労使協議会や，団体交渉における36協定改定交渉と新店舗営業時間交渉を通じて，時間外協定の見直しと刷新整備した協定化に取り組んでいた[55]。1974年に入ってからも，1月29日の団体交渉，2月7日の臨時労使協議会，2月19日の団体交渉を開催して会社側と36協定改定交渉を継続した。だが，2月22日開催の団体交渉で36協定改定交渉が決裂したことで，労組側には労働時間に対する不満がさらに高まり，36協定改定に応じない会社側への不信感が充満したまま春闘に突入した。

　全ダイエー労組は，1974年3月6日の74春闘決起臨時大会を開催し，要求案と闘争委員会の設置を決定した。賃上げ要求額は3万4,482円であり，あわせて新店舗の月間4日休日を含む残業規制，寮や社宅の冷暖房完備などを含む住環境の整備も要求した。3月8日，臨時労使協議会で会社側に要求書を提出し，順次，組合員にワッペンの着用と時間外勤務拒否運動の開始を指令した[56]。

　3月23日，臨時労使協議会が開催された。ところが，会社側の第1次回答は2万403円と低額であり，しかも一時金は年間4.8か月，その他は回答がなかっ

たため，労組側は態度を硬化させて以後の交渉に臨むようになった[57]。

3月27日に開催した中央闘争委員会と同日の第1回団体交渉，3月29日の中央闘争委員会組織局長会議，中央闘争委員会と同日の第2回団体交渉，3月30日の全国闘争委員会と30日から31日までかかった第3回団体交渉，4月3日の中央闘争委員会と同日の第4回団体交渉というように，徹底的に過密な労使交渉を重ねた[58]。

しかし，会社側の回答が好転しないと判断した全ダイエー労組は，4月6日の中央闘争委員会で，さらに強い態度で交渉に臨むことを決定し，ハチマキ着用，支部旗の掲揚，店頭ビラ配布を指令し，さらにストライキ戦術を開始するため，スト権投票やスト実施の確認に入った。続けて，4月9日の全国闘争委員会でもスト権投票とスト準備の確認を重ねるとともに，大阪市の扇町公園での決起集会，ダイエー中津本部へのデモ行進と本部前の抗議集会を実施した。だが，この間に設定した第5回団体交渉および第6回団体交渉でも，上積み回答があったものの収束しなかった。

このため，全ダイエー労組は4月11日から16日にスト権投票に入って4月18日の74春闘スト権確立大会でスト権を確立し，スケジュール確認，集会，デモに入ってから同日の第7回団体交渉に臨んだ[59]。しかし，ここでも会社側の最終回答に上積みはなく，2万4,015円と依然として要求案との隔たりが大きかった。このため団交は決裂し打ち切りとなり，労組側はストライキ通告を行った[60]。以上のスト通告までの経過を一覧にまとめると，**図表6－5**のようになる。

いよいよ，全ダイエー労組は，4月20日のストライキ拠点合宿で最終確認を行い，4月21日に第一波ストライキを決行した。スト戦術は，始業時より正午までの時限ストであり，立川店，北千住店，小杉店，三ツ境店，栄店，香里店，松原店，尼崎店，明石店，徳島店，広島店，黒崎店の12店舗での一斉ストと全支部長の指名ストに突入した[61]。

なお，会社側はスト通告を受けた直後に中労委のあっせん依頼で対抗したため，ダイエー労使はスト前日の4月20日とスト翌日の22日に中労委の事情聴取を受けることとなり，全ダイエー労組は，個々の要求の正当性を主張した[62]。

あわせて全ダイエー労組は，第二波以降のストライキを中止し，中労委の

●図表6－5　1974年度の全ダイエー労組の賃金交渉とストライキ決行までの経過

日時	開催内容	主な議題
3月6日	74春闘決起臨時大会	春闘要求書，闘争スケジュール，中央闘争委員会設置，規約と予算改訂
8日	臨時労使協議会	要求書提出
18日	第1回中央闘争委員会	時間外勤務拒否，闘争戦術とスケジュール
23日	臨時労働協議会	第1次会社回答
27日	第2回中央闘争委員会	会社回答分析，闘争戦術とスケジュール，時間外勤務拒否
〃	第1回団体交渉	春闘交渉，会社ビラ抗議と中止申し入れ
29日	組織局長会議，第3回中央闘争委員会	時間外勤務拒否，闘争戦術とスケジュール，団交打合せ
〃	第2回団体交渉	会社ビラ交渉
30日	第1回全国闘争委員会	団交経過報告，闘争スケジュール，傍聴メンバー決定，時間外労働拒否と摘発，本部前決起集会，デモ行進
30日，31日	第3回団体交渉（徹夜）	営業時間と定休制要求，特別休暇要求
4月3日	第4回中央闘争委員会	団交打合せ，闘争スケジュールの具体的展開
〃	第4回団体交渉	職場環境と寮問題要求，腰痛問題要求
6日，7日	第5回中央闘争委員会，第5回団体交渉（徹夜）	腰痛問題交渉，標準人員，労災職業病問題要求，退職金，定年延長
9日	第2回全国闘争委員会	団交経過報告，スト権投票説明，扇町公園決起集会とデモ行進，団交打合せ
10日	第6回団体交渉	賃金要求，その他項目要求
17日	第6回中央闘争委員会	状況報告，ストライキ実施要領，ストライキ協定，団交打合せ
18日	74春闘スト権確立大会	スト権確立，闘争スケジュール，1000人集会，デモ
18日	第7回団体交渉	団交決裂，ストライキ通告
21日	第一波ストライキ	

（出所）　全ダイエー労組『第9年度一般活動報告書』1974年より作成。

あっせんに委ねた⁽⁶³⁾。1974年4月26日，まず春闘要求に関するあっせん案が出された。あっせん案の内容は**図表6－6**の通りであり，賃上げについては最終回答に2,955円を上積みした2万7,000円，夏期賞与は2.3か月，争議解決金5,000円などが提示された⁽⁶⁴⁾。あわせて1974年9月から定休日のない店舗も月1回の定休日を設定するという労働時間短縮に関わる提案も出たが，時間外勤務協定に関するあっせん案は後日に持ち越された。全ダイエー労組は，同日に中央闘争委員会を開催し，あっせん案を検討して受諾を決定し，翌4月27日に開催した全国闘争委員会で妥結を表明した。

●図表6－6　全ダイエー労組の争議における春闘要求に関する中労委あっせん案

中央労働委員会あっせん案
春闘要求に関するあっせん案

昭和49年4月26日

株式会社ダイエー
　代表取締役社長　中内　功　殿
全ダイエー労働組合
　中央執行委員長　勝木　健司　殿

中央労働委員会ダイエー争議
あっせん員　白井　泰四郎

あっせん案

　今次争議についてあっせん員は労使双方の意向を尊重しつつ，あっせんにつとめた結果つぎの結論をえたので，これにより円満解決されたい。
　なおあっせん事項のうち時間外勤務協定および労働協約の問題については引き続きあっせんを行なうこととしたい。

記

1．昭和49年度の賃上げは会社の最終回答である組合員1人平均24,045円に2,955円を上積みし合計2万7,000円とすること。上積みの分の配分については労使協議決定すること。
2．昭和49年度の夏期賞与（一時金）は2.3ヶ月分とすること。このほか会社は今回の争議の解決金として組合員に一律5,000円を本年5月中に支払うこと。
3．現在毎月定休日の定めのない店舗については，昭和49年9月より月1回の定休日を設けること。

ただし，1月，12月および棚卸し実施月は除外するものとし，また予め定めた定休日が祝祭日，地元催事などと重なるときは変更すること。
4．腰痛問題については今後会社は専門医，専門機関と連携して検討し，その対策について住宅厚生専門委員会において協議するものとすること。
5．標準人員問題について会社は，今回の組合要求の主旨を理解し，システムの検討，組織の改定を考慮し店課制人員にアンバランスがある場合はこれを是正すること。
6．退職金制度の改定については，年金制度の導入を含めて検討することとし，定年延長問題とともに昭和50年4月度から実施できるよう労使間で協議すること。
7．その他の事項については労使間で協議し解決につとめること。

　　　　　　　　　　　　　　　　　　　　　　　　　　　　　　　　以上

（出所）　全ダイエー労組『第9年度一般活動報告書』1974年，pp.89-90。

　次に，4月28日，図表6－7のような時間外勤務協定等のあっせん案が出され，時間外割増率，時間外労働の取扱い単位時間，休日出勤，協定の遵守と罰則などが提示された。全ダイエー労組は，この中労委のあっせん案を根拠に会社側と連日の積極的な協定化の折衝に入り，具体的な詰め作業を続けた。その結果，1974年5月16日，労組側委員長および会社側各社代表社長名で「時間外勤務協定」を締結した。

●図表6－7　全ダイエー労組の争議における時間外勤務協定および労働協約に関する中労委あっせん案

```
中央労働委員会あっせん案
時間外勤務協定および
労働協約に関するあっせん案

                                        昭和49年4月28日


株式会社ダイエー
　代表取締役社長　中　内　功　殿
全ダイエー労働組合
　中央執行委員長　勝木　健司　殿

                        中央労働委員会ダイエー争議
                            あっせん員　白井　泰四郎
```

あっせん案

　今次あっせん事項のうち残余の時間外勤務協定および労働協約の問題については，下記により円満解決されたい。

記

Ⅰ．時間外勤務協定について
　1．時間外割増率
　　時間外勤務手当の割増率は35％に，時間外勤務手当の支給される時間が深夜勤務手当の支給される時間である場合の割増率は80％にそれぞれ改定すること。
　2．時間単位
　　時間外労働時間の単位は10分とすること。
　3．食事支給
　　残業が90分以上かつ終業時刻が20時30分以降となると判断された場合は食事を支給すること。
　4．休日出勤
　　(1)　女子については原則として休日出勤させないが，やむを得ない場合，公休出勤は1週間以内に週休出勤は2週間以内に振替休日を与えること。ただし週休について，月1回はこの限りではない。
　　(2)　男子については休日出勤をした場合に振替休日を与えること。ただし，公休，週休，それぞれ月1回はこの限りではない。
　5．手続
　　残業時間の把握は終業にかんしては原則としてタイムカードの打刻時間にすること。なお，時間外勤務命令および確認等の手続きについては今後検討すること。
　6．協定書遵守およびペナルティ
　　(1)　くりかえし違反のある事業所に対しては時短委員会メンバーを含む労使メンバーによる実態調査を行い，改善案を労使協議会に提案すること。
　　(2)　協定に定める月間制限時間を超える残業の割増率は，通常の割増率に加えて，ペナルティとして25％増やすものとすること。
　7．協定期間
　　協定の有効期間は1年間とするが，手続上は1カ月ごとに更新するものとする。なお，この協定の有効期間満了までに新協定が成立せず，引き続き交渉が行われる場合には，この協定は期間満了後1カ月間有効とすること。
　8．その他の事項については，昭和49年2月20日付会社回答どおりとすること。
　9．上記の1，2項については賃金規則において改定すること。

以上

（出所）　全ダイエー労組『第9年度一般活動報告書』1974年，pp.120-121。

全ダイエー労組は，この時間外勤務協定によって，まず平常時と特別時の区分を明確に設定し，それぞれの時間外勤務時間に制限をかけた。チェーンストア産業の各職場には，需要の波動性による繁閑の差が発生する。日常の状況と特殊な状況が交錯する中で，それらが曖昧なままでは，実際の就業時間からみて不均等な相殺が横行しがちとなり労働条件は下方へと押し下げられる。それを避け，特別時と平常時を定義し，それぞれの際の条件を詳細に決めた。その他にも，休日出勤，休憩，食事などについて規定し，あわせて付帯事項として10種類の就業時間帯のパターンを明示して運用ルールを定めた。さらに，協定とは別に労組側書記長および会社側人事本部長名の覚書も交わし，協定内容の円滑な運用を促した。

　全ダイエー労組はさらに検討と交渉を続け，6月16日に「特別部門に関する時間外勤務協定」を会社側と締結した。特別部門として，具体的に神戸流通センターと同配送デポ，配達デポ，計数部，建設部，販売促進部，地区本部，施設管理課，総務課，販促課，店電気室を指定し，先に締結した時間外勤務協定に依拠して例外事項と内容を定めた。

　この協定書では，販売と仕入れを中心とした主力オペレーション業務の担当者だけでなく，多岐にわたる関連業務の担当者の時間外勤務について遺漏なく詳細に取り決めている。すなわち，組合員が働く各職場をカバーし，仕事の多様性による運用面の疑義の余地をなくして，平常時と特別時，就業時間帯のパターン，時間帯制限，時間外勤務制限，深夜勤務のルールなどを明示しており，時間外勤務協定の完成度をさらに上げている。

　他方，換言すれば，これらの時間外勤務協定の特別時の規定は，次々に公表される新規出店日の当日開店を無事に迎えるという至上命令の下での労働環境を推測させる。消化しきれない仕事量で昼夜を問わず働き続け，帰宅もままならないほど膨れ上がる時間外労働を強いられていたチェーンストア労働者の姿が直接に反映された内容といえる[65]。

　以上のように，全ダイエー労組がストライキの決行も避けずに交渉した事例を検討した。労働条件のうち労働時間短縮は全ダイエー労組にとっても最重要課題の1つであった。だが，休日数の増加や各種休暇を取得可能とする態勢の確立など，現実の時短問題について周到に取り組む以前に，大きな危険が迫っ

ていた。ダイエーが急成長する際に，急激な出店や改装のために労働者が所定内労働時間を大きく超過する過酷な労働環境に置かれていたことを見逃すべきではない。急速で大規模な出店計画は経営者のバイタリティあふれる流通革命の実行力に帰せられることが多いが，現実には過密な作業を重ねた労働者が大きな不満を抱えたまま求心力が消失する可能性が大きかったのである。

　この求心力をつなぎとめ，急成長を支えることができたのは，全ダイエー労組が，組合員の総意をまとめ，ストライキも辞さずに徹底的に交渉したからである。急拡大の出店計画を織り込んだ時間外勤務協定書を締結し，各職場の労働時間を点検しうる正常な労使関係を形成した。

　すなわち，全ダイエー労組はその初期活動において，強力に大規模化を追求する企業において，過大な労働強度とつり合わない待遇によって労働者の凝集性が低下する危機的状況に歯止めをかけた。その意味では，労組が企業の成長に果たす役割の大きさを示唆する事例といえる。また，もちろん全ダイエー労組にとっても，その後の組織規模の拡大に耐える運営の前提条件を確立したと考えられる。

4　出店規制に対する取り組み
　　－ダイエー熊本店出店の事例－

　1970年代前半の「大規模小売店舗法」の制定作業が進む中で，中小小売商を保護するため，チェーンストアの出店規制の要求が高まりつつあった。ゼンセン同盟流通部会は，この情勢をチェーンストア労働者の雇用と労働条件にとって危機的であると受け止め，早急に対抗するための取り組みを始めた。1973年の「大店法」制定後，いよいよ各地で出店規制の動きが活発になり始めると，陳情や要請だけでなく，集会やデモ行進など出店規制の反対活動を一気に強化した。

　1975年7月，ダイエーの熊本店出店計画に対して，地元の商調協が出店拒否の回答を出し，業界に大きな衝撃を与えた。なぜならば，**図表6－8**のように，地元の調整が入る前から商業関係者による出店拒絶活動が始まり，以後その圧力の下でダイエーの出店が徹底的に妨げられたからである。

●図表6－8　ダイエー熊本店の出店問題の経過概要

年	月	内容
1974年	3月	「大規模小売店舗法」施行
	11月	熊本県，小売商業活動の調整に関する条例（売場面積300m^{2}以上1,500m^{2}未満）施行，命令・罰則の規定
1975年	3月	ダイエー，熊本出店で出店届を福岡通産局へ提出，建物面積6万9,427m^2，店舗面積4万3,979m^2，うちダイエー3万2,703m^2，九州最大の店舗で1976年6月10日開店予定
	4月	ダイエー，熊本商工会議所へ仮届け，閉店時刻19：00，休日年間24日
	4月	熊本市の小売業者，「危機突破中小商業者決起大会」を開催しダイエー進出阻止，「熊本市商店街近代化協議会」の結成，「熊本商業政治連盟」を創設
	5月	熊本商工会議所，総会で小売商業部門から提出された「ダイエー進出反対」を満場一致で可決
	6月	熊本県商工会連合会，臨時総会で「ダイエー進出反対」を議決
	7月	熊本商調協，ダイエー進出に対して拒否回答，出席者全員一致で進出そのものに反対
	7月	熊本商調協の会長，公正な審議ができなかったと辞表を商工会議所会頭へ提出
	7月	熊本市のダイエー進出賛成派が「ダイエー進出賛成同志会」準備会を結成
1976年	9月	熊本県，「小売商業活動の調整に関する県条例」（全国初の罰則付き条例，11月1日施行）を制定
	11月	日本チェーンストア協会，通産省・自治省に対し熊本県条例は違憲として早急な条例廃止の行政指導を申し入れ
1977年	4月	ダイエー，熊本進出のために計画を縮小して，届出を再提出
	8月	熊本市内で，出店断念に追い込まれた中型スーパー（中津マルショク）に地元消費者が賛成署名と商店街不買運動，出店が承認
1978年	6月	ダイエー，熊本市への出店計画を福岡通産局に，鑑定書つきで申請
	7月	熊本商調協，ダイエー進出に対して拒否回答
	7月	九州学者グループが通産大臣らに意見書を提出
	8月	通産省，ダイエー熊本進出問題で「大規模小売店舗審議会」を開催
	8月	総理府，大型小売店の出店を消費者の7割が評価しているとの世論調査結果を公表
	9月	「大規模小売店舗審議会」がダイエー熊本進出問題を熊本商調協へ差し戻し解決を督促
	11月	熊本商調協，1,500m^{2}以上の出店を認めず，事実上のゼロ回答
	12月	「大規模小売店舗審議会」がダイエー熊本出店，売場面積1万3,000m^2，1980年3月開店を決定

（出所）　建野堅誠『日本スーパー発達史年表』創成社，1994年より作成。

出店反対派は反対署名活動，商調協による反対，大店法以外の条例制定など，賛成派は中央省庁への要請，賛成署名活動，集会など，双方が団体行動や政治活動を繰り返した。これらの応酬を経て，解決の場は通産省に持ち込まれ，1978年12月，「大規模小売店舗審議会」がダイエー熊本進出を正式に決定し，通産大臣の勧告が出された。著名な経営学者ドラッカーがかつて表現した「流通は経済の暗黒大陸である。」の暗部をあぶり出すかのようなダイエー熊本店問題は，1980年にようやく大幅に売場面積を削減されながらも開店するという結末で幕を閉じた。

チェーンストア出店の拒否手法事例として他地域への波及が危惧されたいわゆる「熊本方式」を最終的に政府が否定した。この事実は，全国で頻発していた消費者の大きな支持を集めるチェーンストアの出店が拒否される危機的情勢を後退させ，豊かな国民生活への奉仕という業界の使命は保証された。

熊本店問題では，全ダイエー労組は，大規模な動員による大店法改正の抗議集会やチェーンストア出店規制強化反対集会，熊本出店規制反対集会を含む，一連の署名活動，デモ活動，ビラ配布などを繰り広げ，全国の注目が集まる中で労使一体で取り組んだ[66]。この熊本店問題の経過と反対勢力の大きさをみる限り，会社側だけの対応ではとうてい出店を実現できなかったと考えられる。全ダイエー労組の統率力や機動力を十分に発揮した団体行動や政治活動などの取り組みも，業界の発展に果たした労組の役割の大きさを鮮明にする事例として銘記しておくべきである。

また，ゼンセン同盟流通部会は，加盟労組のみならず業界全体の労働者の問題としてダイエー熊本店の出店拒否に対処し，一般同盟に加盟する全ダイエー労組への協力や支援を惜しまなかった。この共同歩調を通じたゼンセン運動の一端に触れた実体験は，全ダイエー労組に対して，チェーンストア労働者が結集した産別組合活動と産業政策の必要性を改めて痛感させることとなった。

5　ゼンセン同盟への移籍加盟

全ダイエー労組がゼンセンの組織化対象となった時点は定かではない。しかし，全繊同盟の都道府県支部，しかも強力な基盤のある関西地方の支部から

早々にダイエーの情報は報告されていたはずである。ただし，労組が結成された1965年の時点で，ゼンセンには本部の組織部と都道府県支部といった組織化主体はあっても，後に創設した流通部会のようなチェーンストア労働者を産業単位で集める受け皿がなく，組織化には至らなかったと思われる。

しかし，1970年の流通部会創設の時点では，全ダイエー労組加盟を予定していた形跡がみられる。創立中央委員会の開催計画において代議員を決定する際に，加盟が決定した場合と条件が付されているにせよ全ダイエー労組分10人の割り当てがあったからである。つまり，流通部会創設までの間に，全ダイエー労組に対してゼンセンの組織化の手が伸びていたと考えられる(67)。

だが，全ダイエー労組が一般同盟にとどまったまま，ゼンセンは流通部会を創設して長崎屋労組，全ジャスコ労組など5労組でスタートを切り，全力でチェーンストア労働者の組織化を進めて加盟労組数と組合員数を急速に伸ばしていった。流通部会創設時の当面の組織拡大目標を，同盟に加盟しなかった商業労連の組合員10万人を超える水準に設定し，実際に目覚ましく成長した(68)。

一般同盟は以後チェーンストア労組の組織化で実績を上げることもなく，したがって当初の同盟憲章に基づく流通産別構想へ近づいたわけではなかった。他の産別組合から信義を疑われ，批判が集まったゼンセンの集中的努力によってチェーンストア労働者の組織化は躍進し，ゼンセン内部で流通産別組合の芽が着々と育てられつつあった。例えば，大店法問題に対するゼンセン同盟流通部会の取り組みもその成果の1つであり，全ダイエー労組は，ゼンセンの産業政策に関する力量を見せつけられる格好となった。

こうして，業界トップのダイエーの労組が，労働界トップの産別組合ではなく，中小産別組合に加盟しているという一種のねじれ現象が鮮明になってきた。一般同盟主導の流通産別構想が潰えた後は，全ダイエー労組はあたかも企業別組合として，会社との労使関係だけで完結するかのような立場，あるいは，それに加えて中小産別組合の最大労組として，常に制約された活動で一矢を報いるだけの立場に追い込まれていたのである。日本一の規模を誇る全ダイエー労組が自己抑制を続け，日本のチェーンストア労働者のための最大努力を払えない。この状況と是とするか非とするかについて，全ダイエー労組が思い悩んだのは当然であった。自ら加盟を選択した一般同盟にあって最大勢力を形成し，

幹部役員を多数輩出して産別組合の運営に深く関与してきたことを継続すべきという責任論と，全ダイエー労組の力量を十二分に発揮できる舞台のあるゼンセン同盟流通部会で積極的に活動すべきという責任論が激しくぶつかった。

もちろん，ゼンセン同盟側は，流通部会創設後も全ダイエー労組へ移籍の働きかけの手をゆるめない。ダイエーの急成長とともに急拡大する全ダイエー労組ほど有望な組織化対象は他にはない[69]。ゼンセン同盟は，組織化担当者を投入して労組を結成する組織化ではなく，既存の労組ごと組織化する手法によって，全ダイエー労組のゼンセン移籍をねらった[70]。

こうして，全ダイエー労組は，内部で渦巻く慎重路線と積極路線が交錯する中で，上部組合の選択問題について職場討議を重ね，ついに非公式ながら1976年7月8月開催の第12年度定期大会で上部団体について討議する旨を一般同盟へ通告した。これに対して，一般同盟は加盟継続について強力な説得を開始したが，定期大会では新しい上部組合の選択を決断する方向を決定するに至った[71]。1977年，全ダイエー労組はこの方向で，具体的に一般同盟離脱とゼンセン同盟加盟についての職場討議に入り，ゼンセン同盟加盟方針の撤回を求める一般同盟の働きかけをよそに，1977年8月10日に開催した第13年度定期大会でゼンセン同盟への加盟を審議し，賛成多数で組合員1万8,865人のゼンセン移籍が決定した[72]。

他方，一般同盟は全ダイエー労組の除名，ゼンセン同盟の不信行為の糾弾について検討した結果，一般同盟離脱を認めない方針を決定した。あわせて上部組合としてのそれまでの消極的な活動や態度について自己批判した上で，ゼンセン同盟との協議に入った。ゼンセン同盟と一般同盟との意見の調整は難航したが，全ダイエー労組がゼンセン同盟への加盟を機関決定しており，もはや一般同盟にとどまることは現実的ではない。最後は一般同盟が同盟書記長前川一男によるあっせん案を受ける形で，大局的な見地からゼンセン同盟移籍の判断を下し，1978年9月13日，図表6－9のような合意書に調印した[73]。同じ同盟内とはいえ異常事態であり，大きな困難をともなう判断であったといえよう[74]。

この移籍後，ゼンセン同盟は，業界全体を視野に入れた多大な労組活動の場が欲しいとの全ダイエー労組の意思に応じるかのように，全ダイエー労組委員

●図表6-9　全ダイエー労組の組織的取扱いに関する合意書

　　　　　　　　　　　　　合意書

　ゼンセン同盟と全国一般労働組合同盟は全ダイエー労組の組織的取扱いについて次の通り合意する。

１．一般同盟は，昭和54年2月までに全ダイエー労組の組織離脱を確認する。したがって全ダイエー労組の権利・義務に関する事項については，その時点ですべて解決したものとする。

２．一般同盟およびゼンセン同盟は，当該構成組織の合意なしに加盟組織の受け入れは行わない。

　また，今後一般同盟およびゼンセン同盟は組織拡大に相互に協力する。

　　　　　　　　　　　　　　　　　　　　　　　　　　　　　　　以上
1978年9月13日
　　　　　　　　　　　　　　　　　　ゼンセン同盟
　　　　　　　　　　　　　　　　　　　　　　会長　宇佐美忠信
　　　　　　　　　　　　　　　　　　全国一般労働組合同盟
　　　　　　　　　　　　　　　　　　　　　　会長　佐々木重作
　　　　　　　　　　　　　　　　　　立合人　全日本労働総同盟
　　　　　　　　　　　　　　　　　　　　　　書記長　前川一男

(出所)　一般同盟『1978年度活動報告書』1979年，p.46。

長の勝木健司を第3代の流通部会長へ就任させた。以後現在に至るまで，流通部会長は，ゼンセンの生え抜き役員ではなく加盟労組委員長となっている。

6　おわりに

　本章は，全ダイエー労組の結成から1970年代の初期労組活動に焦点をあてて分析した。全ダイエー労組は同盟路線を堅持して結成され，一般同盟主導の流通産別構想を実現する主体として，労使で生産性向上に取り組むことを前提にした積極的な活動を始めた。「同床の労使関係」は円滑に開始されたかのよう

にみえた。

　だが，急成長企業ゆえに大量採用と大量離職の双方が進行する中で，「混乱の労使関係」に陥った。すなわち，労働者の求心力の不安定性や，労働強度と待遇のギャップに対する大きな不満を残しつつ労組の規模が拡大し，労組活動のかじ取りの難しさに直面した。例えば，不当労働行為の地労委提訴やチェーンストア産業では異例のストライキ決行など先鋭的な活動も経験した。

　しかし，それらの経験を背景として，「同床の労使関係」へ回帰した。すなわち，組合員の求心力の維持や向上に努め，熊本店問題の事例のようにチェーンストア出店規制に対抗する積極的な取り組みをみせた。全ダイエー労組の初期活動の中にも，企業の成長や業界の発展に大きく貢献することが示唆される点が見出された。

　また，その過程で従来構想してきた流通産別構想を封印して一般同盟と袂を分かつ方向に転じ，ゼンセン志向を強めて移籍を果たした。すなわち，「分断の労使関係」の一翼を担うことになった。ゼンセン同盟へ加盟した直後から，企図していた通り，企業別組合の境界を超えたチェーンストア産業全体の労働条件や福祉の向上に取り組む舞台を得た。

　この時点で初代坪西辰也，第2代下田喜造と続いた新設部会の育成および強化のためのゼンセン同盟プロパー役員による流通部会長時代は幕を閉じ，加盟労組委員長の流通部会長体制へ移行した。さらに1980年代には，流通部会長勝木健司はゼンセン同盟の組織内議員として参議院議員選挙に出馬し，当選を果たして活躍の場をもう一歩進めて国会に求めた[75]。繊維産業の産別組合において，チェーンストア労組出身者が初めてゼンセン同盟の大きな組織能力の1つである産業政策の立案と実行に関する政治活動を担うことになった。わが国最大の組織労働者集団の形成につながる新しい局面に入った情勢を象徴する事実であり，「変転の労使関係」の素地が固まりつつあった。

● 注
（1）　ダイエーは，2013年8月にイオンの連結子会社となり，2014年11月のダイエー臨時株主総会の決定により2015年1月からイオンの完全子会社となった。
（2）　以下，復員までの経緯についての記述は，中内㓛『流通革命は終わらない－私の履歴

書 -』日本経済新聞社，2000年，pp.20-36による。中内㓛は，悲惨な戦争体験が流通革命の原動力になっていると告白している。中内㓛『新装版 わが安売り哲学』千倉書房，2007年，pp.177-184。また，イトーヨーカドー社長としてダイエーと競争してきた伊藤雅俊は，戦争体験を背景とする仕事に対する強大な執念で先鋭的に行動する中内㓛を狂気の人と表現している。中内潤，御厨貴編『生涯を流通革命に捧げた男 中内㓛 中内㓛シリーズ第Ⅱ巻』千倉書房，2009年，pp.384-385。なお，1970年代には中内㓛をモデルにした経済小説にも，戦争体験ゆえに流通革命を目指して積極的に行動する姿が描かれている。城山三郎『価格破壊』角川文庫，1975年。

（3） 三宮ガード下と総称できるものの，厳密には元町高架下の商店街である。友愛薬局を共同経営していたのは井生春夫であり，中内秀雄から，フィリピンから引き揚げてくる中内㓛には商売経験がないことを告げられて共同経営を依頼された。中内㓛は，井生春夫に商売を教えられたと認めている。注目すべきは，井生春夫が，戦後の中内秀雄の人工甘味料の製造販売による資金が友愛薬局の共同経営に投入されたこと，そこから次男中内博のイニシアティブと中内家の資金注入でサカエ薬品の開業による大阪進出を果たしたこと，かつて友愛薬局に勤めていた末角要次郎をサカエ薬品に勤務させることで安定させたことなどから，後のダイエーの基礎を築いたのは中内秀雄であると高く評価していることである。ダイエーの躍進とオーナーとしての行動ぶりから中内㓛のみに焦点が当てられがちだが，その起源は中内兄弟に対する父親の支配力が強いファミリー企業であることを見逃してはならない。なお，井生春夫は，戦前の中内秀雄が大阪で薬剤師として薬局を経営していたが，薬品の乱売合戦に敗れ借財の山を背負って神戸に移り，再起をかけてサカエ薬局を開業したと証言している。岩堀安三『ダイエー 強さの秘密 中内㓛の実践論・矛盾論』1973年，評言社，p.32。

（4） 友愛薬局は，1日100万円以上の売上を上げる大繁盛店であった。100円札の売上金は調剤用の上皿天秤を使って能率よく数えられ，1万円ごとに束にされて石炭箱に無造作に投げ入れられ，踏みつけられて悲鳴のような音がなったという。また，サカエ薬品は，従業員7人で営業を開始した。若林照光『現代の商人学 中内㓛の研究』プレジデント社，1981年，pp.30-32。

（5） あるいは，顧客の注文を取ってから問屋に走って信用で商品を購入し，同日夕刻までに決済をする苦肉の策をとった。すなわち「船場商法」と呼ばれる仲間取引の1日だけの信用貸しを利用した。中内㓛『新装版 わが安売り哲学』千倉書房，2007年，p.14。

（6） 中内㓛『流通革命は終わらない－私の履歴書－』日本経済新聞社，2000年，pp.37-39。

（7） 「薬屋は薬屋だ。」との中内博の主張と「薬だけではもう駄目だ。化粧品や日用品を置いたらどうか。」との中内㓛の主張の違いが独立のきっかけであった。中内㓛『流通革命は終わらない－私の履歴書－』日本経済新聞社，2000年，pp.43-49。また，大栄薬品工業は，サカエ薬品が現金問屋として薬品メーカーによる流通系列化に直面し，商品の仕入れに困り始め，自力の生産を企図して開業した。だが，莫大な資金が必要であることを痛感して中止した。中内㓛『新装版 わが安売り哲学』千倉書房，2007年，pp.15-16。例えば，後の牛肉の飼育輸入への傾注や，PB商品の開発への執着など，消費者の生活が要求する価

格へ商品を合致させるというダイエーの考え方の萌芽が見出される。なお，小売業への転進を決めた大きな要因は，眼前で躍進する薬のヒグチチェーンの成功例であった。若林照光『現代の商人学　中内㓛の研究』プレジデント社，1981年，p.38。

（8）　この店舗は，資本金400万円，53m²，従業員13人でスタートした。中内㓛『新装版 わが安売り哲学』千倉書房，2007年，pp.4-5。なお，かつて中内㓛が共同経営していた友愛薬局があった元町高架下の商店街の入口案内板には「どこよりも安く，良い品を。」の宣伝文が掲げられていた。岩堀安三『ダイエー　強さの秘密　中内㓛の実践論・矛盾論』1973年，評言社，pp.3-5。

（9）　近隣の人口が約500万人で国鉄，阪急，阪神，市電，バスと5つの交通機関が集中しているので三宮と決め，自転車屋の倉庫を借りて出店した。移転後の拡張された売場面積は2,970m²であった。店舗では肌着，スポーツシャツ，果物，肉類などへ販売を広げ，貿易都市の利を生かしてバナナの安売りで効果的に集客した。なお，中内㓛は最初から日本中への多店舗展開をねらっていた。当時の多店舗化の手本はすでに関西にあったうどん店のびっくりうどんや，肉屋，醬油屋などの多店舗，さらには無名酒蔵の直営店の升酒販売であったという。針木康雄『経営の神髄第5巻　怒濤の新関西商法　中内㓛』講談社，1986年，pp.174-176。

（10）　中内㓛『流通革命は終わらない－私の履歴書－』日本経済新聞社，2000年，p.50。このキャッチフレーズは近所の主婦たちの合言葉となり，1枚1円のハンカチの売り切れなどに象徴されるように，実際に大丸を大きく上回る集客であった。特に盆暮れの時期には，押し寄せる客による危険性対策として，30分ごとにシャッターを上げ下げして入店客をコントロールしていた。針木康雄『経営の神髄第5巻　怒濤の新関西商法　中内㓛』講談社，1986年，pp.17-18。

（11）　この枝肉商は上田照雄（通称ウエテル）であり，自分の取引先を失うことになっても中内㓛に協力した。ダイエーの牛肉販売は店舗の屋上や隣の空き地にまでテントを張って臨時売場を増設するほど盛況であった。中内㓛『流通革命は終わらない－私の履歴書－』日本経済新聞社，2000年，pp.50-53。売上激増を牽引した牛肉販売だが，中内㓛にとっての牛肉は，戦地で瀕死の重傷を負い遠のく意識の中で，すき焼きの匂いを思い出した経験に基づいた，消費者に対する特別な目玉商品であった。佐野眞一『カリスマ　中内㓛とダイエーの「戦後」』日経BP出版センター，1998年，pp.205-206。家族で囲んだすき焼き鍋の他，子どもの時からの断片的な記憶が1秒くらいで早回しで頭の中を回ったという。中内潤，御厨貴編『生涯を流通革命に捧げた男　中内㓛　中内㓛シリーズ第Ⅱ巻』千倉書房，2009年，pp.174-175。なお，こうしたダイエーの販売姿勢のルーツは，三宮ガード下の友愛薬局時代であるとの証言がある。現金仕入れにより通常の仕入れルートを省くバイパス商法，定価より安く売るのが常識の高架下商法をアメリカ商法へ切り替えたという。岩堀安三『ダイエー　強さの秘密　中内㓛の実践論・矛盾論』1973年，評言社，pp.15-25。

（12）　中内㓛『流通革命は終わらない－私の履歴書－』日本経済新聞社，2000年，pp.53-57。ケネディのスーパーマーケットの将来を祝福するようなメッセージ，例えば「米国とソ連の差はスーパーマーケットがあるかないか。」「マンパワー1時間で買えるバスケットの中

第Ⅱ部 「ゼンセン」のチェーンストア組織化

　　　　身が違う。」「スーパーマーケットによる大量商品開発方式こそが米国の豊かな消費生活を
　　　　支えている。」などに自分がなすべきことを教えられ，涙の出るような感動の一瞬であっ
　　　　たと，ベストセラーにも関わらず絶版とした自著の冒頭で中内㓛は回想している。中内㓛
　　　　『新装版　わが安売り哲学』千倉書房，2007年，pp.1-2。この自著は『わが安売り哲学』
　　　　1969年，日本経済新聞社であり，経済界のご意見番と呼ばれた三鬼陽之助から経営に集中
　　　　しないことを非難されて絶版にしたという。中内㓛『流通革命は終わらない－私の履歴書
　　　　－』日本経済新聞社，2000年，pp.69-70。
(13)　1962年，神奈川県箱根の小涌園ホテルで，15人の意欲ある20代もしくは30代の経営者
　　　　が将来を語り合った。この中には中内㓛の他，イトーヨーカ堂の伊藤雅俊，ジャスコの岡
　　　　田卓也，ほていやの西川俊男など，直後に急成長し始めるチェーンストア企業の経営者が
　　　　含まれている。針木康雄『経営の神髄第5巻　怒濤の新関西商法　中内㓛』講談社，1986
　　　　年，pp.17-18。
(14)　チェーン本部は，1階が配送センター，2階が肉，魚専用の冷蔵倉庫，3階が電産セ
　　　　ンターと営業本部，4階が事務室であった。中内㓛『新装版　わが安売り哲学』千倉書房，
　　　　2007年，pp.132-133。
(15)　福岡市への出店機会は，中内㓛ら有望な経営者へ大阪以西の繁盛店視察をすすめ自ら
　　　　も同行した渥美俊一が持っていた百貨店撤退による出店打診情報であった。ナショナル
　　　　チェーン志向に燃える中内㓛はあえて遠隔地の出店に挑戦したのである。渥美俊一は中内
　　　　㓛へ「百貨店は眠れるブタだ。」と諭したという。針木康雄『経営の神髄第5巻　怒濤の
　　　　新関西商法　中内㓛』講談社，1986年，pp.193-195。なお，この天神にあった百貨店とは，
　　　　阪急百貨店系列の中屋であり，経営危機の際に阪急が救済を拒んだため，建物ごとダイ
　　　　エーが引き取ることとなった。若林照光『現代の商人学　中内㓛の研究』プレジデント社，
　　　　1981年，pp.58-60。
(16)　この店舗のキャッチフレーズは「リンゴからダイヤモンドまで。」とされた。中内㓛
　　　　『流通革命は終わらない－私の履歴書－』日本経済新聞社，2000年，第Ⅱ部闘いの日々
　　　　（1963年）。
(17)　SSDDSは，1962年北里宇一（流通産業研究所所長佐藤肇のペンネーム）が，アメリ
　　　　カの大規模な安売りデパート躍進の最新情報を紹介したことから日本に広まり，1969年ご
　　　　ろまで使用され，全国各地にSSDDSを名乗る店舗が続々と誕生した。その代表格がダイ
　　　　エー，西友ストアー，イトーヨーカ堂であった。マスコミは依然としてスーパーと呼んで
　　　　いる間に，各社内では安売り百貨店志向を明言していたのである。しかし長くは持続せず，
　　　　例えば，SSDDSと宣言して新規開店した西友ストアー高田馬場店は175人の労働者で運営
　　　　されていたが，1980年には55人に減るほど未熟な点が多かった。矢作敏行『現代小売商業
　　　　の革新－流通革命以降－』日本経済新聞社，1980年，pp.105-111。
(18)　「瀬戸内海ネックレス構想」は1963年，「首都圏レインボー作戦」は1968年に発表され
　　　　た。中内㓛『流通革命は終わらない－私の履歴書－』日本経済新聞社，2000年，p.73。
(19)　中内㓛『流通革命は終わらない－私の履歴書－』日本経済新聞社，2000年，pp.58-61。
　　　　なお，中内㓛は日本チェーンストア協会を通産省との交渉窓口にしながらも天下り防止の

ために社団法人ではなく任意団体にしたことや，通産省，商工族議員，日本チェーンストア協会，消費者などで押したり引いたりしているだけで何事も決めようがない状況であったことを回想している。中内潤，御厨貴編『生涯を流通革命に捧げた男　中内㓛　中内㓛シリーズ第Ⅱ巻』千倉書房，2009年，pp.271-273。

(20)　ただし，小売業界の中でダイエーの株式上場は百貨店を除いてもそれほど新しいことではなく，1961年の丸興，十字屋，1963年の丸井，緑屋，長崎屋に続く6番手の銘柄であった。奥住正道『証言戦後商業史　流通を変えた100人の記録』日本経済新聞社，1983年，pp.249-250。また，この株式上場後の数年間の増資の多用によるメリットを最大限に利用して新規出店を重ねたことが，ダイエーを先行させたとの分析がある。例えば，西友ストアーの堤清二は株式上場の出遅れの影響を認めている。なお，ダイエーの上場の背景には，中内力との対立を経て，退社する中内力の保有株式を買い取る際に住友銀行から受けた融資を返済する目的があった。中内㓛は一度自らが辞任して新たな企業を設立する決心をしている。針木康雄『経営の神髄第5巻　怒濤の新関西商法　中内㓛』講談社，1986年，pp.63-65, pp.72-96。

(21)　松下電器がダイエーの極秘仕入れルートを特定するために，特殊な照射器で浮かび上がる秘密の製造番号を付していたことが暴露された。また，1970年に公正取引委員会委員長が松下電機に不当表示の疑いありと談話を発表した直後には，ダイエーは格安のカラーテレビ「ブブ」の発売を発表した。中内㓛『流通革命は終わらない－私の履歴書－』日本経済新聞社，2000年，pp.77-80。なお，このメーカーの取引先特定のための常套手段は，サカエ薬品時代の薬品メーカーによる製造番号をめぐる争いで経験済みであった。中内㓛『新装版　わが安売り哲学』千倉書房，2007年，pp.144-145。

(22)　いわゆる「水道哲学」や「繁栄，平和，幸福運動（PHP）」を進め，経営の神様と崇められるほどの松下幸之助に対しても徹底的に争った中内㓛は，松下電器のリベート制を通じた系列店の従属化や弱体化も問題視していた。同じ小売業の解放や救済も視野にあったと考えられる。中内㓛『新装版　わが安売り哲学』千倉書房，2007年，pp.23-27。

　なお，中内㓛は後にチェーンストアの立場からメーカー重視の経営者の思考を猛烈に批判している。1980年，経団連会長に就任間もない新日鉄社長稲山嘉寛のスーパー軽視発言に対して，記者会見を開いて抗議するとともに，批判論説を新聞に掲載し，稲山嘉寛にも面会して意見を述べた。中内㓛『流通革命は終わらない－私の履歴書－』日本経済新聞社，2000年，pp.113-114。ジャスコ社長であった岡田卓也はこの論争の時期は，鉄は国家なり，士農工商という風潮が根強く，財界人から「ダイエーの伊藤君」と誤認されるほどチェーンストアの存在が弱かったと回想している。また，ユニー社長であった西川俊男は，稲山嘉寛から，例の鉄は国家なり発言と，流通産業はいままでの方式のままの配給配送業である旨の意見を大勢の前で聞かされて怒りがわいたと回想している。中内潤，御厨貴編『生涯を流通革命に捧げた男　中内㓛　中内㓛シリーズ第Ⅱ巻』千倉書房，2009年，p.395, p.427。

(23)　中内㓛『新装版　わが安売り哲学』千倉書房，2007年，pp.145-146。若林照光『現代の商人学　中内㓛の研究』プレジデント社，1981年，pp.136-139。熊本店の場合，出店に

第Ⅱ部 「ゼンセン」のチェーンストア組織化

反対する地元商調協の決定を覆したが，売場面積は申請当初の5分の1以下となるなど激しい紛争となった。

(24) 中内㓛は，ダイエーを追ってきた西友ストアーをライバルと認め，社長堤清二や支配人上野光平を経営者として尊敬しながらも，徹底的な競争をしたいと述べている。マーチャンダイジングに長け，ラフだがクールなダイエーを，マネジメントに長け，緻密だがホットな西友ストアーと対比している。中内㓛『新装版　わが安売り哲学』千倉書房，2007年，pp.152-154。両社の経営者については，現場しか知らない中内㓛と現場を知らない堤清二との対比もある。中内潤，御厨貴編『生涯を流通革命に捧げた男　中内㓛　中内㓛シリーズ第Ⅱ巻』千倉書房，2009年，pp.359-360。また，1974年には，オイルショックでメーカーが一斉に値上げしても店舗での値下げを断行する西友ストアーの動きを察知した中内㓛が，情報収集した上で西友ストアーを上回る値下げ商品や値下げ率を発表して，堤清二をあぜんとさせたとのエピソードがある。針木康雄『経営の神髄第5巻　怒濤の新関西商法　中内㓛』講談社，1986年，pp.140-143。

(25) 例えば，1969年，西友ストアーの牙城であった東京都北区赤羽へダイエーの最大規模店舗が出店して激しくぶつかった。若林照光『現代の商人学　中内㓛の研究』プレジデント社，1981年，pp.87-88。1974年の横浜市上大岡と藤沢市，1977年と1978年の習志野市津田沼で，近隣出店したダイエーとイトーヨーカ堂が猛烈な安売り競争で顧客を奪い合うなど，出店契約合戦や出店後の営業合戦が展開されていた。藤井行夫『中内㓛商法・伊藤雅俊商法　全研究』こう書房，1987年，pp.30-32，若林照光『現代の商人学　中内㓛の研究』プレジデント社，1981年，pp.115-116。例えば，1975年，札幌市琴似で出店地の契約でダイエーとイトーヨーカ堂が争い，二重契約となってこじれた後にイトーヨーカ堂が出店するに至った。この際，中内㓛は役員会で「⑦（イトーヨーカ堂）みな殺し作戦」を指示したという有名なエピソードがある。藤井行夫『中内㓛商法・伊藤雅俊商法　全研究』こう書房，1987年，pp.30-31，三浦あかね『中内㓛のビジネス金言集』エール出版，1996年，pp.121-122。また，堤清二は，北海道進出に際して，札幌市にあった老舗百貨店の五番館をめぐってダイエーと激しい争奪戦を繰り広げたことを告白している。佐野眞一編『戦後戦記　中内ダイエーと高度経済成長の時代』平凡社，2006年，pp.244-246。

(26) 松吉英男は西宮寮の寮生たちを終業後に近隣の公園に集め，寮の門限の23：00まで労組結成の準備の話し合いを重ねた。「昭和40年5月，自由にして民主的な労働組合を結成」，ダイエー社史編纂室『ダイエーグラフィティー31』1995年。

(27) 松吉英男や労組幹部候補者たちは，兵庫同盟では書記長沖芳郎，執行委員竹中登の助言を受け，労組の結成が迫った1965年4月には，沖芳郎と竹中登をダイエーに招き，社長中内㓛と総務部長牧原孝雄に対面させ，同盟路線の民主的な組合づくりをすることを宣言させた。兵庫県労働運動史編纂委員会『兵庫県労働運動史　昭和40年代　第2巻』2009年，p.461。また，民社党議員永江一夫からも労組結成準備の支援を受けていた。全ダイエー労働組合『30年周年記念誌　はぐるまの導術』1994年，p.39。

(28) 「スーパーが企業として発展するためには健全な組合ができ，労使間が自由に話し合える場が必要だ。」との中内㓛の談話が報道されている。また，当時大阪のスーパー業界

第6章　全ダイエー労働組合

では，労使対立が原因で閉鎖したファミリーストアの例があり，ダイエー労組はこうした闘争的な労使関係を避けるとの態度を示していた。『日本経済新聞』1965年6月1日付。当時の業界紙も，左派組合によるファミリーストアやセンバスーパーの争議倒産を引き合いに出しながら，ダイエー労組の健全な労使関係への期待を伝えている。『スーパーマーケット速報』1965年7月10日付。業界には総評全国一般のオルグに対する経営者の危機感が高まっていたのである。

(29)　『ダイエー労働組合機関紙』第1号，1965年5月25日付。

(30)　松吉英男は，支部結成大会で「経営に文句をつける団体結成反対。」と絶叫する声を聞く一方で，「資本と対決しない同盟路線なんて軟弱な労組結成反対。」との罵声も出て，左右両極からの質疑で議事が遅れたり，後日へ持越しての再開審議で結成できた支部があったと回想している。全ダイエー労働組合『20周年記念誌　わたし・創造』1986年，pp.21-22。同時期に支部結成に臨んだ初代書記長鈴木達郎は，「なぜ労組が必要なのだ。」「なぜユニオンショップにするのか。」「組合費が高い。組合費を払うくらいならブラウスが買える。」などの議論百出があったと回想している。全ダイエー労働組合『20周年記念誌　わたし・創造』1986年，p.23。

(31)　直接無記名投票の結果，賛成44票，反対5票，無効5票で同盟への加入が決定した。『ダイエー労働組合機関紙』第1号，1965年5月25日付。

(32)　松吉英男は業界誌の座談会において，ダイエー労組の結成と運動方針を披歴し，基本的に左翼的な労働運動や御用組合の労働運動を排除した民主的な労使対等関係によって生産性向上を達成し，企業の繁栄と労働条件の向上を結びつけることを強調している。なお，この座談会には，チェーンストア労組としてはダイエー労組，東光ストア労組，渕栄労組の幹部役員が参加しているが，この点で三者の意見は一致している。「チェーンストアの労組は何を考えているのか」『販売革新』1968年1月号，pp.89-94。

(33)　ダイエー本部構内の西宮寮東に3坪の敷地を借りて，労組事務所を設置した。『スーパーマーケット速報』1965年7月10日付，ダイエー社史編纂室『ダイエーグラフィティー31』1995年。

(34)　ダイエー労組は会社側の回答後に粘り強い態度で臨み，初めての団交経験で3,000円の上乗せを得たことに対して満足できる結果と評価している。全ダイエー労働組合『30年周年記念誌　はぐるまの導術』1994年，p.40。また，この団交の席上で中内㓛は好意的であった。「諸君が働くものの権利を行使するのは当然である。わたしが経営者でなかったら率先して組合の先頭に立ったであろう。」「われわれのやっている仕事は接客技術，陳列技術などのサービスをともなう。生産工場の労使関係とはその点が大きく違う。そこで過去の労働組合の持っていた生産工場とは異なった労使関係を持とうではないか。」などの意見を述べたという。吉田時雄『スーパー・ダイエーの秘密　はたして流通界を制覇しうるか』日本実業出版社，1969年，pp.192-194。

(35)　全ダイエー労組は，その後も多数の企業合併によるやや複雑な労組の分割や合同を重ね，1994年10月にはダイエーユニオンを結成した。

(36)　兵庫一般同盟（会長加藤新平，書記長竹中登）は，1966年2月6日，海員会館講堂で

第Ⅱ部 「ゼンセン」のチェーンストア組織化

開催された結成大会で誕生した。加盟組合は金属，海運，運輸，食品，流通，ホテル，レストラン，印刷，金融など39組合，組合員数は3,350人であった。このうち，ダイエー労組組合員は2,120人で組織の中心勢力であった。なお，一般同盟（会長増原操，書記長佐藤伝）の結成大会は，兵庫一般同盟結成から20日後の1966年2月26日，27日，東京の日本都市センターで開催された。兵庫県労働運動史編纂委員会『兵庫県労働運動史　昭和40年代　第2巻』2009年，pp.528-529。

(37) 松吉英男は，西友ストアー，ユニー，長崎屋，イズミヤなどまだ労組が結成されていなかったチェーンストアに出向き，全国オルグ活動に入っていた。兵庫県労働運動史編纂委員会『兵庫県労働運動史　昭和40年代　第2巻』2009年，p.462。

(38) その前提として，ダイエー労組の主導で一般同盟が産別組合として初めて日本チェーンストア協会の有志経営者（ダイエー，西友ストアー，東光ストア）と民社党首脳（書記長，組織局長，政審会長，商工委員長）を集め，チェーンストアの発展のための懇談会を開催し，労使共通の問題の研究や相互理解といった一般同盟の枠を超えた活動をしていた。ダイエー労組『はぐるま新聞』（『ダイエー労働組合機関紙』から名称変更）第36号，1969年5月10日付。

(39) この一般同盟からの抗議にも関わらず，全繊同盟のチェーンストア組織化が継続されたため，同盟系チェーンストア労組が，産別組合一本化の要望という形で滝田実にして抗議する事態に至った。だが，この一本化活動も，同盟内労組の共闘関係へ進んだところまでで解散となり，一般同盟の流通産別構想は消失した。なお，1970年6月10日に開催されたダイエー労組の第6回定期大会で，結成後5年間にわたり委員長に就任してきた松吉英男が退任した際に，「産別組織の確立によるチェーンストア労組の一本化という仕事が未完成のままになったことが心残りであった。」と述べている。『流通ジャーナル』1970年6月25日付。

(40) ダイエー労組は，1970年6月開催の第6回定期大会で，兵庫一般同盟からの離脱と，今後は同盟路線の中で新たな流通産別組合を形成する方針を決定した。兵庫一般同盟は，ダイエー労組離脱により圧倒的多数の組合員を失い重要な支障をきたすとして，一般同盟本部へ要請した結果，一般同盟組合費を減じて赤字を圧縮するとともに，なお残る赤字分は一般同盟本部から交付金を得ることとなった。兵庫県労働運動史編纂委員会『兵庫県労働運動史　昭和40年代　第2巻』2009年，pp.530-531。

(41) これらの会談では，DILAの幹部が通産省課長と会談し，百貨店がスーパー進出により経営圧迫を受け，流通の近代化と資本自由化による労働問題への波及は想定外であったことを主張した。また，全繊同盟と民社党へは，営業時間の拡大は流通近代化への逆行であること，擬似百貨店の規制こそ重要であること，営業時間延長の効率性の認識により適切な行政指導が必要であることなどを主張した。ダイエーユニオン『平成24年度第4回中央執行委員会中執セミナー資料』2012年。

(42) 例えば春日一幸からは，スーパー規制法を作れという小売商業団体からの陳情があるが民社党としては規制について考えない，中小企業の合理化と体質改善で競争できるよう指導したい，スーパーにも行き過ぎは自粛してほしい，スーパーの労組はすべて同盟に加

入して意見をまとめて党へ申し入れてほしい，などの意見が，中内㓛からは，「より良い品を安く。」をモットーに努力しているが消費者の支援さえあればと摩擦を生じたのは反省している，労組の運動には反対しないし経営者として誠意をもって接して労使官界の近代化を図る，などの意見が，増原操からは，産業間の摩擦のしわ寄せは受けたくない，労組の上部団体を嫌う経営者がいるが心配ない，経営者とも産業レベルの話し合いを持ちたいので協議のチャンスを与えて欲しい，などの意見が出された。ダイエーユニオン『平成24年度第4回中央執行委員会中執セミナー資料』2012年。

(43) 当時のチェーンストア労組幹部たちは，営業時間と労働者個人の労働時間を別個に解決する必要があると指摘している。「チェーンストアの労組は何を考えているのか」『販売革新』1968年1月号，pp.93-94。

(44) 一時金についていえば，1970年代のゼンセン同盟流通部会は，年間5か月に届かない中小労組の加盟が相次いだため，5か月以上の要求を基本姿勢として，先進的な加盟労組の月数を交渉材料に使う戦術で一時金へ取り組んだ。

(45) また他のチェーンストア企業と同様に，企業の成長に人材育成が追いつかず，いわゆる生え抜きの幹部社員は少ない。例えば，兼松と合併する直前に紅商で労組委員長を務めていた内山昭七郎と，打越祐，深坂晨は，トリオを組んでいた紅商からダイエーへ転職した。また，1969年時点の中内㓛を除く主要な部長級幹部18人のうち，中途入社組は15人を占めるなど続々と転職してきたことがわかる。吉田時雄『スーパー・ダイエーの秘密　はたして流通界を制覇しうるか』日本実業出版社，1969年，pp.174-181。他方，中内㓛は学歴無用論者であり，中内㓛を諭す意見を出して怒りを買って退任となった国立大学出身の幹部が続出したとの分析がある。その中には前出の打越祐，深坂晨も含まれている。蒼田慧『元側近が書いた中内㓛の実像』日本実業出版社，1982年，p.16。

(46) 以下のリボン着用指令までの経過は，全ダイエー労働組合『第7年度一般活動報告書』1972年，p.38による。

(47) 兵庫県労働運動史編纂委員会『兵庫県労働運動史　昭和40年代　第2巻』2009年，p.464。

(48) 当時は組合側が営業上の影響を考慮して，ワッペン着用を控えることもあった。例えば，星電社労組の場合は，1972年度，1973年度と賃上げ交渉の決裂でワッペン闘争に入ったものの，対面販売に配慮して長時間ワッペンを着用することはなく，妥結すれば早めに外していた。兵庫県労働運動史編纂委員会『兵庫県労働運動史　昭和40年代　第2巻』2009年，p.468。

(49) 当時のダイエー労組の法規部長は，会社側にリボン着用に対する不慣れと戸惑いがあったため，職場では必要以上の反目を招いたと回想している。全ダイエー労働組合『20周年記念誌　わたし・創造』1986年，p.29。

(50) 地労委へ提出した「不当労働行為救済申立書」によると，その他にも，通常は週1回に開催される全体朝礼を連日開催し人事課長らを列席させリボンを外すよう威圧した，男性組合員へはリボン着用者の肩を抱いてリボンを外すよう繰り返し要請した，女性組合員へは耳のそばで何度も外すまで説得すると繰り返して外させた，リボン着用者をチェック

するように手帳に鉛筆で何かを記入した，帰省のための切符を会社が買ったり帰省バスをチャーターするという甘言でリボンを外させて実行しなかった，などの事態が明らかにされている。全ダイエー労働組合『第7年度一般活動報告書』1972年，pp.36-40。

(51) 地労委への申立では，「労働組合法」第7条3号違反と，労働委員会規則第32条に基づいて，具体的な事実が明記された当該職制氏名と会社名による謝罪文（180cm×180cm，使用文字は5cm以上，白無地用紙に黒マジックまたは墨にて書くこと）を全ダイエー労組全支部の掲示版に2週間以上掲示することを救済内容として請求した。なお，この事件の地労委の参与委員の1人は，優れた組織化担当者（オルグ）として知られ，当時は大阪府支部に在籍し，後にゼンセン同盟書記長に昇任した後，さらに全民労協（全日本民間労働組合協議会）の事務局長に就任する山田精吾であった。全ダイエー労働組合『第7年度一般活動報告書』1972年，pp.36-40。

(52) 労組側の尋問は，1972年4月22日（第1回調査），5月16日（第1回尋問），6月8日（第2回尋問），6月29日（第3回尋問），7月18日（第4回尋問），7月31日（第5回尋問），8月21日（第6回尋問）に実施され，うち前半4回は，書記長網代真也が，後半は組織局長，支部長，中央執行委員などが対応している。全ダイエー労働組合『第7年度一般活動報告書』1972年，p.34。

(53) この動きは表面化することはなかったため不明な点が多い。ただし，ある労組役員経験者は，1970年〜1975年の左翼的運動との骨身を削る対決があったことを回想している。また第3代委員長勝木健司は，組織内部での路線論争があったと記している。全ダイエー労働組合『20周年記念誌　わたし・創造』1986年，p.1，p.14。既述のように，ほぼ同時期には長崎屋労組で学生運動経験者が役員ポストを狙って立候補したり，総評系労組と連携して少数派労組が結成されている点，また，全ジャスコ労組結成の直前に先鋭的なジャスコ労組が結成され，総評全国一般の指導を受けて全ジャスコ労組を苦しめた点などを勘案すれば，全ダイエー労組にも同種の左傾化対策に追われた事実があるとみた方が妥当であろう。

(54) 以下の1974年度春闘に関する経過は，全ダイエー労組『第9年度一般活動報告書』1974年，p.91による。

(55) 以下の36協定改定交渉に関する経過は，全ダイエー労組『第9年度一般活動報告書』1974年，pp.19-26による。

(56) 全ダイエー労組『第9年度一般活動報告書』1974年，p.91，兵庫県労働運動史編纂委員会『兵庫県労働運動史　昭和40年代　第2巻』2009年，p.464。

(57) 全ダイエー労組『第9年度一般活動報告書』1974年，p.91。

(58) 以下の第1回〜第7回の団体交渉の経過は，全ダイエー労組『第9年度一般活動報告書』1974年，pp.27-29による。

(59) 投票の結果，69.9％でスト権が確立した。集会には支部三役と組合員の約1,000人が参加した。デモ行進のコースは大阪市の扇町公園からダイエー中津本部前であり，到着後本部前抗議集会を開催した。全ダイエー労組『第9年度一般活動報告書』1974年，p.92。

(60) 全ダイエー労組『第9年度一般活動報告書』1974年，p.29，兵庫県労働運動史編纂委

第 6 章　全ダイエー労働組合

員会『兵庫県労働運動史　昭和40年代　第 2 巻』2009年，p.464。
(61)　全ダイエー労組『第 9 年度一般活動報告書』1974年，p.92。
(62)　全ダイエー労組『第 9 年度一般活動報告書』1974年，p.92。
(63)　以下の中労委あっせん案の受諾から時間外勤務協定締結までの経過は，全ダイエー労組『第 9 年度一般活動報告書』1974年，pp.29-31による。
(64)　中労委のあっせん案は，要求と回答の中間をとったため，史上最高の39.7％の賃上げ率で，150億円の人件費アップとなった。これは当時のダイエーの年間利益51億円から考えると非常に高額である。なお，ストライキを決行した時期の直前には，労組と交渉を続けていた労務担当重役が労使合意の拒否権をもつ中内㓛と労組の間で苦しみ，実際に衝突があって辞職した事件があり，労組が不信感を高めて攻勢に出たとの分析がある。針木康雄『経営の神髄第 5 巻　怒濤の新関西商法　中内㓛』講談社，1986年，pp.43-46。
(65)　ダイエー労組幹部役員経験者は，この協定化当時は労働協約の逐次改善が主力活動の 1 つであり，「協約闘争」と呼んでいたと回想している。全ダイエー労働組合『30年周年記念誌　はぐるまの導術』1994年，p.64。
(66)　全ダイエー労働組合『30年周年記念誌　はぐるまの導術』1994年，pp.10-11。
　なお，他のチェーンストア労組と協調して全国各地で同時に開催されたチェーンストア出店規制強化反対集会の大阪中央集会（剣先公園）には7,000人が集まり，このうち全ダイエー労組の組合員は4,000人であった。集会の動員を担った全ダイエー労組役員経験者は，当時強まった出店反対運動の背景には共産党勢力の伸長があり，非常な危機感を持っていたと回想している。全ダイエー労働組合『20周年記念誌　わたし・創造』，1986年，p.34。
(67)　ダイエー労組の結成時には，中内㓛のいわゆる「ゼンセンアレルギー」があったことが記録されている。すなわち，近江絹糸の大争議で経営者と徹底的に対決する際に示されたゼンセンの組織能力を忌避すると同時に，チェーンストア労組がメーカー労組の配下になる構図を嫌った。兵庫県労働運動史編纂委員会『兵庫県労働運動史　昭和40年代　第 2 巻』2009年，p.463。
(68)　UIゼンセン同盟当時の会長落合清四は，ダイエーユニオン結成50周年記念の対談で，流通部会創設時に設定された商業労連超えの組織拡大目標について明らかにしている。ダイエーユニオン『ダイエーユニオン50年史　1962～2012　感謝と継承』2012年，p.76。
(69)　例えば，全ダイエー労組第 6 代目委員長の藤吉大輔は，一夜明けたら 5 店舗が出店して2,000人もの組合員が入ってきた話を紹介し，当時の組織拡大を肥大化と表現している。ダイエーユニオン『ダイエーユニオン50年史　1962～2012　感謝と継承』2012年，p.77。
(70)　全ダイエー労組第 3 代委員長勝木健司は，1968年～1969年に全繊同盟組織部長佐藤文男と会っていたと回想している。勝木健司「流通部会発展の礎を築き大きく育てられた」，佐藤文男『生涯一オルグ　仲間とともに歩んだ日々の回想』1985年，所収。また，全ダイエー労組書記長であった網代真也と第 4 代委員長であった足立明は，後に佐藤文男からの熱心なゼンセン移籍に関する意見や説得に対して謝意を表明している。またダイエーの人事部長経験者で後に副社長となった戸田隆がゼンセン移籍に好意的に協力したという。専門店ユニオン連合会結成10周年記念企画実行委員会『「SSUAを育んだ」アドバイザー佐

315

第Ⅱ部　「ゼンセン」のチェーンストア組織化

　　　藤文男さん　交友一言録』1993年，pp.14-15，p.69。一方，地労委の労働側委員としてリボン戦術に関する不当労働行為事件を手がけた山田精吾は，全ダイエー労組の役員を知り，何としても流通部会の中心組合として迎えたい気持ちに燃えたと告白している。ゼンセン関西会館近くの焼肉屋の煙もうもうとした部屋で，全ダイエー労組幹部と会い，書記長網代真也とつかみ合いの激論を交わしたことで一段と親交が深まったという。全ダイエー労働組合『20周年記念誌　わたし・創造』1986年，p.9。佐藤文男も山田精吾も自身が優れたオルグというだけでなく，多数の精鋭の部下を持っていたため，関東と関西の双方からダイエー労使の各所へ大規模な組織化を仕掛けていたと推測される。つまり，ゼンセン同盟の総力をあげた移籍加盟であったといえる。

(71)　一般同盟『1978年度活動報告書』1979年，p.45。

(72)　全ダイエー労組委員長勝木健司は，ゼンセン同盟加盟の提案に際し，「ゼンセン加盟は待ったなし。厳しい決断を必要とする。今日の流通産業政策，福祉，組織などの総合政策を維持，発展させる機能，人材，力を持っている組織はゼンセン同盟をおいて他にない。」と述べた。また，ゼンセン同盟加盟後に「ゼンセンの一員として民主的労働運動の推進力となるようがんばりたい。」との談話を発表した。『ゼンセン新聞』1977年9月29日付。

(73)　一般同盟『1978年度活動報告書』1979年，pp.45-46。

(74)　この一般同盟の判断の背景にはゼンセン同盟の働きかけがある。一般同盟との調整に入ったゼンセン同盟組織部長佐藤文男は，一般同盟書記長佐藤伝らに接触し，チェーンストア結集を図り，同盟運動の拡大という大道ができる点を強調して，全ダイエー労組のゼンセン移籍を請願した。一般同盟は，当初は理解しがたい問題として拒否したが，やがて移籍に関する対策委員会を設置した後にゼンセン同盟と一般同盟双方の幹部役員6人で対策にあたり，問題解決の見通しができたところでゼンセン同盟移籍に同意した。佐藤文男「わたしのオルグ日記　チェーンストア16万組織へ発展　大きな核ダイエー労組の加盟」『どうめい』3月号，1985年，pp.18-19。

(75)　勝木健司は，1986年にゼンセン同盟初の流通部会出身の組織内議員として民社党から参議院議員選挙に出馬して当選を果たし，1992年民社党参議院議員として2期目当選，1996年民主党参議院議員として3期目当選し，3期18年にわたり活躍した。

第7章 流通産別の実現
－UA ゼンセン結成への道程

1 はじめに

　2016年9月時点で約2,500労組，組合員数約164万2,000人が加盟する日本最大の複合産別組合であるUAゼンセンを3部門別にみると，製造部門の組合員数は全体の2割未満，総合サービス部門は3割弱であるのに対して，流通部門は6割に迫っており，UAゼンセンの最大勢力はチェーンストア労働者を中心とする流通労働者である。しかも，ファミリーレストランや各種サービスにはチェーンオペレーションを採用する企業の労働者が多い。すなわち，流通部門の外にも，同じゼンセンの内部に数多くのチェーン関係労働者が所属している。

　このように，流通部会は，繊維産業の産別組合の中の小規模な新生部会という位置づけから，流通産業の産別組合プラス他産業の労組という見方が可能なほどに，現在の流通部門のゼンセン内部におけるプレゼンスが大きくなった。

　これらを勘案すると，見方を変えれば，かつて一般同盟，全国チェーン労協，チェーン労協，DILA，商業労連，全繊同盟，同盟流通などが各段階で各様に進めた末に頓挫していた流通産別構想は，複合産別化したUAゼンセンへすべて結集することで形式上は実現されたと考えられる。

　だが，全繊同盟から不変のままで，いわば事実上の流通産別組合を実現したとは考えられない。一例をあげれば，他の産別組合との合同によって，本来はゼンセンに加盟しないはずのチェーンストア労組が加盟している事実に関して多くの論点があろう。事実上の流通産別組合の出現と引き換えに，全繊同盟以来のゼンセン本体が従来経験していないほどに大きく変容している可能性が高い。

本章では，UA ゼンセンに至るまでの1980年代以降の流通部会の活動と組織拡大の推移，それに伴う部会の再編，さらには他の産別組合との合同について検討する。1970年代までを対象としたこれまでの議論との接続を図るのは，とりもなおさず，Ｚモデルの成型のための材料を探索するためである。

2　1980年代以降の流通部会の活動

(1)　組織の拡大と賃金および一時金の交渉実績

まず，組織拡大の過程を跡づけてみよう。全繊同盟流通部会結成の前年1969年には，長崎屋労組，ハトヤ労組，全ジャスコ労組，ニチイ労組が結成され全繊同盟に加盟し，1970年には，既存の赤札堂労組が加盟し，イトーヨーカドー労組が結成加盟した。

1970年にこれら5労組，約1万2,000人で結成された流通部会は，1975年には83労組，約5万6,000人の組織規模となった。流通部会結成直後は尾張屋労組，切荘労組など小売労組が結成加盟したが，同時に大阪府支部（支部長山田精吾）による強力な組織化が開始され，新興産業労組，内外衣料労組など，大阪地区の繊維商社の労組の組織化が加わった。

この大阪府支部の活動は，「繊維の川上から川下まで」のスローガンに忠実であるだけでなく，ゼンセンの都道府県支部の組織化能力の高さを証明している。また，全国各地の繊維商社集積地に大量の組織化対象候補を見出すこととなった。その結果，流通部会は強大なエネルギーにより急拡大し始めた。

もともとチェーンストア労働者や繊維商社労働者などは組織化対象ではなく，流通部会は存在しなかった。また，流通部会加盟労組の組織化は，いわゆる子会社やグループ企業を既定のごとく円滑に組織化するのではない。独立企業で働く労組とは無縁であった労働者を組織化する苦難の組織拡大であるにも関わらず，着実に加盟労組数を伸ばした。具体的には1980年に188労組約11万人，1984年に244労組約15万人に到達し，1990年には362労組22万1,100人へ拡大した。高度な組織化能力を保有しない産別組合が悲劇的な組織縮小を余儀なくされている日本において，ゼンセンの組織拡大は奇跡の業といっても過言ではな

い。

　図表７－１は，結成以来1990年代までに流通部会に加盟した労組名を順に記載したものである。ただし，既存組合の加入や移籍，その後の労組解散や統合が発生した場合も含むため，厳密には現勢とは異なる。また業界の成長や成熟とともに，本体だけでなく子会社やグループ会社の労働者の組織化が混合するようになった。とはいえ，流通部会の強烈な組織拡大が大づかみに視覚で理解できるはずである。

　また，図表７－２は，1980年代と1990年代の流通部会の組合員数を示している。1991年に約24万8,000人から約23万人，1995年に約26万5,000人から約20万3,000人というように，1990年代には部会の再編によって既存労組および新規加盟労組の他部会への所属変更があり，形式上の抑制がみられるものの，全体の拡大基調は変わらない。流通部会の組合員数は2000年時点で約24万6,000人と，ゼンセン同盟全体の４割を占めるまでになった。

　次に労使交渉実績に移ろう。図表７－３は，1980年代～1990年代の流通部会加盟労組の賃金交渉の妥結結果を示したものである。1980年代前半の日本経済は第２次石油危機による影響が残り停滞が続いていたが，チェーンストア業界はおおむね堅調であった。1980年代後半になるといったん景気が回復し始めたが，円高不況に転じて深刻化した。だがチェーンストア業界は，企業間格差が拡大したものの，増収増益が続き全般に好調であった。各業種で構成される流通部会の加盟労組平均でみた賃上げの妥結水準は，1981年度の８％台，1982年度の７％台から５％台以下へ低下した。なお，同時期の商社を含む日本全体の商業平均を若干下回るが，上位企業のサンプル労組の妥結は商業平均と遜色なく，それを上回る実績もみられる。

　1990年代に入ると，チェーンストア業界は当初こそ高い実質経済成長率に支えられて順調であったが，バブル経済崩壊後の個人消費低迷を受けて競争が激化し，大幅減益に陥った。1990年代後半になると，リストラを伴う苦しい会社維持策を続けながらも，景気は低迷したままであった。この時期の流通部会加盟労組の妥結率は低下を続けた。具体的には，1990年度から再び６％台に戻るものの1993年度からは４％台，３％台と低下し，1995年度以降2000年度まで２％台の低水準で定着した。

第Ⅱ部 「ゼンセン」のチェーンストア組織化

● 図表 7－1　結成後～1990年代の流通部会加盟労組の推移

1999年	ダスキン	壽グループ	東海ビジネスマシン	マイカル尚友	チボリ・フレンドシップ・ソサエティ	日本葬祭サービス従業員組合	ハイマート	マイカル高萩	ジェイエス	中国寿屋	ひまわり	ヘルシーライフサービス	たち吉	マルキョウ	三陸ジョイス	あたりや商事	しみず大胡	たいらや北関東	花正
1998年	ダイナム	サンドラッグ	大地会館	アイ・エフ	東京サービスリサーチ	湯本とみ il	トラウム	赤城興産	杉本石油店	小川ミート	アルテグループ	ポロッカ京都保生会							
1997年	マイカルポロッカ	滑川ショッピングセンター	ジェスマック	生活文化研究所	マイカルAZ		旭ジャスコ	新日本ウエックス	スナガ	サンヨー航空サービス	渡島満海	テクノポート	イオンクレジットサービス	マツヤ	中京ライナ	朝日	くすのきグループ	プリマート	
1996年	ミニストップ		岐阜ファミリーデパー	サンピック鹿児島	大釧ビル	岡広資源リサイクルセンター	さえき	マルミヤストア大分	マルミヤストア宮崎	マルミヤストア宮崎北	もやか	気仙沼商会	イースタンリゾートキャス	ユニーチェーン	マルイ	まるまん	静岡ステーションホテ	FS	北部八送
1995年	サニーマート	パラダイスヒルズ	全信州ジャスコ繁友	フランスベッド	ジョイス	ウエルシア	ジャスベル	飯田百貨店	大阪トランスポート	ニューマン	海洋商船	ダスキン城北	オリバー	広電ストア	福岡マルトミ	ナグス	中京医薬品	ホークスタウン	
1994年	セシール	HIH ヒロセ	グルメマート	マイカルステムズ	たじま	道路施設サービス	ベクトル	北海道スーパーマーケットダイエ	マルタカ	島忠	クリーンアップル	マルショー	Jマート	トミダヤ	逸州開発	サンワ	ドリームランド	松江ニチイ	マルイ岐良
1993年	ニトリ	ヤマニ三春屋	協働シューズ	写楽堂	アオキグループ	マルダイ	三島ショッパーズプラザ	津田屋	サン・ライフグループソサエティ	バローグループ	イシバシパート	ダイチダいわ	シゼンヌ	三井ジョーシン	北陸コーラ	岩田硝子	キタムラメディカル	親和観光	エムズステム
1992年	ヤマダ電機	長崎屋ホームセンター	ヤナゲン	サン急配	フジヤ	スポージアム	ユニリビング	フジトラベル	メディコ21	フジトーツ	協創社	コージツ	すわひ	ダイム	エーコープさせぼ	アルビス会	エルライン	マルイ	よこさわ
1991年	関西電波	デンコードーまごころ	アップル	清水屋	米子センター	サン広告社	すみや	主婦の店赤穂店	嘉穂無線	ホーマグリー	静岡パークス	ホームワイド	タケヤ	オークワ	レインボー	愛嬉ういん	フタタ	アソシエイション	メンパーミッション
1989年	ヤマザワ	サンバードツアー	白鳥屋	バブルス	広島ガス東部販売	ヤオインググループ	三重平安覧	スーパーカップ	皆見の屋興	アレフ	長崎魚市業員組合	富建	藤シエ	ベスト電器	マルヤコ社員組合	宝船	丸丸中部青果	エピスタ	
1988年	プリマ民主労組	北海道エオンインタナショナル	洋服はコン	九州城プラザ	木津屋本店	新東京空港ユニオン	西海橋遊園事業	全いとく	マルフル	ジェーソン	テスコ	フランスベッド職員	サイドウォーク	都心運送	駒井興行	クラウン	菱山	マミー	
1987年	トリイ	ちとせデパート	デリカハウス	ビブレユニオン	ニチイクレジットサービス	サンホーユ	オオクボ	北陸スーパー本部合同	山下家具店	オリンピック	全東梶協議会	大秦野カントリークラブ							
1986年	オリエンタル・フレンドシップ・ソサエティ	オートバックス	ジョナス	シゾオカ	コープミート	ワールドフーズ	おあしす	かねもと東北	愛敬	長野県合同青果	東友	日向	スエヒロレストランシステムズ	ナショナルメンテナンス	サウザンパートナー・カンファレンス	菅我の屋	宝商事労組連合会	サンエー	丸久
1985年	テンアライ	一閃ショッピングデパ	ナルセサ字屋	四日市乳業従業員組合	岩崎商事	フジマート	スパー	いばらき	相模湖ピクニックラン	サンブック	東京職版販売	三共二土社会社	ダイエーファイナンス	青山ショッピングセンター	三武情報ビジネス	大分県食品流通センタ	アマイ	ツルヤ	鐘崎
1984年	全ユニード	隅倉	ココロ岡社員会	三松	木瀬産業	四日市ファミトーセンター	ヨシナガ	オールコック	新星堂社員共同組合	全えじま屋	しみす	カナエ	いちい	ツルカメコーポレーション	三条福屋	浜田ファミリーデパー	サンアイ	ジョイント	HP
1983年	チヨダ靴店社員組合	やまと社員協議会	銀座山形屋	鈴屋ベルフレンド	バシフィックブックスポート	伊勢平安電	ブラザー販売	チボリ	フレンドリ	ピープル	九州ダイエ	オールジャパン	イベントリーサービス	マックロー			東浜製茶		
1982年	石果ホーマ	オカハシ	玉城	ダイコク	ニューライ	魚六	マルショウ社員組合	ナルス	メイク	川口屋スーパーチェーン	セキハラ	キミサワ	ユアーズ	グランドデューク	メルシー	桜デパート	東天紅	コルドバ	こたゝ
1981年	マツモトキヨシ	富士スーパー	三典	丸三	水保ファミリーデパー	たまや	イージオーダー・花要	湊矢	メンズショップサム	山の手ストアー	千葉薬品G	オスカー	主婦の店ムネカネ	ミエ・オークワ	コックトレ	島田商事	ゆすり	丸吉店	
1980年	全電電社	ヤオマサ	気仙沼スーパー	サンドール北海道	北海道ダイエー	サンコー	サカエ	ロペルト	せいなん	朝日海外旅行	サト	ニッショーストア	ニプロ	オールキャピン	ほていや	全二コニコ堂	オールコム	新ストア	山口
1979年	原信	日乃出屋	南風丘	大矢産業	全八百久	マスダ	鈴丹	上新配達	越前屋	清原	やよい	松山やよい	さとう	札幌フードセンター	デニーズジャパン	ヨークフードサービス	ダイクマ	ことぶきベーカリー	福田店
1978年	平和堂	岐阜青果	泉	岐阜中央青果	イワテリビンドバンド	ダイヤ毛糸	だいわ	アオヤマ	刻印警備	全丸大	岡田製品	日登美	TSO	酒井	神戸医師協同組合	グルッペ	いづも屋百貨店	ヒカリ	シミ
1977年	上新電機	霜田	大阪タオル商労	全かねもり	ヤマニシ	新日本輸物	トウア	全丸久高岡	橘ジャスコ	ヤオハン	茶屋	木屋	三宅産業	中西	ラビーヌ	千坂	千恵堂	すかいらー	全タ
1976年	ヨークベニマル	全サンシ	コイケ商事	全ダイヨー	カスミ	ユーギチ	ベルショックキムラタン	山脇印刷	タマコシ	サンマルコ	はせがわ	オックスフォード広島や	丸松	パリス	ライカ	赤川英	東洋坊メンズファブリック	霜田店	
1975年	玉屋	紅屋商事	アイ	仁洋	東北ジャスコ	十小小田	今出大丸	磯穂産業	オールスタイル										
1974年	フジチェーン	加十吉	今治デパート	山形ウエルマート	正直堂	カワモト社	三栄商事	十和	ニチイジャスコ	ヤマトシャ	ヴァンジャケット	ワールド	サンエー	鶴岡	大阪婦人子供服ベビー				
1973年	マルエツ	全イズミ	鈴屋BFクラブ	達兵	福岡ジャスコ	オギノ	コンフェクショナリー	柊屋	北陸ジャスコ	ジャスコセイデン	カダダイジャスコ	大分ジャスコ	せとうち高島屋	全カメイ	丸丸レイパ	ヒシヤ	かねもと東北	大三	
1972年	寿屋	魚力	東北ニチイ	三興	今村商事	丸もと	鶴岡	丸光	マスダ	東京ストア	山陽ジャスコ	丸越							
1971年	全エンドー	大洋デパート	帝人	村長	忠実屋	マルトミ	飯原	三和商事											
1970年	赤札堂	イトーヨーカ堂	尾張屋	辺丹	新興産業	内外衣料製	ヤヌヤ	全イトキン	小泉	ダイカ									
1969年	長崎屋	ハトヤ	全ジャスコ	ニチイ															

(注) 各年の流通部会加盟組合（1990年のみ欠落）を記載。GMS, SM, 専門店, 外食, ホテル, 総合サー

(出所) ゼンセン同盟『流通・サービス部会30周年記念誌』2001年より筆者が作成した。

第7章　流通産別の実現－UAゼンセン結成への道程

医療事ンター	ダスキン城北	広島ガス熊野販売	ハロー	サンビック熊本	日吉クリニック	宮之城クリニック	岩川クリニック	千年クリニック	中山クリニック	中種子クリニック	光徳苑	北海道ジャスコ	山陽マックスバリュー	野方クリニック					
塑コ連合	山交ダイエー																		
ウジ	ヒラキグループ	ジェーエムサービス	シュフレ	サンビック大分															
ャス	シティぴぼろ	オリックス・クレジット	ハックイシダ	アルペン	河合無線	丸果商事	キノシタ												
輸送	ウエルドリーム	大屋	サンビック北九州	イエローハット	三鈴	サンクスクラブ	すえひろ	サンビック佐賀	サンビック長崎	熊本城屋	ニチイ学館								
友会	ヒロヤ	マキヤ	御木本製菓	ハナテン	ショッパーズプラザコーチ	山口経済レポート	南海百貨店	ABC	アイビス	みよしや	岩手コクヨ								
品	新東京旅客サービス																		
	ナガイコトブキ	サンチェーン	マーガレットシューズ	榎室ファミリーデパート	まるふぢ	トラベルジョイ	旭松食品	上州屋ファミリー社員会	デンコードークーパー	キタムラグループ	ミドリ	高千穂	ライフフーズ	中村食品ジャパンフーズ	メルスユニオン	神戸風月堂	エフティ	仙台コカコーラボトリング	鶴丸百貨店
夢	ニュースター社員会	ベルモード	キラヤ	アライド信州	ロビンソン百貨店	ブランタン銀座	エヌアイエー	ダイエードラッグ	キユーピット	きのはな	彩季	サワムラヤ							
の田	オールダイオーズ	戸塚ストア社員会	かごしま平安閣	丸岩食鳥	スーパーアルプス														
ダイ社	広告センター	ヤエスブラザー	ニチイフーズ	エルメ	フランスベッド	島忠	スミノ												
こ	羽後ショッピング	マルシン	山陰ジャスコ	沖縄タイヨー	安芸ニチイ	上モシルクプラザ	第一家電	サンドール	商起産業	コスモス文庫	ニッショー滋賀	新和	ニプロ医工	ヨークマツザカヤ	浜勝G	セイカ食品	むらかみ食品	マーキュストア	室蘭ファミリーデパート
	九州サンマート	長谷川仏具工具	稲毛屋	ナニワ商会	北峰百貨店	スパーク	東峰産業	サンメルト	ナコス	カンセキ	ドイト	桐屋	クロスタニン九州販売	ビューティージャパン	かがみや	京滋ミサワホーム	国際警備保障現送部門	カメヤマローソク	中央精機工業	ダイエーレジャーランド
グー	博商	中津ショッピングセンター	エドヤファミリーデパート	マルグン	木村食品	ハローフーツ	ろぴんふっど	ジャパンメンテナンス北海道	マルシメ	ダイエーサカエミート	よしや	ヨークマート	スズヤ	ニュー黒田屋	キャップロール岩手	ケーヨー	和光電気	ナフコチェーン		
	アメリカンスタイル	ラッキー	北海道ニチイ																
キュ	九州ニチイ	トーカマー	オールセイフー	エーコー	ウサギ屋	ユリヤ	とりせん	大丸百貨店	銀座洋装店富山店	オール松セー	藤三食品								
-	ヨシズヤ	三峰	みつわ呉服																
	ホワード	マル	フジライト	三陽商会															

業種で構成されている。

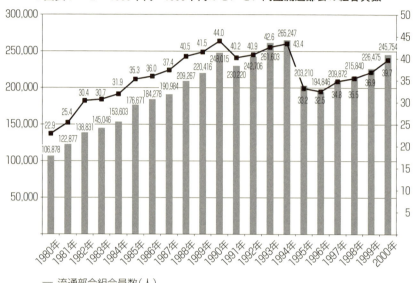

●図表7－2　1980年代～1990年代のゼンセン同盟流通部会の組合員数

- ■ 流通部会組合員数（人）
- ■ ゼンセン同盟組合員数に占める割合（％）

　また，**図表7－4**は，同じく1980年代～1990年代の流通部会加盟労組の一時金の妥結結果をまとめたものである。1980年代を通じて，流通部会は年間5か月要求を基準として，さらに業績に応じたプラスアルファを要求した。また赤字企業でも社会的責任を問い4か月以上を要求し，4か月台の一時金の獲得を続け，サンプル労組では5か月突破もみられた。

　1990年代になると，実態を踏まえて5.2か月基準プラスアルファの要求に切り替え，金額重視のため21歳，30歳，35歳の年齢ポイント金額を明示した交渉を続けた。その結果，概ね4.5か月以上を獲得していたが，1999年度からは社会水準の生計費獲得の観点から5か月以上の要求に変え，一時金の妥結は4.5か月を割ることとなった。

　以上，組織拡大の推移と，賃金と一時金交渉の成果をみる限り，チェーンストア業界の労使関係を形成したゼンセン同盟流通部会は，1980年代以降は業界最大の産別組合として着実にチェーンストア労組の活動を主導した。

●図表7－3　1980年代～1990年代の流通部会加盟労組の賃上げの妥結結果

年度	流通部会平均妥結		サンプル労組平均妥結		商業平均妥結	
	賃上げ額(円)	賃上げ率(%)	賃上げ額(円)	賃上げ率(%)	賃上げ額(円)	賃上げ率(%)
1981	11,757	8.50	12,482	8.67	16,950	9.09
1982	10,926	7.59	12,027	7.73	16,362	8.09
1983	7,433	5.13	8,584	5.24	10,209	4.96
1984	7,438	5.04	8,643	5.09	10,506	4.86
1985	8,080	5.20	9,795	5.59	11,653	5.28
1986	8,008	4.97	9,669	5.32	12,251	5.39
1987	7,303	3.95	7,660	4.10	9,986	4.31
1988	9,241	4.92	9,618	5.08	11,987	5.14
1989	11,273	5.88	11,635	5.94	14,792	6.11
1990	13,376	6.68	13,532	6.69	16,684	6.87
1991	13,023	6.79				
1992	12,286	6.10				
1993	9,442	4.47				
1994	7,669	3.50				
1995	6,645	2.99				
1996	6,595	2.90				
1997	6,774	2.92				
1998	6,205	2.29				
1999	5,270	2.20				
2000	5,440	2.21				

(注)　流通部会平均は，1981年度～1990年度が卸売，小売，専門店，外食，ホテル，サービスの各業種，1991年度～1994年度が小売（総合スーパー，スーパー，専門店），総合サービス，1995年度～2000年度が小売（総合スーパー，スーパー），サービスの各業種を含む。1981年度～1990年度のサンプル労組は，ダイエー，イトーヨーカドー，ニチイ，ジャスコ，長崎屋，寿屋，忠実屋，マルエツ，イズミ，ヤオハン，フジチェーン，エンドー，いなげや，カスミ，鈴丹，上新電機，星電社，すかいらーくの18労組。

(出所)　ゼンセン同盟『流通部会20年史』1990年，ゼンセン同盟『流通・サービス部会30周年記念誌』2001年。

● 図表 7 − 4　1980年代〜1990年代の流通部会加盟労組の一時金の妥結結果

年度	流通部会平均妥結		サンプル労組平均妥結	
	年間一時金（円）	月数（月）	年間一時金（円）	月数（月）
1981	612,469	4.64	751,933	5.02
1982	不明	不明	776,133	4.96
1983	不明	4.35	809,175	4.90
1984	不明	4.51	825,600	4.89
1985	不明	4.51	859,294	4.91
1986	730,414	4.38	909,218	4.88
1987	748,145	4.50	929,648	5.03
1988	797,738	4.52	974,861	5.03
1989	834,545	4.62	976,762	4.86
1990	921,583	4.67		
1991		4.63		
1992		4.66		
1993		4.62		
1994		4.55		
1995		4.44		
1996		4.49		
1997		4.56		
1998		4.48		
1999		4.38		
2000		4.29		

（注）　流通部会平均に含まれる各業種の構成と1981年度〜1989年度のサンプル労組は図表 7 − 3 と同じ。

（出所）　ゼンセン同盟『流通部会20年史』1990年，ゼンセン同盟『流通・サービス部会30周年記念誌』2001年。

(2) 主要な活動事例

① 5労使集団的賃金交渉

次に1980年代～1990年代で特筆すべきゼンセン同盟流通部会の活動を取り上げよう。この時期の流通部会には，パートタイム労働者組織化対策，大型間接税および売上税反対活動，阪神淡路大震災救援活動など重要な活動が多いが，ここでは5社集団賃金交渉と正月営業問題に注目する。

繊維産業の産別組合として中央統一交渉の実現を目指しつつ集団交渉（集交）や連合交渉（連交），中央交渉などの経験を重ねていたゼンセンにおいて，流通部会は1970年の結成以来，いわゆる単社単組交渉（単交）で賃金交渉を続けてきた。

ゼンセンの交渉方式をごく簡潔に要約すると，集交とは双方の上部団体含め各交渉過程で参加労使が参集して行う交渉であるのに対して，連交とは双方の上部団体含め参加労使が必ずしも終始参集していないが，全ての交渉情報を共有して行う交渉である。なお，同一業種の中小労組では限定された地域や職種の範囲で一括して交渉を行う，集交の一種である中央交渉があり，主として地繊部会でみられた。ただし地繊部会加盟労組でも単交の方が多い。

ゼンセン同盟は1970年代後半以降，いわゆる横一線型の交渉を弱め，いわゆる「梯団方式」へ改め始めた。梯団方式とは，各部会加盟労組を，先行，中段，後発と解決目標時期を分散させた3グループで交渉に入り，解決予定日に労使が自主的に解決できない場合には順次ストライキに入るA，B，C，Dなど3～4の労組集団を設定する交渉方式である。要するに，スケジュール戦術であり，最大手労組が先行的な交渉で高い妥結を獲得し，追随する大手労組の交渉やさらに後の中小労組の交渉に波及させ，ストライキと労働委員会提訴を辞さない交渉で，いわば「ゼンセン相場」を作りだす。もちろん，流通部会もこの梯団方式による交渉であるが，集交や連交に踏み出すことなく，単交を継続した。

例えば，1976年度の統一賃金交渉を取り上げると，各部会の労組は，3月1日から12日にかけて分散して要求を提出し交渉を開始した[1]。綿紡部会，化繊部会，羊毛部会，麻・資材部会，生糸部会の大手労組は集交もしくは連交，

第Ⅱ部　「ゼンセン」のチェーンストア組織化

　地繊部会は一部集交だが多くは単交で臨んだが，大手のほとんどが4月6日〜14日の解決予定日を迎えても自主交渉が決裂していたため，直ちに労働委員会提訴に入った。

　このため，先行労組および中段労組は好調に妥結に進み始めて4月19日までに要求額をほぼ獲得し，A，Bグループはストを打たなかった。これに対して進展がみられない後段労組のうち，Cグループ114労組の約18万人がいっせいに第一波ストに入った。また，4月22日から再あっせんと交渉再開となったがまとまらず，化繊部会以外の労組が4月23日に第二波ストに突入し，同日ほぼ解決に至った。さらに残るDグループが23日に第一波ストライキを開始したところで解決に向かった。

　他方，単交で臨んだ流通部会は，4月19日までにほとんどの労組が自主的な解決に至った[2]。チェーンストア労組は，ゼンセン同盟の限定された意味での統一的な交渉の枠組みの中で早期に解決しており，この傾向は，1970年代後半以降も同様にみられる。

　ところが，1981年度の流通部会の賃金交渉では，第2次石油危機の影響が尾を引いて会社側が賃上げに慎重な姿勢を崩さないため，チェーンストア最大手5労組の賃金交渉が難航した。流通部会加盟労組は，賃上げ要求基準10％の方針に基づいて交渉を続けた結果，各労組の交渉は会社側が基準以下の回答を変えず決裂し，流通部会が設定した決着日である1981年4月10日を超えた。このため，流通部会の指令によって，5労組は速やかに投票に入ってストライキ権を確立し，ワッペン着用の争議態勢に入った[3]。だが，この事態の過程で会社側からの事態打開の呼びかけにより，4月11日に5社の労使が一堂に集まり，8.2％の各社統一回答を流通部会および各労組が協議して受け入れ，急転解決となった[4]。

　なお，この席上で，流通部会はこれ以降も集団的交渉を続行することを提案し，各社の経営者が賛同したため，最大手5社の労使が同じテーブルにつくことが確約された。実際に1982年度の賃金交渉では労使懇談会へ再び5労使が集まり，集団的交渉によって相場形成を図り，早期決着へと導いた。一方で，個別の労使が抱える課題が露呈して混乱が生じ，集団的交渉のルール作りや交渉内容の明確化が認識され始めた。しかし，各労使特有の問題を総合するのは困

難であり，紆余曲折を経て，早くも1983年度の賃金交渉を最後に５労使の集団的交渉は見送られ，1984年度以降は単交に戻ることとなった[5]。

すなわち，流通部会の統一的賃金交渉は，最大手の労使の集団的交渉にも至らない段階にとどまることが示された。見方を変えれば，急拡大していく流通部会は，ゼンセン同盟において統一的交渉の濃度を薄める主体になったといえる。またこれらの点から，加盟労組にとって，あるいは潜在的には組織化対象からも，ゼンセンが受容されうる水準の集権性への調整過程に入っていたと考えられる。

② 正月営業問題への取り組み

ゼンセン同盟流通部会は1970年代に営業時間短縮の取り組みに着手し，積極的に活動を続け，1977年には19：00閉店，27日以上の年間営業休日，正月三が日は休日といった３原則を基本とする方針を確認した。このうち，既述のように，正月営業問題はチェーンストアのみならず小売業全体の営業政策の趨勢に抗うことは困難で，一進一退であった。また，正月営業問題の突破口となりうるイトーヨーカドー労組の取り組みに対してゼンセン同盟の強力な介入があったが，限定的な労働条件の獲得にとどまって問題は好転せず，決定的な解決をみなかった。こうして正月営業の撤廃や休日増ではなく，正月手当の積み増しへ実質的な活動が移った正月営業問題は，流通部会のみならずゼンセン同盟本部も加わった交渉に突入し，1980年代に持ち越されることとなった。

ゼンセン同盟流通部会の正月営業問題への取り組みの基本は，第１に，営業開始日の繰り下げとされた。すなわち，東北を中心とした初商の慣行がある地域の店舗で定着している１月２日営業を３日以降とし，同様に１月３日営業を４日以降へ移行することを求めた。第２に，既に正月営業を行う店舗については正月勤務手当を要求した。

例えば，1981年度では，流通部会は正月営業問題を産業レベルの取り組みへ強化するために「初商対策委員会」を設置し加盟労組との討議を重ねて，現状凍結から改善への転換，地域調整に関する事前情報の交換，事前承認と再交渉指示などについての合意形成を図った[6]。

その結果，正月営業の解消と営業店舗の凍結が交錯しつつも，１月２日営業

については，既存店舗では微増，新規店舗では慣習地域で増加し，また1月3日営業店舗についても増加し，全体では現状凍結を防衛できなかった。他方で，初商に関連する労働条件は大きく改善できた。

これを受けて，流通部会は1982年度から改めて「正月営業対策委員会」を設置し，1月2日営業の完全廃止を目標とした活動に入った。だが，1980年代前半を通して，地域性ではなく売上重視で正月営業に踏み切る傾向が強まり，正月営業は全国へ広がった。また，各地でゼンセン同盟未加盟労組の会社側が正月営業を開始したことによる競合が発生し，1月3日営業が一般化して一時後退していた2日営業も再び増え始め，正月営業の進行を押さえ込めなかった。

1980年代後半に入ると，流通部会加盟労組間の完全な意見の一致が一層困難となり，1987年度の正月営業対策において，1月3日までは全国一律に一斉休日という対策から，地域特性に配慮する対策へと方向転換し，地方の消費者，行政を含めた流通政策に関する協議や合意形成などを開始した[7]。この結果，さらに正月営業の店舗が増加した。

図表7－5は，1980年代の流通部会加盟労組の正月営業店舗の割合を示している。年度区分ごとに調査対象が異なるので留意が必要だが，全体傾向をみると当初は一進一退であった正月営業が着実に進行し，流通部会の方針転換後の1988年度からは1月2日営業が増え，7，8割もの店舗が正月営業を行っていることがわかる。また，少数ながら1月1日営業店が出現し始めた。

さらに，1989年度には，1月1日営業店が増え始めた事態を迎えて，流通部会は労使の事前協議，成果配分，雇用拡大，労働条件の改善を前提として，正月営業問題に関する交渉を個別労使の自由裁量に委ねた。その結果，正月営業問題の軸足は，明らかに営業店舗の規制から，正月勤務手当等の労働条件の向上へ移り，1990年代前半に正月営業はさらに進行した[8]。例えば，1991年度の1月1日勤務手当が7,000円以上の労組は42.8％であったが，1994年度には56.1％に上昇し，流通部会要求基準であった1万円以上の労組も20％を超え，平均で1万219円となった。このため，流通部会は1月1日勤務手当の要求基準を1万5,000円に引き上げた[9]。

1990年代後半に入ると，店舗数や取引先やテナントへの影響も含めて問題が大きくなったことを痛感した流通部会は，再び事態の巻き返しをねらった。全

●図表7-5　1980年代の正月営業の店舗割合

(%)

	1月1日から営業	1月2日から営業	1月3日から営業	1月4日以降から営業
1980年度	0	21.6	40.7	37.7
1981年度	0	24.4	44.2	31.4
1982年度	0	23.7	51.1	25.2
1983年度	0	22.8	37.7	39.5
1984年度	0	25.6	36.2	38.2
1985年度	0	26.5	35.0	38.5
1986年度	0	29.3	34.2	36.5
1987年度	0	21.4	58.0	20.6
1988年度	0.3	40.3	29.0	30.3
1989年度	0.3	55.1	17.8	26.7

(注)　1980年度〜1982年度は主要18労組，1983年度〜1984年度は小売76労組，1985年度〜1986年度はスーパー・百貨店計70労組，1987年度は大手13労組，1988年度〜1989年度は部会計の調査結果。
(出所)　ゼンセン同盟『流通部会20年史』1990年。

体基調を変えるのは現実的ではないとしながらも，正月三が日は国民行事であり営業休日が望ましいとのキャンペーンを行いながら，画一的な営業休日が非現実的であることを踏まえ，地域や関連産業に配慮した労使協議を促した[10]。

例えば，1997年度の取り組みでは，地域の商業団体との調整を行う，関連産業へ出勤や納入を強制しない，テナント従業員や派遣店員に勤務を強制しない，会社の申し入れは前年9月まで，当該組合員の合意をとる，労働条件を確保するなどの場合は，ゼンセン同盟から了解をとるものとした。これらを実現するために，大手チェーン労使の懇談，日本チェーンストア協会などへの協力要請を行った[11]。

しかし，その後も正月営業は後退することなく進行し，2000年度の時点でゼンセン加盟の総合スーパーでは1月1日営業の店舗は70％であり，2日営業とあわせると92％に上り，正月営業時代を容認する結果となった[12]。

結局，1980年代と1990年代を通して，正月営業に関する限り，流通部会の労

組間の意見は統一されず，ゼンセンの大産別主義と内部統制に裏付けられた十分な成果は得られなかった。正月営業に関する労働条件を向上させ，しかも加盟労組間の労働条件を均衡させた点や，正月営業のあり方を国民運動へと社会問題化させた点などの成果を上げたものの，産別組合機能の発揮は限定的であったといえる。

3 部会の再編

(1) 再編の胎動

　1970年の流通部会結成後のゼンセン同盟は，1970年代後半に2つの部会を発足させた。すなわち，1976年9月，石川県金沢市開催の第32回定期大会の決定に基づき，1977年9月22日に静岡県伊東市で開催された結成中央委員会で生糸部会と地織部会の衣料関係労組を統合した衣料部会を発足させ，また1977年10月6日には，静岡県浜松市開催の結成中央委員会で羊毛部会と麻・資材部会を統合した羊毛・麻・資材部会を発足させた(13)。

　これらの部会再編は，既存部会の整理によるものであるが，当時の組織現勢に即応しつつゼンセン同盟の活動を効果的にする意図があった。さらに組織拡大の時期に入り，既存の部会編成に収まらない産業や業種の加盟労組の集団が形成されてくると，1980年代に積極的な部会再編に転じることとなった。

　1982年9月，大阪府大阪市開催の第38回定期大会の決定により，1983年2月開催の臨時中央委員会で衣料・卸商業部会（部会長射庭良治，書記長船野英男，184労組，組合員数約6万人）の結成が承認され，流通部会，衣料部会，地織部会に分散していた関係労組が集結した(14)。

(2) SSUAの結成

　1983年6月には東京都新宿区の日本青年館ホールにおいてゼンセン同盟の組織化により結成された専門店チェーン（キャビン（婦人服），鈴屋（婦人服），タカキュー（紳士服），チヨダ（靴），銀座山形屋（紳士服），やまと（呉服）の6労組，組合員数3,700人によってSSUA（Speciality Store Union Association, 専門店ユニオン連合会, 会長長嶋伸光, 事務局長大津寛司) が発足した[15]。SSUA の結成趣意書は図表 7 – 6 の通りである。

● 図表 7 – 6 　SSUA 結成趣意書 (1983年 6 月15日)

はじめに

　私達が働く専門店業界は今日の流通業のなかにあって, 生活文化向上に役立つ中心的業界であります。多様化する生活様式に合わせ, その改革, 発展の先頭に位置しております。一方, 専門店といっても業種, 業態, 企業規模の大, 中, 小, 経営理念のユニークさ等, 専門店ならではの特質をもっております。こうした専門店業界の労働運動をみますと, 企業内においての近代的労使関係の追及に遅れが目立ち, 組織化率も未だ十分とはいえない現状であります。まずは, 企業内に働く者の総意が反映される組織づくりが急務であり, また専門店業界にふさわしい理念を同じくする各組合が集まり, 組織的広がりをさせることが重要と考えます。このたびは, ゼンセン同盟の多大なご協力を得て専門店ユニオン連合会(通称SSUA)をスタートさせ, 専門店業界のあるべき組合運動を進めてまいりたいと考えております。主旨を理解され多くの組合が参加されますことを希望いたします。

なぜSSUAを結成するのか

　一般的に, 労働組合は働く者が主体となって自主的に勤務条件の改善に努めたり, 相互に助け合い, 協力し合い, 同時に人間として人格向上をはかることが目的であります。こうした組合の目的をより活発化させていくためには, 専門店業界に働く多くの人達の結集とパワーが必要であります。そうして各組合が自立し, さらに自立した組合が連帯し, 総合福祉の向上と環境づくりを行い, 専門店業界の発展と社会的地位向上に, 全力をあげなければなりません。

SSUAの活動

　私達は専門店の業種, 業態に合った労働組合運動を模索していかなければなりません。つまり一店舗単位は少人数であり, 全国にナショナルチェーン展開をしており, 社員の平均年齢も若い層で集約されております。こうした状況を十分に考慮し, 若い業界の, 若い組合員のもつ, 生気あふれる活動が求められるポイントと考えます。

　具体的には,
　専門店業界の産業政策, 労働政策の研究。
　一般的労働条件の調査 (主に流通業) と, 専門店業界特有の勤務条件の調査。
　専門店業界としての福利厚生対策 (企業間情報と業界単位対策)。

> 　組合間の情報交換の活発化。
> 　業種に見合った専門教育の実施。
> 等があげられます。専門店に働く社員の生活実感，職場実感からの期待に応える十分な役割を果たしてまいりたいと考えております。
>
> **SSUAと上部団体との関係について**
>
> 　私達がめざすこの連合組織には二つの役割があります。一つは専門店各労組が多く結集することにより，業界としての影響力を高め，総体のパワーを発揮していこうとする役割です。いま一つは各単組活動をより活発化させ組合員に支持される組合活動を実践していくことです。したがって各単組活動の充実を重視する見方を強くしております。各単組の自主性と主体性をなるべく多く組み入れ，SSUA本部としての主張を明確にさせていきます。

（出所）　佐藤文男『オルガナイザーファイル　組合組織化に生涯をかける　なぜ，SSUAなのか』ゼンセン同盟，2002年，pp.74-76。

　単独でゼンセン同盟へ加盟する労組がある一方で，SSUAは，あえて一定の自主性を持った専門店労組の連合体として，いわば労連機能を保持してゼンセン同盟との中間に入る形になる。これは大衆行動にせよ選挙にせよ，ゼンセン同盟からの指示や指導をSSUAが取りまとめて咀嚼することで，専門店労組が成長するまでの活動を効果的に進めることを目的とした形態である[16]。

　すなわち，SSUAの結成は，専門店チェーン特有の経営者の強力な個性に基づく自主的志向とその労組への影響に対して，ゼンセン同盟が冷静に理解を示し，変則的な労組活動を受け入れた象徴的な事例である。チェーンストア労働者の組織化に多様な手法を持ち込み難度の高い組織化を実現した事実は，ゼンセンの組織化能力の高さを改めて証明している。

　また，専門店チェーンは，そうした経営者のリーダーシップによって急成長し，SSUAの結成後も着実に労組数と組合員数を伸ばした。このため，専門店業界における組織拡大と労使交渉の充実の両面に関する有望性が高まった[17]。

(3) フード・サービス部会の結成

　1990年代に入り，ゼンセン同盟流通部会に関連する部会再編はさらに進められた。その先陣を切ったのは，「食」の分野を基軸として，流通部会，地方部会（旧地繊部会）のみならず衣料・卸売商業，綿紡，化繊の各部会に分散して

いた労組が集結したフード・サービス部会である。

1980年代の流通部会では，1980年に「外食・ホテル業種委員会」が発足した。その直前の時期には，1977年に結成され加盟したすかいらーく労組の後，1979年にデニーズ労組，ヨークフード労組などの結成加盟が相次ぎ，外食労組が増えて部会内の存在感が大きくなりつつあった[18]。また，1985年には外食業種の特性を踏まえた労働条件整備を進める目的から，「外食業種労使会議」を設置し，外食特有の課題を労使で話し合い共通認識を形成する段階に踏み出した。外食業種労使会議には，労使同数で構成された小委員会を設け，賃金や労働時間などが活発に協議された[19]。

こうした勢力の拡大を踏まえ，ゼンセン同盟は，1989年9月に広島県広島市の広島国際会議場で開催された第45回定期大会の後に，組織強化委員会が新しい部会づくりの検討を始め，「食品関係部会設置検討委員会」を設置した[20]。1990年中に，外食，ケータリング，ホテル，食品製造，食品卸などの業種の労組の組合員数が約3万人に到達するとの見通しがあり，今後の組織化対象としての有望性も高いため，部会の設置を急ぐことになった[21]。また1989年12月には，ゼンセン同盟は国際食品関連産業労働組合連合会（IUF）へ加盟した。1990年6月および7月には，「フード・サービス部会結成準備委員会」（委員長高木剛）が開催され，フード・サービス部会の結成が決定された。

1990年9月，兵庫県神戸市の神戸文化ホールで開催された第46回定期大会におけるフード・サービス部会の設置決定を経て，1990年11月4日に東京都荒川区のホテルラングウッドで開催された結成中央委員会で，フード・サービス部会（部会長網代真也，書記長大出日出生，79労組，組合員数3万2,377人）が誕生した[22]。流通部会の結成以来，小売商業の枠を超えた大規模な組織拡大と部会設置を実現させたことは，ゼンセン同盟が本格的な複合産別組合への移行を開始したと解釈できる[23]。

(4) 流通・サービス部会への移行と専門店部会の誕生

ゼンセン同盟は，従来より組織の再編に関する検討を継続してきたが，1994年9月，岐阜県岐阜市の岐阜市民会館で開催された第50回定期大会で組織改革を決定した。本部機構，都道府県支部のみならず，部会の再編に踏み出したこ

の改革では，流通部会も大きく改編された[24]。

　1994年9月20日，愛媛県松山市のホテル奥道後で開催された流通部会第26回定期中央委員会において，「部会再編に伴う決議」が採択された。これに基づいて2つの新部会が誕生した[25]。すなわち，流通部会は「流通・サービス部会」へ移行し，ホテルやレジャーなどサービス業種の労組が新たに加入した。また同時に，流通部会に加入していた専門店労組を中心に「専門店部会」が結成された。

　流通・サービス部会（部会長伊来一雄，書記長村越直嗣，258労組，組合員数19万7,930人）は，1994年9月21日に定期中央委員会を既述の流通部会定期中央委員会と同会場で開催し，部会規約と規定，部会役員，運動方針と予算などを決定した[26]。また，専門店部会（部会長山崎岩雄，書記長我生精二，84労組，組合員数6万8,129人）は，1994年9月21日，愛媛県松山市の道後プリンスホテルで開催した専門店部会結成中央大会で部会結成宣言を行い，規約と規定，部会役員，運動方針と予算などを決定した[27]。

　一方，1994年の時点で34労組，組合員数約3万5,000人に拡大していたSSUAについては，外食業種を除く加盟労組が専門店部会の所属となった[28]。こうしてゼンセン運動を担いうる労組として成長が待たれていたSSUA加盟労組も一体となって，専門店部会が流通部会からの独立を果たすこととなった[29]。以上のように，流通に関する部会が分岐され整備される一方で，ますますゼンセン同盟ではいわゆる「脱繊維」が進行した。

4　他の産別組合との合同

(1)　UIゼンセン同盟の結成

　新規の労組結成による組織化を続行するゼンセン同盟は，一方では一層の組織拡大のために他の産別組合との合同へ踏み込んでいった。まず，1997年からCSG連合（日本化学・サービス・一般労働組合連合）と親密な交流を開始し，1999年には両産別組合の三役懇談会を開催して，「組織統合へ向けての基本的な考え」をまとめた[30]。これを受けて両者は2000年9月の定期大会で，ゼン

セン同盟とCSG連合を基軸とする産別統合を進めることを決定し,「組織統合準備委員会」を設置した。また,1996年に全国蚕糸労連から名称変更した繊維生活労連もこの統合へ合流することを決定した。

組織統合準備委員会では,新組織の組織範囲,本部機構,地方組織機構,部会機構の編成と運営,争議体制,財政,運動目標などを検討して2001年9月の両産別組合の定期大会へ上程し,機関決定した。その結果,組織統合準備委員会を解散して「統合委員会」を設置し,具体的な討議を始めた。

2002年9月19日,東京都新宿区の東京厚生年金会館でUIゼンセン同盟(全国繊維化学食品流通サービス一般労働組合同盟,会長高木剛,書記長落合清四,1,989労組,組合員数78万3,876人)が結成された[31]。また,それぞれの産別組合に加盟していた労組が所属する部会についても改編された。具体的には繊維関連部会,化学部会,流通部会,フード・サービス部会,生活・総合産業部会,地方部会の6部会制となり,2002年9月19日～20日に全6部会の結成中央委員会を開催した[32]。この部会改編で,ゼンセン同盟流通・サービス部会はUIゼンセン同盟流通部会へ移行し,同専門店部会は,8年間の活動期間を終えて再び流通部会へ合流した。

なお,ニチイ労組出身で,流通部会書記長等を経て1997年からゼンセン同盟書記長に就任していた落合清四がUIゼンセン同盟初代書記長となった。また,2004年9月に東京都新宿区の東京厚生年金会館で開催された第3回定期大会で会長代行に選出された落合清四は,さらに2006年9月,松山市の愛媛県県民文化会館で開催された第5回定期大会では,UIゼンセン同盟第2代会長に就任した[33]。これらの落合清四の書記長,会長代行,会長への就任も,ゼンセンにおける流通部門のプレゼンスが拡大したことを如実に物語る事実といえよう。

(2) JSDの結成

流通部会出身者がゼンセン会長へ選出される快挙を,1970年の流通部会結成時点で想像できた者は皆無であったはずである。しかも,成長を遂げた流通部会のいわば「申し子」といえる落合清四の会長在任期間に,UIゼンセン同盟は,それまで輻湊してきた流通産別構想の一本化を実現した。その種は1970年代から蒔かれていたが,全繊同盟流通部会の結成後は,各産別組合の組織化が競合

し，運営上の事情が交錯して円滑には進行しなかった。

　すなわち，1970年の全繊同盟流通部会の結成によって，自主性の危機を感じた全国チェーン労協加盟労組は，1970年11月に兵庫県神戸市で第1回総会を開催してチェーンストア労組・中立会議を発足させた[34]。その後，1971年9月に愛知県三カ根山で開催されたチェーン労組・中立会議第6回総会では，いわば全国チェーン労協の生みの親といえる東光ストア労組が脱退と商業労連への加盟を表明して大きな衝撃を与えた。さらに，1971年11月に兵庫県宝塚市で開催された第15回大会では，同盟系チェーン労組が全国チェーン労協の解散を主張し，いっせいに脱退したため，事実上の解散大会となった。

　こうして全国チェーン労協は1972年6月に長野県松本市で開催された第17回大会をもって消滅し，チェーン労組・中立会議として活動を続けていたが，1974年2月，神奈川県箱根湯本で開催された第14回総会で，チェーン労協へ名称変更し，1974年7月に福岡県福岡市で開催された第15回総会から再スタートを切った。

　しかし一方では，チェーン労組・中立会議は1972年の時点で，後に合同する商業労連と正式な交流を開始していた。具体的には，商業労連チェーンストア部会に移籍した東光ストア労組の仲介で両組織が3回の懇談会を経て「百貨店法」改正に関する共同要望をまとめ，通産省，労働省，関連審議会への要望活動を展開した。この後も商業労連との交流を続け，チェーン労協への移行後も共同活動を通じて良好な関係を維持した[35]。

　1980年代に入ると，チェーン労協は，組織の脆弱性や統一行動の欠如を意識するようになり，産別機能の強化を目標に掲げるようになった。その一方では，当時の全民労協（全日本民間労働組合協議会）への加盟を視野に入れ，専従役員の配置，執行部体制や機関会議の強化，産別組合を念頭に置いた規約改訂などに取り組み始めた。1983年，チェーン労協は友好組織として全民労協へ加盟し，1989年には連合に正式加盟して執行委員を就任させ，あわせて地方連合にも加盟した。

　また，チェーン労協は，対外的な活動の軸足を「商業四団体労組連絡会議」が情報交換の充実強化のために1985年に移行した「商業労組会議」に置くようになり，1990年代に入ると商業労連やゼンセン同盟流通部会との活発な意見交

換を契機として,両産別組合との定期的な懇談会を開催するようになった[36]。特に,商業労連とは「組織交流に関する大綱」の文書確認に基づく「組織間定期交流会議」を1994年に発足させ,相互の理解をさらに深めた[37]。

他方,連合の誕生以前のすべての局面で参加し,連合結成時には副会長を就任させた商業労連も産別合同には意欲的であり,以上のようなチェーン労協との交流を続ける一方で,1992年にはゼンセン同盟との間に共同研究体として,NIO21(21世紀に向けた新しい産業別組織のあり方に関する研究会)を設置して協議を開始した[38]。

また,1996年には百貨店七労組連絡協議会との合同を視野に入れた新しい産業別組織についての協議を開始した[39]。その結果,7労組の全てが商業労連の友好労組となり一体性が形成され,情報交換により共通認識を深めるに至った[40]。

1998年6月,商業労連は新たな産業別組織の展望を発表し,チェーン労協,百貨店七労組連絡協議会と「産業別組織に関する共同研究委員会」を設置して,合同に向けた具体的な検討に入った[41]。1998年6月,三者で「新産業別組織結成に向けての基本合意」を決定し,それを受けて1999年6月に開催された商業労連第25回定期大会で,結成の基本構想と今後の方向が確認された。さらに結成準備のための各種委員会が発足し,いよいよ2001年の結成へ動きだした[42]。

さらに,この過程で三者間の基本合意のうち,大きな懸案事項の1つであった加入費(会費)の問題が解消された。すなわち,商業労連の加盟費が1人あたり月額500円であったのに対し,チェーン労協は350円と加入費の格差が大きかった。だが,新組織発足後3年間を猶予期間として350円に据え置くことで合意された[43]。この点は,組織財政の違いが産別合同にとって最大の障壁になりうることを示している。

こうして,2001年7月4日,東京都新宿区の京王プラザホテルで3つの組織が結集してJSD(日本サービス・流通労働組合連合,会長南雲光男,事務局長筒井隆昭,156労組,組合員数約18万3,000人)が結成された[44]。

(3) UAゼンセンの誕生

　既述のように，1992年12月，ゼンセン同盟は商業労連との間にNIO21を立ち上げていた。1994年9月に岐阜県岐阜市の岐阜市民会館で開催された第50回定期大会では，NIO21発足後12回の研究会を重ねた結果，組織と運動に関する共通認識，新しい産別組織の展望について一定の整理が終了したとして，今後は産別合同において克服すべき課題の検討に移ると表明された[45]。NIO21としてさらに4回の研究会を開催したところで，1996年に「21世紀に向けた新しい産別組織のあり方」をまとめた。これ以降，商業労連，チェーン労協，百貨店七労組連絡協議会は，流通産別組合の大同団結の一里塚を築くべく2001年にJSDの結成を実現した。

　このJSD結成時は，ゼンセン同盟もCSG連合，繊維生活労連との産別合同に最大の努力を払っており，JSDとの産別合同はいったん休止状態となっていた。ただし，UIゼンセン同盟の結成を実現することで同盟系流通労組も合流を果たしたという意味では，JSDと同様に流通産別組合の大同団結のための一里塚を築いていたことになる。こうしてUIゼンセン同盟はJSDとの合同に本格的に取り組むことになり，合意形成を意識して組織課題を検討し，2005年を目途に結論を出すことを目的とした「流通産別再編懇談会」を設置して，2003年1月にゼンセン会館で第1回懇談会を開催した[46]。図表7－7は流通産別懇談会委員の一覧である。

　以後，2003年に3回，2004年に5回，2005年に3回の懇談会を開催し，2006

●図表7－7　流通産別懇談会の委員一覧

UIゼンセン同盟		JSD	
副会長（懇談会座長）	菅井義夫	会長代行	桜田高明
副会長	水谷雄二	副会長	八幡次郎
副会長	本田敏一	副会長	案田陽治
書記長	落合清四	副会長	五十嵐政男
副書記長	徳田孝蔵	事務局長	筒井隆昭
常任中央執行委員	逢見直人	中央執行委員	宮　敦

（出所）　UIゼンセン同盟『UIゼンセン同盟史第1巻　継承と創生』2010年，p.238より作成。

年には「再編統合推進委員会」へ移行させて5回,2007年にも5回の推進委員会を開催した。あわせて,推進委員会の下に実務者間で協議する企画委員会とプロジェクトチームを設置して精力的に協議を続行した[47]。しかし,政治活動,名称,加盟費(会費),部会編成などで両産別組合の意見が分かれ,基本的に合意したものの,特に名称と加盟費では合意に至らず,2007年4月開催の第10回推進委員会で産別合同の決定を延期することを決定した。UIゼンセン同盟とJSDは,2012年12月に共同文書「新産別の姿(名称と会費を除く)」を決定し,産別合同の協議は事実上,終了した[48]。

　このため,UIゼンセン同盟は,産別合同を再開させる契機を探すことになった。その一環として,2009年からは労働時間と営業時間,再就職支援とパートタイマー,消費税の3つのテーマでJSDとの政策協議を開始した。すなわち,主に産業政策の共同研究と政策要請活動,事業所閉鎖時の再就職の相互斡旋などについて年間4回の政策協議と月間1回の作業部会を運営し,共同行動体験を通じて再度の合同論議促進の道筋を模索し始めた[49]。

　こうした友好関係を保持したまま,2010年,全加盟組合との意見交換を完了し,産別統合協議再開の方針を決定したJSDから産別合同の協議再開の申し入れを受けると,UIゼンセン同盟は迅速に体制を整え,一気に産別合同の軌道を疾走した。すなわち,産別合同を確実に導く決意で不退転の目標として2012年秋を合同の時期と明確に設定し,2011年9月に「再編統合推進委員会」を再発足させ,前回ほとんど合意できた点以外の課題を協議し,できる限り早期に「結成準備委員会」を設置することを決定した[50]。また,JSDも結成以来初の第1回臨時大会を開催して,産別合同協議再開と再編統合推進委員会の設置による協議を決定し,2007年に合意した「新産別の姿(名称と会費を除く)」を尊重しつつその完成へ取り組み始めた[51]。具体的には,積み残し課題であった名称と加盟費について集中的に議論し,併せて結成方式や時期,統一行動や政治活動などのあり方について協議した。双方の主張は鋭く対立しながらも,懸案の新産別名称,加盟費などで合意に達した。

　この結果,「新産別の姿」に重要な変更点と補強見解が加筆された。なお細部については,結成準備委員会の設置と議論による項目として残された。主な変更点は,第1に,名称はUAゼンセン(全国繊維化学食品流通サービス一

般労働組合同盟）と決定された。第2に，「新組織結成方式」により2012年11月6日に結成大会を開催することになった。第3に，JSD加盟労組は春季労働条件交渉の進め方に関して一定の猶予が与えられた。第4に，JSD加盟労組は一定期間UIゼンセン同盟より低額の現行加盟費に据え置かれることとなった(52)。

このうち，第3の春季交渉の具体的な内容は，図表7－8が示す補強見解の通りである。なお，「春の交渉」とはJSDが使用してきた春季交渉の呼称である。

また，第4の加盟費についての具体的内容は，2012年4月に両組織で取り交わされた新産別の結成についての確認書が示している。確認書は図表7－9の

●図表7－8　新産別における春季労働条件闘争（または春の交渉）の進め方

(1) 新産別の春季労働条件闘争（または春の交渉）については，「新産別の姿」にもとづき統一的運動として取り組む。
(2) 統一的運動の推進を目的として，統一的運動推進本部を設置する。統一的運動推進本部のメンバーは，中央執行委員会と同様とする。
(3) 春季労働条件闘争（または春の交渉）の闘い方を，産別統一闘争とするか否かは，方針として議論し，決定する。
(4) 春季労働条件闘争（または春の交渉）を産別統一闘争として実施する場合，JSD加盟組合については新産別結成間もないため統一闘争には原則，不参加とする。統一闘争に参加しない場合も，統一的行動を行うものとし，統一的な要求基準に沿った要求を掲げ，スケジュールを遵守し，情報開示を徹底する。
　　また，情報開示のあり方については，統一闘争本部と確認する。
(5) 2014年以降，産別統一闘争を実施する場合，厳しい環境（経営状況・労使関係）にある加盟組合は，個別に協議する。
　　特にこれまでの労使関係の経緯を充分に踏まえ，最大限の努力を行ったにも関わらず，統一闘争に不参加の組織については，事前に調整を行う。この場合，組織・産業内他労組への社会的影響をおよぼすことについて，充分に考慮しなければならないことは必要要件とする。
(6) 2014年以降の春季労働条件闘争（または春の交渉）のあり方については，2013年の2014年以降の春季労働条件闘争（または春の交渉）を踏まえて，新産別として①要求基準のあり方，②闘いの進め方などについて春季労働条件闘争（または春の交渉）を所管する委員会において協議する。

（出所）　UIゼンセン同盟『UIゼンセン同盟史第2巻　継承と創生（資料編）』2014年，pp.800-801。

●図表7－9　確認書

　UIゼンセン同盟と日本サービス・流通労働組合連合（以下サービス・流通連合）は，新産別の結成に際し，以下のことを確認する。

記

1．①　サービス・流通連合の全ての加盟組合は，2016年7月より新産別の会費水準に合わせるものとする。
　　②　サービス・流通連合の全ての加盟組合は，新産別の会費水準に合わせる迄の期間において，他の新産別加盟組合と権利・義務について同一とする。
　　③　2016年7月の時点においてもなお財政上の課題を抱えるサービス・流通連合の加盟組合に対しては，新産別との間で確認文書を交わしたうえで別途対応を行う。
2．短時間組合員の交付金の区分は労働時間を基準に決定し，フルタイマーであれば，雇用契約が有期であっても短時間組合員の交付金は，原則として支給しない。
　　但し，フルタイマーであっても個別の事情を踏まえて交付金を支給する場合があり，その際，両組織の現状について尊重するものとする。

以上
2012年4月6日

UIゼンセン同盟　　　　　　　　　　　日本サービス・流通労働組合連合
　会長　　落合清四　　　　　　　　　　　　　会長　　八野正一

（出所）UIゼンセン同盟『UIゼンセン同盟史第2巻　継承と創生（資料編）』2014年，p.801。

通りである。

　これらの内容を見る限り，ゼンセンが伝統的に推進してきた統一的な労使交渉に関して，JSD加盟労組は当初は参加せず，また以後の参加についても保留できる余地がみられる。また，加盟費については，JSD加盟労組には3年間の猶予期間が与えられている。これらの合意事項は，UIゼンセン側がJSD側の現実を尊重し配慮した結果であるが，見方を変えればゼンセンがほとんど経験したことのない大きな譲歩といえる。

　こうして，両組織は図表7－10が示す委員で構成される新産別の結成準備委員会を設置し，2012年6月7日（開催場所JSD），7月18日（同UIゼンセン同盟），8月22日（同UIゼンセン同盟），9月10日（同JSD）の計4回を開催

●図表7-10　新産別結成準備委員会の委員一覧

UIゼンセン同盟		JSD	
会長	落合清四	会長	八野正一
副会長	徳田孝蔵	会長代行	岡田　啓※
副会長	島田尚信※	チェーンストア部会長	吉岡敦士
繊維関連部会長	杉浦和則	副会長	津田眞義
化学部会長	沖田政憲	事務局長	石黒生子※
流通部会長	藤吉大輔※	事務局次長	小川裕康
フード・サービス部会長	保坂芳典	事務局次長	俣野勝敏※
生活・総合産業部会長	竹田政弘	事務局次長	森田了介※
地方部会長	松本昌三	百貨店部会長	蓑田欣治
副会長	逢見直人	総合サービス部会長	篠崎良光
書記長	松浦昭彦※	政策部長	杉山慎一
副書記長（組織担当）	橋本和秀※	常任顧問	筒井隆昭※
副書記長（財政担当）	山川　博※		

(注)　※印は結成準備企画委員会の委員。
(出所)　UIゼンセン同盟『UIゼンセン同盟史第2巻　継承と創生』2014年, p.431より作成。

した。また，その前後に10回の結成準備企画委員会を開催し，最終的な実務の詰めを行った(53)。これを受けてUIゼンセン同盟は，2012年9月に愛知県名古屋市の日本特殊陶業市民会館で開催された第11回定期大会で，結成準備委員会の議論を踏まえた新産別の結成方針について報告するとともに，新産別への移行手続きについて正式決定し，UIゼンセン同盟最後の定期大会が幕を閉じた(54)。

　2012年11月6日，神奈川県横浜市のパシフィコ横浜で結成大会が開催され，綱領，基本方針，規約，予算，組織体制，組織内候補などを決定し，ついにJSDとの産別合同によってUAゼンセン（全国繊維化学食品流通サービス一般労働組合同盟，会長逢見直人，書記長松浦昭彦，2,478労組，組合員数約141万人）が誕生した(55)。また，流通部会は流通部門となり，その傘下に再編された6つの部会（GMS部会，食品関連部会，住生活関連部会，百貨店部会，専門店部会，ドラッグストア部会）を収める組織体制となった(56)。

　ただし，産別合同といっても，相互の事情と時宜が整った結果の企業合併のようにとらえるべきではなく，その実体はゼンセンの組織能力が問われる組織

拡大の1つである。いわば究極の組織化であり，ゼンセン運動の柱である大産別主義や内部統制の発露とみるべきであろう。このように考えると，複合産別UAゼンセンの一部門としてではあるが，組織や活動の規模からみて，事実上の流通産別が実現し，ゼンセンのチェーンストア組織化が完成したとみなすべきである。

また，UAゼンセンの誕生をゼンセンの組織化ととらえるのであれば，2007年に相互の合意形成に至らず，JSDとの合同機会を逸した後に，どのような過程でいかなる戦術がとられたかの詳細は定かではないものの，ゼンセンは組織拡大を優先するために組織能力を調整したものと理解できる。

5　おわりに

本章では，1980年代以降のゼンセン同盟流通部会の伸長に焦点を当てながら，その時期の労組活動と，同時に進行した部会再編，さらには究極の組織化といえる産別合同について検討した。

流通部会加盟労組の賃金交渉や一時金交渉を見る限り，ゼンセンの組織能力を背景として大きな成果を上げてきた。ただし，他部会と同様に悌団方式による統一賃金交渉を目指しながらも，流通部会の賃金交渉方式は単交であり，加盟労組の増加にともないその範囲が拡大していた。また，正月営業問題への取り組みでは，消費者ニーズや会社間競合の現実性を考慮した加盟労組間の意見が一致せず，受け入れられる範囲での要求や行動にとどまり，正月営業時代を容認することになった。これらの事例を見る限り，ゼンセン運動に位置付けられてきた中央集権性は低下した。

他方，1980年代以降は組織拡大に伴って部会の再編が本格化した。流通部門関連では，衣料・卸商業部会の発足，SSUA，フード・サービス部会の結成，専門店部会，流通・サービス部会の創設などが続き，組織体制の整備を通してゼンセンの組織能力をさらに高めた。

また，1990年代以降は，従来以上の新規組合の結成による組織拡大に加えて，他産別との合同にも乗り出し，まず2002年にUIゼンセン同盟，次に2012年にはUAゼンセンを誕生させた。その結果，かつての流通部会は単独の部会で

第Ⅱ部　「ゼンセン」のチェーンストア組織化

はなく，流通部門の下に6部会が編成されるほどに拡大し，複合産別化したゼンセン総体を体現する範囲が大きくなっている。1980年代以降のゼンセンは，内部統制の弱体化と組織の拡大の両面を含みながらも高度な組織能力によって複合産別化を達成し，流通部会はその中心にあって最大のプレゼンスを発揮したと考えられる。

● 注
（1）　以下の1976年度の統一的賃金交渉の経過の記述は，ゼンセン同盟『ゼンセン同盟史　第8巻』，1982年，pp.52-58による。
（2）　ゼンセン同盟全体ではスト突入251労組，参加人数30万人超となった。ここで注目すべき流通部会では2労組がストを打った。だが具体的にみると，全いずみ労組が3時間の時限スト，新興産業労組が1時間の時限ストであり，参加人数も合計約1,800人と小規模である。またこれ以後の賃金交渉において流通部会加盟労組のストライキはほとんどみられない。ゼンセン同盟『ゼンセン同盟史　第8巻』，1982年，pp.54-58。
（3）　ゼンセン同盟『流通・サービス部会30周年記念誌』2001年，p.46。
（4）　この交渉を呼びかけ，8.2％の回答を提案したのはダイエー社長中内㓛であり，各社の経営者がダイエーに準じると回答したという。芦田甚之助「81年統一賃上げ闘争～大手5単組の自主交渉決裂する～」，ゼンセン同盟『流通部会20年史』1990年，pp.44-45。実際に1981年賃金交渉における各社の妥結率は，全ダイエー労組8.2％，イトーヨーカドー労組8.22％，全ジャスコ労組8.21％，ニチイ労組8.2％，長崎屋労組8.2％となった。ゼンセン同盟『ゼンセン同盟史　第9巻』，1986年，p.71。
（5）　5労組の集団的交渉が不調だった理由の1つは，5労使の統一性と各社の独自性とのバランスが維持できなかったためという流通部会長経験者の分析がある。足立明「83～84統一賃闘大手5単組の集団交渉を回顧して」，ゼンセン同盟『流通部会20年史』1990年，pp.58-59。他方，この5労使の集団的交渉は，経営者の足並みの乱れ，情報の錯綜，他労使への過剰な意識などがみられた従来の流通部会の交渉からみれば，前進したとの評価もある。西村正克「82統一賃闘大手5単組集団的交渉開始」ゼンセン同盟『流通部会20年史』1990年，pp.49-50。
（6）　以下の1981年度の正月営業対策の記述は，ゼンセン同盟『流通部会20年史』1990年，p.116による。
（7）　ゼンセン同盟『流通・サービス部会30周年記念誌』2001年，p.121，尾関和男「正月営業対策の取り組み～地域別対応強化の方向へ方針転換～」，ゼンセン同盟『流通部会20年史』1990年，p.66。ただし，1983年の段階で地域ごとの判断を入れたり，正月勤務手当等の労働条件改善へ事実上方針変更していたとみられる。また，各労組の正月営業に関する労働協約上の位置づけが異なっていたために難航した点，経営者側が社会的使命を指摘して合意できない点などから，ゼンセン同盟らしからぬ統率力と統一行動にとどまったと

第 7 章　流通産別の実現－UA ゼンセン結成への道程

の指摘がある。岡本邦夫「正月営業対策との奮戦記〜昭和57年から59年の取組み〜」，ゼンセン同盟『流通部会20年史』1990年，pp.45-46。この他にも，流通部会加盟労組の間で意見が割れたのは，組合員の世代による働き方や新年に対する考え方の違いがあったり，地方出身者が帰省コスト上，正月短期休日より別の長期休日を選好したためであるとの分析がある。また，会社側も労組の団結の困難さを把握していたという。茂呂正行「昭和61年正月営業・2日からの店舗が大幅増加」，ゼンセン同盟『流通部会20年史』1990年，pp.66-67。

（8）　ゼンセン同盟『流通・サービス部会30周年記念誌』2001年，p.122。
（9）　ゼンセン同盟『流通・サービス部会30周年記念誌』2001年，p.122。
（10）　ゼンセン同盟『流通・サービス部会30周年記念誌』2001年，p.123。
（11）　ゼンセン同盟『流通・サービス部会30周年記念誌』2001年，p.123。
（12）　ゼンセン同盟『流通・サービス部会30周年記念誌』2001年，p.125。
（13）　ゼンセン同盟『ゼンセン同盟史　第8巻』1982年，p.193。
（14）　ゼンセン同盟『ゼンセン同盟史　第9巻』1986年，pp.333-334，ゼンセン同盟『流通・サービス部会30周年記念誌』2001年，p.47。なお，構成労組と組合員の内訳は，流通部会から59労組14,297人，衣料部会から117労組44,423人，地織部会から8労組991人である。
（15）　全国の繊維産業の産地で集団組織化によって中小企業の組織化を徹底的に進め，流通部会の結成を構想し実行した佐藤文男が，ゼンセン本部役員を自ら退任し，組織化能力の集大成としてSSUAの結成を手がけた。佐藤文男『オルガナイザーファイル　組合組織化に生涯をかける　なぜ，SSUAなのか』ゼンセン同盟，2002年，pp.32-69。
（16）　佐藤文男『生き残るための「労使革新」　SSUA10年の試み』プレジデント社，1993年，pp.60-63。
（17）　SSUAの結成によって，経営者団体との業種別交渉や，業種政策，さらには専門店の成長とともに興隆するショッピングセンター（SC）で働く労働者に対する組織化が期待された。佐藤文男「画期的な専門店ユニオン連合会の結成〜老兵の戯言，SSUAにかける夢」，ゼンセン同盟『流通部会20年史』1990年，pp.55-56。
（18）　流通部会のチェーンストア労組の活動や労使交渉を学んだ上での外食・ホテル業種委員会の設置であり，当時の最大の課題は労働時間短縮であったという。矢代秀己「新たな時短「年間所定2000時間到達闘争」〜到達の輪拡がり19組合〜」，ゼンセン同盟『流通部会20年史』1990年，pp.79-80。
（19）　外食業種労使会議は，経営者側に2人の幹事を置いたり，活動内容を含む運営規定を定めるなど，流通部会を窓口とした積極的な協議が継続された。時期尚早論もある中でのやや強引な設置であり，流通部会における外食労組の生きざまを示したという。また外食業種労使会議の設置は，1980年代前半の流通部会の大手5労使の集団的賃金交渉に触発されたものである。山本栄三「外食業種労使会議設置とグランドルールの合意」，ゼンセン同盟『流通部会20年史』1990年，pp.63-64。
（20）　以下のフード・サービス部会結成の決定に至る経過は，ゼンセン同盟『ゼンセン同盟史　第10巻』1995年，pp.765-766による。

345

第Ⅱ部 「ゼンセン」のチェーンストア組織化

(21) フード・サービス部会結成構想は、レストラン業種は流通業であり、また流通部会加盟労組と同じ労連の加盟労組が多く部会指導が二本立てになるとの理由で、当初は流通部会から拒絶されたと結成当時の組織局長が回想している。三ツ木宣武「「複合産別」への一歩」、ゼンセン同盟『フード・サービス部会10周年記念誌　弄潮－改革への挑戦－』2000年、p.8。また、この構想の発端は当時のゼンセン同盟組織局の組織化担当者が描いた複合産別のイメージと提案であった。大出日出生「フード・サービス部会設立の意義」、ゼンセン同盟『流通・サービス部会30周年記念誌』2001年、p.134。一方、この結成が外食単独の部会結成の構想を消失させたという。三島一真「「結成前夜」に関わって」、ゼンセン同盟『フード・サービス部会10周年記念誌　弄潮－改革への挑戦－』2000年、p.10。

(22) ゼンセン同盟『ゼンセン同盟史　第11巻』1998年、pp.59-60。

(23) 例えば、フード・サービス部会の結成中央委員会では、結成準備を振り返ったゼンセン同盟組織局長三ツ木宣武は、「業種別活動機能の強化、生活範囲を網羅した組織化への展望という意味から新部会の結成の意義は限りなく大きい。」と述べ、またゼンセン同盟書記長高木剛は「複合産別・ゼンセン同盟の役割は年々大きくなっていると自覚しなければならない。」と述べている。ゼンセン同盟『ゼンセン＝全繊同盟50年の歩み－結成50周年記念写真集－』1995年、p.104。

(24) 流通部会以外では、繊維部門を総合繊維部会、総合化学・繊維部会へ再編したほか、衣料産業部会、地方産業部会への移行を実施した。ゼンセン同盟『ゼンセン同盟史　第11巻』1998年、pp.704-706。

(25) ゼンセン同盟『ゼンセン同盟史　第11巻』1998年、p.705。

(26) この流通・サービス部会定期中央委員会で第5代流通部会長足立明が退任し、第6代部会長伊来一雄が選出された。ゼンセン同盟『ゼンセン同盟史　第11巻』1998年、p.705、ゼンセン同盟『流通・サービス部会30周年記念誌』2001年、p.64。

(27) ゼンセン同盟『ゼンセン同盟史　第11巻』1998年、p.705、ゼンセン同盟『流通・サービス部会30周年記念誌』2001年、p.64。

(28) 佐藤文男『オルガナイザーファイル　組合組織化に生涯をかける　なぜ、SSUA なのか』ゼンセン同盟、2002年、pp.6-7。

(29) 一方、当時の専門店労組は大きな流通部会の陰に隠れ、ある程度の甘えが許されていたとの回想がある。内堀良雄「「専門店部会時代」を振り返って」、UIゼンセン同盟流通部会『UIゼンセン同盟流通部会10年史　継承と創生』2012年、p.41。このため、専門店部会として独立することへの大きな不安があり、消極性もあったという。内堀良雄「専門店部会独立の意義」、ゼンセン同盟『流通・サービス部会30周年記念誌』2001年、p.135。

(30) 以下のUIゼンセン同盟結成までの経緯は、UIゼンセン同盟『UIゼンセン同盟史第1巻　継承と創生』2010年、pp.34-37による。CSG連合は、全化同盟（全国化学一般労働組合同盟）と化労研（化学・薬粧労組研究協議会）で1991年に結成された全化連合（全国化学一般産業労働組合）と一般同盟が1996年に統合して誕生した。

(31) 旧産別ごとの構成は、ゼンセン同盟が約61万人、CSG連合が約17万人、繊維生活労連が約1,000人である。UIゼンセン同盟『UIゼンセン同盟史第1巻　継承と創生』2010年、

第 7 章　流通産別の実現－UA ゼンセン結成への道程

　　　p.34。それに先立ち，ゼンセン同盟は2002年 9 月18日に東京都新宿区の東京厚生年金会館
　　　で第58回定期大会（解散・移行大会）を，また CSG 連合も同日に東京都文京区の東京ドー
　　　ムホテルで第 7 回定期大会（解散大会）をそれぞれ開催して解散した。当面組織を存続さ
　　　せたいとの意向を表明した繊維生活労連も，UI ゼンセン同盟誕生後約 8 か月後の2003年
　　　6 月 8 日に解散した。UI ゼンセン同盟『UI ゼンセン同盟史第 1 巻　継承と創生』2010年，
　　　pp.47-49。
(32)　UI ゼンセン同盟『UI ゼンセン同盟史第 1 巻　継承と創生』2010年，pp.47-49。なお，
　　　中央執行委員会の構成は，繊維関連部会 8 人，化学部会10人，流通部会12人，フード・サー
　　　ビス部会 7 人，生活・総合産業部会 7 人，地方部会11人の合計55人であり，旧組織の構成
　　　に読み替えると，ゼンセン同盟から44人，CSG 連合から10人，繊維生活労連から 1 人と
　　　なり，ゼンセン同盟が圧倒的多数で，部会では流通部会とフード・サービス部会で 3 分の
　　　1 を占める。UI ゼンセン同盟『UI ゼンセン同盟史第 1 巻　継承と創生』2010年，p.42。
(33)　UI ゼンセン同盟『UI ゼンセン同盟史第 1 巻　継承と創生』2010年，p.73，p.96。
(34)　以下のチェーン労組・中立会議およびチェーン労協の経過は，チェーン労協『チェー
　　　ン労協の歩み　結成から解散にいたる31年の歴史』2001年，pp.21-42による。
(35)　例えば，1977年 8 月 8 日〜10日，東京都千代田区の全共連ビルで商業労連，チェーン
　　　労協共催で「産業政策研究会」を開催し，百貨店協会，チェーンストア協会，中小小売商，
　　　通産省，中小企業庁，地方自治体の各立場から小売業産業の総合政策と法制の整備につい
　　　て討議した。これ以後も各種セミナーや海外チェーン視察，海外労組との交流などの共催
　　　を継続した。商業労連『商業労連20年の歩み』1991年，pp.146-147，p.165。
(36)　商業労組会議は，もともと商業労連，チェーン労協，ゼンセン同盟，同盟流通の 4 組
　　　織で構成されていたが，同盟流通に代わり自動車総連が入った。また，連合発足後は「連
　　　合商業・流通部門連絡会」に引き継がれ，1996年12月に商業労組会議は解散した。
(37)　商業労連『2001年　新しい産業別組織を求めて－新産業別組織の基本構想と今後の方
　　　向－』1999年，p.1。
(38)　商業労連『商業労連の歩み（1990〜2001）』2002年，p.42。
(39)　百貨店七労組連絡協議会の発足前は，商業労連百貨店部会が「百貨店労組情報交換会」
　　　を設置して情報交換に努めてきたが，発足後は「百貨店産業政策推進会議」へ発展させて
　　　交流を深めた。商業労連『商業労連の歩み（1990〜2001）』2002年，p.150。
(40)　商業労連『2001年　新しい産業別組織を求めて－新産業別組織の基本構想と今後の方
　　　向－』1999年，p.1。
(41)　この間も商業労連チェーンストア部会は，チェーン労協との友好交流を続けた。例え
　　　ば，1996年12月には「チェーン労協幹事会・商業労連チェーン部会交流会」を発足させ，
　　　以後，2000年12月までの間に合計 9 回の交流会を開催した。商業労連『商業労連の歩み
　　　（1990〜2001）』2002年，p.126。
(42)　商業労連『商業労連の歩み（1990〜2001）』2002年，p.50。
(43)　商業労連『2001年　新しい産業別組織を求めて－新産業別組織の基本構想と今後の方
　　　向－』1999年，p.8。

第Ⅱ部 「ゼンセン」のチェーンストア組織化

(44) 商業労連は，2001年7月3日，東京都新宿区の京王プラザホテルで開催された第27回定期大会で解散した。商業労連『商業労連の歩み（1990～2001）』2002年，pp.60-63。また，チェーン労協は2001年7月4日，同じく東京都新宿区の京王プラザホテルで開催された第31期臨時大会で解散した。チェーン労協『チェーン労協の歩み　結成から解散にいたる31年の歴史』2001年，p.16，『コンパス』（西友労働組合機関誌）2001年8月号。

(45) ゼンセン同盟『ゼンセン同盟史　第11巻』1998年，p.710。

(46) 以下の産別合同の決定延期までの経緯は，UIゼンセン同盟『UIゼンセン同盟史第1巻　継承と創生』2010年，p.221，p.238による。

(47) UIゼンセン同盟は，JSDとの合同による組織改革として，2006年9月開催の流通部会第5回定期中央委員会の時点で，地方部会に所属していた流通部門の135労組の組合員数3万8,475人を流通部会に移籍させており，産別合同に向けた部会再編を行っていた。UIゼンセン同盟流通部会『UIゼンセン同盟流通部会10年史　継承と創生』2012年，p.125。

(48) 産別合同が先送りになった背景には，UIゼンセン同盟内部に，UIゼンセン同盟の「同盟体」とJSDの「連合体」の相違を運動体の視点から危惧する意見があったという。UIゼンセン同盟『UIゼンセン同盟史第1巻　継承と創生』2010年，p.148。一方でUIゼンセン同盟会長落合清四は，2007年9月に東京都新宿区の東京厚生年金会館で開催された第6回定期大会の会長挨拶で，JSDとの産別合同は大枠において合意をみつつあり合同は両組織の必然であると述べ，前向きな姿勢を崩さなかった。UIゼンセン同盟『UIゼンセン同盟史第1巻　継承と創生』2010年，p.161。

(49) UIゼンセン同盟『UIゼンセン同盟史第1巻　継承と創生』2010年，p.202。

(50) UIゼンセン同盟『UIゼンセン同盟史第2巻　継承と創生』2014年，p.94。

(51) JSD『サービス・流通連合の歩み　そして新たな飛躍へ』2013年，p.67。

(52) UIゼンセン同盟『UIゼンセン同盟史第2巻　継承と創生（資料編）』2014年，pp.799-800。旧チェーン労協加盟労組にとっては，JSD結成時に続く2回目の猶予期間への対応を迫られた。旧商業労連以上にゼンセンの運動エネルギー量や組織能力と相当な差異があったと推測される。

(53) UIゼンセン同盟『UIゼンセン同盟史第2巻　継承と創生』2014年，pp.427-431。

(54) UIゼンセン同盟『UIゼンセン同盟史第2巻　継承と創生』2014年，p.94。

(55) 『UAゼンセン新聞』（UAゼンセン機関紙）2012年11月15日付。なお，これに先立って，UIゼンセン同盟は2012年11月5日，神奈川県横浜市のパシフィコ横浜で「躍進セレモニー」を開催した。UIゼンセン同盟『UIゼンセン同盟史第2巻　継承と創生』2014年，pp.104-115。また，JSDは，2012年11月5日，東京都新宿区の京王プラザホテルで「解散大会」を開催した。JSD『サービス・流通連合の歩み　そして新たな飛躍へ』2013年，pp.108-111。

(56) 流通部門と並んで製造産業部門（繊維素材部会，繊維加工部会，衣料・スポーツ部会，化学部会，医薬・化粧品部会，総合製造部会），総合サービス部門（フード部会，フード・サービス部会，ケータリング部会，インフラサービス部会，生活サービス部会，ホテル・レジャー部会，パチンコ関連部会，衣料・介護・福祉部会，人材サービス部会）が設置さ

れ，3部門21部会を擁する複合産別組合の組織体制となった。UA ゼンセン『UA ゼンセン　原点を見つめ，未来を拓こう』2012年。

終章　「Z点超え」と労働組合

　本章は，これまでの事例分析を要約するとともに検討結果を総括して，結論を記す。まず各章の分析を要約しよう。

　第1章では，ゼンセンによるチェーンストア組織化の開始と以後の集中的な組織拡大の陰で消失しつつあった史実を掘り起こし，流通産別構想の輻輳化を検討した。

　当時のチェーンストアは新興産業であり，「混乱の労使関係」と「同床の労使関係」が錯綜し，そこに「分断の労使関係」が重なる様相を呈していた。すなわち，同盟結成後，「同盟憲章」に基づき予定された一般同盟による流通産別構想が実行に移されていた。また，全国チェーン労協は緩やかな連携を通じた大同団結による流通産別組合結成を視野に入れていた。一方，全百連アレルギーを乗り越えて創設されたDILAは一定の活動を経て商業労連を結成し，百貨店に限定しない流通産別組合の創設を企図した。

　ところが，全繊同盟が突如としてチェーンストア組織化に参入したことで，上記の各様の流通産別構想はいったん，同盟系・同盟流通，非同盟・商業労連，非同盟・全国チェーン労協の三者へ分岐した。だが，同盟系が分解すると，ゼンセンを除く同盟系，ゼンセン，商業労連，チェーン労協の併存時代を経て，後三者による三極へと収束した。

　第2章は，チェーンストア組織化の黎明期の激しい動向の中で，ゼンセンのチェーンストア組織化より以前に結成され，非ゼンセンの立場を保った労組として，東光ストア労組（チェーン労協，後に商業労連），渕栄労組（一般同盟・商業労連，後にゼンセン同盟），全西友労組（チェーン労協），全ユニー労組（チェーン労協），丸井労組（商業労連）を選択し，結成と初期活動の事例分析を行った。このうち，丸井労組は全百連の影響を直接被り，また渕栄労組と，

全ユニー労組の前身の全ほていや社組は，それぞれ全百連と総評系労組との併存問題に悩まされ，「左右の労使関係」を経験していた。また，渕栄労組と全ユニー労組は，会社の合併により「混乱の労使関係」に直面した。
　事例分析の結果，これらの労組では，ゼンセンの集権的行動，政治活動，大きな財政負担などが忌避されているが，それ以外にも非ゼンセンの論理が見いだされた。商業労連は，ゼンセンの活動を否定するものではないが，歴史と伝統ではなく新たな産別組合，つまり独自の活動を求め，広く商業分野で結集することを重視していた。チェーン労協は，チェーンストア労組で集まることを優先するものの，産別組合からの束縛のない独立独歩の企業別労使関係を尊重する労組の連帯に比重があった。ただし，ゼンセンとの産別合同に関する障壁は，加盟労組が個別にゼンセンへ加盟する場合よりも低かったと推測される。いずれにせよ，商業労連，チェーン労協を選択した労組は，これらのいずれかに賛同して非ゼンセンの方針を貫いていた。
　第3章は，チェーンストア組織化を開始し，大きな実績を積み上げた事実を念頭に置いてゼンセンの組織特性を再評価した。ゼンセン運動を支える「力と政策」を組織規模，組織能力に分解して検討した結果，ゼンセンの大産別主義と内部統制から判断すると，チェーンストア組織化はそれらの発動と展開であり，必然であった。すなわち，ゼンセンは仮に組織人員の縮小がなくとも，組織化手法や内部組織の整備が完成した段階で，チェーンストア組織化に参入したはずである。
　同時に，流通部会の結成後，チェーンストア組織化の進撃で「分断の労使関係」を引き起こしたゼンセンの内部には，流通部会の規模拡大を主因とする「変転の労使関係」が着々と準備されていた。
　第4章，第5章，第6章は，ゼンセン同盟加盟労組の結成と初期活動の事例を分析した。流通部会の結成メンバーである長崎屋労組，全ジャスコ労組，流通部会の後に結成されたイトーヨーカドー労組，全ダイエー労組を取り上げた。例えば，全ジャスコ労組が3社合併の影響を含む「三重苦」を経験し，ワッペン着用やスト権確立およびスト設定に踏み出したり，全ダイエー労組が地労委提訴やストライキを敢行するなど「混乱の労使関係」がみられた。だが，一方で「同床の労使関係」がみられた。すなわち，全ての労組が生産性向上に敏感

終章 「Z点超え」と労働組合

であり，それ以外にも随所に企業や業界の発展に対する貢献がみられた。なお，長崎屋労組，全ジャスコ労組，全ダイエー労組では，「左右の労使関係」に直面していた形跡がみられる。

流通部会加盟労組の初期の賃金や一時金の交渉事例をみる限り，各労組への指導があり，ゼンセンは産別機能を発揮している。ただし，繊維産業の各部会との比較という点ではそれほど強力ではないといえる。しかしながら，例えば西友労組の賃金交渉の事例と照合すれば，産別組合を背景にした戦術や妥結の点で格段の差があり，ゼンセン加盟労組が賃金や一時金などで高位の労働条件獲得を果たしているのは明らかである。同様に，イトーヨーカドー労組の事例が典型的だが，労働時間交渉でもその成果にはゼンセンの介入が大きい。その意味では，チェーンストア労働者にとって，ゼンセンの産別機能は決して小さくない。

第7章は，「変転の労使関係」を念頭に置いて，一層の組織拡大を達成して実質的な組織化および活動を進める主体となったゼンセン同盟流通部会の1980年代以降の動向を検討した。

ゼンセン同盟流通部会は，賃金や一時金の交渉で着実な成果を上げてきた一方で，ゼンセンが伝統的に保持してきた集権性を低下させる一因となった。流通部会の拡大は，例えば，とりわけ5労使集団的交渉の消滅後はゼンセン内での単交の占有率を高め，また，正月営業問題では統一行動の限界を示すことになった。その半面で，流通部会加盟労組を中心とした組織拡大が加速し，部会再編や産別合同を誘発する役割を果たした。この意味で流通部会は，複合産別化したUAゼンセンに至る有力な変革主体の1つであったといえる。

次にZモデルについて分析しよう。ゼンセンの組織特性の心臓部は，大産別主義と内部統制であった。しかし，ゼンセン内部での流通部会の巨大化によって，Zモデルの中心部では，図表終－1のような，大産別主義と内部統制のバランスの再調整が行われていた。このバランスの変更が一定のサイクルを生み出している。すなわち，依然として組織拡大が優先され，大産別主義は旺盛になっていく一方で，内部統制の程度が低下している。内部統制の程度が低くなれば，未組織労働者や新規および既存労組にとってゼンセンへの加盟障壁が下がる。すると，仮に組織化の力量が一定であっても，組織拡大の実績は飛

353

●図表終－1　ゼンセンの大産別主義と内部統制のバランス

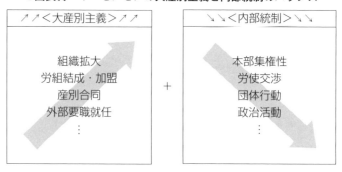

躍的に伸びる。そうして複合産別化が一層進むほど本部集権性が維持しにくくなり，部門や部会への権限移譲の圧力が強まる。また，労働条件の労使交渉方式は，ますます集交や連交から単交への移行が進み，各条件交渉では共通の要求や妥結が緩和され，より総合労働条件交渉へと移っていく。

それでは，大産別主義と内部統制の最適なバランスを導いたZ点はどこにあったのであろうか。既述のように，Z点は1980年代に存在すると推測され，Z点までの準備として，組織化手法が完成していることを前提とする。本書の分析によると，それは他ならぬ集団組織化であった。多店舗展開するチェーンストアにおける組織化は，繊維産地における多数の中小企業に対する集団的組織化の応用であり，実際に第1号加盟の長崎屋労組の結成以降にその手法の効果が的確に発揮され，組織化が円滑に進められたからである。

同時に，ゼンセン本部は，チェーンストア労組の統制に関して，繊維の労組よりも柔軟に対応した形跡があり，流通部会結成後の軌道は，Z点の準備であると推測される[1]。

したがって，焦点はチェーンストア組織化が変速され，それまでとは一線を画した組織人員で流通部会の隆盛を決定づけただけでなく，ゼンセンが後の他業態，他産業への組織拡大を確信した地点である。同時に，他ならぬ流通部会の拡張が内部統制を緩和させる方向を決定づけた地点である。

図表終－2は本書に関係するゼンセンの歴史上の要点を配置したものであり，とりわけ1980年代を探索すると，Z点の最有力候補はそれまで胎動していた部会の再編を決定づけた1983年のSSUAの結成となる。SSUAに集結する専門

店チェーン労組は流通部会に所属しつつも，本質的には2段階加盟であり，ゼンセンの統制を和らげる点で従来のゼンセンとは相容れない組織化であった。SSUA の結成はこの内部統制の調整と引き換えに，困難を極める専門店の労働者の組織化を達成した象徴的な史実である。しかも，1983年には，チェーンストア大手5労使集団的賃金交渉が頓挫し，統一的賃金交渉の実現性は事実上消失している。したがって，本書のZモデルではZ点は1983年とする。

Z点を突破した後のゼンセンは，本部集権化の低下を含む内部統制の緩和によって，それまで高めてきた組織化能力に，その相乗効果を上乗せして組織拡大の針路を邁進することとなった。

例えば，2016年6月には，居酒屋チェーン「和民」などを展開するワタミにおいてUAゼンセンの組織化により労働組合（委員長亀本伸彦，組合員数1万3,181人）が結成され，ユニオンショップ協定を締結したことが公表された[2]。ワタミといえば，過重労働で知られ過労死事件を発生させて多大な批判を浴びても，経営者が労組に否定的であり，労組の結成は絶望視されていたノンユニオン企業の典型例である。このため，ワタミ労組の結成は驚きをもって報道され，UAゼンセンの非常に高度な組織化能力を見せつけることになった。この組織化能力の背景にはZ点越えがあると推測され，一気に万単位の組織拡大を達成したワタミ労組の事例は，Zモデルによる全方位型組織化の展開の一端を物語っている。

ここで鈴木玲の研究に立ち返ろう[3]。ゼンセンの独特な組織拡大の手法の実体は，パートナーシップ・モデルと組織化モデルの柔軟な使い分けを強力な産別権限に基づき遂行できることであった。他方，JSDには弱い産別権限によるパートナーシップ・モデルという評価が下され，組織拡大は加盟労組に委ねられる。その分析をもう一歩進めてみたい。すなわち，この両者が産別合同したらどうなるか。

Zモデルに依拠すると，この産別合同は，ゼンセンによる組織化と説明できる。そう考えられる理由は，第1に，合同にあたり，内部統制の程度をJSD加盟労組が対応可能な範囲へ低下させ，大産別主義を貫徹し大規模な組織拡大を達成することになる。第2に，本質的にはゼンセンにとって産別合同もZ点準備の要である集団組織化の一形態であると考えられるからである。

● 図表終-2　ゼンセン史上の要点と推測されるZ点

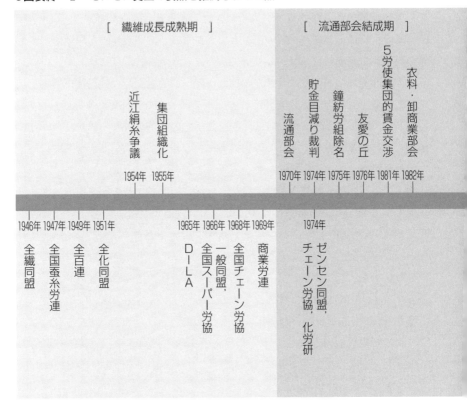

　いずれにせよ，ゼンセンは，他の産別組合と組織能力の違いが大きいため，日本の典型的な産別組合と位置づけられることはない。だがこの非典型の産別組合は，Zモデルを内蔵しているため，その歴史を検証でき，また将来の方向を検知できる。他の産別組合は，組織特性の類型としてゼンセンとの比較対象とされることはあっても，Zモデルのような独自モデルを比較できるわけではない。

　したがって，ゼンセンは日本で最大の組織規模を誇る産別組合であるという理由ではなく，特定のモデルで検討できるという理由で，日本を代表する産別組合といえる。例えば，Zモデルでは，パートタイマーの組織化については実現するだけの組織化手法があるが，企業内労働市場を損なわない形で達成され

終章　「Z点超え」と労働組合

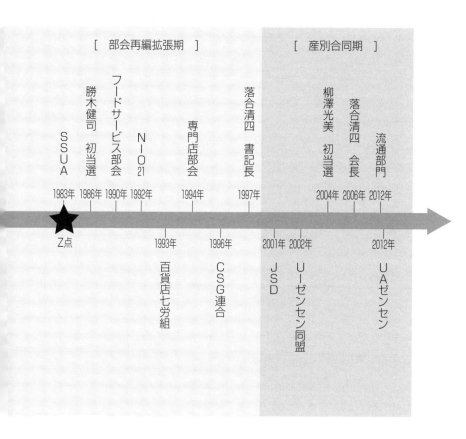

ている。この点に関して，企業別組合の基本機能は社員組合であるとした久本憲夫の研究の示唆が大きい。つまり，ゼンセンはパート組織化で大きな実績を上げており形式上社員組合から脱していることによる相克が生じているとみてよい[4]。また，例えば，Zモデルでは派遣労働者や介護労働者といった外部労働市場へも独自に適応した組織化が可能である。あるいは，組織内議員の輩出という点では苦戦し，組織能力の弱体性がうかがえる。

　そう考えれば，翻って，今後のゼンセンがZモデルのままであるとは限らない。一方で現Zモデルの特性がさらに強まるとの見通しもできるが，大産別主義と内部統制のバランスの最適点が変わり，新しいZ点の出現と突破を通じて別組織へ変転する可能性もある。その予兆は複合産別組合の一層の展開

357

の先に出現するのか，職業別組織の拡大の結果なのかなどは定かではない。だが，日本の労働組合や労使関係を議論するのに必ず参照される産別組合であり，その際の組合員とは，チェーンストア労働者であることを明確に認識しなければならない。

いわば発掘や開墾の作業に終始した本書だが，最後に研究課題を述べて閉じよう。2012年にUAゼンセンが誕生したことで，事実上の流通産別組合の結成が実現したといわれる。流通部門は，組織上は単独の産別組合ではないものの，組織や活動の規模といった点に注目して事実上の流通産別組合と呼ぶことには差し支えないであろう。また，当初の同盟の流通産別構想から逸脱している点もここでは問わない。

しかし，全繊同盟が予定していたゼンセン運動の推進主体であるかどうかという点では誤差がある。このためUAゼンセンは，いわば擬制的な流通産別組合の誕生であるといえる。すなわち，日本最大の組織労働者たちは，Z点を経て全繊同盟が保持していた産別機能を変換して組織能力を発揮している。

この点を念頭に置き，またZモデルは頑強であり当面は別モデルへ移ることなく収斂に向かうとの前提を置くと，Zモデルの成型を仕上げるために，少なくとも次の3点の優先すべき研究課題がある。

第1に，流通部門および傘下部会の完成を見極めなければならない。UAゼンセンへの産別合同から4年が経過した。今後数年間での相容れないはずであった旧産別組合間の衝突の解決と，組織特性が統合される過程を検証する必要がある。

第2に，流通部門および部会の独立性と本部集権性を測定しなければならない。あらゆる団体交渉，団体行動，政治活動などについて，部門と本部の権限配分，コミュニケーション様式，財政などの実態に対する評価が欠かせない。

第3に，流通部門と部会の権限強化の方向を前提として，Zモデルの次の成果を見通し，その適否を議論する必要がある。例えば，労使交渉は現況の単交のままとは限らず，Zモデルへの経営者側の受容態度によっては，集団的交渉の要素を備えた部会別の労使交渉への移行があるかもしれない。

Z点を超えていないか，それに相当する転換を経験していない産別組合からみれば，ゼンセンは適用や応用の可能性が極めて低い異質な組織である。だが，

産別組合間の差異が組織化の力量の違いというだけなら実態を矮小化し，過小評価することになる。ゼンセンは，労使関係研究において多くの論点を内蔵している点でも日本最大の産別組合といえる。

● 注
（1） この点に関して，産別組合の闘争性について詳細に分析した高宮誠の整理によると，産業ごとにストライキ志向の強度に違いがあり，繊維は中位で商業は低位だという。そうであれば，ゼンセンは流通部会の結成により，闘争性を低下させ内部統制を緩和させた可能性が高い。高宮誠著，岡本康雄，土屋守章監訳『労働組合の組織と闘争性　アメリカ炭鉱労働組合の組織論的研究』同文館，1982年，p.6。
（2） 『UAゼンセン新聞』2016年6月2日号，『労働新聞』2016年6月20日付。
（3） 鈴木玲「産別組織の組織拡大戦略－その制度的文脈と媒介要因」，鈴木玲，早川征一郎編『労働組合の組織拡大戦略』御茶の水書房，2006年。
（4） 久本憲夫『企業内労使関係と人材形成』有斐閣，1998年。久本憲夫によれば，企業別組合の基本機能は社員組合であり，正社員としての待遇を追求するが，それが企業にとって制約となるために企業内で社員以外の労働者が増大した。UAゼンセン流通部門に加盟するチェーンストア労組のパート組織化率は高いから，ゼンセンは低賃金や不安定雇用の労働者を外部化するのではなく，それを容認しながら同じく組合員として抱合するタイプの社員組合とみなせる。したがって，このタイプの社員組合が産別組合として連合体になった場合に社員組合の論理は放置されるのか，それとも解体されるのかの衝突があろう。

事項索引

●欧文

DILA ································· 111
I AM 運動 ···················· 241, 272
ZL 運動 ······················ 220, 233
Z 点 ······················ 14, 15, 354
Z モデル ·················· 14, 15, 353

●あ行

あっせん案 ················ 72, 101, 295
一時金 ·························· 161, 322
一時金 2：3 の原則 ················ 248
一時金交渉 ···················· 215, 246
一直制 ································ 255
一般同盟離脱 ························ 303
岩田屋争議 ···························· 29
インセンティブ ···················· 265
営業形態協定 ························ 100
営業形態問題 ························· 99
営業時間の短縮 ···················· 258

●か行

隔週休 2 日制 ············ 199, 218, 250
完全週休 2 日制 ···················· 250
擬制的な流通産別組合 ············ 358
休日数交渉 ·························· 251
熊本方式 ····························· 301
経営者教育 ·························· 177
経営体質の強化 ················ 72, 102
経営の民主化 ······················· 112
腱鞘炎 ································ 85
公正取引委員会 ···················· 165
公然型 ······························· 150
高能率，高賃金 ······················ 60

高能率，高賃金の原則 ············ 189
ごくろうさん休暇 ·················· 219
5 労使集団的賃金 ·················· 325
混乱の労使関係 ······ 2, 3, 113, 224, 268, 351

●さ行

サービス・モデル ··················· 12
左傾化対策 ·························· 314
左右の労使関係
　　··············· 2, 7, 114, 167, 224, 267, 352
残業時間の削減 ···················· 258
残業代未払い問題 ··················· 83
産別合同 ····················· 339, 348
時限スト ···························· 293
事実上の流通産別組合 ············ 358
時短キャンペーン ·················· 258
週休 2 日制 ············· 162, 199, 218
集団交渉 ···························· 325
集団組織化 ·········· 151, 178, 238, 354
首都圏レインボー作戦 ············ 282
正月営業 ···························· 163
正月営業店舗 ······················· 328
正月営業問題 ······················· 327
正月手当 ···························· 266
職業病対策 ··························· 85
スーパーマーケット ············· 3, 67
スト権の確立 ············· 89, 217, 293
ストライキ ··············· 107, 109, 292
生産性向上 ········· 61, 73, 91, 220, 241, 304
正社員 ······························· 359
瀬戸内海ネックレス構想 ·········· 282
ゼンセン以後 ·························· 2
ゼンセン移籍 ······················· 303
ゼンセン以前 ······················ 2, 55

全繊運動 ……………………………… 135
ゼンセン相場 …………………………… 325
全百連アレルギー ……………………… 8
組織化 …………………………………… 151
組織拡大 ………………………………… 148
組織化対象 ……………………………… 153
組織化能力 ……………………………… 148
組織化モデル …………………………… 12

● た行

ダイエー熊本出店拒否問題 …………… 166
大規模小売店舗法 ………………… 41, 165
大産別主義 ……………… 11, 13, 136, 353
脱繊維 …………………………………… 334
単社単組交渉 …………………………… 325
チェーンストア ………………… 3, 25, 351
チェーンストア労働者
　……………… 2, 115, 133, 223, 317, 358
力と政策 …………………………… 135, 167
地織部会 ………………………………… 180
中央交渉 ………………………………… 325
中央集権化 ……………………………… 138
中期賃金計画 …………………………… 91
長期5か年計画 ………………………… 59
貯金目減り裁判闘争 …………………… 146
賃上げ ……………………………… 160, 318
賃金交渉 ………………… 195, 198, 210, 242
梯団方式 …………………………… 289, 325
店食 ……………………………………… 193
統一賃金交渉 …………………………… 325
統一賃金闘争 …………………………… 139
同床の労使関係
　…………… 2, 5, 113, 224, 225, 268, 305, 352
同盟憲章 …………………………… 26, 286
特別協議会 ……………………………… 103

● な行

内部統制 ………………… 11, 13, 137, 353

● は行

パートタイマー …………………… 200, 259
パートナーシップ・モデル …………… 12
派遣店員 ………………………………… 165
パターンセッター労組 ………………… 87
初売手当 ………………………………… 266
初商問題 ………………… 163, 202, 262
バッチ …………………………………… 89
ピケッティング ………………………… 108
非公然型 ………………………………… 150
ビッグストア …………………………… 3
百貨店法 …………………………… 41, 165
不当労働行為 …………………………… 290
不買運動 ………………………………… 144
分断の労使関係 … 3, 8, 49, 115, 168, 305, 352
変転の労使関係 ………… 3, 10, 168, 305, 353
本部集権化 ……………………………… 13

● ま・や行

三越争議 ………………………………… 29
有休消化率 ……………………………… 261

● ら行

リボン ……………………………… 215, 290
流通革命 ………………………………… 5
流通産別構想 ……………………… 25, 29
寮 ………………………………………… 194
レクリエーション活動 ………………… 203
連合交渉 ………………………………… 325
労使協議体 ……………………………… 72
労働協約の締結 ………… 57, 69, 112, 210
ロス撲滅キャンペーン ………………… 73

● わ行

和解勧告 ………………………………… 290
ワッペン ………………………… 89, 215, 290

人名・組織名索引

● 欧文

CSG 連合 ………………………… 334
DILA ………………… 9, 30, 61, 79, 111
FIET …………………………………… 9
JAM ………………………………… 12
JMIU ………………………………… 12
JSD …………………………… 12, 337
NIO21 ……………………………… 337
SSDDS ………………… 81, 282, 308
SSUA ……………………… 330, 354
UA ゼンセン ……………… 1, 14, 342, 353
UI ゼンセン同盟 …………………… 335

● あ行

逢見直人 …………………………… 342
青井忠治 …………………………… 105
赤札堂労組 ………………………… 156
芦田甚之助 ………………… 170, 344
網代真也 …………………… 315, 333
足立明 ……………………………… 315
渥美俊一 ………………… 4, 155, 179
石曾根貞一郎 ……………………… 84
伊勢丹労組 ………………………… 30
一般同盟 ……………………… 9, 26, 287
伊藤雅俊 ……………… 4, 236, 237, 271
イトーヨーカ堂 …………………… 235
イトーヨーカ堂労組 ………… 158, 239
井上次郎 …………………………… 204
伊来一雄 …………………………… 334
衣料・卸商業部会 ………………… 330
衣料部会 …………………………… 330
岩国修一 …………………………… 239
岩崎馨 ……………………………… 12

岩田孝八 …………………………… 188
上野光平 …………………………… 81
宇佐美忠信 ………………… 144, 174
内堀良雄 …………………………… 346
近江絹糸争議 ……………………… 140
大出日出生 …………… 177, 333, 346
太田薫 ……………………………… 7
大津寛司 …………………………… 331
大星輝明 …………………………… 172
岡田卓也 ………………… 4, 204, 229
奥住正道 …………………………… 154
落合清四 …………………………… 335
尾張屋労組 ………………………… 158

● か行

海員組合 …………………………… 135
我生精二 …………………………… 334
春日一幸 …………………… 144, 287
勝木健司 …………………… 304, 316
加藤大喜 …………………………… 95
鐘紡労組の除名 …………………… 143
株式会社ユニー …………………… 92
上條愛一 …………………………… 168
柄谷道一 …………………………… 144
川勝章 ……………………………… 44
川野正男 …………………………… 190
関東ユニー ………………………… 98
木賀完二 …………………………… 190
木村牧郎 …………………………… 13
九州商業同盟 ……………………… 79
九州ダイエー ……………………… 74
九州ダイエー労組 ………………… 77
九百労会議 ………………………… 78
久間治二郎 ………………………… 69

組合会館 … 70
京阪ジャスコ … 204
小池和男 … 6, 12
小泉労組 … 158
小嶋千鶴子 … 207, 230

● さ行

サカエ薬局 … 280
坂田貞夫 … 110
佐藤孝信 … 81
佐藤肇 … 5
佐藤文男 … 178, 180, 278, 316, 345
産別会議 … 134
自動車総連 … 12
下田喜造 … 157
ジャスコ … 204
ジャスコ労組 … 206
十字屋労組 … 28, 66
主婦の店ダイエー … 281
商業四団体連絡会議 … 49
商業労組会議 … 347
商業労連 … 32, 64, 79, 113, 336
商調協 … 166
白井泰四郎 … 10, 12
シロ … 204
新産別 … 134
杉本尚 … 58
鈴木健勝 … 32
鈴木達郎 … 284
鈴木敏文 … 237, 238, 270
鈴木文治 … 168
鈴木玲 … 12, 355
正織興業争議 … 172
生協労連 … 53
西武ストアー … 80
西友ストアー … 81
西友ストアー従組 … 81
全イトキン労組 … 158

全映演 … 135
全国一般 … 12
全国スーパー労協 … 9, 35, 63, 79, 286
全国チェーン労協 … 9, 35, 37, 63, 87, 104, 159, 191
全ジャスコ労組 … 156, 206
全西友労組 … 83
ゼンセン … 18
全繊同盟 … 9, 34, 48, 134
ゼンセン同盟 … 155, 187, 334
全ダイエー労組 … 285
全西川屋チェン社組 … 95
全百連 … 8, 29, 67, 108, 111
全ほていや社組 … 94
全民労協 … 336
専門店チェーン … 330
専門店部会 … 334
全ユニー労組 … 96
全ユニード労組 … 71
全労 … 7, 26, 135
全労福岡 … 67
総同盟 … 107, 133
総評 … 7, 26, 134
総評全国一般 … 154

● た行

大栄薬品工業 … 280
ダイエー … 281
ダイエー熊本店 … 301
ダイエーグループ労連 … 77
ダイエー労組 … 28, 35, 284
高木剛 … 335, 346
高木久徳 … 92, 94
高崎満 … 84
高宮誠 … 14, 359
滝田実 … 7, 44, 174
竹山京次 … 34, 156
田島義博 … 5

田中角栄	146
谷口洋	206
チェーン労協	10, 48, 92, 105, 336
チェーン労組・中立会議	10, 48, 87, 105
中央教育センター友愛の丘	149
中部ユニー	98, 102
中労委	292
地労委	71, 290
筒井隆昭	337
堤清二	80, 121
堤康次郎	80
坪西辰也	34, 156
電機連合	12
土井良泰	69
東海ユニー	98
東急ストア	56
東光ストア	56
東光ストア労組	35, 57
同盟	7, 26, 134
同盟会議	135
同盟商業労組協議会	44
同盟流通	10, 45, 46, 159, 209
東横興業	56
東横興業労組	56
東横百貨店労組	56
都道府県支部	149
富沢司郎	84
富田繁蔵	134

● な行

内藤佳宣	239
中内㓛	4, 280, 287, 306
中内力	280
中内秀雄	280, 306
中内博	280
長尾良隆	67
長崎屋	188
長崎屋労組	156, 190

長嶋伸光	331
中田彰一	56
中村圭介	12
南雲光男	337
西川俊男	93, 94
西川長十	93
西川屋チェン	92, 93
西川義雄	93
ニチイ労組	156
野元徳一	67

● は行

ハトヤ労組	157
塙昭彦	270
林周二	5
久本憲夫	357
日繊連	134
日放労	135
百貨店七労組連絡協議会	32, 337
兵庫一般同盟	28, 286
兵庫同盟	28
フード・サービス部会	333
福岡一般同盟	79
福岡同盟	67
福富正一	56
藤木謙一郎	106
藤田友彦	206
フタギ	204
二木一一	204
渕栄労組	35, 67
渕上栄一	67
渕上従組	67
渕上百貨店	67
渕上丸栄	66
渕上労組	67
古川政次郎	92
古川秀一	92
ペガサスクラブ	155

ほていや……………………………… 92
ほていや労組……………………… 94
本田一成………………………… 53, 54, 231

● ま行

増原操……………………………… 287
松浦昭彦…………………………… 342
松岡駒吉…………………………… 134
松尾博義…………………………… 58
松下幸之助………………………… 309
松下電器産業……………………… 283
松村文人…………………………… 13
松吉英男……………………… 284, 310
丸井………………………………… 105
丸井労組…………………………… 106
マルサ衣料労組…………………… 179
三上元……………………………… 84
三ツ木宣武………………………… 346
民労連……………………………… 135
武蔵野デパート…………………… 80
村上満勇…………………………… 84
村越直嗣…………………………… 334
綿工連……………………………… 152
森田兵三…………………………… 237
森山隆史…………………………… 67

● や行

山崎岩雄…………………………… 334
山田邦紀………………………… 94, 96
山田精吾……………………… 180, 314, 316
山本宗二…………………………… 61
山本勝一…………………………… 32
友愛薬局…………………………… 280
ユニー株式会社…………………… 94
羊毛・麻・資材部会……………… 330
ヨーカ堂…………………………… 236
羊華堂……………………………… 236
羊華堂洋品店……………………… 235
横江康秀…………………………… 95
吉開敬祐…………………………… 67

● ら行

流通・サービス部会……………… 334
流通部会…………………………… 34
連合………………………………… 336

● わ行

若林稔…………………………… 94, 96
ワタミ労組………………………… 355

［著者紹介］

本田　一成（ほんだ　かずなり）

國學院大學経済学部教授。
愛知県で生まれる。法政大学大学院社会科学研究科修士課程修了。博士（経営学）。
主著：『チェーンストアの人材開発－日本と西欧－』（2002年，千倉書房），『チェーンストアのパートタイマー－基幹化と新しい労使関係－』（2007年，白桃書房），『主婦パート最大の非正規雇用』（2010年，集英社）など。

チェーンストアの労使関係
日本最大の労働組合を築いたZモデルの探求

2017年3月10日　第1版第1刷発行

著　者　本　田　一　成
発行者　山　本　　　継
発行所　㈱中　央　経　済　社
発売元　㈱中央経済グループ
　　　　パ ブ リ ッ シ ン グ

〒101-0051　東京都千代田区神田神保町1-31-2
電話　03（3293）3371（編集代表）
　　　03（3293）3381（営業代表）
http://www.chuokeizai.co.jp/
印刷／昭和情報プロセス㈱
製本／誠　製　本㈱

©2017
Printed in Japan

＊頁の「欠落」や「順序違い」などがありましたらお取り替えいたしますので発売元までご送付ください。（送料小社負担）

ISBN978-4-502-21231-4　C3034

JCOPY〈出版者著作権管理機構委託出版物〉本書を無断で複写複製（コピー）することは，著作権法上の例外を除き，禁じられています。本書をコピーされる場合は事前に出版者著作権管理機構（JCOPY）の許諾を受けてください。
JCOPY〈http://www.jcopy.or.jp　eメール：info@jcopy.or.jp　電話：03-3513-6969〉

好評発売中

賃金の理論と実務の基礎を学ぶ

賃金とは何か
戦後日本の人事・賃金制度史

楠田　丘 [著]
石田光男 [監修・解題]

A5判・306頁
ISBN：978-4-502-37690-0

楠田丘オーラルヒストリー

賃金論の権威者による戦後から今日まで60年に及ぶ日本の人事・賃金制度変遷の通史。職務遂行能力を給与体系化していく過程を通じて、賃金の理論と実務を基礎から学べる。

◆主な構成◆

解題：賃金論の学び方	第4章　楠田賃金論の構想
第1章　労働省時代	第5章　楠田賃金論の普及
第2章　インドで学んだこと	第6章　成果主義との格闘
第3章　賃金体系の模索	楠田丘　年表

中央経済社

アメリカの葛藤から日本が見えてくる

好評発売中

新版
GMの経験
日本への教訓

GMの経営破綻の原因の一つに同社工場の労務管理体勢が挙げられる。本書はGMが全社をあげて取り組んだ現場改革とその挫折を丹念なフィールドワークを通じて究明した。

- ■石田光男・篠原健一〔編著〕
- ■A5判・304頁
- ■ISBN：978-4-502-09700-3

◆本書の主な内容◆

第1章	課題と方法	第6章	品質管理
第2章	先行研究	第7章	能率管理
第3章	組織	第8章	雇用保障
第4章	生産計画・勤務体制・配置	補　論	事業所の歴史と概要
第5章	方針管理		

中央経済社

ベーシック＋プラス
Basic Plus

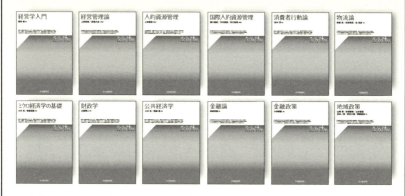

経営学入門	人的資源管理	経済学入門	金融論	法学入門
経営戦略論	組織行動論	ミクロ経済学	国際金融論	憲法
経営組織論	ファイナンス	マクロ経済学	労働経済学	民法
経営管理論	マーケティング	財政学	計量経済学	会社法
企業統治論	流通論	公共経済学	統計学	他

いま新しい時代を切り開く基礎力と応用力を兼ね備えた人材が求められています。
このシリーズは，各学問分野の基本的な知識や標準的な考え方を学ぶことにプラスして，一人ひとりが主体的に思考し，行動できるような「学び」をサポートしています。

Let's START!
学びにプラス！
成長にプラス！
ベーシック＋で
はじめよう！

中央経済社